THÉORIE GÉNÉRALE DE LA MONNAIE, DE LA RELATIVITÉ CULTURELLE ET DU DÉVELOPPEMENT MONDIAL INTÉGRÉ

La reconsidération des concepts et des politiques économiques de développement

Joseph **Tedajo**

THÉORIE GÉNÉRALE DE LA MONNAIE, DE LA RELATIVITÉ CULTURELLE ET DU DÉVELOPPEMENT MONDIAL INTÉGRÉ

La reconsidération des concepts et des politiques économiques de développement

Sénégal
L'Harmattan

10 VDN, Sicap Amitié 3, Lotissement Cité Police, DAKAR

http://www.senharmattan.com
commandes@senharmattan.com

ISBN : 978-2-336-41709-7
EAN : 9782336417097

La construction de l'économie monétaire internationale, engagée au début du XXe siècle, a pris son envol après la Seconde Guerre mondiale, en 1944. Adossée à la monnaie d'échange internationale, à l'industrie et à la structure de développement occidentales, elle a été mondialisée en 1950. Les structures économiques mondiales sont paysannes au début du XXe siècle en développement dans les entreprises et les laboratoires scientifiques des nations en les exhortant à créer les États indépendants pouvant défendre l'intérêt des nations absentes à la création du monde moderne. Le monde social n'a pas été en reste avec les progrès de la médecine, la croissance démographique et les interrogations sur les instruments de l'échange de connaissances scientifiques et des progrès de production dans le monde. Dans le domaine des échanges, la réforme de la monnaie a été lancée par John Maynard Keynes en 1924. L'application est exécutée par les États-Unis en collaboration avec l'Angleterre, leader de l'instrument de l'échange international par or. Cet instrument n'est pas scientifiquement productible et expose le monde à un matériel sans valeur propre, autre que le travail humain. L'abondance de la liquidité et sa planification psychosociale vont initier la science monétaire nationale à évoluer vers l'instrument abondant et stable d'échange comme l'or. L'on va apprendre à planifier et programmer l'offre de la liquidité nationale, vide de tout contenu et stable comme l'or, à partir de l'or. Cette planification et programmation vont scinder le monde économique en deux secteurs : le secteur de l'économie réelle de troc sous-peuplé et pauvre et celui de l'économie monétaire surpeuplée, industrialisée et riche. (Première partie)

Les bases conceptuelles de l'organisation vont aussi diviser le monde en deux : le monde des planificateurs du développement partagé en administration centralisatrice de la monnaie inconvertible et échangeable internationalement aux enchères, et l'administration libérale des monnaies et d'échange sur le marché international en monnaies convertibles entre nations. La programmation des échanges internationaux des marchés libres est centrée sur la culture de liberté de convertibilité des monnaies des nations libres. Le dollar est la seule monnaie qui adopte le système de marché et d'échange des monnaies libres sur le marché des changes au prix stabilisé, en 1934, contre le sterling.

Toutefois, le taux de change du dollar ne sera déterminé par le marché qu'au deuxième semestre 1996. La compétitivité et la concurrence dans le libre-échange des monnaies convertibles structurent le marché monétaire en deux marchés : le marché de spéculation monétaire contrôlé et protégé juridiquement par le système bancaire et celui financier, vendeur des liquidités. La circulation des biens traduit les besoins de consommation internationale troqués jusqu'en 1944 en or. La croissance de la production nationale dépend des besoins nationaux d'échange. L'accumulation de la liquidité internationale est le moyen de prolonger l'espace et la certitude d'échange. Cette accumulation s'accommode de la production exportable à l'étranger. Les banques centrales détiennent les réserves en monnaies en or et monnaies étrangères pour sécuriser les échanges du pays en biens échangés en biens extérieurs. L'abondance de ces réserves est un potentiel de la puissance de la compétition à la consommation et son abondance de la trésorerie, le potentiel d'importation. La production intérieure et celle extérieure s'échangent à l'équilibre des réserves des changes. Le marché mondial est le marché d'échange des productions intérieures de toutes les nations libres. La conception de l'économie keynésienne pour ces objectifs fut nationale. Elle introduisit la macroéconomique ou économie publique dans l'analyse microéconomique classique. L'économie antérieure des nations est donc nationale et non plus l'économie de production d'autoconsommation ou économie paysanne.

L'introduction de la monnaie dans l'économie paysanne affecte alors la dynamique des cultures paysannes, en rencontre de la culture de production dynamique de l'économie pour le marché de consommation contre la monnaie neutre. (Deuxième partie).

À la fin du XXe siècle, l'économie d'échange de troc de l'or bien réel contre bien réel du XVIIIe siècle est désormais monétisée et internationalisée par substitution à l'or d'un bien vide et stable comme l'or, notamment le dollar. Il superpose son abondance à sa stabilité sur le marché. Les États-Unis se battent pour maintenir la monnaie abstraite près de la valeur réelle des biens échangés. L'économie monétaire industrielle va absorber sa surpopulation d'émigrants du début du XXe siècle et les enrichir, par rapport aux économies paysannes, et nourrir le rêve américain du XXe siècle. Le monde rêve américain et de paix. La croissance et le développement sont actuels. La monnaie est le moyen de cette paix et de la richesse. La stratégie américaine (1965) est l'action du développement national du commerce. Les décisions sont actuelles et la politique la réalisation immédiate du bénéfice. L'économie mondiale au début de son développement était sous-peuplée et de pauvreté extrême. La conquête de la richesse monétaire était américaine.

Le développement social n'était point une préoccupation américaine, parce qu'il faisait masse avec son combat de survie. Le changement de l'organisation et de l'enrichissement de la consommation était le développement économique naturel. L'expansion de la facilité de la transformation des déséquilibres de structures de la consommation s'accommodait de la réalité courante d'action du peuple et de leurs intérêts pour le développement du marché. Le développement de l'histoire et le changement actuel de la politique des États-Unis en faveur du développement des nations indépendantes dépendent de la volonté américaine dans la participation à la construction du monde industriel, bloqué en Afrique par le système public de gouvernance féodale. Les autorités publiques africaines évitent et n'intègrent pas les hommes libres dans leur équipe d'administration. La démocratie africaine est féodale. Nous proposons la révision des concepts et politiques économiques pour une meilleure compréhension de la théorie générale de la monnaie et du développement adossée au fondement socioculturel et technologique de la richesse et de la pauvreté du peuple en perpétuelle mobilité. (Conclusion).

PREMIÈRE PARTIE

RARETÉ DE LA LIQUIDITÉ GÉNÉRALE ET LE DÉVELOPPEMENT MONDIAL DÉSINTÉGRÉ : LA CROISSANCE APPAUVRISSANT LE DÉVELOPPEMENT DES STRUCTURES ÉCONOMIQUES TRADITIONNELLES

INTRODUCTION

L'économie d'avant 1848 est esclavagiste, privée et individualiste. À partir de 1884, elle devient coloniale et publique. Les deux socles sont internationaux et s'emboîtent l'un dans l'autre pour former l'économie internationale. Le commerce triangulaire d'avant 1853 repose sur le financement privé de sa croissance et de son développement. Mais à partir de 1884, après le partage européen de l'espace d'occupation publique de l'Afrique par les métropoles en colonies européennes, l'Afrique s'européanise. Le partage de l'Afrique se fait sous l'œil vigilant des États-Unis et de la Russie. L'Afrique est donc la colonie reconnue de l'Europe. Les transformations stratégiques des rapports de contact paisible de l'Europe et de l'Afrique en États indépendants dans les années 1950, conflictuels et compétitifs, créent une comparaison statique du niveau de développement : le développement et le sous-développement. Les économistes vont traiter ces relations conflictuelles et dualistes. Le dualisme sera la première tentative de la théorie internationale du développement des colonies contre les métropoles. Les économies indépendantes vont être étudiées par les économistes de développement, par opposition des régions (Nord/Sud), des secteurs (traditionnel/moderne), de perceptions (lumière/obscurité), de natures (pauvre/riche). Les fondements de cette analyse sont politiques et leurs stratégies sont la destruction des équilibres économiques traditionnels et la création des déséquilibres économiques de rattachement des colonies aux métropoles. Ce rattachement est monétaire et culturel.

1. L'économie de Bretton Woods

À Bretton Woods, les États-Unis changent la nature de la monnaie de bien réel (or) en dollar vide de contenu spécifique. L'instrument d'échange international est désormais abstrait, notamment le calcul du rapport d'échange entre nations. Keynes perçoit le problème de changement de la dynamique de développement et de la neutralité de la monnaie dans les échanges et postule en 1924, dans sa Réforme monétaire, le changement de la monnaie bien réel en monnaie, instrument de calcul du rapport de change et de comptabilisation des échanges. Le calcul de la valeur des échanges sera une coopération entre États, d'abord entre les États-Unis et l'Angleterre en discussion sur le leadership international de l'or monétaire. La monnaie doit s'étendre uniformément aux nations sous le contrôle de leurs États. La parité du dollar est dévaluée à 35 $ par once d'or en 1934, pour le calcul de la valeur neutre de la monnaie sur le marché. Le marché et le dollar sont acceptés à Bretton Woods en 1944, comme normes du calcul de la valeur internationale des échanges entre les nations. La Reserve Bank of New York, dépositaire central de l'or pour les échanges internationaux aux États-Unis, est libérée de ce fardeau à Bretton Woods au profit du Trésor américain qui stocke les réserves internationales d'or à Fort Knox comme patrimoine national. La FED peut émettre à sa convenance les dollars américains contre les créances internationales crédibles. Les États-Unis doivent veiller au bon fonctionnement monétaire du monde libre, à travers les institutions monétaires de Bretton Woods.

Les banques centrales du monde libre sont le relai américain de la Banque centrale américaine. Dépouillés institutionnellement de la responsabilité du stock d'or d'échange international entre États reconnus jusqu'à Bretton Woods, les États-Unis conservent le pouvoir de la stabilisation et de la création abondante du dollar pour les échanges. La politique monétaire du dollar est le libre-échange mondial entre pays libres. Le dollar est théoriquement convertible en or au taux de 35 $ l'once d'or fixé, mais les monnaies libres sont convertibles en dollar aux enchères du taux de change du marché de change. Le dollar est déterminé par le marché de change au deuxième semestre 1996. L'économie mondiale est désormais le marché et le dollar échangeable en toutes les monnaies. L'abandon de l'unité de compte réelle or débuterait par la concertation et la coopération étroite entre les États-Unis et l'Angleterre pour la fixation de l'unité de change dollar/sterling flexible sur le marché, et par la suite, la généralisation de la coopération monétaire étroite internationale des autorités nationales autour de la parité déterminée par le marché de change.

L'or devient la propriété du Trésor américain, est stocké à la base militaire de Fort Knox et ne sert plus de garantie d'émission de dollar commercial.

L'unité de compte internationale est alors un système de calcul international de l'unité de compte des échanges, *un bien vide de tout contenu.* Les effets de commerce crédibles, aux yeux de la Federal

Reserve Bank of New York, sont la seule garantie monétaire commerciale internationale. Toutefois, le dollar est l'équivalent général de tous les biens produits et en cours de production garantis par la sécurité du dollar américain, et stabilisés par le marché. La monnaie est un pouvoir d'achat rempli de n'importe quelle valeur échangeable. Elle est neutre.

John Maynard Keynes, en 1924, dans sa Réforme monétaire, percevait des changements profonds et inéluctables dans la pratique de l'économie monétaire dont les fondements sont désormais psychosociaux : le calcul abstrait de l'unité de compte appelle la pensée sociale et individuelle. L'homme sera désormais le décideur en chef de l'économie, à travers la maîtrise de la création de l'instrument d'échange neutre et producteur des biens échangés. L'introduction de la monnaie de cette nature dans l'économie traditionnelle dénature cette dernière par le réveil de la réflexion sociale et personnelle de la population en retard du calcul abstrait. L'instrument d'échange dans sa statique crée l'alignement des échanges des biens réels produits à la croissance donnée de la consommation de la population. La contrainte des échanges n'est plus physique comme dans la monnaie réelle des échanges des biens contre biens, mais psychosociale. L'homme doit penser la consommation d'aujourd'hui et la production de la consommation de demain. La psychosociologie est désormais le fondement de l'économie monétaire, de la macroéconomie keynésienne. En cas de déficit de production, l'ajustement de déséquilibres, de production et de consommation par le marché à l'équilibre d'échange est réalisé par la monnaie neutre. Cet équilibre sera réalisé par la distribution inégale de la production par l'administration humaine. Cette généralisation de la base conceptuelle de l'unité de compte des échanges par le marché est la réponse adéquate à la demande de consommation et de la libération de la production individuelle pour le marché. Elle n'est pas une égalité mathématique[1] des échanges et de la production. Les instruments d'échange sur le marché sont neutres. Les monnaies peuvent s'échanger entre elles. Elles introduisent dans la macroéconomie moderne la flexibilité microéconomique.

La réciprocité d'échange est l'attente sociale des rencontres. La rencontre de l'Occident a été une surprise. D'abord, une cohabitation paisible, ensuite le soulèvement entretenu des conflits de cultures pour

[1] K. Polanyi. Aristote découvre l'économie. Dans les systèmes économiques dans l'Histoire et dans la théorie. Larousse, Paris, pp. 93-117.

le changement de l'histoire des personnes en rencontre. Entrer dans l'histoire[2] pour l'Occident, c'est entrer en compétition violente et équivalente avec l'Occident.

L'Occident planifie l'intérêt et les conflits potentiels qui exposent à la soumission ses relations de la rencontre et d'échanges. Il tente d'inverser l'ordre social du côté long du déséquilibre, de la consommation des pays en rencontre pour le côté long de la production pour exportation et importation de leur consommation locale.

Depuis 1908, le côté long de la consommation mondiale est planifié par l'Europe elle-même, sous le leadership économique et institutionnel des États-Unis. La liquidité des économies traditionnelles est courte et les conduit à l'échange économique équivalent au troc de la consommation contre le dollar. La programmation des changements passe par la disponibilité des biens primaires et du matériel technique de transformation, de la liquidité abondante en investissement de production. (Chapitre 1).

La problématique de la planification des changements de structures de production est théorique et s'adosse à l'actualité des États-Unis, sans expérience action de l'imitation, sans confrontation des États-Unis d'Amérique en rencontre. L'Amérique fut conquise par les Européens et sa population primaire exterminée ; la population européenne et mondiale américaine s'est mise à la reconquête de son indépendance contre les Anglais métropolitains. La mise à l'épreuve de cette expérience est la confrontation de la disponibilité abondante de la liquidité d'échange entre nations pour l'organisation et la transformation du monde en monde industriel américain. D'un côté, l'expérience industrielle européenne est récente, de l'autre l'expérience mondiale est paysanne. Les populations mondiales sont entraînées dans le développement industriel par les États-Unis, contre l'action de l'Europe française pour l'imposition de sa perception admirative du monde. Les pays pauvres et riches se côtoient, et désirent plus qu'une consommation pour tous, mais un bien-être pour tous. La population s'accroît à un rythme compétitif pour les pays pauvres épargnés des deux guerres mondiales. Les populations paysannes des économies d'après-guerre émigrent vers les villes embryonnaires et imitent la consommation et les infrastructures d'accueil occidentales comme une nécessité de survie collective. L'industrie et la monnaie occidentales sont adoptées à Bretton Woods comme le moyen de développement du

[2] Nicolas Sarkozy. Université de Dakar.

monde intégré de la pauvreté et de la richesse mondiale. L'adaptation des hommes à l'économie monétaire et industrielle est alors le fondement social des concepts et de politique de la macroéconomie mondiale de Bretton Woods (Chapitre 2).

La théorie générale de la monnaie et de l'emploi de John Maynard Keynes adapte le développement de l'économie et prévoit la transformation des économies traditionnelles en économie monétaire ainsi que la maîtrise totale de l'économie par l'homme. L'économie moderne humaine doit produire sa subsistance. L'indépendance des nations est donc le cadre d'évaluation de l'humanisation des relations sociales de l'économie moderne. Pour les nations indépendantes, la liberté individuelle est le cadre du développement de l'économie générale. L'économie industrielle est l'héritage expérimenté de l'économie américaine du développement personnel. L'Europe a l'expérience du développement social des sédentaires, de l'impérialisme d'exclusion des populations pauvres d'abord sans terre, et ensuite d'intégration monétaire des populations sans le sou. Les peuples européens pensent au développement social par la distribution administrative de la monnaie. L'organisation socialiste est cependant complexe. L'homme ne porte son organisation sociale qu'à travers l'impôt. L'État doit employer et payer de manière impérialiste le peuple dégagé des structures économiques paysannes. L'emploi moderne est l'accueil de la surpopulation rurale et administrative dans des structures urbaines en genèse. Le développement moderne est le développement de ces infrastructures pour l'Europe.

En 1990, les États, cadre d'administration des nations décolonisées d'Afrique, sont disponibles. Il faut consolider, par l'effort international de construction de ces États de droit d'héritage colonial français, la conservation de leur dépendance coloniale de la France.

L'effort de développement est donc la guerre fratricide de libéralisation des colonies des métropoles en Afrique et de l'Europe.

Toutefois, le débat sur l'économie générale de l'émergence des colonies paysannes et pauvres est la monétarisation et la monétarisation spécifique de leurs économies paysannes. La planification sociale est indicative. Imitée jusque dans les années 1970 en Europe, elle devient la stratégie de résistance à la décolonisation dans les années 1965. La dépendance monétaire transfert le contrôle des déséquilibres nationaux aux États indépendants. Le problème des économies paysannes n'est pas l'organisation de la transformation de leurs économies paysannes en économie moderne et industrielle, mais sa conservation en réservoir des matières premières. L'économie moderne est la monnaie et l'industrie occidentale. L'Occident considère sa technologie et sa monnaie comme un bien non transférable. Les pays pauvres sont sans technologie et monnaie. Ils importent sous le leadership de l'Occident. La construction de leur système monétaire d'échange est phagocytée par l'Occident. Le lieu de recours à l'aide internationale des stratégies de transformation de l'histoire et de l'orientation du développement national est occidental. La monnaie, la structure ou les déséquilibres actuels sont les bases de la modernisation de l'économie. La surpopulation émerge des transformations des déséquilibres de structures de la paysannerie par la dispersion monétaire de la population. Cette dispersion provoque un saut qualitatif d'évolution inéluctable vers l'industrie ou la pauvreté. L'économie administrative des services sociaux fait de l'économie paysanne un appendice de la culture monétaire et industrielle de l'Occident assistée.

Elles sont consommatrices des biens manufacturés des matières premières exportées et transformées en métropole. Leur développement est simplement l'industrie d'imitation de la technologie et du travail de l'homme occidental. (Chapitre 3).

L'intégration sociale de la monnaie soulève des résistances paysannes à leur dépendance. La sollicitation d'une monnaie indépendante affecte la socialisation de la production de l'indépendance de ces nations. C'est-à-dire de la protection économique et militaire de la production pour la consommation locale. L'affrontement de ces deux cultures (occidentale et paysanne) s'organise autour de la planification sociale, de la croissance humaine et de la défense, de la protection économique de la consommation locale et de la monnaie d'échange locale. Le développement économique est un jeu de déséquilibres. La stabilisation des déséquilibres par l'ajustement de la liquidité d'échange économique maintient les infrastructures et leur dégradation face à la croissance de la population. L'abondance de la monnaie structure l'économie sociale en deux économies, l'économie de la création et de la distribution administrative de l'argent en attente de la production, et l'économie de la production pour la distribution de la richesse à l'étranger. La première est administrative, la seconde le marché. Le changement historique des structures est le développement statique de l'un et de l'autre, la croissance. La rencontre des deux implique la dynamique des déséquilibres de changement du niveau des déséquilibres de développement. (Chapitre 4).

CHAPITRE 1

DE L'AUTOCONSOMMATION À LA PRODUCTION POUR LE MARCHÉ

L'économie monétaire n'est pas l'alternative de l'autoconsommation de la production. La spécialisation de la production et la globalisation de la consommation sociale sur le marché introduisent deux systèmes d'agrégation : l'agrégat de la production, d'une part, et celui de la consommation, d'autre part. L'agrégat de la consommation est microéconomique sur le marché de la consommation et celui de la production du peuple sur des marchés spécialisés de la production. Les producteurs se regroupent sur le marché par produits vendus, le marché des tomates, de la viande de bœuf, de porc, du poisson. Ils soumettent leur offre aux consommateurs individuels, qui agrègent leur consommation dans le panier de la ménagère. Le panier de la ménagère est l'agrégat par jour, par semaine ou par mois de la consommation de sa famille. L'agrégat macroéconomique de la consommation est le chiffre d'affaires des entreprises qui orientent leur production : la demande de consommation sur le marché ou demande globale. Le premier agrégat traduit le développement personnalisé de la dynamique active de la production de l'entreprise de production pour le marché, et le second le développement de la dynamique sociale qui exprime la consommation du peuple. L'agrégat macroéconomique de la production des biens spécialisés pour les échanges ne couvre pas toute la production de la population. L'agrégat de la consommation couvre toute la consommation sociale achetée aux producteurs. L'économie monétaire est une économie de synthèse partielle de la production et de la consommation. L'agrégat macroéconomique approché par le processus d'égalisation de l'agrégat de la production et de la consommation sur le marché est formel. L'économie réelle est en déséquilibre du côté long de la consommation au côté court de la production pour le marché. La monnaie voile le déséquilibre de la production pour le marché et fournit, à court terme, le crédit de la production par rationnement, ou importation. Pour la consommation, des débiteurs empruntent à l'équilibre de la production et des importations, et anticipent la production pour la consommation future.

Kenya	Substitution de l'économie monétaire à l'économie réelle par ménage .	Madagascar	Substitution de l'économie monétaire à l'économie par ménage
Tranche de revenu		Tranche de revenu	
Tranche de revenu	Rapport du revenu Monétaire à la consommation totale l'autoconsommation	Tranche de revenu	Rapport de l'économie Monétaire à l'autoconsommation.
Jusque'à de 1000	0,46	Moins de 36 000	0,83
1001 - 1500	0,39	36 000 - 47 999	0,65
1501 - 2000	0,39	48 000 - 59 999	0,53
2001 - 2500	0,33	60 000 - 74 999	0,47
2501 - 3500	0,3	75000 - 89 999	0,39
3501 - 5000	0,23	90 000 - 125 999	0,29
Au dessus de 5000	0,14	126 000 - 209 999	0,18
		210 000 ou plus	0,041
Tous les groupes			0,47

L'économie monétaire est une économie de déséquilibre de la consommation voilée par la monnaie. Comme l'indique le tableau ci-haut, l'économie monétaire se substitue sur le marché à l'économie de la consommation et de déséquilibre réel régulé par l'ordre de la générosité sociale ou d'ajustement monétaire, libre et automatique au déséquilibre. Le déséquilibre de la consommation est une réalité sociale. Le côté court de la production est compensé par le crédit à court terme à la consommation remboursable par la production dans un futur proche. Le crédit de la consommation à court terme est une réalité sociale mondiale. Dans nos économies de pauvreté monétaire, le crédit à court terme a toujours été une réalité sociale. Le Plan Marshall des années 1947-1950 est paru comme une exception de crédit à moyen terme pour la reconstruction de l'Europe d'après-Seconde Guerre mondiale. Ce financement évita la réclamation des indemnités de la reconstruction de dommages de la Première Guerre qui conduisirent à la Seconde. La conversion de la Banque de reconstruction européenne en Banque mondiale de développement s'est assise sur le crédit à moyen terme du Plan Marshall, sans l'analyse du contexte des pays pauvres, sans monnaie d'échange industriel ni culture de production pour le marché. Les structures économiques sont essentiellement paysannes et de production pour autoconsommation. Les pays sont en enfance industrielle, et les structures économiques paysannes en décomposition sociale et structurelle. Les structures sont les organisations sociales de la production et de la consommation. Leurs désorganisations refoulent les populations vers leur rassemblement dans les villes qui s'accompagnent des besoins sociaux de consommation. La production est individuelle et ouverte au marché. Le marché est le champ moderne de la quête de la consommation et de la convergence des productions individuelles. L'organisation de la production individuelle d'autoconsommation rurale se transforme peu à peu en production industrielle pour le marché. L'économie privée devient peu à peu l'économie sociale, et transforme la production d'autoconsommation en production capitaliste et d'accumulation des ressources de consommation par le marché. Cette accumulation se transforme en économie d'accumulation des instruments d'échange, ou économie monétaire.

La cohérence interne du système d'économie monétaire est l'économie réelle paysanne qui oppose la campagne et le monde rural au monde urbain d'économie monétaire vivant hors sol par le commerce. L'économie monétaire est l'économie de besoins, la monnaie est une réalité des besoins sociaux urbains opposant l'économie rurale à l'économie urbaine. L'ordre égalitaire rural de la production d'autoconsommation devient l'ordre inégalitaire des sociétés monétaires urbaines. Le monde de l'industrie urbaine révèle au monde la supériorité de l'économie monétaire sur l'économie réelle et paysanne. L'agrégat microéconomique de la production d'autoconsommation rurale se transforme en agrégat de production pour le marché de consommation sociale et monétaire. La production individuelle devient la production d'entreprise pour le marché. La macroéconomie est une économie de marché d'échange par la monnaie. La monnaie est la cohérence externe de la production nationale pour la consommation intérieure. Jusqu'à Bretton Woods, l'économie de production est un concept privé pour l'accumulation des liquidités d'échange sur le marché. L'on parle de la richesse monétaire comme la force individuelle de la production personnelle et de la richesse réelle comme la force sociale de production pour la consommation intérieure des nations. La production industrielle du début du siècle devint l'agrégat de la consommation nationale. De la microéconomie de la production et de la consommation individuelle, on passe à la macroéconomie de la production des entreprises pour consommation nationale.

Le système monétaire international de Bretton Woods implanta l'économie internationale des nations échangistes. L'économie internationale est monétaire. Contrairement à la microéconomie, les infrastructures d'échange sont exigeantes en croissance monétaire des économies nationales sous la coordination des États. L'économie de troc sans coordination, devenue des économies monétaires, est exigeante en coordination à partir de 1970. L'économie monétaire est devenue financière avec des avances monétaires à la production remboursable certainement à l'échéance. Les économies paysannes se transforment en économie de production industrielle pour le marché urbain et rural. L'industrie est désormais la production humaine pour le marché.

Elles doivent se développer et évoluer vers l'économie monétaire modernisée, surpeuplée et riche. Le modèle de développement des infrastructures est la planification sociale et la programmation financière du développement humain durable du peuple. L'autoconsommation désintégrée dans sa dislocation en production pour le marché devient l'économie des marchés informels et de croissance officieuse dans l'interdiction de son développement en économie compétitive de choix industriel. Les échanges répondent aux intérêts des sociétés en rencontre et des individus ambitieux d'enrichissement monétaire.

Cette structure est stabilisée par les ajustements monétaires aux déséquilibres de production et de consommation. Elle est donnée comme base internationale de la réflexion sur la coopération internationale entre nations en rencontre. La flexibilité monétaire est essentielle dans la coopération internationale. Les fluctuations des prix sont intérieures et les flottements des monnaies extérieurs. Les États-Unis rattachent, à Bretton Woods, leur structure économique de la production industrielle à l'économie internationale, notamment comme référence du développement industriel, c'est-à-dire de la production mondiale pour le marché des biens et d'échange par la monnaie. L'industrie européenne est naissante au début du XXe siècle et va s'accélérer par la construction, à partir de 1970, la mécanisation de l'économie paysanne et sa transformation en économie d'industrie de la production agricole pour le marché et la création des supermarchés d'écoulement des produits agricoles. Cette construction modifie la structure des petits marchés de proximité en faveur du marché des personnes motorisées bénéficiant des prix de vente en masse des productions agricoles : vin, lait, fromage, légumes de production mécanisée.

Les pays pauvres en observation du développement des économies paysannes européennes cherchent à bénéficier des avancées de cette économie plutôt que d'imiter la construction. La France cherche à échanger avec les colonies les matières premières contre ces biens manufacturés. Elle interdit l'exportation du matériel de production vers les colonies. La monnaie et la technologie sont les deux noyaux de la réflexion sur le développement de l'économie monétaire et industrielle. Ces deux facteurs sont de création occidentale. La production est centrée sur la technologie occidentale, et l'échange, à partir de Bretton Woods, sur la monnaie créée indépendante de la monnaie occidentale. Toutefois, le monde libre reste dépendant du dollar jusqu'en 1970, où est déclaré le nouvel ordre économique international, l'ordre des économies nationales de production et de consommation nationale. L'Occident était le centre du développement moderne du monde à partir de 1950. La monnaie instrument mondial de la consommation est le dollar, qui mondialise l'économie.

L'Occident maîtrise et contrôle l'économie mondiale avec deux variables, *la monnaie et la technologie.* La richesse monétaire est de création occidentale et la pauvreté monétaire mondiale la source de la spoliation de la richesse réelle du monde et de l'enrichissement monétaire des individus.

Le rapport de la consommation monétaire à la production extérieure et la pratique de la monnaie occidentale dans les échanges avec les économies paysannes scellent le niveau de substitution de l'économie monétaire et du voilage de déséquilibres économiques réels du monde.

L'économie internationale est monétaire et la production est voilée par la monnaie compensant les déséquilibres. Il faut laisser les réserves de change extérieures à la gestion des métropoles, pour garantir le paiement des importations. Les colonies doivent hypothéquer aux métropoles l'exploitation des matières premières, contre la fourniture de leur consommation importée. Elles doivent garantir ces importations par leurs réserves de change consignées au trésor métropolitain. La production pour exportation est une production pour le marché international.

La production, en économie monétaire, est libre. Elle fluctue sur les marchés au gré de la demande. La spécialisation suit la consommation sur le marché. Les banques financent les études de marché fiables. La production s'éclate en biens d'exportation et biens de consommation nationale. Le concept d'autoconsommation est ici appliqué à la production de consommation nationale en termes de revenu national, et celui des biens échangeables exportés en termes de recette d'exportation. À partir de 1970, la production de rente pour exportation ne nourrit plus son paysan. La régulation extérieure des prix et des changes inverse le paradigme de production pour exportation. Il faut produire pour la consommation nationale. L'Occident et les métropoles libérant les territoires insistent sur la livraison traditionnelle des biens coloniaux et le développement métropolitain des mêmes biens manufacturés. La France jura depuis 1934 de construire, à l'alternative du Grand Marché mondial américain, le Grand Marché de la France et de ses colonies en s'appuyant sur l'Europe.

Les métropoles désolidarisent leurs monnaies des colonies à partir de 1950, avec le décrochage de la livre des monnaies coloniales en 1967, après la dévaluation de la livre et l'ajustement de l'ancienne monnaie coloniale à la parité libre et flexible sur le marché de change. Seule la France refusa de décrocher le franc du FCFA. Elle maintint les réserves de change des colonies indépendantes au Trésor français comme gage de son échange des produits manufacturés sans matériel de production contre les matières premières. Elle développa avec ces pays des accords de change léonins d'hypothèque de l'exploitation exclusive de leurs matières premières. Les productions locales minérales sont artisanales. Les métropolitains se transforment en commerçants et viennent racheter périodiquement le butin des matières premières précieuses, d'exploitation artisanale, revendu à prix d'or aux industries de transformation métropolitaines. Les produits agricoles, travaillés avec des technologies rudimentaires près de la main nue, sont exportés officiellement et soutiennent les budgets publics. Les budgets publics soutenus dans la séparation des comptes à l'indépendance par les budgets des nations, notamment 20 % du montant de l'année précédente, sont abandonnés. Le financement politique de la France de manière occulte par les anciennes colonies indépendantes aboutit à la désignation de cette relation : la France-Afrique.

Les productions artisanales et paysannes sont délestées de matériels techniques de production occidentaux. La croissance qui est le concept de production pour le marché des industries est imposée à ces paysans pauvres en monnaie. La cohérence interne de ce concept est l'exportation procurant la monnaie extérieure qui est la richesse. La production pour la consommation locale devient l'option de l'appauvrissement monétaire à éviter. L'exportation de l'épargne monétaire est l'option d'investissement à privilégier.

Le cadre théorique du développement est extraverti et internationalement scellé. Conséquence : l'appauvrissement des économies pauvres et leur dépendance permanente de l'Occident. La construction de la dépendance permanente de la consommation de la distribution des biens importés est le socle de la fixation du développement international des économies des pays pauvres. Ce socle est accompagné de la protection monétaire et militaire. Cette protection dépend tout d'abord des accords de coopération militaire autorisant l'installation des bases militaires métropolitaines et des banques centrales coloniales surveillées par les métropoles.

Le déficit global d'emploi dans la structure de consommation locale de substitution des importations pour la consommation locale aggrave la surpopulation locale et son exil vers la métropole. Le financement local n'est favorable que marginalement à la production, pour exportation et importation en vue d'une distribution locale. La production pour l'exportation est un moyen pour détenir la monnaie de paiement étrangère pour conversion en celle locale afin d'organiser une résistance en la disparition. La consommation en agrégat de biens de consommation est en compétition avec la production extérieure. Ce que l'on produit n'est plus systématiquement consommé et ce que l'on consomme n'est plus systématique produit. Cette superposition des systèmes sociaux n'est pas un système de production, de développement et d'indépendance des nations de l'extérieur. Nous existons sans politique avec des stratégies de vivre au jour le jour contre les guerres extérieures de l'expansion de leurs stratégies de savoir-vivre auxquelles nous adhérons par notre émigration.

Le système de production est l'agrégat de l'emploi des hommes dégagés de la production d'autoconsommation vers l'emploi libre, industriel ou quelconque. L'agrégat de la production est incertain par rapport à celui de la consommation. Ce dernier est associé à la monnaie pouvoir d'achat. La généralisation de sa distribution humainement contrôlée libère la consommation. L'emploi et la consommation sont payés en monnaie, d'abord bien réelle, l'or, puis en bien créé indépendant de la production de l'or, le dollar. À Bretton Woods, la monnaie est cadrée et est paysanne. Elle est la forme primaire de la monnaie d'échange des biens contre biens. À Smithsonian, elle est modernisée. L'agrégat de la consommation et de l'investissement est anticipé et antérieur à la production. Le prix et le taux de change sont prévus, contraignant les débiteurs à payer leurs dettes, et les créanciers à vivre sur le travail des débiteurs. Ce jeu de cache-cache se joue entre débiteurs et créanciers, comme jeu de transfert des changes sociaux de l'un à l'autre dans les spéculations financières prévisionnelles. Les créances monétaires sont immédiates et les créances financières prospectives et incertaines. Le pouvoir d'achat certain et en paiement monétaire futur imprévisible doit être stabilisé et soumis à la flexibilité financière. Les créances monétaires sont assorties des risques de paiements. Les paiements monétaires sont sûrs et certains. C'est le crédit qui introduit l'incertitude dans l'économie monétaire.

La politique monétaire de la FED est l'emploi optimal des hommes suivant la flexibilité financière décidée par le marché et la stabilité, par les autorités en prix du marché officiel. La stabilisation des prix est interdépendante. Entre États, elle est juridique. Le prix officiel n'est qu'un indice dès l'abord des marchés noirs de paiement et par la suite des marchés parallèles au marché officiel de paiement. En cas de conflit durable entre ces deux variables de paiement de pays échangistes, selon J.M. Keynes, l'on doit adopter la stabilité des prix. C'est la position qui est adoptée par la France depuis 1912 dans la charte financière des colonies françaises, et renforcée en 1945 dans la zone franc. Le repli en 1971 de la France sur l'Europe pour l'accélération de la construction politique de l'union de l'Europe et de l'Afrique.

Pour l'Europe, la monnaie est l'ordre social de la construction de la macroéconomie qui est une économie sociale. La structure économique est sociale et consolide l'indépendance des peuples de l'impérialisme royal. Pour les Américains, la structure est l'entreprise, qui consolide la liberté individuelle par le travail individuel. La monnaie est un pouvoir de paiement.

L'agrégat monétaire est l'emploi du peuple dégagé de l'agriculture par les deux guerres mondiales, à savoir les Européens ; pour les Américains, l'insertion économique des gens sans terre dégagée de riches propriétés agricoles et la confiscation du travail social par les Rois et les nobles. Il faut maximiser la réussite par le travail individuel.

Dans le modèle économique de Bretton Woods, l'agrégat individuel des produits consommés est le fondement du modèle macroéconomique américain de production pour la consommation. La première partie du modèle américain était la stratégie de la concurrence des entreprises construites pour leur survie depuis 1908. L'objectif politique de la macroéconomique américaine est la croissance de la production des entreprises et l'enrichissement des entrepreneurs. La recherche sur l'entreprise, c'est la recherche des voies et moyens de devenir milliardaire. L'objectif macroéconomique européen est la défense de l'équilibre social de la consommation et de la production. La stratégie concurrentielle est la dynamique des entreprises dont de la production, comparée à l'agrégat microéconomique de la consommation des personnes.

Les deux stratégies unifiées sont hors sol. Elles composent le modèle américain de la modernisation de la monnaie et de l'internationalisation des économies privée et publique de Bretton Woods.

Le développement personnel domine le côté court de la production pour la consommation, l'emploi dans la production par l'entreprise. L'économie monétaire américaine, au milieu du XXe siècle entièrement monétaire et sans ordre social, affronte l'économie paysanne du reste du monde non monétisé et en enfance d'apprentissage de l'économie monétaire. Selon le modèle américain, cette économie est sans structure sociale et doit être simplement monétisée. Le développement est la construction de l'économie monétaire mondiale. L'agrégation nationale de la consommation de la production mondiale dans la liberté de transformation en valeur réelle de production ou consommée est la monnaie collectée. Cette programmation éclate l'économie mondiale en deux économies, une économie sociale publique réglementée et une économie privée libre de ses décisions capables de produire rapidement pour le marché et l'enrichissement des individus.

Le développement de l'économie est sa transformation en économie d'entreprise et publique de production et l'extension de la consommation au-delà des ordres culturels d'équilibre de troc. Cette conception de l'économie moderne est une nouveauté de l'accélération de la production pour le rattrapage de la consommation par rapport à l'économie paysanne. Cette accélération est soumise aux calculs sans orientation. La cohérence de ce développement avec le calcul américain de la richesse individuelle est capitaliste. Le calcul de l'équilibre social est socialiste. La recherche de l'équilibre social n'est pas l'alternative du développement personnel. Ces deux systèmes doivent coopérer étroitement par l'échange des biens et de la monnaie des nations dans la construction de l'équilibre économique des nations. La construction de l'économie américaine absorbe les cultures dans l'entrepreneuriat sans regard sur l'ordre social des cultures qui est l'économie d'échange. L'économie américaine est industrielle et l'économie européenne sociale avec l'ordre social et culturel intégré à l'ordre économique d'échange. Or l'ordre économique d'échange est social, l'ordre culturel de la production économique. La confusion internationale entre l'ordre social et d'échange et l'ordre économique et de développement a entretenu des conflits dans le concept de l'ajustement structurel. L'ajustement structurel des échanges est monétaire, et l'ajustement structurel de l'économie financier. À partir de 1971, l'économie internationale est financière. C'est l'effondrement de l'économie monétaire de Bretton Woods, c'est-à-dire de l'ajustement des déséquilibres des structures par des transferts monétaires. L'on passe au financement de la transformation des déséquilibres de structures, donc du développement économique mondial.

Le système monétaire international est modernisé en 1971, et le monde doit se pencher sur l'utilisation financière de la monnaie comme un instrument de développement, contrairement à son utilisation à Bretton Woods où elle est considérée comme un instrument d'ouverture des frontières des nations à travers les frontières juridiques des États.

L'ordre économique repose sur la mobilisation du travail de la population pour le développement de la production d'équilibre de la consommation de celle-ci, et l'exportation du reste internationalement normé. La consommation de la population des économies pauvres est insuffisante et déséquilibrée par rapport à leur demande. Pauvre parce qu'elle affronte la famine et se retrouve déséquilibrée parce qu'entraînée à la consommation occidentale caractérisée par l'ouverture des frontières économiques mondiales.

Les économistes vont approcher le développement par la théorie du dualisme des cultures ou de la concurrence de l'économie américaine. Libérale, elle va intégrer les cultures de production économique à la modernisation de l'économie mondiale contre l'économie du reste du monde reposant sur des cultures désintégrées et gérées librement. La modernisation de l'économie, c'est l'intégration de la monnaie dans l'économie à travers le calcul de la contrition personnelle à la production. Les cultures mondiales sont présentées sous forme de distribution de cultures et de distribution sans calcul. Le dualisme, c'est le conflit d'intégration de ces deux modèles dans un développement mondial harmonieux. Ils vont parler de la réduction du dualisme, comme le rejet des modèles non occidentaux. Ces sociétés vont préférer l'intégration sociale dans l'économie d'échange à l'intégration par les cultures et l'emploi des cultures des peuples. Pour la politique monétaire américaine, l'emploi c'est le dollar gagné, par l'unité culturelle de la production. Le contrôle du dollar est donc la capacité de contrôle de la production mondiale et des cultures de production. John Maynard Keynes conteste l'économie monétaire américaine qui ne peut pas créer des emplois, et critique la théorie économique internationale de la monnaie de Bretton Woods en lui opposant la théorie générale de la monnaie et de l'emploi national. Les États-Unis se heurtent, au début du XXe siècle, à la difficulté d'emploi international des hommes dans leur économie monétaire nationale. Il y a plutôt surpopulation et croissance de la population vers les marchés américains pour la ruée vers l'or américain du Far West.

La théorie générale de Keynes est strictement nationale et se heurte à la capacité d'intégration sociale de la monnaie dans les cultures indépendantes qui se préoccupent de leur ordre social. Toutefois, l'approche internationale de la conquête coloniale et esclavagiste pour la richesse monétaire ne le convainc pas. Il demande à ses pairs de la Chambre des Lords de cesser de demander aux colonies de leur prêter l'argent qu'ils n'ont pas et de proposer de leur vendre les biens que l'Angleterre ne peut pas produire. Qu'ils se replient avec les biens qu'ils disposent déjà en Angleterre pour construire avec la monnaie le système financier international. Le système monétaire keynésien introduit le gouvernement public sans productivité calculée dans l'économie libérale, autrement dit l'emploi national d'ordre culturel flou. Si l'emploi maximum est l'objectif monétaire de la rémunération du travail, l'emploi public flou de John Maynard Keynes doit être privatisé, pour établir la cohérence externe de l'agrégat de la consommation publique de la culture de développement. Pour les Américains, la politique monétaire de l'emploi public est contrôlée par le parlement et limitée au strict minimum des services publics pour permettre l'optimisation du budget des services publics, cotisé par le peuple et l'emploi privé maximum. La politique américaine de l'emploi est économique.

La politique monétaire privée de l'emploi est dirigée par les entreprises. L'on doit privatiser les entreprises publiques de production, alors qu'en Europe, le manque des entreprises privées de production conduit à l'émigration des Européens sans terre vers les États-Unis et les colonies des années 1910, pour faire fortune.

Keynes adopte dans sa théorie de la monnaie et de l'emploi de 1936, l'emploi public et la stabilité sociale de la monnaie comme politique monétaire de développement. L'emploi des hommes est intégré à la fabrication des biens manquant à la consommation publique, non pas comme politique de l'emploi, mais de la stabilisation sociale de l'emploi privé de la production pour le marché national. Cet emploi est hors cultures des travailleurs et hors marchés de production. La culture est intégrée dans le marché de production américaine, le marketing et le développement personnel. Elle est désintégrée des marchés mondiaux et s'organise en management général des nations autour de l'équilibre général de la production et de la consommation, de la gouvernance et de l'administration.

Le marché est l'auxiliaire du développement économique américain, mais reste contraint au développement de la gouvernance et de l'administration du monde. Le management développe le marché de l'administration publique de la gouvernance. La politique et la stratégie d'intégration des deux systèmes d'organisation du développement -l'un horizontal (américain) ; l'autre vertical (européen)- structurent le conflit des deux systèmes. Il n'est pas dualiste, mais politique, l'un cherchant à prendre le dessus du leadership sur l'autre. Ils entretiennent des déséquilibres favorables aux conflits propices à la stabilité des structures dans leur changement. Les changements dans des systèmes monétaires sont flous en raison de la stabilité des structures. Le modèle du développement financier des structures est de cohérence externe ouverte, notamment l'évolution des infrastructures et structures de développement. Le changement global du paysage du développement.

Le véritable marché de lutte contre la surpopulation et la pauvreté ouverte dans les villes en développement sans industries est le retour des hommes émigrés des colonies pour la richesse, dans leurs colonies indépendantes respectives. Le marché international de l'emploi maximum devient le marché financier de placement des liquidités, placées dans la maximisation américaine de l'emploi dans les entreprises multinationales des plus compétitifs. L'on peut postuler la relance de la production de ces entreprises par la baisse du taux d'intérêt de la FED. Cette économie est dans l'impossibilité d'employer des personnes non compétitives. La demande de l'emploi nationale est la monnaie nationale sous l'autorité de l'État. L'argent national est un bien que l'on ne peut produire, que l'on doit échanger en dollar lors des échanges internationaux.

Keynes postule le retour des Anglais des colonies pour le développement de l'économie anglaise par la monnaie et les biens dont elle dispose déjà. Ils pourraient ainsi multiplier les emplois nationaux par le crédit aux entreprises et la compensation des crédits entre banques primaires, et l'escompte en monnaie centrale pour dépense. La théorie monétaire de John Maynard Keynes est la compensation des créances réciproques des banques primaires sous le monopole de l'escompte de la banque centrale des crédits en monnaie centrale. Le crédit est donc l'avance de la monnaie à la production et sa stabilité, la conservation de l'équilibre temporaire de l'intérêt des participants aux marchés des échanges. L'économie est désormais projetée dans l'avenir et demeure spéculative.

Il recommande à ses pairs de cesser de demander aux colonies de leur prêter de l'agent qu'elles n'ont pas et de leur proposer de leur vendre des biens que l'Angleterre ne peut produire. Connaissant la culture conflictuelle et la recherche de l'égalité des peuples européens, il postulait la construction indépendante des nations d'économies monétaires et la compensation entre banques centrales de leurs créances réciproques, le Bank or. Le Bank or est la monnaie internationale garantie par l'or. Les Européens avaient adhéré au bloc or, contre la modernisation américaine du dollar en 1944. Le dollar est un équivalent général de tous les biens, voilant la consommation des déséquilibres de la production. Il permettait à l'homme dans sa modernisation financière de consommer sur promesse de produire, alors que l'or était un instrument strict d'échange des biens disponibles. Pour investir, il fallait accumuler dans le temps de production et de l'épargne. Les crédits existaient en économie de troc crédits, en avance des biens réels de reproduction et en calcul en intérêt sur la multiplication de cette semence, notamment la rétrocession de la semence. En Afrique, les filles étaient considérées comme des biens précieux échangeables et porteurs d'usufruits inaliénables sur leur progéniture. Les mariages étaient des dettes viagères de consommation du bien-être. Cet aspect culturel de l'économique africaine est rejeté par l'Occident mais profondément ancré dans la culture économique africaine. La promesse de production future était déjà ancrée et persiste dans le modèle économique africain de résistance à la culture occidentale. La production doit être émergée sur le marché.

En économie occidentale, le marché d'émergence des biens vendables est matériel. La traite des esclaves entre dans la comptabilité du commerce triangulaire. Toutefois, la modernisation financière de l'économie va commencer par l'ordre de la construction internationale de l'unité monétaire d'échange internationale créée et maîtrisée par l'homme. Les Banques centrales coloniales centralisaient la liquidité des colonies et des métropoles dans les capitales métropolitaines. Les premiers crédits aux paysans coloniaux délestés de leurs esclaves en 1853 par l'abolition de l'esclavage en 1848 étaient des crédits de soutien des récoltes pendantes de délai de trois mois maximum. Cette conception monétaire de la de gestion temporaire des récoltes et de la production a été retenue internationalement.

L'Union européenne, par imitation des États-Unis, va construire une monnaie et une Banque centrale unique (la BCE) pour la compensation des crédits de consommation des pays membres sans marché financier public de prêt à la production publique. Les États membres adoptent plutôt la privatisation des entreprises publiques de production comme solution à leur manque de marchés financiers, de cohérence avec la production publique. Pour leurs besoins de consommation publique excédentaire, les États européens vont dépendre des marchés financiers libres d'investir à taux des marchés libres.

Ils adoptent la position keynésienne pour qui l'intégration monétaire est nationale et le marché financier, international. Le prêteur, le marché financier, n'est pas sous la réglementation respectée des États ni des institutions internationales. Ils intègrent cependant la production internationale des multinationales dans la consommation des nations sans balance de paiement et sous ordres financiers internationaux[3]. Les nations sont assujetties aux marchés internationaux.

L'ordre monétaire de Bretton Woods est l'échange de troc de l'équivalent or, le dollar contre les biens compensés en dollar. La Banque mondiale déclare le nouvel ordre économique international en 1970, c'est-à-dire la confirmation de l'ordre dollar réglementé. L'industrie est l'économie américaine portée par le dollar. La richesse est désormais le dollar aux yeux du monde et non plus l'or. L'indépendance internationale des nations monétairement intégrées par le dollar et des entreprises nationales de productions échangeables crée un monde d'économie américaine. L'on peut désormais parler de la mondialisation américaine de l'économie. Les productions nationales et les échanges entre nations sont sous le contrôle américain à travers les États internationalement dépendant des États-Unis. Ces derniers peuvent contrôler le niveau industriel du monde, régulé les déséquilibres mondiaux de production et de l'ordre politique, militaire et économique. La France constate cette hégémonie avec amertume. L'association française des industries déclare, en 1934, le Grand Marché européen et ses colonies comme une alternative à la mondialisation américaine.

La structure de l'économie internationale est l'entreprise surplombant la structure sociale nationale de production pour le marché. L'indépendance sociale, la consommation des nations pauvres et sans industries, s'interroge sur le modèle de consommation de Bretton Woods qui est sans perspective de développement.

---

[3] C'est le constat actuel de Donald Trump qui demande un ajustement international de la déviation des politiques.

La perspective est la croissance de la consommation appauvrissant les structures de production d'autoconsommation nationale et favorable aux structures de production pour le marché. Mais les structures de production pour les marchés sont faibles par rapport à celles de l'Occident qui sont positionnées en concurrents et non en coopérants pour l'émergence des structures industrielles. L'intégration monétaire nationale des industries européennes accuse d'insuffisance et d'incertitudes l'équilibre de la consommation par la production intérieure hors colonies. Elles abandonnent le réel de la problématique de la théorie générale de la connaissance de cultures et de développement de l'intérieur, pour des conflits de poursuite de la recherche de l'extension de l'espace européen d'enrichissement et d'exploitation économique sans frontière depuis 1450.

L'indépendance monétaire des nations, favorable aux nations depuis 1970, et la modernisation de la monnaie et de l'économie en développement sous le contrôle de chaque État obligent le monde occidental et sa coalition à l'empêchement de l'indépendance des nouveaux États. La question du leadership de la conduite de la domination européenne s'est posée après la Seconde Guerre mondiale. La France ambitionne, à travers la déclaration de l'Association des industriels français en 1934, la construction de l'alternative du Grand Marché américain avec l'Union européenne des métropoles et colonies. L'Allemagne est cadrée par la scène internationale au profit de la France. Le souci séculaire européen est d'envahir le monde sans frontières et de construire des unions économiques et monétaires d'encadrement de leur propriété. C'est cette domination que J. M. Keynes appelle la culture occidentale qu'il connait bien et qu'il relate au début de sa théorie générale de la monnaie et de l'emploi. La monnaie est un moyen de fournir la monnaie aux Occidentaux pour leur développement personnel. La monnaie est inflexible et facilite le mouvement des biens et des hommes. Elle est rare et neutre.

La construction des États-Unis de l'Amérique est un conglomérat d'États à la recherche de son indépendance et de la paix gagnées dans le monde. Ce schéma est adopté par les États-Unis de l'Union africaine en 1966.

Il est combattu par la France à travers l'UMOA et aujourd'hui la CEDEAO. La France s'adosse sur l'Allemagne pour le dernier combat de retrait de l'Afrique. Elle refuse le débat sur le cheminement du franc français et sa flexibilité comme les monnaies anglo-saxonnes. Elle bloque le franc français et aujourd'hui l'euro dans une attitude de la monnaie de troc. Elle bloque la variation des phénomènes monétaires libres par contrainte administrative. Dans la modernisation financière, l'Angleterre, dès 1967, après la démonétisation de l'or en 1933, libère les colonies du rattachement administratif de leur monnaie au sterling. La France, après sa charte financière des colonies de 1912, rattache le FCFA au franc français en 1945, et à l'euro en 1990. Il annihile l'indépendance des colonies des années 1960 et poursuit sa politique coloniale séculaire d'union culturelle des États et la perte de leur souveraineté.

La théorie de l'intégration s'accommode des options sécuritaires de la France et non de chaque peuple dans sa tranquillité de paiement et de travail. Toute option de développement local est contre la métropole. Rien de grand n'est envisageable dans la zone franc.

La zone franc emporte l'Afrique dans l'unionisme européen de phagocytage de son développement sans considération des frontières entre les anciens colonisés, sans conflit interne d'intérêts économiques, et l'Europe ainsi que les États indépendants en lambeaux du fait de guerres d'indépendance de développement national. Le développement de l'Afrique est sans théorie économique, avec une politique de développement des peuples sans options sociales et économiques ni objectifs politiques de développement. Les données culturelles de l'Afrique s'éloignent de plus en plus de celles européennes, et l'Occident classe l'Afrique comme un sous-continent de bétail humain sans options. Il fonde le développement de l'Afrique sur sa théorie de remplacement de la population africaine par une population semblable à la population de la croissance occidentale. L'Afrique n'est pas organisée avec son élite actuelle pour le développement d'un continent indépendant. L'émigration de sa population révèle son incapacité à penser son développement différemment de la trajectoire historique de l'observation des premiers Africains à l'indépendance, du comportement de la France et de la prospective européenne de retrait de l'Afrique.

La théorie économique du développement de l'Afrique suivant les schémas de pensées économiques européennes est fausse. L'intégration monétaire française de l'Afrique dans la France est irréaliste culturellement et chimérique humainement. L'Angleterre, constatant la différence de cultures avec les colonies, s'est libérée de sa politique de rattachement monétaire avec ses colonies en 1967. En 1970, les Français des colonies se replient sur la métropole, se recyclent dans les centres de formations professionnelles pour se réinsérer dans l'économie métropolitaine. L'effondrement du Fonds monétaire international donna l'opportunité à la France d'accélérer la construction du Fonds monétaire de l'Administration française de l'Europe et de l'Afrique, avec le modèle administratif de Bretton Woods de la parité des monnaies fixées à l'or et du taux de change fixe. Il s'agit d'un modèle de statique comparé et de la stabilité administrée des déséquilibres par la monnaie. Le modèle américain est un modèle de déséquilibre dynamique de la croissance et de développement. L'organisation de Bretton Woods conforte le combat politique de la France, pour la construction de l'union de l'administration du Grand Marché de l'Europe et ses colonies, compétitivement au Grand Marché américain dynamique de production et de distribution de la consommation par le marché.

La réception européenne des doléances africaines, de sa reconstruction après l'esclavage et la colonisation qui étaient de modèles d'internationalisation du commerce des humains et des marchandises est mitigée. La régionalisation des conflits européens d'administration, après les deux guerres mondiales, s'étend à l'Afrique en guerres de libéralisation du continent de l'occupation coloniale. Elle invite les États-Unis au débat et à l'organisation de l'indépendance du monde libre aux Nations Unies et cet organisme à la coordination de la recherche de paix dans les conflits de guerre. Les nations africaines sont sous la dépendance coloniale forcée européenne, en dépit de leur indépendance en 1960, éclatée entre États européens comme colonies en 1884.

La solution africaine de l'indépendance de ses États était la construction de leur indépendance par l'organisation de l'Unité africaine. L'Afrique mit alors en place l'Association des Banques centrales africaines et le Centre africain d'études monétaires, pour la construction du Fonds monétaire africain. L'objectif était, après l'effondrement du Fonds monétaire international en 1970, la mise en place d'un Fonds monétaire d'accompagnement de l'Organisation de l'Unité africaine. L'unité de l'Afrique était conçue comme les États-Unis d'Afrique à l'image de ceux d'Amérique.

Le financement public des colonies indépendantes pour leur étatisation qui les rétrocède aux entreprises publiques sur la base du lancement de la nouvelle structure administrative des États, notamment de la production de l'énergie et de l'eau, endetta stratégiquement les pays indépendants. Les années 1960-1970 sont des années de croissance régulière des échanges publics tirés par la production des matières premières exportées pour l'industrie européenne et le financement public de la mise en place des structures de fonctionnement de nouveaux États des nations africaines. L'assistance publique à l'émergence des États se transforme, en 1970, en privatisation des investissements publics et ouverture des nouveaux États sur le marché financier international.

La France, sous pression commerciale américaine de l'indépendance des colonies, signa des accords de protection militaire et de coopération monétaire avec ses colonies contre les voisins européens pour la protection de l'exploitation du sol et du sous-sol des colonies indépendantes, par des concurrents.

L'Organisation de l'Unité africaine (OUA) créée en 1963 s'accompagne de l'indépendance monétaire des colonies de l'Angleterre en 1967 et de la création du Centre africain d'Études monétaires[4] du continent libre en 1980.

Sous la houlette du débat sur le surendettement public des colonies indépendantes très pauvres et endettées, la stabilisation des recettes de changes, l'Association des Banques Centrales africaines met en place le Centre africain d'Études monétaires (CAEM), pour l'étude de l'organisation de l'indépendance monétaire du continent. Tout se passe apparemment comme la préparation de la construction de l'insertion de l'Afrique indépendante des années 1960 dans le monde libre ; mais en réalité, tout se passe essentiellement comme la préparation par la France de la récupération de l'indépendance octroyée administrativement et involontairement à l'Afrique par l'Europe. La construction de l'Union européenne s'accélère en 1982 et le traité de Maastricht, signé en 1990, met l'Europe en route pour la construction du Fonds monétaire européen administratif de l'Europe et de l'Afrique à l'image de Bretton Woods, alternatif au Fonds monétaire de commerce et de développement américain de Smithsonian.

---

[4] Organe exécutif de l'Association des Banques Centrales des pays africains indépendants. Elles furent accompagnées d'une chambre de compensation entre Banques Centrales de chaque sous-région.

2. La croissance statique comparative et la stabilité administrative des déséquilibres de l'économie de troc

L'Union européenne, de l'Europe à l'Afrique, est une union de la statique comparée des cultures européennes et africaines sans stratégies de croissance et de développement. La convergence économique permet à la Centrale de surveiller les rythmes nationaux de croissance sans compétition. On est également bon ou médiocre. Les nations n'ont pas le pouvoir de se mouvoir en dehors de l'Union et doivent se mouvoir dans l'Union au même rythme. Les nations sans souveraineté sous cette organisation n'amélioreront leur performance. L'aide maintenue comme un moyen de remboursement de la dette publique sans performance et de la dégradation économique intérieure. La pandémie de Covid-19, risque extérieur commun, a montré l'insuffisance de l'action communautaire. La relance de l'activité économique après la pandémie a montré l'absence de la réflexion sur l'organisation de l'Union. L'on n'a pas observé que l'indépendance des nations a prévalu sur l'union des cultures ; que les remboursements des prêts sont les règles primaires d'emprunt ; que l'engagement de l'État sans décision de production actuelle est une aberration économique. L'engagement des États sans production est une prévision du surendettement.

Monétaire et financière nationale.

L'Afrique est confinée dans le projet français du Grand Marché Europe-Afrique envisagé en 1934 par l'association des industriels français contre le Grand Marché international des États-Unis. Le Grand Marché mondial des États-Unis est en déséquilibre permanent, dynamique en croissance et développement. L'union Afrique-Europe (UE-UA), créée en 1990, est le passage européen en force de l'Europe à l'Union de l'Afrique sans ressources d'investissement technique et financière intérieures. L'Afrique est piégée par la monnaie et la technologie européennes. La technologie rationne le travail, la monnaie et la finance, l'administre.

L'économie africaine, délestée du financement public et de la technologie au profit du remboursement de la dette par les efforts intérieurs de production, est confisquée en réserve de change, et le contrôle de la circulation de la liquidité intérieure confine l'économie au stade traditionnel et paysan. Ces économies accusent une surpopulation sans marché, en lutte pour l'émigration. La corruption administrative s'introduit comme une alternative à la survie sédentaire. L'émigration de la jeunesse sans avenir sédentaire est la seconde alternative. La jeunesse est en ballottage de choix, d'organisation de la résidence sédentaire et/ou expatriée. C'est l'option laissée à la jeunesse africaine à partir de 1970. Les pays africains sont des colonies organisées en zones monétaires d'approvisionnement des métropoles coloniales européennes en matières premières désirées. Les indépendances octroyées par ces métropoles dans les années 1960 n'avaient pas été concertées avec les Africains, mais imposées administrativement à contrecœur par les États-Unis aux métropoles comme contrepartie du relèvement de l'Europe d'après-guerre.

L'Afrique avait envisagé une approche concurrentielle américaine de marché avec les métropoles essentiellement administratives. Elle voulait se concerter pour la politique monétaire d'indépendance africaine de la construction de la fédération économique de l'Afrique.

Cette politique africaine de sa construction, sur la base de sa culture de production et de l'organisation durable de sa subsistance sociale, est rejetée dans l'approche européenne de l'indépendance mitigée de l'Afrique phagocytée par l'administration impérialiste et dominante européenne. Le développement n'est pas une perspective économique européenne. L'administration européenne est codifiée par la charte financière des colonies françaises de 1912, qui interdit l'exportation du matériel de production vers les colonies et l'échange entre colonies. L'Union Europe-Afrique stérilise le processus de production et de développement horizontal de l'Afrique. Toutes les relations entre colonies doivent transiter par les métropoles. La CEDEAO, organe d'inversion de ce mécanisme de stérilisation des processus d'intégration horizontale de l'Afrique de l'Ouest multiculturelle et multicoloniale, reste accrochée à la France, celle-ci adossée stratégiquement à l'Europe, pour la défense de l'Union Afrique-Europe.

Dans ce mécanisme, le peuple ne produit pas pour sa propre consommation et fonctionne dans l'Europe. Les matières exportées des colonies indépendantes sont européennes, et les vieilles entreprises coloniales abandonnent les colonies. Les premières industries publiques locales de fourniture de la consommation locale sont fermées. Toutes les soixante dernières années de l'indépendance de l'Afrique, notamment celles francophones, semblent avoir été des années de « sous-développement » de l'Afrique. Le peuple s'évertue à faire des productions artisanales vendables à l'exportation pour la survie locale.

La disparation des mises en valeur coloniales et la végétation des initiatives du développement public de la consommation nationale au

Cameroun, par exemple SODERIZ, SOCAPALM, SODECAAO, SODECONTON, SODECFE, ont été remplacées par les Brasseries du Cameroun et autres. Seules SOCAPALM et les Brasseries du Cameroun sont les entreprises cotées sur le marché boursier de Douala. Le peuple, grâce au travail des femmes paysannes, leur substitue des travailleuses individuelles de production pour le marché de la consommation alimentaire. L'Afrique doit se battre pour la reconstruction de sa production de consommation traditionnelle ou s'adapter à la consommation importée. Les industries de la production locale naissent et meurent sans croissance du fait de la mauvaise gestion et de la concurrence extérieure imposée par les élites locales indélicates en quête de liquidités d'importation des biens étrangers concurrents. Les petites et moyennes entreprises locales se spécialisent dans la distribution des produits importés. La production pour l'exportation est essentiellement les matières premières agricoles du temps colonial (le cacao, le café, l'huile de palme, les bananes), sans possibilité de leur transformation locale en biens manufacturés et de mécanisation de leur production. Les productions restent confinées dans l'interdiction du transport du matériel de production dans les colonies. Le processus de modernisation de la monnaie déclenche le processus de consommation des importations et introduit le déséquilibre de la structure de production, de consommation et de paiement administrée de l'extérieur. C'est la dépendance administrative du développement.

La formation en technologies de la production dans les colonies indépendantes pour le marché est sans support industriel d'application. Les formations locales se théorisent pour les emplois administratifs extérieurs. Les spécialisations technologiques à l'extérieur s'intègrent dans les systèmes des structures industrielles de leur formation, des pays d'accueil. La tentative de retour des jeunes dans leur pays d'origine se heurte au manque de plateau technique de leur formation, dans une économie paysanne et artisanale en dégradation des structures traditionnelles sans émergence des structures industrielles. Les entreprises sont dans l'impossibilité de grandir et de fournir la demande dynamique de l'emploi et la consommation des jeunes sortants des grandes écoles, qui n'ont pour grand que leur nom, et leur ambition de formation théorique. Les écoles publiques de formation se heurtent au système de gestion de l'administration publique prédatrice des deniers publics et de distribution des liquidités administratives intéressées. Les États endettent les contractuels de la fonction publique actuels et utilisent le différé de paiement pour le financement à l'horizon de trois années de crédit de financement de leur fonctionnement dans l'État. Il s'agit là d'une anti-modernisation financière où le salaire n'est plus une condition de travail. Ils doivent financer leur recrutement dans la fonction publique, ce qui décourage l'emploi public et renchérit les écoles publiques d'administration au détriment des personnes qualifiées. Ces écoles deviennent des centres de trafic de l'influence réservée aux usagers de la Haute Administration. Les entrées dans les grandes écoles publiques sont achetées au prorata d'environ la moitié des salaires prévisionnels des contractuels de trois ans. Ce processus stabilise l'économie paysanne et artisanale dans sa lutte pour la corruption de l'administration, de l'insertion de sa progéniture dans la fonction publique.

La croissance économique est appauvrissante de l'administration et de la paysannerie. L'économie monétaire publique est socialement spéculative. La spéculation des marchés est parallèle sous le régime Administration, et la lutte contre la corruption administrative et le marché parallèle sont les deux volets de la modernisation de l'économie administrative.

3. Déséquilibres, dynamique des structures de croissance et de développement économique monétaire

L'investissement international est l'essentiel de l'investissement national au démarrage du développement des années 1950. L'Asie du Sud-Est, la Chine et l'Inde se battent pour la construction de leur indépendance monétaire et du commerce de croissance et de développement, la modernisation financière de leur développement national par leur propre monnaie et le crédit. L'investissement international est un appoint à la gestion du développement monétaire et financier national. La contrainte est essentiellement technologique. La consommation est alignée à la production et met toute la population à la recherche de l'emploi.

Le développement est l'enrichissement de la surpopulation pauvre et à horizon économique ouvert. Les marchés se spécialisent, se côtoient, échangent à des prix différents librement, se développent et mobilisent la concurrence des membres de la société. Les marchés sont compétitifs. Le développement est alors le mouvement. La population se bat sur les marchés parallèles, s'exode vers les villes et émigre vers des horizons porteurs d'opportunités meilleures. La stratégie est la concurrence et le processus, le développement.

La recherche de l'équilibre de la production et de la consommation est un jeu de déséquilibres. La monnaie mobilise et stabilise les déséquilibres. Elle mobilise les déséquilibres par son miroir social, l'illusion monétaire de la richesse, et stabilise par sa compensation réelle du déséquilibre de paiement en tant qu'équivalent général de tous les biens.

L'économie administrative est le troc des biens contre biens sans illusion et équivalence des biens. Les économies de troc, d'échanges des égalités de biens et non des équivalences miroitées par la monnaie. La théorie quantitative de la monnaie était une théorie de l'économie de troc.

La flexibilité des prix et des taux de change dynamise l'économie. Ils nous placent dans une véritable économie monétaire et de marché. Les marchés libres et parallèles se développent socialement dans cette économie monétaire et des marchés. L'action de la régulation officielle par la monnaie oriente les déséquilibres de structures. La variation des phénomènes monétaires s'accompagne de la variation des structures.

La solidarité (le vivre-ensemble) accompagne la générosité spontanée des producteurs excédentaires et la correction des dégradations constantes sur les marchés parallèles. Dans le partage social des excédents, l'État consommateur public est indexé pour la répartition administrative et publique de l'accumulation de la pauvreté sociale, sous des richesses privées accumulées par des individus. L'introduction de la monnaie oriente alors les excédents de production vers les marchés sans frontières et renforce le prélèvement public de l'État sur des accumulations privées. L'agrégat de la production anticipe les marchés et l'agrégat de la consommation est spontané sur le marché. La production est antécédente et contrainte par rapport à la consommation.

Il convient de pratiquer l'économie monétaire, mais pas de comprendre la monnaie dans sa complexité de biens neutres dans des sociétés dynamiques, d'équivalence générale de tous les biens, miroir social et équilibre des échanges en déséquilibre de consommation et de production. L'apprentissage de l'économie monétaire par la pratique va faire beaucoup de victimes de la pauvreté et engendrer l'échec de beaucoup de politiques de l'économie monétaire face à la permanence des déséquilibres de la production et de la consommation.

La monnaie, instrument d'échange extérieur, impose le change de la monnaie nationale contre la monnaie étrangère pour l'échange des biens extérieurs. La production pour exportation contre monnaie des métropoles devient le socle de la coopération internationale. D'après l'analyse précédente, la monnaie est le substitut de la production dans les échanges dont il faut maximiser l'accumulation par l'emploi des hommes à l'exportation et le remboursement de la dette d'anticipation de la consommation de la production. Le prix est un phénomène monétaire dont il faut stabiliser la valeur pour la consommation courante. En définitive, c'est la consommation que l'on s'efforce de stabiliser, les prix étant fluctuants sous la pression des transactions sociales. La demande de monnaie pour sa double fonction ainsi que l'anticipation de la consommation et de la production mobilisent la main-d'œuvre sans crédit des ouvriers, pour augmenter la production anticipée. La stabilisation des prix pour la consommation par le marché exige des retenues sur la consommation. La gestion de l'économie monétaire devient celle de l'*inflation et du chômage* en administration économique. L'inflation, tendance à la hausse des prix sous la pression du gouvernement et des entrepreneurs, contrée par la pression de l'ordre social à la baisse des prix de la consommation, stabilise librement le prix en économie libérale de développement. Le chômage est la tendance au renvoi du personnel des entreprises face à la baisse des prix de l'économie libérale. La liquidité générale se divise alors en deux parties : une partie pour la production anticipante de la production à crédit pour la consommation de demain, le capital non accumulé, mais supputé, d'une part, et, d'autre part, le placement de l'actif disponible pour la maximisation de la liquidité de la consommation courante. La compétitivité entre le placement et l'investissement anticipé oriente la liquidité générale vers la spéculation sur les marchés financiers et d'anticipation de la production.

L'indépendance des colonies s'accommode de celle de leur monnaie. Sur les marchés locaux, le peuple désire échanger dans leur propre monnaie et administrer individuellement cette dernière. L'équilibre social est géré sur les marchés de la pauvreté ou de la richesse de la production nationale. Cette gestion peut être considérée par les capitalistes comme ***autoritaire*** ou libérale, suivant que la tendance est favorable à la rigueur des applications ou au laxisme.

Sur ce marché, la monnaie locale est l'instrument d'échange essentiellement local. Sur le marché international, le taux de change et la détention des monnaies des partenaires sont essentiels aux échanges. L'introduction de la monnaie étrangère comme instrument d'échange local est interdite. Elle oriente les échanges vers les marchés internationaux, par le biais des marchés parallèles de changes.

4. Les échanges entre économie de troc et économie monétaire

Les marchés parallèles ont été à la base du serpent de l'union des monnaies de troc européen. Mais la France a intégré l'Afrique francophone dans la construction de son économie de troc. L'Afrique, dès 1963, s'organise pour la fédération économique et monétaire de l'Afrique indépendante, par l'OUA, et l'unification de la monnaie des Banques Centrales africaines. L'union monétaire est commerciale et la fédération économique culturelle. Le développement mondial intégré de 1950, sur la base américaine, consterne le commerce et ensuite l'économie. Le démarrage du développement mondial d'intégration est le libre-échange à Bretton Woods. En 1971, l'effondrement de Fonds monétaire international est la fin de l'économie de troc internationale. L'économie internationale est désormais monétaire.

La France opte pour la poursuite de l'économie de troc régional avec ses colonies. Ce modèle français vise à unifier l'Europe et les colonies en un territoire économique sans culture. La convergence économique est le seul objectif de l'union. L'application africaine de ce modèle français d'union des cultures et des monnaies se heurta à la liberté culturelle de gestion économique que portait le modèle monétaire fédéral américain. L'indépendance des nations est abandonnée dans le modèle d'union des cultures européennes.

La fédération monétaire de type américain, initiée et visée par l'OUA, est en conflit avec le modèle de l'économie de troc de Bretton Woods.

L'Europe, dès 1970, rapatrie ses citoyens en colonie, les recycle dans les centres de formations professionnelles pour l'insertion dans les structures économiques européennes. L'emploi est national, comme disait Keynes à Bretton Woods. L'ordre social est exclu du modèle, d'où la pertinence de la découverte de Jacques Rueff, de l'économie monétaire française comme l'ordre social. Elle administre donc l'ordre social contre le libéralisme social.

Il s'ensuit que l'implantation du monétaire dans l'économie mondiale est conflictuelle. L'ordre social est l'organisation de la vie des cultures en rencontre avec l'Occident, donc la culture française et les cultures européennes. La convergence économique et monétaire française suppose *l'égalité des cultures,* donc le troc économique de l'égalité des efforts de travail et non pas de leur équivalence.

La relation entre l'économie monétaire et l'économie de troc des valeurs disponibles divise la population en deux groupes : le groupe des producteurs et exportateurs de l'économie monétaire sur les marchés libres, et le groupe des consommateurs et des exportateurs sur le marché officiel administré. Mis ensemble, comme en Afrique, les échanges interdits officiellement s'opèrent sur les marchés parallèles libres ou combattus.

Le concept de l'intégration économique et monétaire intégrait donc la monnaie dans l'économie de manière flexible avec un libre-échange, et le concept d'administration économique et monétaire, une organisation militaire de la protection des échanges officiels de troc.

L'économie monétaire américaine ouverte et libre sur les marchés à l'international a besoin de sa protection nationale. C'est le « America first » de Donald Trump. Le marché est porteur de la culture américaine.

Dans la culture européenne de la consommation, Bretton Woods organise les échanges entre l'Amérique productrice et le reste du monde consommateur, à commencer par l'Europe de l'après-guerre.

L'Union européenne est l'union en consommateurs, et les producteurs européens délocalisent pour vendre en Europe. De même, les investisseurs étrangers en Afrique, à commencer par la France, investissent dans les économies monétaires africaines, pour vendre dans les économies de troc francophone[5]. L'Europe rencontre des difficultés de transformation de son économie de troc en économie monétaire américaine.

L'Europe est gênée par l'indépendance culturelle de ses pays membres et le poids social porté par ses gouvernements respectifs des anciennes colonies dans la construction des Nations Unies.

Le dollar, instrument d'échange international imposé au monde à Bretton Woods, sous condition de l'expansion internationale de l'économie monétaire et de production industrielle, force la coopération monétaire internationale étroite et l'abandon de l'économie de troc à Bretton Woods. L'offre et la demande de la production américaine sont flexibles sur les marchés internationaux et stabilisés par les échanges. L'ouverture des marchés renforce la compétitivité des producteurs avec les États-Unis ainsi que la nécessité de coopération internationale. Les États fédèrent les producteurs et la France unit les consommateurs. L'économie internationale est une guerre entre producteurs et consommateurs. Jusqu'en 1970, l'économie internationale est une économie de production américaine et de la relance de la consommation mondiale. La spécialisation de production pour le marché européen est régionale à partir de 1972. L'Europe accélère la construction de l'Union de troc européenne contre le système monétaire d'échange international américain en dollar. L'euro, monnaie unique européenne, ambitionne d'être une monnaie internationale sans compétition de sa production contre la production américaine. Elle lutte contre le libre-échange et la

[5] Peugeot au Nigeria.

production américaine, défend les productions écologiques et se ferme stratégiquement aux échanges américains, bravant son marché de troc par la compétitivité de ses produits. L'économie privée est posée comme le fondement de la macroéconomie de Bretton Woods. La macroéconomie de Bretton Woods est la consommation agrégée par les individus sur le marché. En 1970, la macroéconomie devient la production agrégée par les États. L'agrégat macroéconomie de la production vise l'équilibre de la consommation des nations.

La production du monde est agrégée face à la consommation mondiale agrégée par les individus. Le développement est mondialisé et globalisé à partir de 1970. Le développement mondial intégré des années 1950 s'adresse à la mondialisation de la consommation, et le développement mondial intégré des années 1970 à la mondialisation de la production en complément de la consommation. L'économie mondiale est déséquilibrée. Le côté long du déséquilibre est la consommation.

L'emploi national est possible en économie de troc, donc administratif et public, et impossible en économie monétaire de marché défendue par les États-Unis. Le problème américain était l'assistance du monde à son industrialisation, donc à la création de l'emploi hors des États-Unis. Les produits exportables du monde aux États-Unis créent l'emploi international non pas seulement à partir de l'exportation des matières premières, produits miniers – cobalt, l'or, le cuivre, l'étain...–, pétroliers et agricoles – café, cacao, caoutchouc – disponibles en abondance en Afrique, mais aussi des produits fabriqués et exportables aux États-Unis, par l'industrie qui sollicite la concurrence internationale[6].

L'Afrique dans sa tendre enfance industrielle est comme l'Europe au début du siècle, sans industrie ni monnaie, et sans marché industriel. Les échanges économiques sont faibles pour la production paysanne. Elle est affaiblie par les deux guerres mondiales qui la délestent de sa surpopulation paysanne et la met en position d'industrialisation et de résorption de la croissance de sa population par l'industrialisation et la surveillance de sa surpopulation. Dans la réflexion sur la croissance économique, elle découvre des prix et le change sur la variation des échanges. Les commerçants francophones frontaliers des commerçants anglophones découvrent avec curiosité l'instabilité de change des monnaies anglophones par rapport au FCFA. Leurs échanges sont des trocs de marchandises, et les banques coloniales mises en place

[6] AGOA, ou l'échange des productions africaines manufacturées aux États-Unis.

échangent le franc français contre les biens réels. Le franc français est un bien réel avec un doublon CFA.

Dans le cadre de la mondialisation, les prix fixés sont maintenus à la hausse par la Banque mondiale et les taux de change fixés nationalement et stabilisés internationalement par le Fonds monétaire international. La stabilisation monétaire est en apprentissage par le marché à partir de 1970 et est achevée au second semestre 1996.

Depuis lors, le problème économique de la mondialisation est un conflit entre l'économie monétaire américaine et l'économie monétaire publique européenne de troc.

L'économie de troc affûte son aptitude à contrôler les prix, le change et la convergence économique des cultures des pays membres. Cette organisation européenne de l'économie régionale mobilise ces cultures par la distribution gratuite aux États de droit des aides non remboursables.

La théorie générale de la monnaie et de l'emploi était une théorie keynésienne de la généralisation de l'emploi privé d'une économie de déséquilibre à l'équilibre de l'emploi public. L'économie de Smithsonian attribue le développement à la production à l'équilibre de la consommation. L'économie de Bretton Woods est une économie d'appoint de l'emploi privé par l'emploi public – qui réserve l'emploi international au secteur privé qui est le fondement social de l'emploi. Les années 1960-1970 sont des années de préparation de la consommation publique et des États de droit public comme unité de gestion de l'économie publique. Le système monétaire international va lancer l'économie internationale des États à Bretton Woods. Les économistes vont se former à la macroéconomie ou en économie publique. La mondialisation de l'économie va organiser le système monétaire de paiement moderne de l'économie internationale contre le système traditionnel de troc international des biens contre un bien précieux international non dégradable, l'or. Le dollar, monnaie américaine, doit se conserver non dégradable comme l'or. L'économie mondiale est monétisée en 1970. La production mondiale est déficitaire par rapport à la consommation mondiale. Il faut véritablement rallonger le côté de la production mondiale. La technologie et la compétence de production et d'échange sont mal distribuées et concentrées aux États-Unis et en Occident. L'on étendra par la suite la technologie et la compétence de production dans le monde pour l'équilibre de la consommation mondiale. La colonisation séculaire des territoires paysans doit cesser.

Les déséquilibres des producteurs industriels s'élargissent au détriment des économies paysannes et des gouvernances publiques. Les déséquilibres s'élargissent au profit du progrès technique occidental et de l'émigration des économies paysannes vers ces économies industrielles à la recherche de l'emploi qui mobilise les populations.

Le Président Roosevelt et Winston Churchill établissent sous le nom de la Charte de l'Atlantique, à la veille de 1944, une liste de huit principes destinés à encadrer leur commune vision de la conduite de l'avenir, dont deux sont économiques : « l'accès au commerce et aux matières premières du monde réservées à tous les États aux mêmes conditions » ; « la collaboration totale sur le terrain, de toutes les nations pour leur garantir de meilleures conditions de travail, l'essor économique et la sécurité sociale ». Dès lors, l'accès libre aux matières premières et les conditions de travail descentes sont les deux socles économiques de l'essor économique et social du développement international de l'Occident. En matière monétaire, la nécessité de mettre en place le système monétaire international stabilisé de compensation des créances réciproques entre nations, « en vue d'endiguer les fluctuations et les chocs entre les monnaies »[7] est nécessaire. L'économie monétaire internationale échange des agrégats des biens produits et des demandes de la consommation mondiale et transforme, de manière asymétrique, les matières premières en biens consommables ainsi que l'économie réelle et paysanne en économie monétaire et industrielle. La transformation de la production paysanne en production industrielle est voilée par l'ajustement monétaire des déséquilibres de la production et de la consommation et les processus réels de la dynamique de développement. La théorie de développement économique est ce processus de changement pour le marché.

La stratégie européenne du développement est statique, sans changement depuis le début du XXe siècle. Elle révèle l'approche macroéconomique française de troc avec les colonies depuis 1853, à la création des Banques Centrales coloniales, reconduite après la Seconde Guerre mondiale. Les Banques Centrales de l'Afrique indépendante sont considérées comme les Banques Centrales coloniales, et les ministres des Finances des colonies indépendantes comme des trésoriers du Trésor de la métropole. Ils doivent tenir largement ouvertes les trésoreries des entreprises publiques et coloniales de la métropole. Cette dernière considère les Banques Centrales africaines

[7] Lettre de Lord Keynes au Dr Whittle le 11 octobre 1943.

comme le groupe des Banques Centrales coloniales de 1853, collectant la liquidité générale des colonies pour la métropole. La politique économique s'est adaptée à l'évolution de la population, l'émigration de la surpopulation, dans le blocage des structures du développement. La pression de la population exige une restructuration et une dynamisation de la politique de développement économique et social de l'Afrique, autrement dit une renaissance de l'Afrique.

L'obligation de la consommation et du vivre-ensemble qui diffère de la consommation anticipée de la force de travail de la production de la jeunesse en mouvement de croissance appauvrit l'avenir de l'absence de l'emploi. Les emplois publics et privés sont sporadiques et raréfiés. Le remboursement du crédit social de la consommation anticipée n'est pas modernisé pour l'industrialisation, et les engagements de l'économie non plus respectés.

Les Américains modernisent ce processus par le détachement des monnaies coloniales du dollar et des autres monnaies des pays en industrialisation rapide. Cette libération facilite la gestion de la consommation et l'exigence de la production pour la consommation locale. La monnaie, dans la modernisation, est la dynamique des crédits de consommation et de production.

La cohérence externe de la conception de la modernisation est le remboursement certain et à bonne date des crédits. Dans l'économie monétaire de troc, les crédits sont rares. Et le remboursement renvoie à l'accumulation anticipée du capital d'investissement. Le système bancaire doit garantir et exiger le remboursement de crédit comme le socle de l'économie moderne de croissance de la production et de l'enrichissement de la consommation. L'organisation fédérale et centralisée soulève le problème de la souveraineté des nations dans leur endettement de développement et la gestion de leur liquidité.

5. Souveraineté et gestion macroéconomique

La souveraineté est culturelle et compétitive. L'union monétaire n'intègre pas les cultures, mais s'ajuste aux déséquilibres des cultures. Elle facilite la dynamique des cultures. Elle ne change pas les cultures.

Lorsqu'on est en économie souveraine, on adapte les monnaies aux cultures. La mondialisation diversifie les monnaies, elle ne les unit pas. C'est le projet de Bretton Woods. L'Union européenne va à contresens de la diversification des monnaies et risque l'explosion des nations sous des États de gestion nationale de troc. Les économies de troc délocalisent ces industries pour la production dans des économies monétaires des biens exportés en économie de troc pour consommation. Aussi, les pays francophones sont des économies de consommation en face des économies monétaires de production africaine exportatrices[8]. De même, l'Europe consommatrice délocalise ses usines en Chine et aux États-Unis, pour la production exportée en Europe destinée à la consommation. La Chine, pays producteur, est en compétition serrée avec les États-Unis, producteur mondial. Ces derniers s'appuient sur leur monnaie pour le développement des échanges et leurs technologies respectives pour la production. Ils font la compétition par la technologie encadrée et modérée par leurs monnaies respectives.

Depuis 1908, les États-Unis enseignaient la compétition des entreprises américaines dans les *Business Schools* américaines comme politique de développement de l'entreprise. La Chine a développé sa politique de fermeture culturelle et ouvert structurellement et stratégiquement son économie pour exporter son savoir-faire sans conflit vers le monde. La Chine bénéficie de son expérience de la Route de la soie pour échanger avec l'Europe afin de relancer le commerce international maritime et le commerce routier. Sa culture est politiquement protégée sans conflit. L'intégration mondiale de la Chine est essentiellement économique.

Le lancement de l'emploi public de l'Europe et de celui des entreprises était apprécié dans l'évaluation de l'essor économique et social keynésien. L'expérience personnelle américaine des explorateurs aventuriers américains avait lancé l'emploi international. L'expérience politique de la Chine va accompagner l'emploi public des peuples sédentaires organisés et ouverts au XXIe siècle. Les entrepreneurs du reste du monde encore en initiation se formeront à l'économie monétaire des peuples chinois. L'approche économique chinoise est sociale. Elle ne s'oppose à aucune autre approche et n'est l'alternative d'aucune autre. Elle est systémique. La refondation sociale de l'économie est la base de la théorisation de l'économie mondiale. De développement.

Dans les années 1965, les États-Unis vont enseigner la stratégie du développement sectoriel des États en lieu et place de la stratégie concurrentielle de l'entreprise privée. Ils posent l'entreprise comme le fondement microéconomique de l'économie sectorielle. La théorie macroéconomique américaine est sectorielle. Pour Keynes, la théorie macroéconomique est la consommation.

---

[8] Voir le commerce parallèle entre le Nigeria et la zone franc.

L'on va s'engager dans un syncrétisme de mélange de la micro-macroéconomie, socialisme-capitalisme et la perte de cheminement social de l'économie et de la concurrence loyale.

L'industrie doit affronter la concurrence des entreprises publiques de production, des pays en développement, la décolonisation et le développement social. L'Organisation des Nations Unies s'accroche à l'entretien de l'Atlantique par le Président Roosevelt et le Premier ministre Churchill, à la défense de l'exploitation internationale des matières premières sans frontière et à la liberté de propriété étatique. Alors que les États en développement sont sans technologie d'exploitation ni arguments ni armées de protection de l'exploitation de leurs matières premières, seule richesse convoitée par le marché international. L'exploitation libre de cette richesse est protégée par les armées occidentales et exploitée par la technologie occidentale.

L'impérialisme est mondial et le développement des nations pour leur peuple différé. La préparation des nations à leur exploitation est confiée aux États entre 1960 à 1970. Les colons résistent dans les colonies indépendantes. À partir de 1970, ils se replient dans les métropoles. La France change de stratégie, la résistance à distance est menée avec la construction de l'Union européenne. Le déménagement des entrepreneurs coloniaux et l'abandon de leurs entreprises s'accompagnent de leur formation professionnelle dans des centres de formations professionnelles des chambres de commerce en France pour la réintégration dans l'économie d'emplois européens dans les entreprises de la métropole.

Les emplois des hommes quittant l'économie paysanne pour les villes embryonnaires des anciennes colonies sont accumulés en surpopulation urbaine des activités précaires de survie au jour le jour sur la débrouillardise dans les marchés naissants sans liquidité et non structurés. Ces structures correspondent plus aux structures monétaires de marché. Le confinement de ces économies par les métropoles dans le marché de la monnaie unique métropolitaine soulève le peuple qui réclame sa monnaie et la flexibilité de ses mouvements. Il ressent que le développement est le mouvement.

La surpopulation sans technologie ni emploi de production dénature l'économie traditionnelle. L'économie de troc est rejetée. L'emploi manque de dynamisme culturel, et la monnaie, de flexibilité de mouvement des actions. La politique publique de l'emploi est périodique, celle des marchés est permanente et s'accommode de la survie des populations. Les États-Unis investissent dans des domaines de contrôle stratégique de l'emploi mondial sur le marché dans l'intégration des conditions de l'emploi dans la rémunération des employés.

Le pétrole, par exemple, du reste du monde et les autres matières premières, notamment l'or, le diamant, le cobalt et l'uranium, les terres agricoles arables et les mines de minerais comme l'estimaient Churchill et Roosevelt dans le cadre secret de leur concertation, de la Charte de l'Atlantique, étaient libres d'exploitation. L'accès à ces richesses était libre des négociations entre États. C'est sur cette base que la France a signé les accords de coopération économique et monétaire d'hypothèque de l'exploitation concurrente des ressources des anciennes colonies.

L'exploitation des richesses est donc complétive entre États occidentaux. Dans l'organisation de l'exploitation du monde. L'erreur générale est de considérer l'économie industrielle comme un substitut à l'économie paysanne, agricole et artisanale. Elle est le complément puissant et stratégique de l'exploitation et de la gestion à distance du monde libre de la Charte de l'Atlantique.

L'Organisation des Nations Unies apparaît comme un complot occidental contre le reste du monde. Cette exploitation concurrentielle modifie le savoir-faire, le vivre-ensemble et le modèle de fédération américain en modèle de centralisation et protecteur européen. La France-Afrique et les Unions européenne et africaine sont les formes concrètes de ce modèle.

Ce processus de développement mondial secret doit être officialisé et faire l'objet d'un débat international, alternatif à Bretton Woods. La France dit sortir définitivement du concept de structures données pour entrer dans le monde de la dynamique des structures de développement.

La première phase du processus de développement, à savoir la déstructuration sociale des économies traditionnelles paysannes, a commencé dans toutes les économies paysannes du monde. C'est d'abord l'exploitation de la technologie et des matières premières qui est l'essentiel de cette phase. L'union des consommations mondiales et la lutte contre la faim ont accompagné cette phase. La seconde phase est la fédération de la production pour la stabilisation de la consommation, contre la faim et pour le démarrage de la richesse mondiale.

Si les hypothèses de la recherche des marchés anticipent la production, l'exploitation des richesses, néanmoins cette dernière s'appuie sur des formules technologiques et des politiques de développement planifiées. L'indépendance sociale de l'exploitation des richesses nationales favorise des choix d'investissement et d'exploitation. Elle est liée au niveau technologique du peuple, traduit dans le travail social. Le Charte de l'Atlantique implantait l'hégémonie de l'avancée technologique de l'Occident dans l'exploitation du monde en faveur de leur développement. L'on comprend l'explication de la stagnation du développement social, du monde non occidental, de son évolution vers l'économie monétaire généralisée de compétitivité culturelle sous l'administration de troc.

Les hypothèses de développement révèlent l'ignorance de l'information sur le fondement social du développement qui s'accroche à la programmation de l'industrialisation, sans recherche consciente de leur cohérence externe avec les structures en présence. Les qualifications sont prospectives et pas adaptées. L'hypothèse la plus défavorable est l'éradication de la société paysanne sans industries de relève et sans substitution au travail de consommation de faible capacité des technologies de développement progressif et de la monnaie appropriée d'échange de la consommation courante. Les économies sociales s'adaptent péniblement à l'administration monétaire de troc inflexible. L'on doit se décrocher de la pensée industrielle, sans alternative, sans cohérence avec le déséquilibre social ni production pour la consommation, pour aller vers la consommation monétaire sans support de travail. Il faut s'orienter vers la transformation de l'économie de troc en économie monétaire paysanne, pour l'équilibre social de la consommation. Elle demande plus de valeur quantitative de la monnaie pour la distribution de la pauvreté quantitative de la production.

Celles-ci développent de petites et moyennes entreprises de consommation locale en produits et capacités de production locale. L'on tarde à constater que la croissance de la population s'est substituée à la croissance économique, et le progrès vers la modernisation de l'économie augmente le coût de l'homme et provoque la surpopulation locale. Ces sociétés sont sans théorie ni politique de développement par celles-ci qui touchent au cœur de l'évolution sociale. Cette théorie imposerait des choix économiques incommensurables : la transformation de la population par son enrichissement et son développement.

L'industrie au début du XXe siècle est dans sa tendre enfance en Europe. Dans le monde non américain, l'on est en enfance d'économie monétaire internationale et d'ouverture mondiale de l'économie. L'économie mondiale du début du XXe siècle est pauvre et surpeuplée. Elle est transformée pour la production d'équilibre de la consommation par le marché. Depuis Walras, l'on se penche sur l'étude de l'équilibre de l'harmonie sociale, de l'existence sociale du peuple. La monnaie comme bien réel produit n'apparaît pas comme un facteur de stabilisation de déséquilibre de la production et de la consommation. L'excédent de la population disparaît spontanément dans la société. Cet équilibre est statique, absorbant la surpopulation paysanne. L'échange est le troc sporadique des biens contre biens. Le manque de la consommation est compensé par l'échange des excédents réels international des productions individuelles de gré à gré. Ce partage libre et éclaté de la surproduction des uns pour la survie de l'excédent de la population des autres sociétés incite la recherche des économistes sur l'harmonisation sociale de la production, de la consommation et des échanges. L'échange de troc stabilise tout juste la population locale fermée. L'échange privé des biens contre l'or encourage la circulation des biens échangés à l'équilibre de la quantité d'or produite en échange. L'on élabore la théorie quantitative de la monnaie réelle. Sa contribution au développement de la production, fondement de l'équilibre économie à l'or, n'est pas vérifiée. Le déséquilibre de la production et de la consommation est permanent. L'or facilite tout juste l'échange actuel des biens disponibles contre le déséquilibre de la consommation actuelle. Sa contribution de la monnaie au travail de l'équilibre social de la consommation à venir est abstraite. L'équilibre social est immédiat et certain. L'équilibre monétaire classique est le troc des biens contre biens. Cette économie n'est pas monétaire, elle est une économie de troc. La production et la consommation sont en déséquilibre en économie de troc. Le problème réellement posé est celui de l'équilibre de la production et de la consommation. La survie de la population est incertaine. La modernisation de l'instrument d'échange est la monétarisation de l'économie d'échange, dont la libéralisation de l'échange de l'instrument de bien réel. L'administration économique doit devenir abstraite pour faciliter les échanges. L'emploi décolle de la réalité pour s'accrocher à la réalité future inconnaissable. Cet engagement de la monétisation de l'économie et de l'universalisation des échanges habite la pensée de la modernisation de l'économie.

Le développement industriel, approche américaine de la production pour le marché, est une approche de l'enrichissement social du pays à partir des hommes les plus capables sélectionnés par les marchés libres dans tous les secteurs.

La compétition sociale des engagements publics est administrative et politique. Les hommes vont s'accrocher au pouvoir avec l'aide de leurs mandants. L'administration coloniale va être le mandaté de leur métropole coloniale et le représentant formel de l'expression des colonies. Elle sera assujettie aux orientations des anciennes administrations coloniales en doublon de l'admiration nationale indépendante. Dans l'organisation du développement social de leur pays, les colonies indépendantes vont rester de l'administration des autorités l'administration coloniale. La durée des mandats présidentiels va être copiée sur les mandats métropolitains pour la forme, mais deviendra une compétition néocoloniale de la durée au pouvoir sans objectif social ni prétention de développement sans définition économique.

Les sociétés paysannes et pauvres vont bénéficier de l'aide internationale de la santé publique pour devenir, à la fin du XXe siècle, surpeuplées et pauvres. La dépendance de la population du ramassage des fruits, de la chasse et de la consommation des racines pour leur survie va se transformer en culture modernisée de production pour consommation pour la survie de la surpopulation. La modernisation de l'agriculture des États-Unis passa par l'extermination de la population indienne et de celle des produits de chasse, les bisons, dont ils vivaient. Pour les pays africains, la rareté de la viande de brousse encourage l'élevage des poulets, des bœufs, des moutons, compétitifs à l'élevage européen subventionné. Le libre-échange sans structure de compétition de ces productions pour le marché est déloyal. Les progrès américains du XVIIIe et XIXe siècle et l'industrialisation accompagnée du développement des échanges payés en dollar imposent une concurrence internationale contrôlée par les États-Unis. Les échanges internationaux étaient garantis par le stock d'or. Aujourd'hui, ils sont garantis par la convertibilité des monnaies nationales en dollar. Les États-Unis peuvent imposer leur veto aux échanges internationaux par la simple gestion de leur trésorerie. L'or monétaire mondial stocké à Fort Knox aux États-Unis n'est plus nécessaire dans les transactions internationales depuis Bretton Woods, mais demeure un patrimoine national, propriété des Trésors publics. En 1944, les États-Unis s'engagent à transformer le dollar à équivalence de l'or et à imposer son leadership monétaire de la production et de la consommation au marché mondial. La production sans marché est sans valeur. La valeur se transfert de la production pour le marché dans le monde libre. La détention de la monnaie est désormais un pouvoir à distance qui transforme l'économie réelle en économie monétaire. Les États-Unis modernisent l'économie mondiale par le crédit d'anticipation du capital et de la consommation. Ils contrôlent le monde libre et son administration monétaire par le dollar. Ils imposent le changement libéral du monde en économie monétaire.

L'économie monétaire s'adapte alors aux déséquilibres réels avec son pouvoir de stabilisation des déséquilibres de structure. Les États-Unis assurent la liberté des transactions sans localisation et l'accès libre à toutes les nations aux matières premières qu'ils contrôlent par le prix en dollar. Ils s'engagent à exporter les produits industriels dans le monde et à importer les productions vendables du reste du monde aux États-Unis notamment, et dans le monde en général. L'économie est mondialisée.

L'énergie d'union monétaire du monde est la première stratégie de développement mondial, la seconde la technologie de production des nations échangées sous le contrôle des États. L'énergie de la monnaie est la stabilisation des déséquilibres de structures par ses ajustements aux déséquilibres de cultures, et la deuxième énergie, l'ajustement des déséquilibres de production par le transfert et l'échange de technologies des nations. L'énergie monétaire est la consommation, l'énergie de la production l'investissement.

La nouvelle économie monétaire et industrielle est globalement mondiale, mais doit être implantée. Le premier socle est l'harmonisation mondiale des systèmes monétaires nationaux du monde libre[9], la seconde la généralisation de la technologie par les échanges économiques et diplomatiques.

Le développement mondial de l'économie de production pour le marché est dynamique, monétaire et diplomatique. Il s'accommode des monnaies convertibles en dollar par le marché, devenant ainsi l'équivalent général des biens de production dans les différentes nations. Il intègre la consommation des nations en consommation mondiale et fédère la production mondiale en production des nations. Les États-Unis réalisent le décollage économique du monde par le dollar et dynamisent la production des biens réels dans le monde par la libéralisation internationale des échanges. Ils confrontent les marchés nationaux de production et intègrent leurs échanges normalisés dans le marché international.

Le libre-échange est l'harmonisation de la cohérence interne des productions nationales et de la cohérence externe mondiale de la consommation. S'il bénéficie de crédit de consommation anticipant la production des biens américains, mondialement consommés, avec

---

[9] Le système monétaire international de Bretton Woods implante le système monétaire international, et l'effondrement de ce système à Smithsonian harmonise les systèmes monétaires des nations avec le schéma de Bretton Woods.

l'engagement ferme de rembourser à bonne date, le déséquilibre de la consommation et de la production sera parfaitement harmonisé par le paiement. Le désordre de paiement provoque les déséquilibres de compensation des créances des producteurs faites aux consommateurs par la banque. Cette dernière se retourne vers la Banque Centrale pour son refinancement, d'où le dépôt de ses excédents de trésorerie par les entrepreneurs. La banque crée le crédit pour l'activité économique des entrepreneurs actifs, soutenus par la Banque Centrale. Au-delà de la rémunération des banques pour ce service d'intermédiaire de la distribution de la liquidité, la Banque Centrale vise la croissance économique nationale. Le gouvernement vise l'équilibre de la production et de la consommation, c'est-à-dire l'ajustement monétaire de l'équilibre de la production et de la consommation.

6. L'équilibre et la gouvernance des nations par les États

Les nations en développement, au début du XXe siècle, sont sous-peuplées et très pauvres en liquidités et biens de prospérité. Leur richesse est la nature et les matières premières d'industrialisation. Leur technologie d'exploitation des matières est pauvre et les biens consommés sont ramassés et pas produits. Leur économie est en équilibre avec la nature, gouvernée par le rythme naturel de l'abondance – les forêts – ou de la pauvreté – les déserts. L'homme s'adapte à ces différents équilibres de la nature. La rencontre des peuples aventuriers avec les peuples sédentaires renverse peu à peu l'équilibre de la nature et sa transformation en déséquilibre de structure de développement. La conception traditionnelle de structures économiques données évolue vers la conception des déséquilibres dynamiques de structures en développement. La notion d'équilibre statique adoptée au démarrage de l'économie publique mondiale à Bretton Woods se transforme en déséquilibre des structures dynamiques des nations en construction de l'après-guerre. La pauvreté réelle du début du XXe siècle devient monétaire, et mondiale au milieu du siècle. Les nations sont bloquées dans leurs transformations en économie industrielle par la technologie qui élargit leur écart de développement.

La production paysanne de consommation locale évolue, technologiquement, mais demeure moins sophistiquée et moins rapide que la production agricole. La production agricole est mécanisée, celle paysanne est manuelle avec des technologies élémentaires. Au début du XXe siècle, le monde européen est en enfance industrielle. Le reste du monde est paysan et berger. Seuls les États-Unis sont industrialisés.

L'économie américaine est en déséquilibre et monétaire, l'économie européenne en équilibre de troc de l'or contre les biens. L'Angleterre assure le leadership mondial de l'échange du troc de l'or comme instrument de garantie de paiement des échanges internationaux.

Le monde est sous-peuplé et pauvre à la fin du XIXe siècle, globalement riche en liquidités, et surpeuplé à la fin du XXe siècle. Le déséquilibre de la production et de la consommation ainsi que la faim sont atténués. La distribution de la monnaie a saupoudré le monde réel de la richesse de la consommation et de l'incertitude de la production d'équilibre.

La rationalité des déséquilibres renvoie aux déséquilibres sociaux de la production et des échanges. L'économie du XXIe siècle est la production d'équilibre de la consommation entraînée au XXe siècle. La généralisation de la technologie est la politique économique du XXIe siècle.

Au début du développement économique, c'est-à-dire de la production et de l'accumulation de la richesse pour la garantie de la consommation courante, la solidarité familiale prenait en charge les individus pauvres. La généralisation des déséquilibres et de la monnaie créa des distanciations familiales et des déséquilibres familiaux de développement.

La pauvreté sociale de ces sociétés éradique le bien-être, modernisé par l'accumulation des réserves de liquidités. Le vivre-ensemble de la société est la garantie de la consommation de tous sans exclusive. La société de consommation traditionnelle est globalement et socialement riche, dans l'option locale d'organisation. Cette richesse est sociale et inégalement distribuée et parfois marginalement détournée par les politiques. La conscience politique du peuple est réveillée par la monétisation de la société, la dislocation de l'organisation de la cohérence sociale interne et la démonstration, dans un premier temps, de l'incohérence externe avec la richesse monétaire. La cohérence de la société d'économie monétaire est la démocratie de ses membres. Le peuple entend par démocratie la liberté individuelle d'être libre de sa consommation et de l'entretien de sa famille. Le problème de développement est la régulation de la liberté de la surpopulation sans travail. La formation de l'État de droit va être interprétée comme le chef de famille nationale sans déshéritement. L'information médiatique sera le point de départ de la formulation de la mobilisation du peuple dans la politique.

7. La pauvreté et la richesse monétaire

La pauvreté et la richesse, dans le calcul économique monétaire, deviennent un concept binomial de deux secteurs macroéconomiques de travail. L'analyse des charges économiques professionnelles spécifie les secteurs de travail pauvres et riches. La rationalisation professionnelle devient l'intérêt du travailleur et n'est pas seulement le travail. L'objectif du travail est le salaire et l'intérêt du travailleur la consommation sur le marché. La pauvreté du travail rémunéré se complique avec les conditions du déplacement pour le travail, des conditions matérielles du travail et de la compensation monétaire de ces charges professionnelles. L'on parle de travail décent. La fixation des salaires rémunère la consommation pour le travail en fonction de la qualification et de sa rareté et sa demande. La demande est l'offre du travail sur le marché. La simplification du travail et de sa spécialisation le rapproche des travailleurs sans qualification. L'émergence des industries automobiles aux États-Unis dépendait de la simplification des tâches de l'usine que pouvaient utiliser les salariés sans spécialisation sophistiquée. La rareté de l'emploi dans les économies paysannes administratives s'accroche aux spécialisations sophistiquées sans emploi. La richesse dépend de la productivité de l'emploi et de l'écoulement de la production sur le marché. C'est le processus d'enrichissement monétaire. La production autoconsommée appauvrit monétairement le travailleur. Il le spécialise dans le troc des excédents et l'équilibre de sa consommation.

L'intégration sociale de la monnaie structure les spécialisations. Les spécialisations dépendent de la demande de la consommation. Elles séparent la production de l'autoconsommation de la production pour le marché local. Le marché local est social et d'échange de troc. La monnaie locale est un instrument fixe d'échange des excédents. Elle n'est pas exportable. Les prix des échanges économiques de l'économie de troc sont socialement fixés et la quantité de monnaie est donnée. Ces prix sont régulés par l'ordre local de contrôle social. L'administration publique contrôle unilatéralement ces prix pour prélever l'intérêt public des transactions, fiscalement. Ce prélèvement maintient haut le prix des transactions primaires et l'équilibre des prélèvements fiscaux. La masse monétaire est maintenue statique.

La réaction aux mouvements de change est automatique, elle fixe le taux de change avec l'extérieur. Ce modèle adopté par la zone franc et l'Europe passe au-delà des souverainetés culturelles des États. Les prix du marché fixés de manière externe en monnaie commune créent une régulation des États membres autoritairement par l'État central administrateur non démocratique. C'est le sentiment des États membres de la communauté européenne et de la zone franc. Le marché officiel a tendance à la hausse des prix et les marchés parallèles systématiquement à la baisse. Le prix parallèle est social et spontanément déterminé par la population sur le marché parallèle. La synthèse de l'observation sociale de l'incohérence entre la désintégration officielle de la production et la consommation pour les marchés parallèles sépare les produits importés en monnaie étrangère des productions locales échangées en monnaie locale. L'expression de la demande d'échange locale sur les marchés parallèles montre la préférence locale pour la monnaie socialement neutre. Il faut aligner les monnaies locales semblables pour l'intégration régionale. Les monnaies sont des observateurs libres des systèmes de production et de consommation, donc les informateurs économiques du système dont elle communique sa *structure et* sa dynamique culturelle.

La macroéconomie de synthèse suit les mouvements de la micro-économie, autrement dit du marché. L'agrégat de la consommation porte le comportement social de la demande monétaire (pouvoir d'achat) sur le marché et l'agrégat macroéconomique, le comportement monétaire de l'offre de production (le crédit) sur le marché. Ils affrontent le marché monétaire et de production par les échanges. Le marché de consommation est intuitif, spontané et social. Il réagit immédiatement à la pénurie et à la production à l'intérêt des producteurs. Le prix du marché de la consommation est spontané, intuitif et incertain. Le marché de production est réactif et procède de la dépendance du crédit actuel de consommation monétaire de la valeur calculée de la production. Cette production monétaire anticipée est garantie aux banquiers par la production actuelle de sa disponibilité à bonne date d'engagement.

Dans l'économie traditionnelle, l'homme produit ce qu'il mange et ce qui améliore son bien-être actuel. Cette production est consacrée à l'autoconsommation. L'économie monétaire est une économie de production spécialisée pour le marché, dans l'incertitude de l'absorption du produit par le marché. La dynamique est le déséquilibre du marché et de la production. L'on consomme par anticipation ce qu'il n'a pas encore produit grâce à la société, et globalise le paiement des produits consommés et le financement de la production de la consommation du futur par la liquidité de la monnaie. La monnaie est l'instrument de globalisation et de distribution des missions de production et des désirs de consommation, mais aussi d'enrichissement de la surpopulation sans travail. Elle est neutre, l'équivalent général de tous les biens disponibles et la stabilisation du niveau de leur déséquilibre dans le temps par des ajustements des recettes et dépenses monétaires.

L'abandon de l'autoconsommation en faveur du progrès de l'économie de production spécialisée pour le monétaire introduit dans l'économie réelle la planification de la liquidité monétaire de la consommation et de la production, et l'ajustement de la consommation sans production. L'accumulation de la liquidité et la spéculation sur la production, mondialement, voilent les consommations nationales. Le développement mondial intégré fusionne l'investissement américain dans la production et la consommation mondiale. L'alternative est le développement des productions nationales à l'équilibre des consommations nationales. Le commerce et la production pour l'exportation seront des résidus de travail pour l'équilibre national de la consommation. L'économie internationale contrairement à l'économie du XXe siècle sera un complément et non plus l'essentiel de l'économie nationale. Le développement mondial sera apparemment désintégré et essentiellement national. La réflexion sur l'espace des échanges fermé à l'exportation et régénérable de biens consommés nationale enrichira la surpopulation actuelle des économies paysannes et leur permettra de réviser leur politique de négociation des échanges de leurs matières premières. Leur spécialisation cessera d'être une théorie économique d'exportation appauvrissante de survie et deviendra la source de l'enrichissement de leur développement national intégré.

Les ressources de production et de transformation locale des matières premières seront accumulées. Il faudra revisiter l'organisation de la distribution équitable de la dotation naturelle du monde dans l'exploitation des richesses naturelles par l'Occident sans considération des pays dotés. Au début de la relation de l'Afrique avec l'Europe, la vision de la spécialisation africaine était l'approvisionnement de l'industrie européenne à partir de la matière première africaine d'exploitation manuelle. La Charte de l'Atlantique privilégiait les Occidentaux, sa technologie et sa connaissance scientifique du monde, dans l'exploitation sans frontières et sans négociation des matières premières disponibles dans le monde. Elle luttait pour maintenir cette avance dans le monde déséquilibré.

L'Afrique, à ce jour, reste dans sa spécialisation sur la production de la matière industrielle pour l'Europe. L'on peut citer, par exemple, la production et l'exportation du *caoutchouc* au Congo démocratique, du *café* au Kenya, Cameroun, en Éthiopie et Côte d'Ivoire, de *l'uranium* au Niger, de *pétrole* au Gabon, en Algérie, au Cameroun, en Angola et au Nigeria, du cobalt, de l'or et du diamant au Congo démocratique, etc. Bref, l'exportation vers l'Europe de toutes ces matières premières est sans retombées immédiates dans le développement intégré des nations récipiendaires. Le progrès économique est extraverti, la jeunesse en débandade et en exil vers les métropoles. Ils substituent la monnaie des pays de productions de la consommation courante à leur demande de consommation des productions manufacturées importées. L'économie réelle est actuelle. À long terme, le projet est la stabilisation de la consommation courante et l'émigration de la surpopulation des anciennes colonies vers les anciennes métropoles. Il n'y a pas de projet de développement des anciennes colonies et de leurs indépendances. Le long terme est le cadre de la pensée du développement des situations actuelles, un rêve sans réveil.

Le commerce extérieur d'une zone monétaire compense le déséquilibre de la production et de la consommation. Le système monétaire de la zone franc compense en permanence ce déséquilibre en faveur de la permanence des élites soutenues au pouvoir et en lutte contre le changement rapide des structures. Face à leurs besoins pressants d'infrastructures et structures, les plus pauvres émigrent vers des structures d'emploi de la zone franc et de la zone de libre-échange Europe et États-Unis.

La modernisation économique et de la monnaie, production et instrument d'échange, est maîtrisée par l'homme dans les années 1970. L'homme inverse l'ordre d'accumulation des ressources de consommation et d'investissement et le processus disciplinaire d'investissement et de la consommation disponible en investissement du capital et de la production des biens à consommer. L'homme cesse d'attendre la production pour consommer et investir, mais produit et consomme *à crédit* pour l'avenir. Il ne bouleverse que la structure d'organisation du monde économique, par l'*anticipation* de l'action humaine, de la pensée sociale et monétaire du monde contemporain. La monétisation s'impose d'abord par appauvrissement de la consommation des produits locaux et mise au travail du peuple pour consommation étrangère ; ensuite par l'imposition de la consommation importée pour la stabilisation de la consommation publique, enfin par les conflits des ordres culturels des préférences de la production et de la consommation donc des échanges. C'est ici que le libre-échange s'introduit comme la liberté économique, le marché.

Les échanges entre les pays membres des unions économiques et monétaires, la zone franc et la zone euro, ne sont que des relevés statistiques indicatifs d'un fonctionnement national sans souveraineté des États dans la construction des Unions européenne et africaine.

Les statistiques indicatives sont scellées par la communauté de la liquidité avec séparation des budgets. La générale est la monnaie et la liquidité publique le budget. La comptabilité privée sépare les deux liquidités en actif (travail) et déficit (consommation). La comptabilité publique les globalise en recettes (don du peuple) publiques et dépenses (pour la communauté). L'Europe assoit sa politique sur l'aide (les dons publics) et les États-Unis sur le commerce (le libre-échange). L'économie américaine s'accommode de la balance commerciale et des paiements et l'économie européenne de l'aide et de transfert des ressources publiques disponibles. L'organisation économique européenne est socialiste et institutionnelle. Celle des États-Unis est capitaliste et monétaire. Le capitalisme est la gestion monétaire des intérêts privés. Le socialisme est la gestion publique des intérêts sociaux. Si la base du capitalisme est la gestion des intérêts privés, celle de l'économie sociale est le peuple sous le contrôle de l'État. Le capitalisme et le socialisme sont des options populaires d'organisation de la gestion des intérêts économiques de la société. L'émergence des nations, c'est l'émergence des intérêts publics d'une nation.

L'Afrique sans option d'organisation précise de gestion de ses intérêts publics et privés est sous la pression de l'Europe pour l'option socialiste intéressée de l'Europe, et l'option libre des intérêts privés et publics organisés par le marché et le monnaie.

L'on parle de la coopération public-privé des nations, donc apparemment d'une voie différente du socialisme européen et du capitalisme américain. Le capitalisme américain est le modèle achevé de la transformation de l'impérialisme des royautés européennes en démocratie sociale, le gouvernement du peuple, par le peuple, devenu le gouvernement des individus par eux-mêmes. La marginalisation sociale est évidente. Dans les systèmes économiques et sociaux, le peuple est dans l'enfance de l'apprentissage de la gouvernance de peuple par lui-même. Les chemins de fer, les pistes rurales d'évacuation des matières premières et autres infrastructures de développement de la communication sociale sont en chantier. L'aménagement des villes est à ses débuts et demeure défectueux. Il y a également la croissance, la population, populeuse, l'accueil de la population dans les villes insalubres. Si le moyen de l'abandon de l'autoconsommation dans la consommation des ménages au Kenya, pays anglophone, est plus rapide qu'à Madagascar, pays francophone, par exemple, les marchés des biens en circulation restent également pauvres et extravertis dans les pays africains. Le développement de l'économie sociale est abandonné aux colonies indépendantes depuis 1972, leurs liquidités restent centralisées dans les métropoles soit librement soit à cause de la faiblesse des infrastructures financières soit par l'intérêt financier des gouvernants soit institutionnellement par l'intérêt des métropoles. Elle est la première contrainte de l'indépendance des options de développement. Elle est le point central des décisions publique et privée des intérêts de la société. La complicité des métropoles et des colonies se noue sur ces déséquilibres pour le prolongement de la dépendance.

Les investissements et les aides financières sont budgétisés et programmés dans les métropoles et les dépenses courantes payées en prévision de la rétrocession aux métropoles par les trésoreries coloniales ouvertes sur les métropoles. Les ministères des Finances fonctionnent comme des agences des trésoreries publiques coloniales telles que les Banques Centrales. L'indépendance des colonies est donc la première liberté de la trésorerie, dont la disponibilité de la liquidité pour l'organisation du développement national intégré. La monnaie gérée comme la propriété métropolitaine et coloniale par le trésor métropolitain est maintenue à ce jour dans la zone franc comme telle après les indépendances africaines des années 1960. Le FCFA, doublon de la monnaie métropolitaine, continue d'être géré comme un bien métropolitain auquel les colonies n'ont pas accès. Il devient la base d'exclusion stratégique de la colonie des décisions politiques de la métropole. Les francophones sont des Français entièrement à part.

La prise en charge de la mise en œuvre de la politique occidentale sur le continent la structure en population administrative coloniale, riche et corrompue et en population indigène pauvre et en proie à la corruption[10]. Ces populations expriment à cris et à sang leur ras-le-bol et leur printemps révolutionnaire, bloqué par la métropole. La définition de la pauvreté monétaire concerne les normes occidentales du développement mondial intégré à l'Occident de la pauvreté économique réelle du monde. La difficulté d'évoluer de l'économie réelle et pauvre vers l'économie monétaire surpeuplée et riche est un objectif de changement de la trajectoire de l'histoire de l'existence et du développement

[10] Emmanuelle Encourt. La pauvreté selon le PND et la Banque Mondiale. Étude rurale.

de ces économies. La richesse est la compétition pour s'insérer de manière durable dans la société d'économie monétaire. L'on prend le risque d'être éjecté de cette économie sans traçabilité, et de retomber dans le groupe de la population pauvre et indigente de l'économie de troc. Le crédit permet l'accès ponctuel, immédiat et certainement à la consommation de la richesse monétaire accumulée antérieurement. Le temps de la production de l'équivalent de cette consommation augmentée de l'épargne de sécurité en cas de catastrophe et de l'investissement pour la consommation future à un rythme constant est la programmation de développement. La richesse de la consommation est spontanée, immédiate, dynamique et exerce sa pression sur la production et l'emploi de la capacité de travail individuel pour la survie. La consommation est donc le moteur de la croissance de la population. Mais cette croissance est hypothétique par la production collective, voire internationale.

La planification statique de la production distribuée administrativement devient la planification indicative de l'orientation de la dynamique de la stratégie de la production. La lutte contre la surpopulation et la pauvreté se substitue à la lutte pour la production et contre le gaspillage des ressources et de l'effort humain de production économique en économie monétaire.

L'offre excédentaire de liquidité devient abondante et tournée vers l'investissement dans la production porteuse de la consommation future et du changement hypothétique du niveau de consommation future au rythme appelé « le développement ». Le développement personnel se tourne alors vers la spéculation entrepreneuriale sur les déséquilibres de développement sociaux du niveau de la consommation. La production est la croissance, le développement la consommation. Le développement mondial intégré des années 1954 était la consommation mondiale. Celui de l'an 2000 est la généralisation de la production mondiale pour le développement mondial intégré de la production locale à la consommation nationale. Les entrepreneurs sont portés vers l'investissement, les banquiers et les organismes financiers vers la spéculation sur la reproduction immédiate de la liquidité, et le peuple vers la satisfaction immédiate de sa consommation. La dynamique économique s'accélère sous le rythme de la conjugaison et de l'harmonie des déséquilibres économiques et monétaires. L'homme s'oriente spontanément vers les traites de cavalerie, prêtes pour le remboursement des prêts sans travail de remboursement. Ce système d'accumulation des dettes s'est effondré avec la crise financière des subprimes en 2008.

La spécialisation et l'organisation sectorielle de l'économie sont voilées par la monnaie. Elle est portée vers le placement de la liquidité sur les marchés financiers internationaux. Le dollar conserve le leadership de ces marchés. Les États-Unis orientent la production mondiale échangée par la stabilisation du dollar sur le marché libre des changes. L'économie monétaire mondiale est américaine.

Les échanges mondiaux des marchés appauvrissent les économies locales et créent la nécessité de la fédération de la production mondiale d'échange libre et de la compensation des déséquilibres nationaux de production et de la consommation nationale. Jusqu'en 1990, les marchés des pays pauvres sont tournés vers le monde pour leur consommation. Leur pauvreté nationale est déclarée en 1990, comme le socle de la nouvelle politique du PNUD, le développement humain durable et la dimension sociale de l'économie. La Banque Mondiale avait déclaré la dimension sociale de l'économie en 1970. La pauvreté et le développement social sont les deux socles du développement mondial du XXIe siècle. Toutefois, en raison de la statique des politiques de la planification du développement social, la stratégie de la production nationale a remplacé la politique dynamique de développement. L'on n'a pas réussi à intégrer la monnaie dans l'économie, mais à la conserver comme le stabilisateur des déséquilibres économiques et notamment des échanges. Ces analyses statiques ne peuvent pas saisir la dynamique des structures et le changement réel des trajectoires historiques du monde en développement intégré. Les structures économiques ont des trajectoires divergentes et sollicitent la monnaie comme le stabilisateur des déséquilibres entre trajectoires. L'indépendance des cultures se substitue à l'union coloniale des cultures. La fédération des cultures devient le socle flexible du développement mondial intégré. La dynamique est la prospective des changements de l'histoire en mouvement. L'intégration de la monnaie est la stabilisation automatique de l'orientation des trajectoires de développement. L'on utilise les données historiques mortes pour cadrer les prévisions vivantes du comportement humain. Depuis la modernisation de la monnaie et de l'économie, l'économie monétaire est intégrée dans le comportement humain de consommation, comme moyen de la survie des cultures des nations vivantes. Les États de construction juridique doivent adapter les cultures de production et de rationalisation sociale de la consommation à la construction des nations.

L'Afrique espérait créer sa propre monnaie en 1990 pour l'intégration des cultures africaines de la consommation et de la production. La fédération de sa production et de ses échanges était monétairement intégrée et unifiée à l'économie mondiale à travers les métropoles. La fédération américaine des trajectoires de cultures en développement était compromise par l'Union européenne sans souveraineté des cultures européennes et africaines.

La monnaie, structurellement statique, protégeait les déséquilibres ou structures donnés à la rencontre, contre la dynamique de déséquilibres des structures à l'avantage intérieur actif. Les infrastructures à la rencontre sont naturelles et la dynamique sociale. Le développement économique va se programmer à l'avantage de la dynamique sociale. Les pistes rurales, les routes vers les ports, les chemins de fer entre villes et les voies aériennes de communication des populations étrangères et locales sont au même niveau. Sous ce régime paysan, l'émergence économique nationale de l'économie rurale va être entière et mise en compétition dans les années 1960.

L'Occident, selon ses humeurs, va créer des décalages remarquables entre nations, par des conflits dans la convoitise des métropoles des colonies indépendantes, françaises, anglo-saxonnes, lusophones et latines. La construction de l'Union européenne relève de cette ambition sous le leadership de la France.

Sous ce modèle, la statique des cultures est conservée par la monnaie unique statique, s'adaptant à la dynamique des cultures. Sans concurrence. La cohabitation est statique et paisible et les peuples échangent des excédents de leur production d'autoconsommation sans marché.

La monnaie modernisée à Bretton Woods est, en 1990, l'auxiliaire d'activation des cultures de production et de la consommation. Les cultures de consommation sont la dynamique macroéconomique incertaine et les cultures de production l'ajustement microéconomique des comportements de production à l'équilibre de la consommation. La dynamique de la consommation est permanente, celle de la production est périodique. Aussi peut-on insérer dans l'espace de la production des espaces de repos, de la convivialité de travail et de convivialité à la convenance de chaque peuple. Chaque peuple est socialement actif et dynamique. La monnaie en économie monétaire des peuples est antécédente et contrainte par rapport à leur développement. Elle active les comportements par ajustement aux déséquilibres personnel et dynamique des comparaisons des déséquilibres et informations sur les possibilités éventuelles de changement. Elle dynamise le comportement des individus et de la société dans sa neutralité et sa statique. Elle le fait par sa capacité d'information du peuple et de son voisinage des réalités sociales. La concurrence est dynamique de la comparaison des situations actuelles et l'anticipation des situations d'avenir. Elle place l'homme et la société dans la perspective du développement de sa consommation et de sa production de survie. Nous confirmons alors le changement de notre sujet de Thèse **« Dynamique monétaire et dynamique de structure dans un espace économique non intégré (contribution à l'analyse financière et monétaire des pays de l'Afrique subsaharienne) »**, d'avril 1975. La proposition de sujet de recherche sur ***« Monnaie, structure et sous-développement (Une contribution à la reconsidération des concepts et des politiques économiques de développement »***, le 6 mai 1980 (thèse soutenue en juin 1981), marquait l'évolution dans la recherche vers des solutions concrètes du problème de la dynamique monétaire et de l'ordre social posé par l'expert français Jacques Rueff et le Prix Nobel de l'économie français, Maurice Allais.

Aujourd'hui, nous confirmons qu'il n'y a pas ***de dynamique monétaire, mais seulement la dynamique de structures et des cultures. L'intégration de la monnaie dans l'économie est un ajustement statique et neutre de la monnaie aux déséquilibres de structures données.*** La prospective est la stratégie des changements du cours de l'histoire en économie monétaire de la dynamique des hommes et assistée par la monnaie. L'économie monétaire est une dynamique sociale, ce que Jacques Rueff appelle l'ordre social.

Cette conclusion est fondamentalement importante à la reconsidération des concepts et politiques économiques de développement. Elle inverse les fondations des recherches antérieures sur les apparences des structures et des cultures, les options d'organisation de la gestion des intérêts individuels et collectifs, le capitalisme et le socialisme. Jacques Rueff se demandait pourquoi il était toute sa vie un libéral parmi les planistes. Nous répondons qu'il était un expert et non pas un idéologue. Il appartenait à la rare catégorie des experts qui ne sont soumis à aucune idéologie.

Les recherches réalisées dans la théorie économique sur ces fondations de la dynamique monétaire en France, par le conseiller financier français Jacques Rueff et le Prix Nobel français de l'économie Maurice Allais, n'ont pas réussi à corriger les erreurs des idéologues politiques sur la gestion intégrée de la statique de la monnaie dans l'histoire de la dynamique des peuples. Le Grand Maître Fischer ne s'est pas rendu compte que l'intégration de la monnaie dans l'économie était parallèle et non fusionnelle. Les experts des Banques Centrales européennes ne se sont pas rendu compte que le parallélisme des marchés était la disparité des cultures des pays membres et le refus de l'intégration dans une même monnaie, plutôt que d'intégrer l'instrument commun d'échange dans les échanges économiques : le troc initiatique de l'économie monétaire de Bretton Woods.

Lorsque la France rejaillit des ténèbres de l'impérialisme et de la colonisation, elle érige son comportement colonial et impérialiste statique en théorie monétaire dynamique sans culture économique des pays membres. Sa théorie monétaire est une statique comparative des cultures ***économiques dynamiques.*** Elle regroupe ces cultures autoritairement sous la convergence de phénomènes monétaires, instruments d'échange hors des convergences culturelles.

Le repli de la France sur l'Union Europe-Afrique en 1990, contre la fédération des cultures de l'économie africaine de l'Organisation de l'Union africaine, est fondé sur la théorie classique de l'absence des cultures et de la monnaie dans les pays en rencontre, intériorisée par l'Europe. Cette théorie rattache l'Afrique aux métropoles européennes et la construit comme une partie « sous-développée » des métropoles européennes. Le sous-développement sous-entend l'évolution indéfectible vers l'Europe. Cette évolution est d'abord quantitative, l'absorption de la consommation européenne, et devient progressivement qualitative, l'adoption des infrastructures de développement occidentales. L'information et l'imitation sont les éléments du progrès, mais l'intégration est immédiate. Dans les années 1990, l'indépendance des années 1960 devient une demande à l'Europe de libéralisation de l'Afrique dans la libre construction de sa production d'équilibre de sa consommation. Cette demande structure la théorie de la domination de l'impérialiste et du « sous-développement » en dynamique de cultures et du développement. La monnaie est neutre et les cultures sont dynamiques. La dynamique des cultures européennes décolle de la dynamique des cultures africaines. L'intégration économique africaine décolle de l'intégration économique européenne. Le changement du cours de l'histoire de l'esclavage et de la colonisation décolle de l'histoire européenne et l'écriture de l'histoire africaine par les chercheurs africains s'impose à la reconstruction de l'Afrique sans rancune.

Dans les pays francophones, la demande africaine est interprétée à tort comme une demande de l'Afrique à l'Europe de la reconstruction de l'Afrique. L'Europe peut apporter sa contribution librement, de bonne foi. Une contribution au début du lancement de l'indépendance de l'Afrique en tant qu'ensemble d'États indépendants soixante ans après la maturité de son indépendance. Elle exige un nouveau cycle d'indépendance de la production pour l'organisation nationale de l'équilibre de sa consommation.

La dépendance institutionnelle doit cesser et celle monétaire doit être autonomisée. L'orientation du développement doit être nationale et soutenue extérieurement. Elle doit évaluer son indépendance par rapport à ses capacités de production et à la modestie de sa consommation. Elle transforme les conflits d'idéologies politiques en conflits d'indépendance, de développement et de la construction du vivre-ensemble, de la gestion des intérêts publics et privés.

Depuis 1960, à travers la surévaluation du FCFA, la France subventionne sans développement économique des cultures locales de production de la compensation de l'équilibre de la production. Les excédents de la force de travail s'exilent vers les métropoles par intérêt individuel de survie. Les administrateurs publics du fait de l'évaluation de leur contribution nationale à l'organisation du développement national détournent les deniers publics pour consommation importée avec la complicité d'administrateurs étrangers.

Ce développement extraverti doit inverser sa tendance vers le développement national intégré. Il doit transformer les frondes des débats en débat sur des réalités économiques de développement.

Changer le FCFA en éco en 2020, par exemple, n'est pas une contribution au développement de l'Afrique, mais une poursuite de l'ordre d'exploitation coloniale contre les luttes africaines d'indépendance. La révision des concepts est donc utile à la précision des comportements de gouvernance.

Les réserves de changes doivent être utilisées à la prévision des importations des déficits de la consommation courante. La monnaie traduit la statique des déséquilibres des structures des échanges. Ces réserves offrent la possibilité de réinvestissement dans la dynamique des cultures de production pour le marché d'équilibre de la consommation locale. Le blocage des réserves à l'étranger et la stérilisation de la quantité et du taux de change de monnaies affectent l'intérêt des peuples négativement. Ils augmentent sans perspective de régulation des investissements. Le système monétaire est décroché du système économique réel et s'ajuste aux calculs abstraits des opérateurs, la spéculation hors investissement. L'on ne peut ni changer de fournisseur ou de client étranger ni développer des produits concurrents à échanger au profit de la consommation. Cette organisation est statique et sacrifie le projet de développement économique et social aux échanges des marchandises et la monnaie entre les mains des populations suivant leur culture. Les cultures sont les sources de la dynamique des échanges et de la production, de la dynamique économique.

La consommation est spontanée. La dynamique de la production et des échanges des peuples s'adapte à leur consommation. Le développement est la production et les échanges. L'organisation de la production et de l'investissement de la liquidité actuelle est individuelle alors que la consommation est sociale. L'organisation des intérêts privés et sociaux est observée capitaliste ou socialiste. Ces observations qualitatives sont des modes dominants de l'observation des sociétés. La dynamique culturelle est le mode réel d'organisation des intérêts partagés par les cultures. Toutes les cultures ont une base économique de la consommation, de la production ou de ramassage des biens donnés généreusement par la nature. Au début de la modernisation économique du développement social, tous les peuples jouissent des biens offerts généreusement par la nature. La connaissance scientifique et le progrès technique et technologique de la production dénaturent l'économie réelle des cultures. Le changement de trajectoire de l'histoire humaine est donc naturel et dynamique. Toutefois, la dynamique est la nature et l'expérience d'observation des peuples stimulée par la monnaie dans sa neutralité et sa statique. Le changement économique dépend des décisions et actions humaines présentes, et de la pensée de la situation de demain. Le développement est psychosocial et monétaire, il fait le présent et prévoit l'avenir. La dimension information de la monnaie est essentielle en économie modernisée. La stagnation des structures et la richesse de la population créent la croissance du peuple et le mouvement de la population. La surpopulation accompagne la modernisation de l'économie. L'émigration vers des horizons nouveaux de prestation favorable à la consommation balise la croissance de la population. La politique est donc la production ou l'importation pour l'équilibre de la consommation enrichie.

L'observation du présent est théorique, c'est-à-dire projetée dans l'avenir. La théorie du développement est une organisation actuelle de l'utilisation de la liquidité en prévision de l'avenir. L'alignement des chiffres historiques est une lecture des réalisations de la richesse actuelle dans le passé. Le présent observé est déjà passé et le futur est à inventer.

La modernisation ouvre alors le débat sur l'avenir et le rôle de la monnaie dans la construction de cet avenir. La monnaie stabilise toutes les étapes de la réalisation présente. Elle ouvre les yeux sur le calcul des étapes de la construction du futur. La stabilisation des étapes réalisées est immédiate et certaine. C'est le pouvoir politique de la monnaie qui gère la dépendance des individus et peuples d'économie monétaire. L'union monétaire traduit une coopération politique étroite des nations membres, une fusion de leur souveraineté et le risque de faillite commune. La fédération des États décentralise les responsabilités de la faillite d'un État membre. C'est la restructuration du comportement actuel des cultures humaines devant la monnaie qui oriente la politique. Le paiement immédiat et certain à l'échéance acceptée conserve l'organisation théorique de la monnaie. Mais la déviation humaine de ces conventions de paiement dénature le système monétaire en système de spéculation ou de calcul des intérêts strictement individuels. Le mouvement du comportement humain est anthropologique. Il intègre la psychologie sociale des peuples et leur comportement économique privé dans la monnaie.

L'aide au développement l'est d'abord à la consommation, elle est ensuite l'aide à la construction de l'épargne et enfin à l'investissement dans la production actuelle de la consommation de demain. La dimension sociale disparaît devant les intérêts personnels, et la corruption se substitue aux échanges officiels. Elle se consolide progressivement en marché noir, puis parallèle. L'on passe à l'organisation du processus de modernisation de la spéculation financière sur les déséquilibres des crédits et de paiements, de la spéculation sur les structures financières de décalage de paiements des engagements. Le respect de ces délais est surveillé par le système bancaire et est reporté de période en période par les aménagements de remboursement certain à terme[11]. La dynamique de développement devient celle de l'évolution des structures et de la mentalité des clients. Elle est un apprentissage intellectuel de la discipline simple de la rigueur financière des banquiers : rembourser le crédit à bonne date.

C'est l'institutionnalisation et le contrôle réglementaire du monopole public de la croissance de la liquidité qui bouclent la croissance économique de la production et la laissent exploser la surpopulation par la libération de l'enrichissement de la surconsommation sans production.

La pauvreté monétaire émerge dans tous les domaines. Dans celui de l'agriculture, l'exode rural vers des horizons urbains demande de la

---

[11] Club de Paris pour les créances publiques et Club de Londres pour le les créances privées.

liquidité de la consommation, de la politique et demande l'utilisation privée des deniers publics, du contrôle, de la corruption de la justice. Le début du changement de l'ordre social est économique. Sous la demande de la consommation sans travail de production, comme en économie de la nature et du peuple sans qualification ni intelligence stimulée dans l'observation de son environnement, l'enrichissement individuel s'adapte à l'exploration des horizons de conquête de la monnaie, équivalent général de tous les biens. L'adaptation des cultures tire les ambitions sociales vers le bas et la réalité sociale de l'existence du peuple. Nous sommes donc dans le processus de la dynamique des cultures et de l'adaptation sociale de la monnaie des déséquilibres réalisés au niveau des échanges. L'on va substituer sur le plan national de la circulation de la marchandise, les biens extérieurs de seconde main (la friperie) dans l'équilibre de la consommation nationale sur tous les marchés des biens de consommation courante (voitures, ustensiles de cuisine, meubles, couverts, ordinateurs, machines de travaux publics…) contre l'industrialisation locale de la production par le marché officiel d'importation des techniques et de la technologie. Les pays riches en pétrole demandé et consommé dans le monde, disposant d'abondantes liquidités internationales, investissent dans la technologie pour la construction des infrastructures d'utilisation internationale (hôtels, aviations, routes de plaisance, villes entièrement meublées) sans considération de la population locale. Ces pays subissent le développement international de l'Occident.

La dépréciation du FCFA, par exemple, sur le marché parallèle, corrige les prix officiels de l'offre du développement européen de l'Afrique, sans considération de sa population en croissance rapide. L'accès aux produits détournés sur le marché parallèle à prix abordables par la population dessine les perspectives de la construction, à partir des localités, le développement de l'Afrique. Cette construction est compétitive à la construction européenne proposée pour l'Afrique.

Tout se passe comme si la friperie importée était une production moins chère pour l'Afrique, incapable d'assumer sa consommation et le devenir de ses enfants, comme si l'on attendait la disparition de cette population abondante, confrontée à la misère, avant le développement de l'Afrique sans les Africains. L'offre officielle des produits subventionnés par le FCFA n'est plus vendable sur le marché officiel de la zone franc à des conditions compétitives. Les économies européennes sont moins compétitives que la Chine dans l'offre de produits neufs et compétitifs de la friperie, et dans l'adaptation à la production de la demande africaine en production et qualité. L'Europe se replie sur la friperie et ralentit le processus africain d'investissement dans la dynamique des cultures africaines compétitives et de production compétitive à l'Europe. Tout se passe sous la protection occidentale de la science et de la technique occidentale, l'interdiction de la stimulation de la recherche locale en Afrique sur les connaissances locales, la pharmacopée par exemple, et l'industrie pharmaceutique. Puisque la monnaie est statique et demeure pouvoir d'accompagnement de la stabilisation du développement, le comportement est bloqué par la centralisation des banques sous une Banque Centrale de contrôle des déséquilibres de développement, à savoir la Banque Centrale européenne. La souveraineté de la modification des déséquilibres internes des nations membres par les États membres est prohibée. La fédération des économies voisines accélère le développement des économies parallèles. Dans la charte financière des colonies françaises de 1912, les échanges entre les colonies étaient interdits. L'intégration africaine ne pouvait s'organiser que sur les marchés parallèles de change et de commerce. L'indépendance de l'Afrique n'a pas modifié le système ni créé un guichet des marchés des monnaies parallèles au franc convertible de Bretton Woods comme le franc CFA. Le transport de matériel de production dans les colonies était interdit. À l'indépendance des États africains, il est renforcé par l'accord militaire de surveillance des changements en faveur des localités d'exploitation des matières premières. Actuellement, la petitesse des nations européennes, face à la dimension géographique des nations africaines assujetties, effraie l'Europe et lui conseille la division et l'éclatement des nations actuelles des années 1960 en États à la dimension européenne. Les monnaies étaient pour les échanges avec la métropole, sous un régime local de troc. Actuellement, elles sont des épées de Damoclès sur la tête des nations africaines en développement. La monnaie d'échange était le critère d'accès à la métropole ; elle est aujourd'hui le pouvoir de soumission à la métropole. Elle hiérarchise l'accès à la métropole et oblige les économies soumises à maintenir leur parité fixe et leur prix régulé par la métropole. Ces pays dépendants sont davantage en relation économique que de troc avec l'Europe. La décision anglaise de Brexit est un point de retournement essentiel de l'Angleterre, leader mondial de l'économie de troc de l'or contre les biens et membre influent de la construction de l'économie monétaire de Bretton Woods, sur l'économie monétaire américaine.

La France insiste dans la construction de son économie de troc avec ses anciennes colonies. La construction de l'économie coloniale était fondée sur la psychologie de l'Occident. La psychologie sociale de troc est administrative. La France cherche à administrer les colonies plutôt qu'à les développer. L'économie de la zone franc n'est pas monétaire et scellait la dépendance administrative et culturelle des pays membres.

Les échanges régionaux ne sont pas fédérés, les cultures sont confinées dans des unions monétaires sans souveraineté.

La comptabilité est publique et statistique. Elle n'est pas financière. Elle s'accommode du contrôle des transferts et non pas des paiements. Les échanges compensent les déficits et les excédents par l'accumulation des réserves d'échange. Le change de ces trésoreries étrangères est publiquement contrôlé par les Banques Centrales des pays échangistes par rapatriement automatique des monnaies nationales exportées pour paiement. Les monnaies ne sortent pas de leurs pays. Leur traitement n'est pas commercial. L'échange officiel des produits locaux de consommation courante est stabilisé par la compensation en monnaie locale des déséquilibres d'échange des prix du marché. Les prix des marchés sont stabilisés par la gestion de leur tendance à la hausse (l'inflation). Dans l'interdiction des échanges régionaux dans la zone franc, le blocage des taux de change et des prix rend les réserves d'échange et les prix de paiement statiques. Les échanges sont des échanges de troc face aux échanges de marché flexibles. Les paiements des trésors sont statiques et stables. L'interdiction des échanges officiels entre colonies détourna les échanges régionaux des marchés officiels vers des marchés parallèles d'échange des hommes d'affaires nationaux de la sous-région. La rareté des devises métropolitaines accéléra la dépréciation du taux de change des monnaies et des prix sur le marché parallèle africain du FCFA, à des taux de change fixés. Dès 1967, seule la zone franc est en économie de troc. Son rattachement au franc français va réduire la compétitivité africaine et le développement des pays de la région. Il va mettre en évidence l'intérêt des administrateurs des ressources dans la spéculation avec les deniers publics sur le marché de change parallèle et la spéculation sur la dévaluation du FCFA. La compétition et la concurrence sur les marchés libres américains se sont transformées en corruption des administrateurs du marché unique européen.

La zone franc est une construction de ce marché unique depuis 1853, s'étend aux marchés européens et encercle les zones monétaires des marchés libres de change et de commerce en Afrique. Le FCFA s'échange aux enchères des monnaies libres sur les marchés noirs parce que combattu par les administrateurs de troc. Les grands pays échangistes sont libres et se font concurrence et compétition sur les marchés officiels. Les économies africaines, dès leur introduction sur le marché, s'alignaient sans réserve à la concurrence et à la compétition d'échange des biens et d'informations. Elles y étaient prédisposées par leur liberté de culte religieux. À Bretton Woods, les États-Unis participent à la construction de l'économie monétaire internationale par la coopération étroite avec l'Angleterre détentrice du leadership de l'économie de troc de l'or, bien réel contre d'autres biens, et font le troc des biens réels par le dollar jusqu'en 1971 à Smithsonian. Les monnaies papier sont des biens réels au début de la construction du système monétaire international. Elles deviennent de véritables monnaies d'échange, équivalent général des biens réels en 1971, avec l'effondrement du système de troc du dollar contre biens de Bretton Woods. Les marchés échangent le bien de manière flexible par négociation, contre la monnaie neutre et statique. La scène du marché international de change et de commerce traduit les capacités de négociation de chaque peuple, stabilisées par la monnaie. Les recettes représentent cette capacité de négociation des échanges. Les marchés africain, asiatique, chinois et d'Amérique latine sont concurrents des marchés américain et européen de l'économie monétaire de Smithsonian. Seule la zone franc reste accrochée à l'économie de troc du dollar de Bretton Woods après la dévaluation de la livre de 1967 et la libération des monnaies de ses anciennes colonies du troc de Bretton Woods.

Le taux de change du dollar et des autres monnaies dans le monde est libre à partir de Smithsonian en 1971 et chaque État est libre de créer sa monnaie à la convenance de son économie. La France confisque la demande africaine de la création de sa monnaie et lui impose le doublon de sa monnaie (FCFA), comme à l'époque de la libération des esclaves, et de la conservation de leur dépendance des maîtres par les salaires. L'Afrique doit continuer à dépendre de la France par le FCFA. L'organisation du système monétaire FCFA est comme l'organisation du salaire de la France à ses anciennes colonies ; la France-Afrique. Ce système est maintenu avec de légères variantes formelles depuis 1853. Il est stabilisé par l'administration qui fait émerger la corruption contre la concurrence.

Depuis 1912, en effet, l'institutionnalisation administrative de zone s'élève contre le marché libéré en 1971. Le refus officiel des marchés de change noirs dans les pays africains préparait l'émergence de la corruption comme alternative à la lutte contre les marchés noirs. Ce changement de concept ne constitue pas un changement des structures des phénomènes qui confirment le rejet des marchés concurrentiels en Europe.

L'intégration accélérée du marché européen à partir de 1982 et la construction rapide de l'Union monétaire européenne sont le signe de l'urgence de la consolidation du troc européen de Bretton Woods. La décentralisation régionale de l'organisation française de son économie sans spécification des frontières montre le flou de la conception de l'Union européenne et de ces objectifs. À partir de 1990, l'Union monétaire européenne englobe la CEDEAO comme sa zone monétaire test, pour la construction de l'union Europe-Afrique. L'échec de la CEDEAO présagera l'éclatement de l'Europe. L'objectif de l'Union européenne est la reconquête de toute l'Afrique comme territoire économique sans consensus de l'Afrique.

À partir de 2000, elle est l'Union Europe-Afrique, devient l'UE et l'UA toujours sans frontières économiques spécifiées. La spécification des frontières économiques est juridique et monétaire, l'État central et sa monnaie l'euro. La CEDEAO est le point d'implantation de l'euro en Afrique et de son extension sur le continent, par récupération des anciennes colonies européennes d'Afrique dans l'union sans concertation. L'Europe est allergique à la coopération étroite avec l'Afrique dans un monde largement ouvert et démocratique.

La France lâche le peuple africain et sélectionne quelques Africains appelés élites, dont elle bourre le crâne et les poches d'idées et de liquidités corruptrices.

Elle n'accélère pas la décentralisation de la production et renforce la centralisation administrative et politique de l'administration. Dire que le modèle français de coopération économique est colonial, c'est affirmer qu'il refuse l'approche fédérale des cultures africaine et française. L'approche monétaire entre l'Afrique et la France sépare la consommation française et africaine du développement intégré et dynamique de substitution des produits et travaux émergents entre peuples. Le problème français est ***conceptuel et politique***. La France, dans tous les domaines de l'évolution économique et sociale, veut maintenir l'orientation esclavagiste adoptée en 1853, et coloniale adoptée en 1884, de l'histoire des peuples en rencontre de la France. Elle est sans politique de développement de l'Afrique. Sa stratégie est seulement l'administration de l'évolution contrainte de l'Afrique vers l'Europe.

La problématique française de développement est le dualisme des cultures, c'est-à-dire l'opposition de cultures dans tous les domaines de l'existence. Cette problématique est donc politique et techniquement systémique, stratégiquement non concurrentielle et économiquement lente. Il faut une révision de ces concepts et de ces politiques face à l'émergence internationale de l'Afrique et à l'éveil de la dynamique de changement de génération et de perception des cultures. L'on est dans l'incapacité d'évaluer les progrès des idées, mais on constate des réactions révolutionnaires similaires à la masse des idées vraies rejetées par l'histoire sans synthèses politiques. L'on aurait dû penser à l'emploi des Africains pour leur subsistance, à leur formation, à leur monnaie conforme aux échanges qu'ils entretiennent. La production africaine aurait dû s'adapter stratégiquement à la consommation africaine, et les idées de production aux échanges extérieurs complémentaires. Ces échanges extérieurs ont été essentiels et non régulés vers l'intérieur. Les emplois et la consommation ont été exportés, et la jeunesse africaine exilée. La vision africaine actuelle de la pauvreté et de la richesse est en train de s'inverser, mais elle reste confinée dans la conception unioniste de la France dans la recherche de son ancrage sur le territoire africain.

8. La réforme des concepts et politiques de développement intégré de l'Europe et de l'Afrique

Le troc des biens réels se fait contre le franc CFA, comme une monnaie marchandise. Les nations européennes membres de l'Union et la construction francophone de l'Afrique souffrent de la surévaluation monétaire structurelle du FCFA et de l'euro en tant que monnaie-marchandise entourée des systèmes monétaires flexibles.

Le reste du monde est libre, a une monnaie flexible et construit sa dynamique de modernisation économique et de stabilisation des déséquilibres de croissance réalisée par la monnaie. Les monnaies nationales sont des ***butoirs et curseurs*** de la régression et des progrès. Cet accompagnement du développement économique par la monnaie dépend de la dynamique des cultures, curseurs de développement et de la résistance sociale aux changements. Si la résistance sociale cède aux pressions politiques, le curseur culturel glisse dans des positions acceptables. Quand le curseur ne peut plus tenir, le système dans son ensemble craque, et la population émigre.

La guerre ouverte contre les pays de la zone franc a commencé avec le Non de Sékou Touré de Conakry, contre l'indépendance progressive et intégrée dans la France, proposée par le Général de Gaulle en 1958. La politique de développement primaire de la consommation a réglé le butoir social de la décolonisation sous le régime de troc avec l'aide publique à l'installation des nouveaux États issus des nations colonisées, jusqu'en 1970. À partir de 1971, le cureur culturel craque, les administrateurs coloniaux plient bagage et retournent en Europe, afin de préparer la nouvelle guerre contre les colonies indépendantes ; c'est le dualisme. Les colonies indépendantes ne sont pas encore préparées à leur défense en tant qu'États-nations libres. Elle pense de bonne foi à la reconstruction de l'Afrique autour de l'économie et de la monnaie[12] sans rancune.

La France sournoise infiltre les organisations et organismes de la reconstruction de l'Afrique pour les détournements vers les initiatives européennes de la construction apparente de l'Afrique.

En 1990, le développement de l'Afrique est juridiquement cadré par les États. L'organisation du développement de la production est la construction de l'ordre culturel de production et l'organisation fédérale des échanges de la production. L'approche américaine est fédéraliste des échanges de la production individuelle. Le change du dollar par le marché est décidé depuis 1971, et effectivement déterminé par le marché de change international au second semestre 1996. L'organisation européenne est unioniste et postule pour la décentralisation de la production. L'union de production soulève le problème de l'organisation du travail entre métropole centrale et nations européennes dépendantes de l'Union. L'Union européenne est une centrale d'administration des engagements économiques et de paiements entre pays, et non pas une métropole de production et d'échange de biens réels contre monnaie. Les métropoles fournissaient de la consommation des productions manufacturées des métropoles à la consommation des colonies contre l'échange des matières premières agricoles -cacao, café, caoutchouc- échangées en biens réels. L'échange des produits agricoles primaires non transformés est alors l'initialisation des économies essentiellement paysannes à la production échangeable. La monétisation fait une stabilisation dynamique de la production. À partir de 1960, le niveau de monétarisation s'accélère jusqu'en 1970. La restructuration de l'économie monétaire internationale libère les économies nationales indépendantes et leur coopération monétaire étroite en change pour les échanges. L'organisation de l'Afrique francophone oublie l'Afrique dans la coopération monétaire régionale et l'interdit d'accès à la

[12] Mise en place de l'Organisation de l'Unité africaine et de l'Association des Banques Centrales africaines.

négociation de la coopération monétaire internationale. La zone franc est une zone de troc en franc français.

Les années 1990-2008 accompagnent la restructuration de cette économie sans monnaie. Il s'agit du véritable ajustement structurel sans monnaie pour la stabilisation des étapes, mettant en souffrance la population francophone et son surendettement. La France s'associe au Fonds monétaire international pour la gestion durable de ce surendettement de 1971 à 2008.

La véritable décolonisation financière a commencé en 2008, avec la demande ouverte de l'indépendance monétaire de l'Afrique de la zone franc, dernière occupation institutionnelle et coloniale de la métropole, soutenue par la coopération financière publique/privée mise en place dans le cadre de la restructuration de la dette des années 1990-2008. Alors que le monde s'ouvre depuis 1944 au commerce international, il s'ouvre en 1971 à la production pour l'équilibre de la consommation nationale. Les pays européens libérés de l'enfermement monétaire et financier des zones monétaires coloniales, sauf la France, se referment dans le modèle colonial hors saison de la France, dans l'union monétaire et économique européenne. Ce modèle défend le concept de l'intégration et de la décentralisation de la production de tous les pays membres sans considération de leur souveraineté.

Sous la coopération coloniale, la production des colonies centrée sur les importations françaises des matières premières et exportations des produits manufacturés, exclusivement par ces industries françaises vers les colonies, était la source de liquidité des métropoles en circulation. Cette liquidité était la monnaie métropolitaine et les échanges inter-nations entre métropoles étaient le troc de l'or contre les biens réels. Jusqu'à Bretton Woods, le commerce était le troc des instruments d'échanges contre des biens réels sans emballement social. Les échanges sont microéconomiques et la théorie monétaire quantitative.

C'est la Réforme monétaire keynésienne de 1924 qui pose les bases abstraites d'une économie monnaie, instrument sans utilité intrinsèque, mais équivalent général de tous les biens et pouvoir d'échange de tous les biens. La monnaie jetée dans les rues perd son pouvoir d'échange. Elle est un pouvoir d'achat par la puissance de son contrôle psychosocial de l'information, de l'existence et de sa circulation de la marchandise. Les accords commerciaux et monétaires sont des accords des pouvoirs de contrôle de l'information sur les changes et des paiements, par l'instrument de paiement, la monnaie.

Le monde en enfance industrielle est contrôlé par le pouvoir du dollar, monnaie américaine. L'or, monnaie d'échange, devient la monnaie pouvoir d'achat vide des biens, non contraint par la force de travail de son acquisition. Elle est l'équivalent général de tous les biens produits, et disponibles. Aussi, la centralisation de la monnaie à partir de 1908 est un concentré en pouvoir de contrôle des échanges internationaux. L'or est racheté par les particuliers. Les banques privées sont des intermédiaires autorisés à échanger des biens contre la monnaie papier créée et l'information des centrales sur les activités commerciales, de production et d'échange économique. Les échanges économiques nationaux et internationaux sont contrôlés par la Banque Centrale, créatrice de monnaie nationale et centralisatrice des monnaies étrangères des pays échangistes avec les pays. Elle est le noyau de l'économie internationale.

La FED, Banque Centrale américaine, émet le dollar contre les échanges internationaux et non plus contre la garantie de l'or, des échanges internationaux. Le système monétaire international et le système d'échange des biens internationaux contre le dollar, intermédiaire international des monnaies créées à partir de Bretton Woods, forment le Système monétaire international avec le dollar. Le dollar remplace l'or et impose le leadership monétaire mondial du dollar en lieu et place du sterling pour l'or dans l'économie internationale traditionnelle.

Keynes avait prévu, dans sa Réforme monétaire de 1924, la coopération monétaire étroite entre l'Angleterre et les États-Unis pour la fixation de la parité de change entre le dollar et le sterling, les deux anciennes monnaies. Donc l'émission était garantie par l'or et le déséquilibre des échanges par le transfert d'or. La France, au début de l'implantation du renouveau de la monnaie internationale en 1934, avait déclaré la création de son Grand Marché européen avec ses colonies. Elle envisageait l'ajustement structurel de l'économie coloniale à la métropole coloniale, disposant d'une culture universelle et d'une monnaie de troc pour la reproduction impérialiste de l'économie coloniale dans le temps. L'échange européen est colonial. La contrainte militaire force la coopération et la monnaie de troc stabilise les déséquilibres d'échange et des frontières de rencontre. La France confisque la monnaie des nations africaines de la zone franc qu'elle utilise comme un instrument de contrôle de déstabilisation des frontières et de leur intégration dans les frontières françaises.

Le Fonds monétaire international est un instrument de pourvoir de changement libéral des systèmes sociaux traditionnels dans la politique du nouvel ordre économique de 1970. Chaque nation à la liberté de créer son pouvoir d'achat national et de l'échanger contre le dollar selon ses besoins internationaux. Le pouvoir d'achat de la monnaie créée n'est pas contraignant dans les échanges, mais dépendant de la liberté dans le choix de l'organisation de la vie de l'homme. L'économie monétaire est une économie de droit de l'homme de vivre libre de son organisation consciente.

Le mécanisme monétaire de la zone franc veut élargir l'espace de contrôle aux territoires africain et européen sans frontières, par la zone euro, et stériliser l'ouverture de la dépendance des pays membres de l'Union. La concurrence et la compétition sont interdites dans l'Union. La production est hiérarchisée sans relations multilatérales. Cette organisation des zones monétaires coloniales s'est poursuivie dans l'organisation de la communauté européenne contre la communauté libérale internationale. Le silence mondial sur l'organisation coloniale du Grand Marché européen est le bénéfice de doute accordé aux organisateurs de cette communauté sans adhésion des peuples concernés. Le Brexit est la réaction négative de l'Angleterre à cette organisation communautaire européenne opposée à l'organisation libérale de la communauté internationale. Les emplois sont manquants et les jeunes formés à l'exil vers la métropole. La science monétaire est une science de couverture statique de ces déséquilibres de la dynamique négative et positive de la pensée et de l'union administrative socialisante de la production commune pour la distribution administrative. La production individuelle pour le marché est le socle de la pensée libérale. Le peuple cherche la fédération des efforts de survie actuelle et l'exploitation de ses richesses avec l'intérêt individuel et de survie de la société.

Les écarts de développement entre structures de production pour le marché sont stabilisés par les ajustements monétaires. L'accélération du mouvement de la réduction des écarts de ces structures s'accommode d'une politique de développement stratégique et compétitif entre les colonies et les métropoles occidentales. L'administration française de tendance socialiste lutte pour la conservation de la distance entre les écarts du capitalisme et du socialisme. Le « sous-développement » est la faiblesse de la production et de l'option pour la production individuelle pour le marché ou la production collective pour la consommation distribuée par l'administration. Le problème de l'économie mondiale est la production pour l'enrichissement individuel ou la consommation nationale. Le nationalisme est de l'Est et le libéralisme de l'Ouest.

La démocratie se structure en deux libertés : la liberté de la force de la loi imposée officiellement par les États prédateurs de la liberté de la force corruptrice de l'administration des peuples par la liberté de la force de travail des individus pour la richesse. La démocratie socialiste est la force sociale de la production pour sa survie. Cette décentralisation est agrégée en production nationale.

La démocratie occidentale est la liberté de production agrégée par le marché. La démocratie socialiste est la décentralisation de la distribution de la production collective. Aujourd'hui, la démocratie socialiste est la décentralisation de la production individuelle dans la distribution sociale de la consommation[13]. La lutte contre la corruption n'est rien d'autre que la lutte contre les marchés concurrentiels pour la consommation par le marché.

La production devient la politique de développement mondiale. Leur ajustement de la production nationale à la consommation nationale, quelle que soit la forme, sont les bases de la conception de l'économie moderne. Cette base n'est pas dualiste. Aussi, le système économique de Bretton Woods officialise le troc et le système d'ajustement structurel de Smithsonian officialise le système monétaire international des nations qui produisent pour les échanges suivant la structure socioculturelle de l'organisation de la production des nations. Cette organisation est libre. L'organisation socioculturelle monétaire est autoritaire. Elle impose la refondation sociale de la production économique des échanges par l'administration. L'administration est productrice des biens échangés dont elle fixe les prix et les conditions d'échange non négociables. La croissance des économies libérales n'est pas comparable à celle des économies administrées. L'économie de la zone franc est administrative. Celle des autres pays africains est monétaire. L'intégration africaine est confrontée à l'économie monétaire en proie au troc français et européen.

L'englobement de ces deux modèles tentés par la France et l'Europe, de ces deux modèles qui ne peuvent pas cohabiter, révèle l'irréalisme européen et français. Il n'y a pas de mondialisation alternative au modèle américain qui est un modèle de progrès de la pensée européenne des Américains. La proposition française et européenne renvoie au phagocytage de l'Afrique dans la construction de l'Europe des

[13] L'observation de ce modèle de démocratie socialiste moderne est donnée par la compétition dans la production du vaccin du Covid-19, et la distribution sociale de la consommation décentralisée à toutes les nations, pauvres et riches.

sédentaires comme la construction de l'Amérique sans les Apaches par les nomades européens.

Cette pensée traditionnelle a évolué en pensée multilatérale de la construction du monde moderne. On le voit à l'observation du Brexit anglais.

La confiance des États donnée à Bretton Woods, à l'économie monétaire, posait les bases de la construction internationale de cette dernière.

La politique monétaire de l'emploi centrait le développement mondial sur la production. Ce système conduit l'économie internationale de troc à devenir un véritable système monétaire d'échange des biens réels produits nationalement en 1971. C'est le début de la fin de la guerre froide sur les régimes nationaux de production pour échange confirmé par l'union de l'Allemagne de l'Est et de l'Ouest en 1990. La mise en place des Droits de tirage spéciaux (DTS), sur les créances internationales occidentales en 1974, préparait l'évolution des créances monétaires de biens réels en or en créances monétaires des monnaies créées. L'or détenu par le Fonds Monétaire Internationale n'a plus de valeur de garantie de la création des monnaies. Les créances monétaires n'ont plus de valeurs réelles, mais elles sont calculées en échange des biens réels. La titrisation des dettes est une évolution du système monétaire international. L'on peut donc spéculer sur les valeurs monétaires abstraites, pensant intérieurement à la valeur et la quantité de biens contre lesquels l'on pourrait l'échanger. La monnaie d'échange devient la monnaie en circulation full-stop. La spéculation se déplace de l'achat d'or à l'achat de la monnaie qui est son propre pouvoir d'achat. L'accumulation des réserves monétaires devient une affaire, pour des réserves de consommation et accessoirement de l'investissement dans la production. Le crédit et ses dérivés monétaires alimentent la consommation en priorité.

L'Afrique, au début de sa monétarisation et de l'accumulation des liquidités de consommation, investit accessoirement à la production et développe sa consommation importée. Elle scelle sa dépendance économique libérale à son assujettissement aux monnaies métropolitaines d'importation, dépendantes de l'offre métropolitaine de change de la monnaie nationale de production et de la consommation des produits exportés. Le citoyen normal ne connaît que la monnaie nationale qui est sociale.

L'essentiel des pays pauvres de l'Afrique, l'Amérique latine et de l'Asie sont librement colonisés au début de la mise en route des États indépendants du XXe siècle. Dans les années 1960, leur dépendance est coloniale. Il faut préalablement à leur développement économique les détacher de la colonisation.

Les productions individuelles pour la consommation familiale sont insuffisantes pour la consommation nationale. Le changement de la culture de production touche aux mœurs des traditions culturelles des balades et des causeries. La population à travers la distribution de la consommation payée en monnaie métropolitaine est associée librement à la production exportée. Les Américains libérés de l'impérialisme européen imposent l'indépendance des États à toutes les nations colonisées à travers la construction de l'indépendance de leurs États contre l'impérialisme et la colonisation des métropoles. L'instrument de leur libéralisation est le dollar, monnaie d'échange des productions nationales, permettant de stabiliser les énervements de certaines métropoles de consommation, par transfert des liquidités internationales de production nationale exportables. Les conditions d'accès aux marchés extérieurs sont l'échange des monnaies nationales contre le dollar convertible. Toutefois, l'indépendance des pays est facilitée par leur capacité de créer leur propre monnaie d'échange nationale.

Cependant, il faut opter pour l'intégration fédérale ou unioniste des États en rencontre. Les États-Unis ont une dynamique sociale sur le curseur culturel d'ajustement permanent des déséquilibres culturels. Le curseur culturel est à l'origine des fluctuations et du développement économique ; les flottaisons économiques sont sociales d'origine de l'adaptation des cultures. La fédération des États est culturelle, l'harmonisation des curseurs culturelle. Dans l'ajustement structurel de l'Afrique conduite dans la zone franc dans les années 1970-1990, la France avait bloqué le curseur culturel de l'ajustement et limitait les ajustements aux déséquilibres sociaux de croissance avec une stabilisation monétaire du déséquilibre de développement et de la dégradation des structures de production pour le marché extérieur. L'ajustement structurel devenait le surendettement africain des années de démarrage de la croissance sans développement ou restructuration des déséquilibres de développement.

9. Technologie et développement humain

L'économie humaine de production est une économie de développement et de transfert de technologies. Celles avancées s'accompagnent de l'économie monétaire auxiliaire de développement humain. Depuis Bretton Woods, le processus de la monnaie s'est modernisé en technologie de la création de la monnaie.

Elle est, au niveau technique, la fabrication de l'équivalent général de tous biens disponibles et la marginalisation technique de la production contre le calcul de l'utilité marginale des échanges. L'échange est technologique. La découverte est simplement un instrument sans valeur propre, que l'État déclare de temps en temps être le moyen de paiement[14] des productions disponibles. L'État, sans s'introduire dans la production, reste le distributeur général des biens disponibles. La vraie valeur de l'échange est le contrôle discret et général de l'État. La création d'une monnaie différente du FCFA, par exemple, met la nouvelle monnaie en concurrence avec l'euro.

La première technologie de production massive pour le marché est américaine. On part des chevaux et bêtes de somme, dans l'agriculture paysanne, aux moissonneuses-batteuses partagées par toutes les exploitations dans de vastes étendues d'exploitation agricole américaines. La deuxième est la technologie de construction des automobiles, moyens de déplacement rapides du peuple. Les avions, bateaux et trains sont des moyens de déplacement de la masse populaire. Ces moyens sont d'intérêt public.

Les autres progrès technologiques, l'informatique, les produits pharmaceutiques, médicaux, dépendent des progrès réalisés dans les connaissances scientifiques et autres connaissances d'expérience techniques de fabrication.

Les évolutions sollicitent l'adaptation des structures paysannes primaires de pensée de développement que l'on appelle, le développement humain. Les adaptations de développement sont intellectuelles et physiques.

L'observation rétrospective s'appelle la croissance, leur pensée prospective, le projet de développement d'anticipation de la croissance.

La circulation de la marchandise entre les mains est garantie par le retour d'échange ou de paiement immédiat du bien reçu. Le paiement est l'équivalent général des biens échangés. Elle est la liberté et la garantie d'échanges des biens des producteurs pour le marché. La monnaie est alors un pouvoir d'achat ou d'expropriation libre et paisible de tous détenteurs des propriétés disponibles réels sur le marché. Le développement est l'exploitation dynamique des échanges stabilisés par la monnaie indépendamment de la nature des biens et de services. L'on

---

[14] John Maynard Keynes.

va parler d'échange monétaire irréversible. Une économie monétaire est une économie des États de droit d'échanges monétaires irréversibles.

Le respect des règles de droit de l'économie monétaire stabilise l'économie monétaire de la dynamique des hommes. La flexibilité des monnaies déstabilise les structures et les maintient en instabilité de croissance. La dynamique des technologies déstabilise les cultures et les met en instabilité de développement.

10. Administration et liberté de développement économique

Les biens immeubles des propriétés sont sujets à expropriation par la monnaie et font l'objet de la protection et de la négociation d'exploitation avec l'État. La gouvernance du développement national est administrative ou libérale. Administrative, elle est traitée d'autoritaire et libérale, de démocratique. Ces deux concepts d'organisation ont structuré le monde du XXe en socialistes (autoritaires) et démocrates (libéraux). L'observation du développement se fait cependant dans le temps ; celui de la croissance à court et du développement à long terme. Tous les processus de croissance nette de développement sont actuels : la consommation actuelle de la production d'hier et la production actuelle de la consommation de demain. La survie est actuelle. Cette concentration de processus sur l'actualité rend présente la réalité de développement. Comme le disait Keynes, à long terme, tout le monde est mort.

La dynamique de développement est actuelle. Le pouvoir de transformation de la société traditionnelle de troc en société moderne d'échange monétaire est satisfait par le travail et des protocoles de transactions actuellement conclus entre les hommes et les nations. La répartition de tous les biens marchands, liaison entre l'administration et le peuple, est culturelle. Elle garantit la stabilité et l'indépendance sociale du peuple par la monnaie. Elle n'est pas un bien réel, mais un équivalent général neutre de l'échange de tous les biens réels. Son ajustement à la réalité des déséquilibres réel est automatique et spontané et social. Elle est la frontière des échanges naturels entre nations. Toutefois, le développement de croissance progressive des besoins économiques emballe la société dans l'ajustement spontané de sa concurrence de la répartition par le marché à la concurrence administrative par la distribution sans production. Les prix de l'administration libérale sont près du coût de la production assistée par l'État. Les prix du marché libre de production sont augmentés du bénéfice de l'enrichissement du producteur. La société demande le développement libéral pour les intérêts privés, l'administration a l'autorité de gouverner les déséquilibres publics et privés de la production et de la consommation. La démocratie administrative est autoritaire. La gouvernance monétaire est la démocratie libérale. Les lois fixent les normes sociales de la stabilisation libérale et autoritaire des déséquilibres.

Le niveau de stabilité des déséquilibres ou de développement est le curseur culturel de l'adaptation sociale de la capacité de croissance à la demande sociale du peuple. La demande sociale est donc hypothétique, et s'ajuste structurellement aux cultures ou structures sociales. Ces ajustements décalent les ambitions des réalisations et d'imitation réciproque des nations en rencontre, et force des protections mutuelles des peuples en rencontre. Les protections sont juridiques, monétaires et militaires, et par la suite stratégiques, la feinte face à l'ennemi découvert.

L'ajustement monétaire officiel, l'organisation de la coopération monétaire et la protection juridique des biens exploitables ne sont pas spontanés ; elles sont des craintes de changement de la situation présente dans l'avenir.

Les relations coloniales, par exemple, ont été bénéfiques à l'Europe. Leur changement constitue un risque important du déclin du territoire européen face à la montée des territoires qu'elle avait colonisés. L'Afrique constitue son dernier retranchement colonial. La zone franc campe sur l'administration monétaire et juridique africaine dans une démocratie autoritaire de sous-développement. La monnaie de l'administration est une monnaie de troc. Le niveau de culture de croissance des monnaies de troc est donné sans déséquilibre et sans ajustement. L'on ne peut pas parler de la stabilité des monnaies de troc, mais de leur fixité. Le système monétaire international de troc de Bretton Woods est achevé en 1971. Il faut relever alors le niveau du déséquilibre structurel des cultures, le développement économique des nations. Le relèvement des déséquilibres de structures de l'Europe de l'après-Seconde Guerre mondiale était la remise de l'Europe au niveau de la croissance monétaire de l'avant-guerre en trois ans, entre 1947-1950. En 1950, elle ambitionna le niveau de croissance de troc compétitif à la croissance monétaire des États-Unis de la mondialisation. Le développement mondial intégré des années 1950 était l'offre américaine de l'économie monétaire de production pour le marché. La monnaie est flexible et déséquilibre les structures dynamiques de croissance économique des États-Unis. Les cultures sont nationales et sociales avec des structures de production d'échange de troc. L'Europe en enfance industrielle en 1950 est encore paysanne. La liberté de la gouvernance monétaire américaine était offreuse de production industrielle au monde à commencer par l'Europe. L'Europe devait libérer ses colonies héritées du partage de l'Afrique, à Berlin en 1884, de son autoritarisme et s'intégrer dans l'économie monétaire américaine. Elle choisit, avec le traité de Rome, de construire une alternative d'économie paysanne de troc à l'économie monétaire américaine. Elle engloba ses colonies africaines dans sa reconstruction du monde colonial compétitif au monde libre américain. En passant par le calcul et l'application d'une politique de la dépendance monétaire, culturelle, juridique et économique. Cet embrigadement de l'Afrique la confina sans l'attentisme du développement de l'extérieur dispersé des colonies jusqu'en 1967. L'Angleterre, par le détachement du sterling de ses monnaies coloniales, libéra ces derniers en économie d'indépendance monétaire. Les autres métropoles européennes suivirent l'expérience anglaise sauf la France qui développa la politique de blocage de l'or après Bretton Woods par l'accélération de la construction de l'Union européenne avec ses colonies africaines d'économie de troc de Bretton Woods. Le franc CFA., doublon du franc français, devient la monnaie de l'union coloniale européenne. Elle envisage la reconstruction de l'Europe d'avant 1884, sous forme de l'Union européenne, contre la liberté de gouvernance américaine de Bretton Woods. La Banque Mondiale était la structure de substitution au Plan Marshall de relèvement de l'Europe à la gouvernance libérale du développement mondial, de toutes les nations libres et colonisées par des structures d'États de droit libres des développements nationaux. Le Plan Marshall des économies paysannes sans monnaie ni culture commerciale exigeait la modernisation de la monnaie et la pratique des cultures commerciales. La pré-industrialisation et la modernisation de l'emploi d'hommes étaient administratives. La monétisation et l'entretien monétaire des États indépendants qui forment leurs frontières d'échange nationales étaient du point social, public et un simple instrument de consommation.

Les unités économiques de développement des nations, sous la gouvernance des États de droit, sont le démarrage de la macroéconomie de la consommation en attente de la production. Le financement public est la liquidité publique importée, abondante aux yeux des populations locales et insuffisante au regard des objectifs de l'administration publique. Les financiers publics de prêts de démarrage de l'État sont des fonctionnaires publics pauvres sortant de la population nationale. Le choix des nationaux acquis à l'intérêt des Occidentaux balise l'administration locale. Le peuple se tourne vers l'État, comme le distributeur de la consommation et de la richesse dans la légalité de l'État de droit.

Quant à l'aménagement de l'urbanisation, l'encadrement de la production des producteurs, de la construction des logements sociaux, de l'équipement des villes, des écoles, des hôpitaux publics, ils sont des missions sociales des gouvernements. Les pays en cause vont faire face à des crises économiques de production traditionnelle face à l'offre des productions de l'Occident inconnues localement.

La création *ex nihilo* de la monnaie détenue par l'Occident « riche » est toutefois le critère objectif d'accès à la richesse occidentale. La pauvreté est locale. L'enrichissement occidental, libéral jusqu'en 1970. À partir de 1971, elle devient l'opium du peuple africain alphabétisé. Cette introduction tardive dans le capitalisme oriente la demande de l'organisation capitaliste de l'Afrique. Les administrations organisent le capitalisme d'États assortis du détournement des deniers publics et de la corruption des administrations publiques pour enrichissement privé. À partir de 1990, quelques Africains comptent en milliards par détournement des fonds publics. Le critère de classification des États reste leur pauvreté et leur surpopulation. La surpopulation et l'émigration deviennent les critères de la pauvreté des nations.

Le troc d'échanges publics provoque les marchés parallèles compétitifs d'échanges privés des producteurs. Les consommateurs s'adaptent spontanément à ces marchés des individus. Les États s'y adaptent par création de leur monnaie et flexibilité d'échanges et de déstabilisation des structures de croissance. La dynamique des structures de développement est le déséquilibre des technologies et d'accumulation de la surpopulation du côté des technologies les plus faibles dans la production. Le sous-développement est technologique.

Le blocage du transfert de technologie aggrave le sous-développement. La compétition économique est technologique. Elle est un pouvoir de production accompagné d'instrument des échanges tous les biens disponibles. La banque centrale, en abandonnant la garantie de la monnaie créée par l'or, libère le comportement des États dans la création libre de leur monnaie. La capacité de développement des États est humaine mais également l'utilisation de la monnaie à la production de l'homme responsable.

La formalisation monétaire des économies sociales paysannes en retard de monétarisation passe par leur monétisation de la consommation et la monétarisation de la production. La monétarisation est l'utilisation de la monnaie à la production. La consommation trace les frontières de construction de la monétisation et la production, les frontières d'ouverture de la monétarisation. L'économie monétaire ouvre et ferme de manière flexible les frontières économiques de la consommation et de la production. Le développement est la dynamique de la production et des échanges ; la croissance, la cumulation des moyens de consommation. L'économie administrative de troc ouvre l'ordre social de consommation et ferme l'ordre de production et d'échange administré. La monnaie libère les échanges par le marché. Aussi, la France, dans le système économique de troc, lutte contre les indépendances monétaires africaines ainsi que l'ouverture monétaire de frontières économiques au monde. Elle est en guerre avec la CEDEAO contre l'objectif de la monétarisation de l'économie africaine.

11. Troc et monétarisation de l'économie africaine

Si pour l'OUA de 1963, l'Afrique est la fédération des États indépendants du peuple africain, pour la dynamique cumulative du développement, la France quant à elle est pour l'économie de troc d'accumulation des échanges traditionnels de consommation avec elle. L'Afrique est une région française décentralisée par l'indépendance formelle des pays membres de la zone franc et leur dépendance structurelle. L'union des nations africaines et de l'Europe proposée par la France est la construction de la dépendance de l'Afrique pour la survie de la France. La décentralisation régionale proscrit les frontières économiques et monétaires d'échange entre nations, mais elle impose les frontières administratives entre pays africains et la coopération administrative entre États : CEDEAO, CEMAC et l'UA réunissant des institutions inter-États. L'union des États sans frontières avec l'État français organise une France en manque de coopération. Elle ne s'accommode de la négociation des frontières ni avec les nations européennes ni avec celles africaines. L'Union européenne et celle africaine mènent un combat politique de l'indépendance des nations forcées. La France espère un gouvernement mondial sous son leadership, alternatif à l'économie monétaire mondiale américaine. Cette organisation politique est décidée par le Général de Gaulle en 1958. L'État français, dans cette organisation, est le modèle culturel de l'administration au-*delà des cultures* de l'Europe et de l'Afrique. Le combat de l'Europe d'administration de la gouvernance et du commandement français est contre la souveraineté des pays en rencontre. La lutte pour le développement de l'administration est antécédente à la lutte américaine pour l'émergence économique des États. Le reste du monde dans la perception française est « sous-développé », sans culture et sans monnaie. L'administration américaine des nations est libérale, elle exclut l'administration culturelle de la préoccupation de la politique américaine. Le conflit entre la priorité de l'économie et les priorités de l'administration est construit séparément. L'administration générale des États-Unis est fédérale. L'administration des nations fédérées est nationale. Les nations fédérées sont indépendantes administrativement. La construction fédérale est économique. Cette organisation économique et administrative séparée divise le monde en deux, le monde des nations indépendantes administrativement fédérées et économiques, mais unies, et le monde de l'union des administrations et des économies. Le denier monde est européen, le premier américain. Le monde de séparation américaine de l'économie et de l'administration s'oppose à celui européen de la fusion de l'administration et de l'économie.

L'emploi fusionne techniquement les deux mondes et pour les Américains, à Bretton Woods, l'emploi est international ; pour Keynes, l'emploi est national. Le camp américain est libéral et indépendantiste. Le camp européen est impérialiste et colonial. L'État de droit de l'Homme américain est combattu par l'État de droit des peuples européens. La construction monétaire de l'Europe refuse d'adhérer officiellement à l'administration de l'Est et adhère apparemment à la thèse du capitalisme occidentale pour des raisons d'intérêt monétaire du Plan Marshall du relèvement de l'Europe du marasme de l'après-guerre. Le Plan Marshall est un Plan de corruption de la pensée socialiste de l'Europe qui doit en conséquence lutter discrètement contre le capitalisme. Bretton Woods n'arrive pas à réconcilier le monde divisé en 1936, avant la mort de Lénine, la théorie de Karl Marx et la philosophie de réconciliation de Hegel. La France applique le modèle d'administration de l'Est dans son adhésion officielle au modèle américain d'économie monétaire aujourd'hui représenté en France par Marine Le Pen. La guerre française contre l'extrême droite est une tartufferie de la reconstruction de l'Europe de l'après-guerre par l'aide des États-Unis. Le modèle France-Afrique est une construction sur cette duplicité de la France. Le camp libéral défend l'indépendance monétaire et économique dans la décision de la construction des États. Le modèle liberté anglo-saxonne lutte contre la corruption des États par des mensonges publics.

La dévaluation officielle de la monnaie est une ouverture de la gestion publique de la monnaie comme un instrument d'ajustement des échanges des biens produits et vendus. Le décrochage de la livre sterling des monnaies coloniales en 1967[15] officialise les échanges réels entre l'Angleterre et ses colonies. Elle vend à ses partenaires des biens produits en Angleterre et importe les biens produits dans les colonies. C'est aussi le modèle de l'AGOA des États-Unis. Ceci confirme la décision anglaise de l'indépendance monétaire des colonies. Ce campement, anglo-saxon, va unir tous ces pays détachés du sterling monétairement et économiquement. Seules la Mauritanie et la Guinée Conakry francophone vont se détacher de la zone franc sans s'en éloigner. Le premier par adhésion monétaire au monde arabe et l'adhésion économique aux échanges avec le Sénégal francophone. Le second par le développement politique de sa monnaie hors zone franc avec la déclaration unilatérale de l'indépendance du pays contre la proposition de l'administration politique française de la zone franc de l'association de la Guinée à l'échange avec la France sous Alpha Condé et Bolloré.

Le combat pour la dépendance de l'Afrique de l'administration française va être émotionnel et meurtrier pour les opposants politiques. La politisation du conflit ramène la France à l'interdiction du débat sur les questions monétaires, de la zone franc et la coopération économique. La zone franc est le noyau de la construction de l'Union européenne. La théorisation économique et monétaire africaine est interdite. Le franc français doit circuler en Afrique à travers le FCFA converti en euro, pour prélever et ramener pour la métropole tous les biens utiles sans laisser de trace sur le terrain.[16] La France va adopter la position théorique et administrative et refuser le débat sur les conséquences pratiques et économiques de cette administration. Les jeunes États francophones en construction sont délestés de pouvoir économique et de la coopération. L'administration française est protectrice du pouvoir des administrateurs des anciennes colonies. L'Association des Banques Centrales mise en place dans les années 1963/1967, pour le conseil impartial des Banques Centrales des pays africains indépendants, est centrée sur un vice de fond. La construction de R. Triffin du modèle du Centre africain d'Études monétaires était sur la base des taux de change des colonies fixés aux monnaies métropolitaines. La flexibilité des monnaies n'a pas de sens dans cette économie de troc. L'abondance de la monnaie déprécie son taux de change officiel et par la population échangiste aux frontières.

---

[15] Joseph Tedajo. Commerce change et régulation des économies africaines au sud du Sahara au cours des années 1980. Africa développement, Vol. VII, n° 2, 1982, Dakar-Sénégal.

[16] Michel Saint Marc.

CHAPITRE II

DÉSÉQUILIBRE DES STRUCTURES DE CROISSANCE ET DU DÉVELOPPEMENT STABILISÉ PAR LA MONNAIE

INTRODUCTION

Le déséquilibre de développement est culturel et s'accommode de l'agrégat des technologies de production des structures de production stabilisées par la monnaie. C'est l'ajustement structurel et économique. À partir de Bretton Woods, la macroéconomie caractérise l'économie de la production des nations gouvernées par les États de droit. Ces États sont des superstructures de coordination de la production et de la consommation nationale. Le droit public et la loi fondamentale des États fondent ces États de droit. Le cadre juridique de la macroéconomie des nations est public. Du fait de son caractère public, il est politique. La politique est l'organisation générale du contrôle de la production privée et de la consommation publique indivise. La protection des biens publics est la mission des gouvernements mandatés par le peuple. Les déséquilibres des actions sont quantitatifs et qualitatifs. À partir de 1971, le développement est économique, monétaire et d'ajustement dynamique des structures au développement économique. Le développement social est qualitatif, le développement économique quantitatif. Le droit public d'ajustement monétaire des déséquilibres engendre les crises monétaires, les conflits de croissance et de développement entre l'Est et l'Ouest. La dévaluation de la monnaie est l'ajustement formel de la monnaie aux déséquilibres de structures de consommation publique et de production privée et de consommation du peuple.

Dans les années 1936, la concurrence de la croissance des États et du développement de la production privée de la consommation du peuple au sortir de la Première Guerre mondiale était accompagnée des dévaluations compétitives des monnaies papier. La garantie or de ces monnaies n'était plus possible, il fallait sortir de la monnaie réelle, l'or. Les États-Unis, dès 1934, avaient lancé la réforme monétaire américaine après la démonétisation anglaise de l'or en 1933. La dynamique des cultures rejette la monnaie papier en Europe et les Européens autour de la France formèrent le bloc de l'or résistant à la modernisation américaine et anglaise de la monnaie. En 1944 à Bretton Woods, les États-Unis proposèrent au monde de l'après-Seconde Guerre mondiale leur fourniture en biens de consommation industriels en attente de leur propre production. Ils accompagnèrent cette proposition du Plan Marshall de relèvement de l'Europe à sa situation d'avant-guerre. La proposition américaine créa un déséquilibre culturel mondial entre le monde de la monnaie modernisé et celui de l'ancienne monnaie, l'or. La monnaie est désormais problématique. Bien vide, américain, moyen d'échange contre bien réel européen, moyen d'accumulation des valeurs réelles. La spéculation avec la monnaie papier flexible permet l'accumulation des valeurs en richesse monétaire sans valeur réelle. La monnaie, bien réel, est stable. Le déséquilibre contemporain est dynamique ; le déséquilibre réel antérieur, statique. L'ajustement monétaire moderne au déséquilibre des cultures est dynamique, le marché et l'ajustement classique de l'or au déséquilibre réel administratifs. L'économie des échanges garantis en or est le troc ancien. Il va être maintenu en troc compensé en dollar accumulé et dénaturer les déficits des États libres jusqu'en 1970.

2.1 L'organisation administrative du développement

Dans la juridiction de l'espace national d'échange libre, les frontières économiques sont délimitées par la monnaie qui définit les espaces d'échange national. Sous le régime de l'étalon or, les frontières des nations étaient une, le monde. L'on comprend la pensée de l'Europe sans frontière confrontée au monde américain des nations. Les espaces délimités par la monnaie sont des nations gouvernées par des États indépendants. L'administration publique devra, dans le cadre de la gouvernance et du management public, s'adosser à sa propre monnaie. L'autorité générale de l'État déclare de temps en temps quelque chose comme monnaie d'échanges des biens nationaux, instrument unique d'échange légal. Les banques privées sont sous l'organisation de la Banque Centrale émettrice des monnaies nationales. Les banques créent la monnaie pour leur client sous le contrôle et la couverture de la Banque Centrale, gardienne unique de l'or. La monnaie est donc, à partir de 1944, une création contrôlée par l'État sans valeur propre, une décision de l'État de faciliter les échanges. La Banque Centrale veille à la création et à la distribution de la monnaie pour la compensation du déséquilibre d'échanges et de production et de la consommation agrégée par les marchés et les peuples. La monnaie est alors la compensation des soldes des déséquilibres de la production et de la consommation. Macroéconomique, elle est flexible. L'administration des biens de consommation indivise est administrative. Elle fait partie de l'économie populaire. L'équilibre est conçu par rapport à l'administration et non pas à l'économie des déséquilibres dynamiques. L'administration concentre le pouvoir de décision du peuple, son mandant.

L'économie réelle est une économie de déséquilibres dynamiques, absorbant l'administration. Elle est la macroéconomie de la production individuelle et de la consommation collective sur le marché. L'optimisation de la production macroéconomique est culturelle, l'emploi rémunéré de tout le peuple. La main-d'œuvre oisive correspond à la concentration de la production dans des unités de production de productivité conforme à l'équilibre de la consommation du peuple[17]. Cette organisation au niveau de chaque nation est économique. Le modèle de production de chaque peuple est indépendant. L'administration oriente les décisions de coordination de la production individuelle et de la consommation de tout le peuple.

Si la monnaie équilibre le niveau global de la consommation des productions individuelles, les salaires industriels subventionnent partiellement les classes entretenues, et les serviteurs publics privés d'emploi populaire rémunéré. Le rêve américain était l'emploi libre rémunéré des ouvriers. La monnaie n'est donc pas l'expression de la richesse individuelle, mais de la richesse sociale distribuée à la consommation nationale par le marché. L'organisation de la distribution sociale de la richesse penche vers le côté long du déséquilibre de la consommation. Les frontières de la production sont étanches, celles de la consommation, ouvertes. Le moyen d'équilibre de la consommation globale de la production ou l'importation de l'étranger est encadré par l'administration des nations. L'économie libérale est ouverte pour la consommation des importations et fermée et contrôlée pour la production nationale exportée. La gouvernance nationale des producteurs est libre, celle des consommateurs est orientée par les résultats de la production intérieure. Les producteurs d'échange de troc des biens manquant à la consommation traditionnelle s'adaptent à la consommation des biens

[17] Joseph Tedajo. (2015 ; P. 102).

importés, sans faire bouger les structures de production locales. Le conflit de culture s'introduit par cette consommation de la production étrangère. La relation d'échange réciproque remplace la solidarité culturelle nationale. Le système national statique progresse vers la consommation étrangère sans production nationale. Les structures traditionnelles de production se décomposent et repoussent la population rurale vers les villes de consommation importée non disponible. Le développement devient un problème de la production nationale des biens de consommation locale. Le paradigme de production pour exportation et enrichissement personnel s'inverse en paradigme de production pour consommation locale en 1970. C'est le nouvel ordre économique international. Le niveau de développement est maximisé pour la production de la consommation locale. Il s'accompagne de l'abandon des productions locales paysannes de rente sans mécanisation ni technologie de transformation offrant des emplois aux populations locales. La croissance de la population est problématique et régulée par mort précoce des hommes. L'espérance de vie optimale est globalement faible. La consommation est la subsistance sans longévité. La population est faible. Les économies paysannes, bien que productrices de la seule consommation humaine sans loisirs et sous-peuplées, entrent en pauvreté monétaire. Elle est cependant surpeuplée en main-d'œuvre sans qualification. Les formations proposées par les premiers gouvernements sont élitistes, pour l'administration générale de la nation. Les orientations sont politiques et étrangères. Le taux de croissance de la population sous l'intervention de l'organisation occidentale de la santé accroît la population, à partir de 1970. La planification du développement change de paradigme dans les années 1970, de la lutte contre la pauvreté et pour l'enrichissement individuel passe à une préoccupation de lutte contre la surpopulation urbaine. Elle émerge en émigration massive vers les anciennes métropoles à partir de 1990. La demande du développement local de la production des systèmes d'emploi industriel des hommes dégagés de la paysannerie devient une préoccupation internationale. À partir de 1970, le système monétaire de troc de Bretton Woods doit s'adapter à l'évolution de l'histoire de l'évolution des peuples dans le monde. Le développement mondial est l'évolution de l'économie paysanne quantitative et sous-peuplée vers l'économie qualitative surpeuplée et pauvre en technologie de production industrielle en monnaie créée. Le concept de richesse n'est plus individuel, mais social, l'enrichissement de la consommation, la population surpeuplée. Dans les économies paysannes en monétisation, le bon paysan demandait à Dieu la richesse accompagnée des consommateurs. La population était rare. Dans les années 1970, le paysan commence à avoir des hommes sans richesse de consommation, la population est abondante. La pensée économique oriente la psychologie des peuples en développement vers la richesse de la surpopulation, sa consommation. La lecture de ce paradigme de la population est divergente entre l'Occident et l'Est. L'Occident transforme la rareté de l'instrument d'échange en facilité de la création de l'abondance de la liquidité d'échange entre individus. L'Est conçoit la difficulté du monde comme la production de la consommation de tout le peuple. La croissance économique occidentale est optimisée par la flexibilité de la monnaie, la dynamique spontanée des structures économiques comme celles des structures économiques américaines issues de l'expérience mondiale de conquête des nations. Aussi le concept de l'équilibre était la comptabilité administrative d'équilibre des recettes et dépenses publiques.

L'économie en déséquilibre suit la croissance de la richesse individuelle et l'équilibre de la croissance de la production à celle de la population. Ce concept est statique.

La genèse des marchés parallèles révèle l'existence compétitive de la population globale. Les déséquilibres de culture vont s'ajuster entre cultures en rencontre, effacer les rétentions des excédents de productions par le marché populaire. La monnaie soulage les cultures qui se dégagent des excédents de production individuelle. Le marché offre l'intérêt de développement de la production individuelle pour le marché. La rétention de la monnaie dans la zone franc de troc provoque l'accumulation perceptible de la population et son émigration vers des zones de liberté monétaire de distribution de la consommation contre monnaie. Les compensations monétaires de déséquilibres de production et de consommation des excédents de production par l'échange de troc sont sporadiques. La production dynamique et continue est celle des déséquilibres monétaires régulés socialement (informellement) ou formellement. Les crises monétaires de 1936 sont formelles, les dévaluations compétitives des monnaies créées. Elles sont discrètes à partir de 1970.

En fait, la politique de survie de la croissance stable de la production à l'équilibre de la consommation de toute la population est échange monétaire à partir de 1970. La déclaration du nouvel ordre économique est la fin de l'économie de troc. Cette croissance interne est cadrée par les monnaies nationales. Il n'y a plus de monnaie internationale à partir de 1970. Même le dollar est une monnaie nationale ; sa stature internationale est sa stabilisation par le marché international de changes.

2.2. Déséquilibre et stabilité monétaire du développement

Les déséquilibres réels annoncent la politique à faire, l'ajustement de croissance et la stabilité monétaire de la dynamique des structures de la production de la consommation nationale. L'ajustement structurel des déséquilibres de développement est la dynamique des techniques et technologies de développement. La stratégie monétaire de développement est différente de la politique monétaire de troc. La stratégie monétaire oriente l'enrichissement et l'appauvrissement des individus, par sa flexibilité. Elle se superpose à la dynamique de structures de développement du socle de la croissance. Elle sort l'économie de troc de sa rigidité et des fluctuations destructrices de la stabilité structurelle. L'accélération des ajustements statiques des années 1936 transforme les fluctuations en flottement monnaie permanent et flexibilité des changes. L'ajustement des cultures devint dynamique et stable. Keynes marqua sa préférence sur la stabilisation des prix intérieurs des pays en contact avec l'extérieur et la négociation dans la coopération étroite dans la fixation des taux de change. Les États-Unis préférèrent la stabilisation du taux de change du dollar par le marché de change international des monnaies pour faciliter la négociation libre d'échange libre du monde entier. C'est le libéralisme et le multilatéralisme américain. Tous les autres pays du monde ont des monnaies locales. Cette liberté échangiste américaine est établie au second semestre 1996. Ils accumulent les déséquilibres d'endettement des États consommateurs des produits américains sans compensation en or ou des biens réels exportés aux États-Unis. La France confisque les devises d'exportation de la zone franc pour la garantie de la consommation des produits français dans la zone. Il s'agit d'un partenariat de troc de devises des anciennes colonies contre la consommation des métropoles. La liberté des échangistes est supprimée par les métropoles autoritaires, qui fixent unilatéralement le taux de change et stabilisent les prix de la zone franc par le contrôle de l'inflation. Ce modèle est la reproduction du modèle colonial des zones monétaires européennes.

Le début de la modernisation internationale de la monnaie à Bretton Woods adopte l'organisation d'échange sur la base de troc colonial compensé en dollar créé. Les déficits d'exportation américaine sans compensation en production d'exportation du monde vers les États-Unis alourdissent le déficit mondial américain. L'économie mondiale sous les monnaies créées est américaine. Le système monétaire international devient en 1970, le système monétaire international de remboursement de la dette internationale des États-Unis. Pour liquider cette dette, les États-Unis décident d'imposer l'inconvertibilité du dollar et le remboursement de la dette américaine au taux de change du dollar stabilisé par les marchés parallèles internationaux des monnaies des nations. La France accélère, à partir de 1972, la construction de l'union de la devise européenne en monnaie unique contre la devise américaine. Et la déclaration de la mondialisation alternative à la mondialisation américaine en 1990 avec l'Union européenne assistée de l'Union africaine par l'euro, monnaie unique.

Le dollar se nationalise à Smithsonian en 1971 par l'abandon de la convertibilité du dollar en or. Le système de change or du dollar à Bretton Woods en l'ancien ordre économique.

La France reste dans l'ancien ordre économique de Bretton Woods.

Si le nouvel ordre économique international était le remboursement de la dette multilatérale américaine, l'ancien ordre de Bretton Woods était l'ordre d'échange commercial compensé par des monnaies créées sans sortie compensatoire de l'or. Ce système accumulait les dettes inter-États en déficits publics négociables à la place de la compensation or immédiate des entrées et sorties manquantes des marchandises.

L'économie internationale est désormais financière à partir de 1970. Dorénavant, le taux de change du dollar doit être stabilisé par le marché international de change des monnaies nationales en dollar. Il n'est plus fixé administrativement par les États-Unis qui deviennent un pouvoir d'achat des autres monnaies. Le taux de change des monnaies est désormais flexible par rapport au dollar stable. Les États-Unis accélèrent alors la construction de la stabilité structurelle du dollar par rapport aux monnaies nationales libres de change, et la France, à partir de 1972, la construction de la monnaie européenne unique et la suppression des marchés parallèles de change entre nations européennes membres de l'Union. Les pays du monde peuvent négocier librement leur change sur le marché international contre le dollar.

La production indépendante des biens échangés sur le marché est libre. L'échange à l'équilibre de la consommation est désormais en déséquilibre des cultures de production. La monnaie est une expression des cultures de production, moyen d'équilibre de la consommation par les échanges des productions diversifiées. Dans les économies de troc modernisées par la création des monnaies d'échange, les espaces de troc des biens contre biens deviennent des espaces d'échange des monnaies, équivalence générale de tous les biens disponibles. Les nations doivent créer les monnaies de leur culture de production et de consommation.

L'ajustement monétaire permet d'équilibrer la production et la consommation. L'économie monétaire moderne devient l'économie de déséquilibre des structures et des monnaies d'échange dans les années 1970. Le passage de l'économie internationale d'équilibre de troc au déséquilibre monétaire d'échange impose la monnaie comme antécédent et contrainte du développement.

Au début du XXe siècle, étaient en équilibre de troc des excédents sporadiques des productions. Le monde est paysan, sous-peuplé et pauvre. L'Europe paysanne est en enfance industrielle comme toutes les économies du monde avaient une population urbaine pauvre, des paysans riches et nobles. La bourgeoisie commerciale commençait à concurrencer la noblesse et les paysans sédentaires. Les gens sans terre, les délinquants et repris de justice étaient évacués dans les colonies pour faire fortune. La transformation de l'Europe en espace des sédentaires paysans riches et des bourgeois conserva leur esprit impérialiste et de colonisation. En 1970, la mécanisation de l'agriculture et la création des supermarchés d'écoulement de masse des produits agricoles mirent en route l'implantation de la culture commerciale américaine.

L'option française est la construction d'une économie de troc antiaméricain. Le libéralisme américain est celui des cultures qui s'expriment à travers la monnaie. Les Américains sont en quête du dollar et de l'enrichissement monétaire. L'expression culturelle des économies de troc européen est sociale. La monnaie des économies libérales est stabilisée par les marchés parallèles des nations monétaires. Les nations de troc sont stabilisées par l'administration qui lutte contre la concurrence des marchés parallèles indépendants des nations monétaires. Il lutte pour la sujétion de l'indépendance de ces nations. Cette lutte s'accommode des marchés noirs, parallèles et de la corruption, suivant le mode d'organisation rigoureuse ou assouplie de l'administration. Les vices culturels sont officialisés dans les modèles des libertés culturelles, notamment anglo-saxons en nations indépendantes. L'union monétaire européenne et africaine est de culture chrétienne européenne, mêlant les cultures sociales et les croyances religieuses, la divinité et le temporel. Les coutures sociales sont laïques et générales, et les croyances religieuses personnelles.

Les indépendances des pays francophones pour la France et l'Europe ont été forcées. La France développe une résistance suicidaire contre l'indépendance monétaire de l'Afrique, s'organise contre les partenariats politiques de changement et renforce les fusions des libertés sociales païennes et des croyances religieuses individuelles.

Elle avait déjà développé une résistance au dollar avec le bloc de l'or dans les années 1944. La France, l'Angleterre, la Belgique, la Pologne et les Pays bas luttaient pour la conservation de l'or comme monnaie internationale d'échange dont le leadership était discuté avant 1933 entre les États-Unis et l'Angleterre. La cessation de ce conflit de leadership s'accompagna du changement de la nature de la monnaie-or en dollar, bien créé, donc la valeur était la capacité de la réalisation de sa production individuelle des États-Unis.

L'adoption de l'ouverture des frontières internationales par le dollar pour la modernisation de l'économie est scellée à Bretton Woods. Le dollar monnaie d'échange internationale devenait l'unité de compte internationale abstraite sans valeur intrinsèque, fixée par négociation étroite entre États mandatés par les peuples de la nation. C'est désormais la fixation nationale et la négociation internationale des taux de change entre nations qui déterminent les monnaies nationales de Bretton Woods. Les monnaies sont les structures des taux de change du dollar stabilisé par leur marché international. La stabilité structurelle du nouvel ordre économique international est celle du dollar sur le marché de change des monnaies en dollar. Le reste du monde fixe administrativement leur parité négociée sur le marché international de la stabilisation du dollar. Le management de la monnaie devient l'interface de la négociation des biens nationaux produits et échangés à l'international. La production des biens échangés par la société est socialement et culturellement politique. La politique monétaire est celle de la stabilité de l'échange international. La relance de l'économie internationale est la production et l'échange multilatéral. Les marchés des biens produits sont sociaux, celui de la monnaie est institutionnel et public.

La monnaie est l'interface de la production et de la consommation sociale. Le management public l'ajuste au niveau des déséquilibres officiels de la production et de la consommation. La société l'ajuste au niveau du déséquilibre de sa consommation. L'ajustement monétaire social est celui de la consommation sociale, celui de l'État est celui du développement prévu de la production.

La monnaie est donc le stabilisateur de la production agrégée par l'État et de la consommation agrégée par le peuple. L'agrégation populaire révèle la pauvreté sociale et l'agrégation publique, la pauvreté économique de la production. Le développement économique est la surveillance de la croissance de la production au niveau de la demande sociale. La demande sociale est spontanée ainsi que son ajustement monétaire. L'ajustement monétaire social est parallèle à l'ajustement économique public. Le management public est l'ajustement indirect de la production à la consommation, par l'intermédiaire des producteurs. L'ajustement de la consommation se fait par l'intermédiaire de la population. La stabilité de la monnaie est donc psychosociale, donc de la production individuelle et de la consommation sociale.

Le repli des colons vers la métropole transforme leur production individuelle pour le marché en production publique administrative. L'abandon de l'investissement privé pour l'investissement public accroît la faim, le sous-développement et l'échange de troc. Toutefois, le troc est sans croissance, il se transforme en pauvreté monétaire et en accélération de production des biens traditionnels et développement de la production des biens nouveaux. Les sociétés publiques de production des biens nouveaux sont : la SODRIZ, SODCAO, SODEPALME, SODCOTON, les Sociétés de l'eau et d'électricité. Ces sociétés végètent dans la gestion publique de leur production et la réponse aux besoins du marché. Elles doivent être privatisées en 1970-1990.

Keynes, dans les options de stabilisation des taux de change et des prix des monnaies sans valeur intrinsèque, avait préféré la stabilisation des prix intérieurs et l'abandon des taux de change et de la coopération internationale. La France opta pour cette solution, fixa autoritairement le taux de change et stabilisa les prix.

La diplomatie française est alors autoritaire, exigeant l'adhésion des pays en rencontre à la politique française. Cette unité de compte monétaire internationale éloigna la France de la diplomatie internationale des fondements monétaires de la coopération internationale.

Le FMI qui définit les DTS comme une réserve de paiements internationaux en 1974, participe à la construction de l'économie monétaire internationale du système de dollar convertible en toutes les monnaies du monde libre sans garantie or.

L'association des entrepreneurs français, dès la fixation du taux de change du dollar à 35 dollars l'once en 1934, avait déclaré le Grand Marché des métropoles européennes et de leurs colonies africaines. Il s'agit d'un projet séculaire de la construction et de la modernisation de l'économie de troc fermée sur l'Afrique. L'Europe-Afrique est donc le modèle français de la construction d'une zone monétaire de troc, considérant la colonisation et la dépendance des États africains de droit déclarés en 1960 comme normales. Le sterling s'était détaché de l'or comme monnaie d'échange internationale et libéré des États-Unis dans la construction du système monétaire international du dollar en 1933. Après sa dévaluation de 1967, l'Angleterre l'avait détaché des monnaies de ses colonies pour les libérer de l'administration coloniale et leur permettre de construire leur indépendance comme celle des États-Unis. L'organisation de l'Union africaine adopta cette orientation, barrée dans la zone franc par la France. Elle s'efforça de reconstruire l'Europe coloniale d'avant 1884, par l'union des nations libres d'Europe.

L'administration coloniale de la monnaie et du développement des États francophones se poursuit à l'identique à ce jour sur le plan politique et stratégique. Le développement monétaire et réel de ses anciennes colonies se bat contre la France, et son appauvrissement local s'accélère et s'approfondit sous la protection des stratégies monétaires et militaires françaises de sa destruction.

Le processus de décolonisation anglo-saxon est clair et gère les déséquilibres intérieurs des anciennes colonies en coopération privée et publique, suivant leur demande. Leur coopération est la fédération des États culturellement indépendants, contre l'union française des cultures du monde libre. La restructuration de la dette privée, par exemple, se fait au Club de Londres, alors que Paris s'est spécialisé pour l'aménagement de la dette publique au Club de Paris.

La construction macroéconomique française est ambiguë, publique et sans culture avec l'échange de troc, contre la construction macro-économique anglo-saxonne qui est dynamique, monétaire et d'intégration des cultures dans la construction du système économique et monétaire de développement international. Le système monétaire international scella la décolonisation mondiale contre l'impérialisme et la colonisation française. À ce jour, la France se bat encore pour le maintien de la colonisation française en Afrique sans tirer les leçons de l'histoire de la colonisation et de sa transformation apparemment imperceptible par la France[18].

L'insistance de la France a rendu la décolonisation de la France violente et baignée de sang africain. À ce jour, elle prétend revenir par la porte de l'Europe hésitante et en quête de paix. Le Brexit est une des conséquences du retour français à la colonisation de l'Afrique dans la mondialisation américaine de la liberté d'entreprendre qui nettoie toutes

[18] Paul Marc Henry. La force des faibles. Éd. Entente, 1975 P. 117.

les velléités de dépendance des nations. Les nations libres sont alors les nations fédérées, donc l'unité est monétaire et l'indépendance de la culture est la liberté. L'expression de la liberté des membres est monétaire et traduit toute la culture libérale. L'organisation commune de la sécurité du développement de la contribution de tous. Les Nations Unies étaient au départ une fédération des États indépendants épris de paix. Les trois membres du Conseil occidentaux, notamment les États-Unis, l'Angleterre et la France, et les deux non occidentaux, la Russie et la Chine, devaient surveiller la paix dans le Monde, résoudre les conflits soulevés par les deux guerres mondiales entre les nations et observer le développement durable et paisible des nations. Les deux premiers imposent le système monétaire international d'échange, les deux derniers proposent une alternative de la continuité de la pratique du système international d'échange de troc garanti par l'or et le troisième, la France, une participation temporaire au système monétaire international de troc des monnaies créées. Dans les années 1970, la France confirme son choix de la construction de son système construction du troc en monnaie créée, dans la construction de l'Union européenne assistée par l'Afrique comme zone de production des matières premières des industries européennes. Les pays de troc européens refusent de rejoindre les pays de troc des échanges compensés en or.

Dans le temps, les BRICS (2000), système d'échange avec des monnaies créées sans garantie or, se concrétise comme un *système monétaire de développement* alternatif au *système monétaire de croissance* de Bretton Woods.

Depuis la mise en œuvre du programme d'ajustement structurel du Fonds Monétaire International aux systèmes des monnaies créées de troc, la Banque Mondiale, à Washington, a déclaré le nouvel ordre économique international, notamment celui des monnaies créées sans garantie or. Les pays du monde sont désormais libres de créer leur propre monnaie, sans garantie or et de négocier l'accumulation de leur déficit d'échange en partenariat gagnant-gagnant. La France, autoritairement, refuse la renégociation de son partenariat colonial inégal, inversant l'échange inégal avec les colonies en partenariat gagnant-gagnant. L'occupation autoritaire et impériale de l'Irak par les États-Unis et l'Angleterre et celle de la Côte d'Ivoire et de la Libye par la France révèlent les désaccords des membres des Nations Unies sur la gouvernance du monde libre. Le modèle de préférence français d'un monde unifié et décentralisé rend floue la construction pratique de la coopération des cultures pour le développement mondial intégré. Le principe de la non-intervention politique dans les États indépendants admis à Bretton Woods, avec le principe de la convertibilité des monnaies des pays indépendants du monde libre en dollar, va transformer la convertibilité des monnaies en engagements financiers remboursables dans l'incertitude des échéances. L'interdiction des débats sur la monnaie, l'Europe et la pauvreté[19] mérite une révolte de l'intelligence contre les sottises et la lâcheté de dénoncer le faux.

Le modèle du marché européen et de ses colonies, dont la France est le leader, n'est pas une véritable alternative à la modernisation de la monnaie et à la mondialisation compétitive décentralisée de l'économie mondiale décentralisée en États indépendants de Bretton Woods confirmée à Smithsonian.

La mise en série de ces États les rend socialement statiques. La lutte pour le développement mondial intégré des économies monétaires concurrentes met en compétition internationale les États-nations pour le rattrapage de leurs richesses réciproques.

L'accélération des paiements facilite les transactions et l'accumulation des déficits remboursables. L'économie mondiale, à partir de 1970, est financière. L'on résout le problème de la vitesse de circulation de la monnaie par l'anticipation des paiements monétaires de la consommation et de l'accumulation du capital. La monnaie de développement est financière.

Dans les années 1960, l'accélération de la circulation de la monnaie a mis en branle la théorie quantitative de la monnaie. La théorie monétaire devint qualitative grâce à la croyance en la capacité des débiteurs de l'exécution de leurs projets. La lutte contre l'informel est un combat contre la société, contre les fondements culturels de l'économique réels.

Les fondements de l'économie monétaire sont sociaux. La consommation importée des États-Unis devait accélérer la modernisation de la paysannerie par l'industrialisation de la production. L'industrialisation était une hypothèse théorique de développement économique réel. Elle ne devait pas détruire l'économie paysanne, mais la transformer en production de masse demandée par le peuple. C'est le troisième paradoxe de la modernisation française de l'économie de troc. L'Afrique s'est

[19] Jean-Paul Fitoussi, Le débat interdit. Monnaie, Europe, pauvreté. Éditions Arléa.

positionnée pour la lutte concrète contre la pauvreté monétaire de la consommation de sa population paysanne actuelle en croissance rapide à la rencontre des populations occidentales. Elle le fait par l'émigration spontanée de la surpopulation vers les métropoles à la recherche de leur consommation. Il ne s'agit pas d'une émigration à la recherche de l'enrichissement ou du développement comme les Européens du XVe siècle, mais de recherche de survie immédiate et certaine et de l'apprentissage de la vie d'économie monétaire. La demande d'aide à la consommation est le premier pas d'entrée dans l'économie monétaire. Cette entrée construit les travailleurs à la recherche de subsistance et les consommateurs nantis de la liquidité de la consommation. L'ajustement des années 1960 est social, une demande de consommation sans capital ni crédit de la production. Elle appauvrit les structures de production, par l'exode rural et l'émigration internationale. Elle fait émerger la surpopulation économique des résidents à partir des années 1970. La pauvreté monétaire accélère l'émigration et l'officialise dans les années 1990 par tous les moyens officiels et parallèles. La construction de l'union monétaire et économique européenne ouvre les frontières européennes et les voies de contrôle communes de l'émigration africaine. Localement, l'émigration s'accélère avec la multiplication des voies parallèles qui deviennent des marchés d'émigration. Les familles pauvres cotisent pour envoyer l'un des leurs en métropole comme le fer de lance de la conquête pour la survie de la famille. Les transferts libres des liquidités des métropoles vers les anciennes colonies tentent d'inverser les transferts publics des liquidités officielles des anciennes colonies à partir des années 1980. Ce croisement des liquidités révèle le conflit de la société et de ses administrateurs néocoloniaux rattachés à la métropole par leur consommation et l'investissement colonial.

La France évite l'investissement à crédit dans les colonies de surendettement public à partir de 1980. L'accumulation des déficits publics est la consommation nationale sans production d'équilibre. La macroéconomie est désormais une économie d'endettement sur les marchés financiers internationaux. Peugeot, par exemple, investit au Nigeria et non en Côte d'Ivoire et au Cameroun pour l'échange entre Afrique francophone et le reste de l'Afrique. Elle est contre l'échange intra-africain et veut exploiter le marché d'économie monétaire dynamique du Nigeria. Le ruissellement de la liquidité de consommation immédiate dans les pays francophones s'aligne à la modernisation française du troc de la production française pour la consommation marginale francophone sans compensation en production rapide et compétitive. La production africaine est anglo-saxonne et la consommation africaine francophone. Leur échange réciproque est unilatéral : la circulation de la marchandise des pays anglophones vers les pays francophones et du FCFA vers les pays anglophones. L'implantation de la France au Nigeria est une stratégie de découragement des échanges entre pays africains. La France est attachée à l'Afrique pour ses matières premières et leur transformation en France ; le domaine français de la construction de l'Afrique francophone est, depuis 1971, la lutte contre l'informel, lieu d'échange interafricain. La gouvernance de la société traditionnelle, la production et consommation traditionnelle s'échangent au marché parallèle aux marchés officiels interdits par la charte financière des colonies françaises. Celle-ci n'a ni programmation ni planification ni limitation des objets, mais une pensée de destruction des traditions d'échanges intra-africains. Pour la France, l'objectif est l'empêchement du développement africain, il n'existe pas de théorie de développement de l'Afrique. Pour la France, l'intégration de l'Afrique dans la France est immédiate, une union parfaite des nations en déséquilibre de cultures.

La diaspora participe à l'entretien de la consommation et à la production française. Elle contribue alors au grenier de la consommation française et à la vie courante de la France, métropole de l'espace commun de vie, la France-Afrique. La diaspora n'est pas investisseuse, leur grenier de semence est vide pour la production locale africaine. Il est donc impossible de réorganiser la production locale sans accumulation préalable du capital et sans transfert de technologies. L'anticipation de l'endettement africain de développement est le compte d'opération de garantie des paiements de la consommation africaine comme le mécanisme de sortie et d'entrée de l'or en cas de déséquilibre des économics de troc. Le transfert de technologie exige le paiement immédiat et certain, mais interdit au compte d'opération commercial. Dès 1980, les nations africaines ont un surendettement public. Ils sont pauvres et en voie de surpopulation monétaire de consommation sans production d'équilibre. Il faut lutter contre l'endettement de l'Afrique et son entrée dans l'économie financière moderne. Facilitant l'accumulation du développement anticipé. La circulation de la marchandise locale est contrainte par la production d'exportation sans transformation, hypothèque les emplois privés. L'emploi rémunéré en monnaie est essentiellement public. Comme au temps de l'économie de troc et sous la colonisation, l'économie publique se comporte comme une économie de troc. Elle recrute périodiquement un lot de chômeurs intellectuels comme une valorisation des formations locales. La modernisation de l'économie de troc n'est pas monétaire.

Elle est abstraite et sans fondement social de son développement. L'ouverture des potentialités locales de création de l'instrument monétaire d'échange est orientée vers la consommation locale et l'échange régional. Cette opportunité forme la base de production pour les marchés locaux de consommation. L'unification urbaine des marchés accroît les bases de production et la fréquence des marchés. Ces derniers deviennent permanents et professionnalisent leur liberté. La France refuse aux anciennes colonies françaises cette opportunité de liberté de développement de leur marché et les maintient sous le régime de troc colonial des biens produits en métropole. Les marchés locaux sont faibles, en attente de l'industrialisation hypothétique et de la monétarisation de la production pour le marché.

Il n'y a pas de Grand Marché sans production massive, disons industrielle. Le Grand Marché de l'Europe et de ses colonies table sur l'industrialisation de l'Europe et la fourniture des biens manufacturés aux pays consommateurs coloniaux membres. L'Afrique est donc un Grand Marché européen, prospectif, en garde contre la concurrence avec l'Europe et l'intérêt des peuples africains. La zone franc est la frontière de la concurrence internationale.

La compétition internationale des nations est celle des grands capitaux privés capables de négocier en milliards qui ambitionnent de coopérer avec les États dans le développement des nations qui ont une plus large capacité d'utilisation des liquidités.

La consommation sans travail nourrit des fonctions militaires du terrorisme importé dans les zones pauvres reculées, émergentes dans des espaces de pauvreté monétaire extrême. Elle provoque une désorganisation sociale par la mobilisation des pauvres dans des guerres séparatistes à l'avantage de l'étranger et perturbe la construction des nations libres et indépendantes sans protections sécuritaires étrangères. Le développement de l'indépendance des nations est donc fragilisé par les anciennes métropoles coopérant avec les belligérants contre la paix. L'ouverture des frontières s'est interprétée comme un projet d'enrichissement des nations, mais s'est très vite transformée en projet d'entretien de la pauvreté et de la dépendance des nations.

2.3 La richesse monétaire des nations, l'ouverture des frontières et le multilatéralisme de la circulation des hommes et des biens

L'économie de troc sédentaire s'est transformée en multilatéralisation de coopération de la défense sécuritaire des États faibles contre la concurrence fortement armée de l'Occident.

L'ouverture du monde à l'organisation de l'enrichissement du XXe siècle a confronté le monde en développement au rapport de force absorbant leurs maigres ressources et renforçant la croissance de la pauvreté de leurs nations.

L'économie mondiale de développement est devenue une économie de liberté de mouvement des hommes et des biens. L'économie mondiale du mouvement généralisé des hommes et des biens est le nouveau paradigme du développement économique du XXIe siècle. La population pauvre est devenue la population sans le sou et sur la route de l'exil vers la richesse de la consommation sans accumulation. Au XXIe siècle, le développement exige une réforme des politiques monétaires de développement et des stratégies de déplacement des hommes. L'indépendance du XXe siècle n'est plus qu'une idéologie politique, de repaire des individus en mouvement. L'abolition de l'esclavage a libéré l'homme de la contrainte de sédentarité, et l'a rattaché à son travail sans horizon et sans frontières. La dépendance des hommes nomades est devenue monétaire.

La politique et l'économie sont réellement la volonté des peuples d'assurer leur survie agréable, le plein développement, leur liberté et leur indépendance concrète.

Une nouvelle réunion de l'organisation du développement social intégré du monde libre devrait centrer ses fondements sur la déclaration sociale de l'économie monétaire. Pour l'Afrique, le partage européen de 1884 devrait être le point de départ de sa reconstruction sociale des pays africains indépendants. Les Européens, repliés en Europe face à la mondialisation américaine, se regroupent pour la protection de leur survie dans la dépendance mutuelle, mais également les nouvelles bases de leur survie et la négociation de la coopération avec les colonies de 1984. Le problème des indépendances africaines est donc mal posé.

À partir de 1967, date de la libération de la dépendance monétaire de l'Afrique du monde anglo-saxon, l'indépendance de l'Afrique devrait être la base de la reconstruction et de la modernisation de l'Afrique.

L'effondrement du capitalisme de troc et la résistance du socialisme à la crise monétaire de 2008 annonçaient un retour au populisme des années 1920 et au renforcement de la reconstruction d'un monde libre de développement des sociétés libres sans héritage tourné vers l'avenir. L'omission de cette déclaration du développement libre et indépendant du continent a enfermé l'Afrique et l'organisation de l'Union africaine dans la guerre froide de la lutte pour la fédération des États du continent contre la proposition franco-européenne d'union des États sans souveraineté.

L'écart de la pauvreté des infrastructures et structures industrielles de développement de la production pour le marché s'est élargi entre l'Europe et l'Afrique. La politique de développement est devenue la stratégie de maintien de l'écart de développement ou de son élargissement. L'émigration, sous ce système, s'est substituée à l'exportation des matières primaires traditionnelles sans effort de transformation et de création locale conséquente des emplois de modernisation de l'économie. L'économie paysanne s'est dégradée dans le retardement de sa transformation en agriculture moderne des économies industrielles. L'on assiste à une déstructuration négative de l'économie traditionnelle, sans restructuration rapide vers l'économie de production industrielle. La croissance de la population est devenue un risque de surpopulation dans ce système en dépression. Dans le développement européen de l'après-guerre, l'emploi était la programmation de la croissance de la population de l'après-guerre et de la récupération des paysans partis à la guerre. L'emploi des économies paysannes, en transformation vers la modernisation, était sans objectif d'emploi des paysans émigrants. Elle était sans politique. La population paysanne sans qualifications autres que la préparation des sillons et la surveillance du bétail s'accumula en ville en surpopulation économique sans emploi. Cette population était inapte à la concurrence économique de la modernisation industrielle de son économie. La concurrence était le barrage physique de l'adversaire à la réalisation de leurs objectifs. La compétition à la production concurrente des biens de l'adversaire était économique. La concurrence primaire de blocage physique de l'adversaire à la réalisation de ses objectifs propres est politique. La coopération politique n'est pas compétitive, elle est destructrice et oblige l'adversaire à adhérer à la politique du plus fort. C'est l'option de la politique et de la coopération française avec l'Afrique en croissance sociale et politique. La France instruit, mais ne négocie pas. La coopération économique est libérale. Elle s'appuie sur les intérêts de contractuels « gagnant-gagnant ». Elle est commerciale. L'écart des intérêts des négociateurs est soumis à la négociation.

L'économie de l'emploi de 1944 était une économie issue du troc de l'or contre d'autres biens réels. John Maynard Keynes (1938) observa qu'en économie monétaire modernisée, l'on ne peut pas employer les hommes, parce que ce qu'ils demandent c'est la lune, un bien que l'on ne peut pas produire. Il convient de mettre en place les Banques Centrales pour la création de cette réalité fondante comme le fromage et de persuader le public que monnaie et fromage sont la même chose[20]. Cet objectif est réalisé dans les années 1980, par la transformation de l'économie monétaire en économie d'endettement. Une économie monétaire de l'emploi est donc dynamique. Les changements en économie monétaire, quelque chose que l'État déclare de temps en temps moyen d'échange, adaptent la monnaie crédit à l'emploi. Les changements de la monnaie sont psychosociaux.

2.4 La refondation sociale de l'économie

Les années 2020 vont connaître une refondation sociale de l'économie monétaire keynésienne et la révision du concept de développement mondial intégré des années 1950. L'accumulation des richesses monétaires crée et réforme le support monétaire du travail paysan, inverse la corvée et le troc de l'économie paysanne en calcul économique de l'agriculteur rémunéré en argent, instrument d'échange créé. Le problème du chômage sollicite la révision des technologies de l'industrialisation de la production et de l'insertion des technologies dans la coopération avec l'emploi des hommes. La surpopulation structurelle du monde qui orientait les populations vers l'exil ou la misère de l'économie traditionnelle est en transformation vers l'économie industrielle de compétition avec la croissance de la population, laquelle va diversifier les secteurs de compétition dans l'emploi des hommes. La refondation sociale de l'économie ramène les ambitions économiques à la compétition économique. Les économies socialistes et capitalistes deviennent des économies sociales de concurrence et de compétition réelles. La société va organiser la population pauvre et incapable de la production réelle de sa subsistance, autour de son niveau de vie réel, sans ambition de richesse monétaire et sans compétition dans la production. Les hommes cesseront d'émigrer à la recherche de la richesse dans des zones travailleuses de refuges économiques. Les zones industrielles de l'emploi rémunéré sont au départ privilégiées dans l'émigration. Mais la population, à long terme, s'oriente vers des zones de la stabilité de leur bien-être de départ. L'on peut réfléchir sur l'origine de l'emploi en Occident.

L'emploi occidental est l'enrichissement monétaire des hommes nomades sans propriété. Leur seule propriété est l'acquisition régulière de la liquidité d'échange pour la consommation anonyme actuelle des biens sur le marché. La consommation sur le marché qui garantit la

[20] John Maynard Keynes (1938). Cité par Joseph Tedajo, 2015, p. 198.

survie sans héritage est anonyme. Le marché protège le bien-être individuel de tous les consommateurs. Les salariés sont des catégories pauvres sans capital. Les capitalistes sont des propriétaires, sans consommation. Les conflits attisés entre ouvriers et entrepreneurs créateurs d'emplois salariés éphémères sont monétaires. Les salaires consolident la dépendance des ouvriers vis-à-vis de leurs employeurs. Les capitalistes détenteurs des capitaux investissent aux risques des pertes et des faillites. Les faillites éliminent les opportunités d'emploi et de distribution des salaires de consommation. La monnaie, dirait Karl Marx, est l'opium du peuple parce qu'elle est la condition de leur survie sans propriété. Le conflit psychosocial s'organise entre le capitaliste employeur et l'ouvrier travailleur.

L'État s'introduit comme un imposteur dans ce dispositif pour la protection des plus faibles et la défense de l'équité sociale de la survie des pauvres sans travail. Il fixe les normes de la convergence vers la richesse par le travail salarié des catégories diversifiées d'emploi industriel. L'on n'est plus à l'ère de John Stuart Mill, des études des besoins sphériques du peuple, mais à l'ère keynésienne, celle de la croissance abstraite de la production globale et de la consommation par la monnaie. Les besoins sont libérés et gérés de l'extérieur par la confrontation des cultures à travers leur production en rencontre. La pauvreté et la richesse s'affrontent à travers la compétition des groupes d'individus pour la croissance et l'émergence en économie monétaire par le niveau de dépenses. Le premier contrôle macroéconomique est la dépense de la société. Le travail est une contrainte microéconomique d'accession au salaire, à la liquidité. Les dépenses privées en économie monétaire conduisent à la surveillance publique des niveaux de vie des salariés publics (corruption) et d'accumulation privée (enrichissement). Le niveau de vie de l'État glaneur des ressources est surveillé par les institutions publiques, les mandatés du peuple (les parlementaires). L'exécution technique des tâches affronte le management des liquidités publiques. La richesse monétaire des administrateurs publics concurrence celle des capitalistes privés dans les économies paysannes en monétisation. En économie monétisée occidentale, ils coopèrent avec le public dans le financement du développement sous le leadership du gouvernement.

La transformation des goûts et le développement de l'effort productif impliquent l'accumulation privée généralisée pour l'avenir. La rationalisation sociale révèle la vérité de la problématique keynésienne de l'emploi et de la monnaie et de sa conclusion, selon laquelle il est *impossible d'employer les hommes en économie monétaire,* parce qu'ils demandent la monnaie, ce que l'on ne peut produire. La distribution pour la consommation retient l'attention de l'organisation dans l'économie de troc de la surveillance de la quantité de la monnaie.

2.5 L'endettement et l'enrichissement

La fondation macroéconomique de l'économie monétaire est la généralisation de la consommation et de l'exploitation des déséquilibres des marchés pour l'enrichissement monétaire. L'endettement crée l'abondance de la monnaie et la confiance des créanciers vis-à-vis des débiteurs. Le processus d'endettement et l'engagement de rembourser s'accélèrent dans les années 1980. La confiance des créanciers prolonge les délais de remboursement. Le traitement du surendettement met en exergue celui de la consommation sans production à l'équilibre de la consommation. La dette est l'obtention de la liquidité de consommation immédiate dans la programmation du remboursement. La contrainte est la production actuelle pour le remboursement futur. Celui-ci hypothèque l'avenir. La levée de la contrainte de remboursement repousse l'échéance de la dette à l'horizon de l'existence professionnel de l'homme, trente ans, puis à l'horizon infini de la dette d'engagement public. Cet engagement infini de remboursement transforme la conception monétaire de Bretton Woods, le paiement immédiat et certain de la dette à l'échéance en créance financière négociable. Elle introduit l'assurance de remboursement en cas de défaillance des débiteurs. La création de la monnaie par les Banques Centrales passe de la liquidité de paiement immédiat des engagements à l'échéance à la liquidité de remboursement de leurs clients de la dette des banques commerciales et systèmes financiers. La création de la monnaie-crédit déstructure le concept primaire de la monnaie, en crédit de remboursement incertain. Le métier de banquier devient l'étude et la surveillance du comportement de remboursement des hommes. Le bilan est économique et inclut le hors bilan monétaire et financier. L'équilibre de bilan, l'actif et le passif, peut être contourné par les déséquilibres financiers du hors bilan. L'équilibre du bilan est donc l'équilibre du marché officiel et le déséquilibre du hors bilan les réalisations du marché parallèle. L'enrichissement apparent est reflété par le bilan officiel et l'enrichissement réel par le bilan réel, y compris le hors bilan.

L'économie monétaire est donc l'économie de la consommation des producteurs travailleurs au début de la production, contraints de travailler immédiatement contre rémunération de subsistance, et l'obligation de l'entrepreneur d'accumuler les paiements des salaires à la vente du produit. Le travail de l'entrepreneur consiste à la maximisation de la vente des produits fabriqués par l'ouvrier d'où il prélève sa propre rémunération appelée bénéfice.

La richesse monétaire est l'exploitation du travail et de la technologie de la fabrication des produits pour le marché. La monnaie est le régulateur social de la répartition contrainte par le marché. Le marché est le moteur de la relance de la production par la consommation. Dans le système de répartition des dépenses, la consommation sur le marché est antécédente à la production. Dans les économies paysannes, les marchés sont périodiques, permettant aux paysans de produire les biens échangés dans l'hypothèse d'existence du marché. Les marchés des régions industrielles sont réguliers à cause de la spécialisation des producteurs pour le marché et de l'abondance des consommateurs des productions différentes. La détention de la monnaie confirme que vous êtes producteur et consommateur. Les villes sont des concentrations des consommateurs qui demandent l'instrument d'échange des produits disponibles. La monnaie distribuée est un instrument de consommation antécédente à la production. Jusqu'en 1970, les économies africaines sont des économies de consommation primaires. Elles sont monétisées et extraverties par la consommation des productions extérieures sur le marché national en rencontre. À partir de 1970, l'ajustement structurel introvertit la consommation intérieure en production intérieure. Cette introversion soulève le problème de démarrage des productions locales et de transformation des productions paysannes exportées en production industrielle pour consommation locale.

La création de la monnaie est un projet d'échange des productions paysannes d'équilibre de la consommation locale. L'agriculture est un projet de monétarisation de la production paysanne. La France propose l'union monétaire de la monétisation de l'économie paysanne africaine. Une économie d'échange des productions de matières premières des économies paysannes africaines contre les produits d'industrialisation français. Elle ne fédère pas la pauvreté et les propriétaires primaires terriens de ces régions avec les projets d'industrialisation européens. Elle les unit sans projet de séparation dans le temps.

Les propriétaires des terres et les entrepreneurs locaux sont paysans. La monnaie récupérée en salaires des administrations est orientée administrativement vers les consommations extérieures. Les emplois des premiers cadres techniques le sont également, ainsi que les hommes politiques au sommet. L'Afrique dispose des matières et des populations faibles en technologie et compétences techniques. La France interdit le transfert du matériel technique de production dans les colonies et l'échange entre colonies. Elle fait des colonies des régions françaises entièrement à part. Elles ne disposent cependant pas de ressources d'encadrement monétaire de paiement immédiat et certain des échéances de développement.

Le dualisme s'approfondit entre la rigueur monétaire et la moralité financière et introduit la corruption de la rigueur monétaire et la dégradation de la moralité financière. Le dualisme est alors la lutte pour l'occupation de l'espace de rigueur, de moralisation et du développement. La rigueur et la moralisation s'introduisent dans le système monétaire international des finances dans les années 1980, dans celui du surendettement monétaire public des économies africaines.

Les conflits se concentrent autour de l'indépendance monétaire et de la décentralisation ou fédération des systèmes économiques et financiers privés. L'on prêche la privatisation des États et des entreprises publiques des États-nations de droit. L'internationalisation de l'indépendance américaine fustigea les connotations impérialistes et coloniales des conquêtes européennes. La déclaration de l'indépendance des colonies exigeait la fédération des économies indépendantes et administrations libres de leur gouvernance. La France proposa la centralisation de l'administration et la convergence des critères économiques. La fédération ou l'indépendance des nations accompagna la mondialisation américaine de l'économie.

La création de la monnaie modernisée est libre et son système financier libre et autonome. La monnaie est un instrument de la consommation et de l'investissement. Keynes dans sa théorie de la monnaie et de l'emploi, de 1936, organise la dépense du revenu autour de la consommation et de l'investissement. Le contrôle monétaire est celui de sa dépense. Le résidu de la dépense et de la production agrégée est l'épargne macroéconomique. Elle relie la théorie monétaire à la culture du peuple occidental, la conquête internationale de la richesse monétaire qu'il invite à rentrer en métropole pour la multiplication de la richesse dont ils disposent déjà par l'organisation monétaire et financière de son exploitation. La théorie générale de la monnaie et de l'emploi est la théorie révolutionnaire de John Maynard Keynes. La richesse keynésienne est nationale et réelle, c'est le travail. Il intègre dans le travail individuel le travail public. La nation doit s'occuper de l'emploi de son peuple, par l'organisation de la monnaie. La théorie générale de la monnaie et de l'emploi est macroéconomique. Elle invite à sortir de la conquête capitaliste de la richesse individuelle de la monnaie américaine. La théorie monétaire américaine n'est pas générale. Elle est partielle. L'emploi américain est individuel et peut se déplacer internationalement. L'emploi keynésien est monétairement national.

La richesse monétaire est un pouvoir d'achat national, limité aux frontières. La France est ambiguë parce que se réclamant comme une nation européenne défendant une monnaie à pouvoir d'achat sans frontières. À Bretton Woods, seuls les États-Unis acceptent de donner une valeur internationale au dollar en le rattachant à l'or à taux fixe. L'effondrement du système de parité fixé à l'or de dollar, en 1971, conserve la valeur de monnaie d'échange internationale au dollar. La France, dans la conservation abstraite de la valeur or du dollar de Bretton Woods, n'arrive pas, dans la construction de l'euro, à lui donner la valeur d'une monnaie d'échange internationale universelle comme le dollar[21].

La richesse monétaire du dollar transforme les indigents actuellement riches en stratèges d'exploitation et d'appauvrissement des propriétaires actuellement riches de leur propriété en riches éphémères de demain. Cette dynamique arme les nouveaux riches d'une arrogance et d'un mépris des pauvres par leur consommation. La protection de cette consommation est le fondement de la dynamique économique de l'économie monétaire.

Le développement monétaire réel est la consommation actuelle sans propriété. L'investissement dans la pierre conserve durablement cette richesse. Il stabilise la consommation. Les contrats monétaires et d'appropriation temporaire de la consommation de pays pauvres de la production fragilisent la richesse de leur consommation. Il faut internaliser les réserves de la consommation par la maîtrise du système de production. Le développement de la production est sporadique et sollicite des techniques supplémentaires de conservation pour des échanges durables. Les métropoles offrent ces équipements en complément des autres biens de consommation durables, mais pas de production locale pour le marché. C'est en 1970 que la transformation de la paysannerie en agriculture française s'accélère par le remembrement des terres paysannes, la mécanisation agricole de la production paysanne, la création des supermarchés d'échanges de l'abondance des produits agricoles et la mécanisation de leur transformation pour

[21] Voir la tentative échouée de la substitution de l'euro au dollar, dans le conflit opposant les États-Unis à l'Iran, dans l'achat international de pétrole.

consommation. La France devait se protéger de la concurrence de la transformation compétitive de l'économie paysanne africaine. Elle regroupa les espaces par l'union de contrôle et de la limitation du développement compétitif de l'Afrique.

La pauvreté des hommes et de l'économie réelle se transforma en enrichissement des hommes et d'économie de la métropole.

La capacité d'activité de rémunération des hommes en économie paysanne est publique et limitée à la formation et à leur utilisation à l'exploitation de la terre et de trocs sporadiques des excédents. L'économie primaire est la production d'autoconsommation et de troc de biens des excédents. Ces excédents sont dispersés et leur échange est faible et non cordonné. Ces économies paysannes désarticulées et de troc sont sous-développées. Les relations humaines sont paisibles et leur développement dépend de la monétisation des échanges des économies paysannes. Dans les années 1970, elles sont en voie de monétisation et de transformation de la production d'autoconsommation en production pour le marché. Dans les années 1990, les économies africaines sont monétisées et « indépendantes ». Le paradigme de la monétisation se transforme en paradigme de la monétarisation de l'économie, c'est-à-dire de l'utilisation des fonctions monétaires de crédit pour le développement des économies monétisées. Le surendettement des économies paysannes monétisées est transformé en titres de paiement différé. Le crédit devient le provisionnement des paiements monétaires et démoralise la rigueur des paiements immédiats et certains des échéances d'engagement. Les économies africaines sont entrées dans l'ordre monétaire vigoureux et dubitatif. Les Africains acceptent le crédit sans penser au remboursement, l'affectent à leurs besoins locaux sans calcul rigoureux, renforcent leur polygamie pour la main-d'œuvre dans les plantations de café et de cacao et abandonnent des crédits au premier remboursement au profit de la production de rente par la suite[22]. La monétisation est associée au travail et à la monétarisation. Elle est le socle primaire du développement des économies paysannes de troc des excédents actuels de la consommation. L'administration publique de la monnaie est l'option monétaire de la France pour le développement. La perception française de la monnaie est administrative en Europe et en l'Afrique ; elle est économique aux États-Unis et centrée sur la rigueur primaire de la monnaie.

[22] Voir l'expérience du Crédit Lyonnais à Dschang, ville du Cameroun, et des autres régions de cultures paysannes des années 1950.

2.6 La libération de la production d'autoconsommation, la monétisation et la modernisation de l'économie

Les initiatives privées des productions des colons cessent pour la plupart ceux qui se replient en Occident. La reprise de l'activité est administrative et publique, orientée vers la fourniture des métropoles européennes en matières primaires industrielles. La transformation de la richesse réelle des matières premières est européenne. Les matières premières des colonies sont intégrées dans la production industrielle européenne et forcent la coopération autoritaire de ces pays sans négociation. La France élabore des accords de coopération monétaire et militaire avec les anciennes colonies sans négociation ouverte et révision prévisible. L'assouplissement de la rigueur monétaire détache les économies partenaires de cette coopération autoritaire de leur environnement économique et social immédiat. La monnaie rattache la société à la consommation métropolitaine et l'économie à la production métropolitaine. La crainte du risque de la rupture de l'approvisionnement des métropoles en matières premières transforme la société, en société de consommation métropolitaine, et la production des colonies indépendantes en production métropolitaine. La santé de cette base de coopération est détournée par les métropoles à travers la maximisation et la protection de leurs intérêts des concurrents, dans les échanges. Cette base de coopération doit être assainie par la restructuration des protections monétaires et militaires de la coopération.

La BCEAO et la BEAC sont des organisations de la protection monétaire des échanges de la France avec l'Afrique francophone et de sa coopération dans les échanges avec le marché international. La CEDEAO est la préparation de l'expansion de la protection de la zone euro du marché international à tout le continent africain. De même, la force armée du G5 – et l'entretien du terrorisme dans le Sahel – est une stratégie de fermeture de l'Afrique au Monde et de sa réservation à l'Europe, dans son contexte colonial.

Cette dynamique institutionnelle rencontre l'assentiment culturel du peuple africain dans sa majorité silencieuse. Il ressent et l'arrêt de son développement et le blocage monétaire et militaire de sa dynamique.

L'économie se structure en deux classes : la classe des travailleurs de faible rémunération ou sans rémunération et celle des riches politiques et corrupteurs de la rigueur de la monnaie. La classe des pauvres se structure en électeurs de la classe des riches. La société actuelle se révolte, contre cette organisation spontanée de la société, contre les institutions monétaires, judiciaires et législatives, les trois institutions de pouvoir de la gouvernance indépendante et coordonnée des nations par les chefs de l'exécutif. L'Afrique souffre de l'organisation opérationnelle de la gouvernance de ses nations. Les États, structures de gouvernance des nations, sont importés et superposés aux gouvernances locales de structures des conflits de la population essentiellement ; la gouvernance du savoir-vivre social. Ce savoir-vivre est la répartition de la pauvreté. L'introduction de la monnaie apporte la richesse monétaire qui perturbe la gouvernance de la pauvreté par l'exigence monétaire de son acquisition personnalisée. Le contrôle et la gouvernance rendent discrètes les recettes monétaires individuelles des revenus individuels. Ils donnent l'information sur l'insertion sociale personnelle des individus. L'économie monétaire est modernisée par l'information véhiculée par la monnaie. La consommation tire cette information vers les cultures de consommation. La consommation identifie les économies monétaires.

2.7 Économie monétaire et développement

L'économie monétaire est la modernisation de la consommation. La monnaie n'est qu'un simple instrument d'échange, mais de la construction de l'apparence des richesses. Elle voile la production de l'acquisition de la richesse et anonyme le travail. Le développement monétaire est social et celui économique la production d'équilibre de la consommation. En macroéconomie, la production d'équilibre de la consommation est industrielle. L'ordre social est la contrepartie de cette consommation. Les révolutions sociales sont provoquées par la faim. La corruption exploite cette opportunité. Enrichir le peuple, c'est le faire sortir de l'économie de troc et entrer dans l'économie monétaire de marché. La solidarité sociale de l'économie humaine est appauvrissante du peuple et contre-productive. La production suit la consommation. Le crédit social doit contrôler par l'honnêteté sociale de la population dans la rigueur de la population dans l'engagement de travailler et par le paiement des échéances de crédit de consommation à bonne date. La flexibilité de la monnaie est contrôlée et réalisée par le gouvernement par la stabilisation sociale du travail et des engagements. Le développement économique est assuré dans la stabilité monétaire.

Les mauvais payeurs doivent être détectés et combattus. C'est la rigueur sociale de la gestion du dollar qui assure sa stabilité au rang de la stabilité de l'instrument or, de paiement. La stabilité de la monnaie est sociale.

Le refus officiel de la flexibilité de la monnaie est le renvoi à l'ajustement social et complique les déséquilibres d'échange et de change. Il faut stabiliser les prix et les changes, ou opter pour la stabilisation de l'un ou de l'autre. En cas de conflit de stabilité, John Maynard Keynes optait pour la stabilisation des paix et la négociation des changes. Il plaçait la stabilité nationale avant la stabilité internationale négociable. La France choisit la fixation internationale de change et la stabilité des prix intérieurs. Les États-Unis optèrent pour la flexibilité des changes et des prix et la stabilisation du développement par le marché.

La gestion des prix de change détermine le modèle de développement économique. Les trois modèles d'organisation monétaire de développement placent l'organisation monétaire américaine et le marché au centre du Système monétaire international de développement. Il place le social et le travail au cœur de ce système par la rémunération de la productivité marginale du dernier ouvrier et la définition personnelle de la richesse et de la pauvreté. Ceux qui s'éloignent du système monétaire et des marchés sont pauvres et misérables, et glanent leur subsistance au voisinage des marchés et de la mendicité.

Le système monétaire et économique mondial des économies traditionnelles converge vers les marchés et organise la rigueur de la production de leur société pour le marché à l'équilibre de la consommation. Les modèles de départ des économies paysannes sont tous des modèles de troc et d'évolution vers le marché, quelle que soit leur taille. Le transfert à la microéconomie d'ordre privé à la macroéconomie d'ordre public consolide la croissance de la population. Dans la période transitoire, la transformation sociale par la croissance réelle de la population, la surpopulation est pauvre, sans travail et sans revenu. La prise en charge de cette surpopulation est libérale ou autoritaire. Mais le vrai problème soulevé est son enrichissement par sa prise en charge par le marché. La politique de développement social est libérale et la construction de l'indépendance des hommes de l'administration de leur subsistance, indépendante sur le marché. L'indépendance exige la responsabilité, l'honorabilité et des hommes libres. Elle déstructure la politique sociale de la solidarité humaine des économies de l'honnêteté traditionnelle de production d'autoconsommation. La responsabilité de production pour le marché est politique, introduisant les feintes communautaires de consommation et de fuite devant le travail. L'ordre social informel doit être contrôlé par l'ordre monétaire officiel flexible. Cette flexibilité officiellement bloquée rend l'ordre monétaire social informel flexible. Seul le marché peut assurer une double flexibilité. La flexibilité du marché dépend de la dimension sociale des marchés de production et d'échange. Le marché de production est encore paysan et d'échange monétaire de troc et se développe en marché de production pour le marché. Les marchés chinois d'échanges internationaux sont compétitifs aux marchés internationaux américains d'échange. Mais la production échangée est américaine et la production chinoise internationale. Américaine, européenne, asiatique pour la consommation mondiale. Elle s'efforce pour la production pour le marché national, politiquement protégé. Le yuan est l'instrument d'échange et de protection de la culture nationale, le dollar, la monnaie internationale d'échange. L'équilibre économique chinois est international et son développement national. La protection politique chinoise est nationale et l'ouverture économique internationale.

L'union économique et monétaire européenne transfère les souverainetés culturelle et politique des nations européennes à leur Union. L'union monétaire de l'Europe ne fédère pas ses cultures, elle en fait une nation multilingue. L'euro est construit à l'image de l'État-nation colonial français, l'organisation juridiquement des libertés individuelles de contestation groupées de la gouvernance économique communautaire et politique, de la consommation des budgets des États.

L'euro ne s'attache pas, comme le dollar, les cultures européennes dans la perception de l'économie monétaire. La culture européenne est détachée comme la culture chinoise de la monnaie qui est un instrument d'administration sociale. La culture n'organise pas la politique nationale de développement comme dans les États fédérés américains. Le yuan, comme monnaie de troc, s'aligne à la culture unique sans ouverture sociale de la contestation comme dans la démocratie européenne. Le marché unique est construit discrètement et rigoureusement contre les libertés de contestation individuelles et groupées ; le parti politique est unique. Il est contesté par l'Occident de la gouvernance libre des peuples par le peuple, intérieurement déchiré entre la permanence au pouvoir et le changement démocratique des hommes au pourvoir.

Les nations d'échanges, évoluant vers le marché, organisent juridiquement les libertés individuelles de contestation groupées de la gouvernance économique libre, communautaire et politique, de la consommation des budgets des États. L'organisation de la durée des mandats de la gouvernance des nations est stratégique. Elle est démocratique tant qu'il y a alternance au pouvoir, antidote de la permanence autoritaire au pouvoir de rois et empereurs. La sécurité monétaire et politique des rois et empereurs les maintient en Europe discrètement derrière le pouvoir social. Le pouvoir social se maintient par la corruption des peuples et des administrateurs des nations. Dans l'Europe moderne, la garantie de l'alternance de la gouvernance sociale, entre tous les membres ambitieux des sociétés libres de l'impérialisme royal, est théorique et mise à l'épreuve des ambitieux. Les hommes libres sont des victimes de l'appât du pouvoir.

Les ambitions des hommes au pouvoir pérennisent la permanence des individus élus par le peuple au pouvoir de gouvernance sociale supposé changeant. Les tentatives de la reproduction des gouvernances royales affrontent les ambitions des peuples et la démocratisation de leur gouvernance et de la participation au pouvoir de gouvernance sociale. La corruption est le socle de la gestion de cette communauté de déséquilibres. La décentralisation de la corruption s'étend dans toutes les communautés pauvres de rareté monétaire et d'abondance des biens rares. Les autorités administratives luttent pour l'intégration de la rareté de la monnaie dans la gestion de l'abondance des biens demandés.

C'est la mise en commun des économies et la protection armée des communautés sous le sigle d'autorité publique souveraine qui assure le fonctionnement du système et la survie minimale de cette organisation. Le coût de la survie est illimité. Ici, la souveraineté nationale, l'indépendance des responsables des nations sont face à la communauté internationale des nations qui protège les États de droit dans l'intérêt des plus forts.

L'indépendance n'est pas un concept social comme il le semblait. Elle est un concept politique de l'organisation communautaire de la protection de la survie internationale des nations. La liberté intérieure des individus et des communautés nationales est contrôlée par l'État. L'organisation de l'exploitation publique décentralisée de la nation est l'État de droit en relation étroite avec la communauté internationale.

La fédération des communautés s'établit aux frontières de leurs souverainetés nationales. Leur coopération étroite est organisée par domaine et est non systématique. Les domaines de centralisation sont monétaires et fédératifs. Il est limité aux frontières des échanges des biens disponibles. L'intégration monétaire est l'intégration des échanges des biens consommables disponibles. Sous le système colonial de pauvreté de biens de consommation et de la faiblesse de l'espérance de vie dans les colonies, l'intégration monétaire visait la croissance de la population par l'échange des produits de consommation et d'entretien de la santé. Ils consistaient à l'abandon des productions de consommation locale, pour la production exportable contre la consommation locale des produits importés. La population stagnante ajustait sa force de travail aux corvées imposées par le colon. L'intégration monétaire était l'unification de l'espace de production et de la consommation. L'intégration de la population des colonies dans la population de production pour exportation métropolitaine contre matières premières de production industrielle était d'une cohérence évidente jusqu'en 1960. Le déséquilibre de la croissance de la population et la monétisation des économies paysannes en 1954 inversèrent le paradigme de l'union monétaire et des échanges en union des cultures et de développement. La problématique devint celle de la fédération des cultures et du développement vers l'économie monétaire et des marchés en 1970.

Les économies d'échange étaient limitées aux intérêts communs de consommation immédiate des biens des participants au marché international d'échange. Certains des pays strictement paysans comme ceux de l'Afrique étaient riches en matières premières, d'autres comme la Chine et l'Asie, en main-d'œuvre, d'autres encore comme l'Europe en enfance industrielle. Seule l'économie américaine était industrielle et monétaire. Le fonctionnement paisible de ces communautés d'existence les classait en sous-développées par rapport aux États-Unis. L'économie américaine développée était monétaire et industrielle. Faire le développement, c'est monétiser et industrialiser l'économie paysanne. Le monde, sauf les États-Unis, est en voie de développement. Les protections monétaires et économiques, les accords des zones monétaires et militaires européennes sont des protections contre le libre-échange américain. L'Europe s'appuie administrativement sur les États-Unis[23] pour se protéger contre la concurrence américaine.

La réaction actuelle des États-Unis contre cette stratégie est ouverte. Ils se désolidarisent de la protection de l'environnement climatique par exemple, de la protection de la construction des armements nucléaires contre elle et du financement tous azimuts des programmes et projets des Nations Unies. Ils se préoccupent de l'équilibre de la production pour l'équilibre de la consommation américaine et laissent intervenir la Chine dans le domaine international.

[23] Voir l'OTAN.

La population locale de l'économie juxtaposée à l'économie monétaire est soumise à l'exode rural vers des villes embryonnaires et occupées par les métropolitains colons au début du XXe siècle. Au milieu du siècle 1990, l'exil massif de la surpopulation des économies paysannes s'effectue vers des horizons industriels et monétaires meilleurs. L'économie traditionnelle statique, sous-peuplée au début du XXe siècle, est devenue monétaire, surpeuplée et en dégradation ouverte des structures traditionnelles d'économie de troc. Les stratégies de développement du début sont l'incitation à l'exode rural du peuple vers le peuplement urbain des villes en peuplement désordonné et en demande monétaire de la consommation. Le renforcement de la liaison entre villes coloniales se fait par l'échange entre eux, à travers leur métropole respective, en maximisant la population et atrophiant les structures traditionnelles par l'intégration commerciale verticale des sous-régions, autrement dit l'intégration africaine verticale de l'Afrique. Le contact paisible avec la métropole s'entretient de manière non dualiste, sans l'imitation de la métropole jusqu'à la Seconde Guerre mondiale. L'indépendance forcée des colonies après la Seconde Guerre mondiale souleva la question de la cohabitation conflictuelle des États indépendants des métropoles. La France poursuit par négociation à huis clos des accords discrets de coopération sous le régime de la dégradation de la valeur des colonies, et de l'émergence dubitative de la gouvernance du développement national des États de droit juridiquement indépendants dans les années 1960.

Dans les années 50, les perspectives américaines du développement mondial intégré imposent l'indépendance des colonies aux États-nations coloniaux du début du siècle. Cette déclaration de la liberté des nations restructure le monde en États-nations centralisés, en monde libre et indépendant. Elle met en scelle la décolonisation forcée du monde et la lutte contre l'impérialisme esclavagiste et colonial européen. La Russie adhère à la perception indépendantiste du monde, mais refuse l'adoption immédiate de l'organisation immédiate de la perspective monétaire et industrielle de la production et de la distribution libre par le marché imposé par les États-Unis. Cette option imposait la création d'une zone de souveraineté monétaire. L'Europe la créa avec le serpent européen qui unifia les monnaies européennes en une monnaie unique, l'euro, dépourvu de souveraineté monétaire culturelle territoriale. La souveraineté monétaire territoriale des économies souveraines est la fédération de leurs cultures indépendantes de production pour l'équilibre de leur consommation sociale. L'aide du

Plan Marshall de la reconstruction de l'Europe d'après-guerre offrait aux pays récipiendaires le dollar remboursable collectivement. Ce dollar offrait aux Européens la restauration de leur capacité de production et de l'échange d'avant-guerre et le lancement de la production pour le celui de leur économie de production pour le marché d'échange de l'après-guerre. Ce lancement de l'économie européenne de marché a commencé dans les années 1950, après trois années de reconstruction.

Le développement mondial intégré est la décentralisation administrative du dualisme culturel au lieu du fédéralisme libéral et monétaire des cultures. Le dualisme est alors la lutte pour l'union de l'espace Euro-Afrique des cultures et le maintien du développement colonial avec des administrateurs néo-occidentaux africains.

L'Angleterre, après la démonétisation de l'or en 1933, la décentralisation monétaire de ses colonies en 1967 et le Brexit en 2020 de l'Europe, confirme l'occidentalisation de l'économie de l'Afrique de la production pour le marché. La déclaration des indépendances accélère le dualisme européen avec les Occidentaux anglo-saxons et le relance dans la relance de l'impérialisme et le système colonial francophone européen des années 1884 contre l'indépendance mondiale des nations anglo-saxonnes. Les conflits se concentrent autour de l'indépendance monétaire et de la décentralisation coloniale, la Fédération des États-nations libres et l'Union des États-nations coloniaux décentralisés. L'indépendance fustige la colonisation et l'impérialisme européen. La décentralisation européenne confronte l'indépendance anglo-saxonne sur le territoire africain, dans la recherche de sa voie de développement entre l'économie monétaire de marché et l'économie d'administration impériale.

Aussi, le fondement social du modèle européen est français. L'Union européenne est administrative et impériale. La monnaie des marchés est démocratique et de la liberté des peuples dans la recherche de leur subsistance. Le modèle monétaire américain est la fédération qui est libérale et démocratique. C'est sur cette base conflictuelle d'organisation de la gouvernance des cultures que le système monétaire est mondialisé contre l'autoritarisme européen. Le système administratif européen n'est pas une démocratie de marché, mais un conflit d'alternative hypothétique à la gouvernance. Les élections sont truquées pour maintenir les gouvernants au pouvoir social contre la volonté du peuple.

L'on place la liberté administrative contre la liberté monétaire d'entreprendre et la liberté de la vie. Le vivre-ensemble devient le critère de transformation sociale des économies traditionnelles en économies monétaires. L'économie internationale est démocratique, monétaire et libérale. L'économie européenne est régionale.

La première des libertés internationales est la concurrence des entrepreneurs, la seconde, la compétition, est la gouvernance monétaire libre des nations. Le conflit de la gouvernance libre et monétaire internationale des nations est contesté par l'administration politique de la gouvernance autoritaire de l'Europe.

Dans le domaine de l'organisation de la gouvernance libre et monétaire, les individus sont classés par capacité et compétitivité de travail pour la survie. Ce classement n'est pas seulement micro-économique des capacités techniques et de la productivité du travail, mais aussi stratégique de positionnement public pour glaner diplomatiquement des ressources monétaires de l'administration régionale du développement sans capacité de travail. Dans les agglomérations urbaines, par exemple des pays pauvres, l'échange monétaire est sporadique et concentré entre les mains des administrateurs publics et quelques hommes d'affaires. La dynamique sociale est la capacité de production pour le marché où l'on échange la production contre la monnaie rare. La monnaie est statique. La production et les marchés d'échange social des biens disponibles sont dynamiques suivant la demande des marchés. La dynamique des marchés dépend de celle de la consommation des hommes et de la disponibilité des biens vendables. Le mouvement des biens disponibles fait fluctuer le prix des marchés et les ajustements qualitatifs des quantités de monnaies d'échange. Ces monnaies doivent être adaptées à la valeur locale des cultures de production et internationales de consommation par le marché, le système troc de Bretton Woods au système monétaire international des nations-États indépendants de 1970.

L'indépendance internationale des États africains dans les années 1960 provoqua des révolutions culturelles locales contre l'administration et la mise en valeur coloniale pour le marché européen. La production pour le marché national veut s'ouvrir à la production pour le marché de la consommation nationale et en substitution ou complément de la consommation internationale des périodes coloniales. Cette ouverture est bloquée par l'organisation monétaire et des échanges régionaux centralisés sur les nations européennes libres et politiquement décentralisées depuis 1884. Les métropoles coloniales de la production nationale pour les marchés tablent sur le marché africain. Il est vaste, riche et non exploité industriellement. Les marchés d'échange extérieurs s'étaient substitués aux marchés de production d'échanges locaux. La naissance des États-nations locaux indépendants attire les biens disponibles des marchés extérieurs et installe la famine, obligeant la production pour la consommation locale. Cette production s'adapte à la production industrielle internationale, mais sans outils internationaux de production. Le transfert de technologie est contrôlé et interdit par les gouvernements métropolitains. Les familles spécialisées dans les produits d'exportation (café, cacao) continuent d'approvisionner les industries métropolitaines en matières premières traditionnelles sans transformation. L'économie paysanne africaine est délestée de l'industrialisation et de la monnaie d'échange, empêchée de son développement vers l'économie monétaire des marchés locaux. Il devint nécessaire pour cette économie de produire pour le marché local et de se battre pour sortir de l'économie européenne de troc. Les productions manuelles pour le marché sont faibles, les marchés des pays africains sont embryonnaires et l'offre de monnaie du développement urbain est internationale. Elle oriente le développement national vers le développement international sans matériel de production compétitive. Les biens de consommation compétitifs sont disponibles en métropoles. Les métropoles empêchent la production compétitive d'autoconsommation nationale et d'exportation des colonies.

L'indépendance culturelle est prohibée, l'adhésion des cadres africains à la politique impérialiste et coloniale européenne imposée par la corruption. La protection des marchés des métropoles est réorganisée autour de l'Union européenne dispersée en 1884. Le libre-échange américain, plus grand producteur mondial des États fédérés, protège le développement monétaire international des économies traditionnelles de troc. La force et la faiblesse de la production dans ce cadre d'organisation des échanges sont la croissance ouverte, sur les marchés, celle-ci protégée par la stabilité d'ajustement des monnaies. Ces ajustements sont des déséquilibres des cultures. La pauvreté sociale est culturelle. Le fondement social du développement est la lutte contre la pauvreté sociale. La monnaie s'y adapte par ajustement libre et social. L'ajustement politique est institutionnel, la dévaluation politique contre la demande de la dépréciation sociale de l'ajustement social de la monnaie de Bretton Woods en 1971. Le libre-échange est l'enrichissement social des pauvres et appauvrissant l'économie de troc statique comme la monnaie. L'appauvrissement social de l'économie de troc des pays pauvres introduit l'économie monétaire de l'enrichissement social.

L'aveuglement monétaire de la croissance sociale de la population en Occident la confond avec la richesse. L'émergence économique est sociale et aussi l'enrichissement de la consommation des pauvres. La surpopulation mondiale est cohérente avec l'enrichissement monétaire de la consommation des plus pauvres.

Le pouvoir public d'organisation des échanges affecte le niveau de vie des populations. La monnaie reste neutre dans l'organisation de la vie. Elle est sans propriété durable et doit être entretenue par le travail. Dans la mise en valeur des colonies, la protection de l'exploitation interdit les échanges économiques entre colonies et le transfert du matériel de production dans les colonies. Cette organisation du développement de la production et des échanges avec les métropoles instaure la croissance du marché métropolitain comme objectif du développement mondial intégré, et connecte la réalité africaine sur la croissance métropolitaine et mondiale. Il faut refonder ce modèle de connexion internationale de Bretton Woods sur le développement compétitif de la production et des échanges du marché des pays pauvres paysans en voie d'équipement de production pour le marché à partir de 1970. L'Angleterre, dès 1967, libère la monnaie anglaise des monnaies coloniales attachées aux gouvernances anglo-saxonnes libérales. La livre sterling décroche des monnaies coloniales. Le sterling était déjà modernisé depuis 1933 avec la démonétisation de l'or et la décentralisation des colonies, en rattachant celles-ci au sterling en 1967 ; il décentralisait l'espace d'État-nations. L'État français conservait son État-nation centralisé avec les colonies. À la fin du XXe siècle, les villes des pays paysans sont embryonnaires et coloniales. Elles émergent dans l'économie monétaire dans les années 1970. Elles sont économiquement surpeuplées et pauvres. Les marchés sont urbanisés. Des productions locales échangeables sont essentiellement agricoles avec des technologies rudimentaires des siècles passés.

La conséquence irréfutable est l'émigration massive de la surpopulation locale, d'abord des paysans pauvres et découragés de leur mode de vie et de travail rural. L'exode rural des populations vers les villes éclairées au sens propre de la lumière, et obscures en termes de disponibilité des biens importés sans instrument de production et d'échange, les pousse à chercher le travail rémunéré dans les villes et les métropoles. Ce désir de changement régional se heurte à la politique internationale de l'interdiction des échanges entre colonies et de transfert du matériel de production des métropoles qui ouvriraient leurs échanges économiques à la région. La création des déséquilibres de consommation précédait la production de consommation locale. La monnaie devint un moyen d'équilibre statique et tout d'abord un moyen de déséquilibre statique de développement. La dynamique, c'est le développement des cultures.

La monnaie voile le déséquilibre réel des structures de consommation et de la production. Des conflits de production émergent entre les structures de consommation urbaines rattachées aux métropoles par la monnaie et les structures sociales de production nationales rattachées à la production industrielle européenne par la production des matières premières locales[24]. Ce contraste de déséquilibre de production pour exportation, et d'importation pour consommation, introduit la monnaie comme moyen statique d'équilibres. Elle s'ajuste aux déséquilibres. L'économie est la dynamique des déséquilibres sociaux et culturels.

La dynamique des cultures locales enclenche la production locale orientée vers l'autoconsommation, la consommation sociale par le marché ou la consommation exportée sur le marché extérieur. Suivant le rythme de production, les structures de production pour le marché d'autoconsommation local dépérissent en faveur des structures de production pour l'exportation. Naturellement, les cultures résistent aux changements de régime de concurrence par leur technologie de production de leur consommation locale, la dynamique d'adaptation de leurs déséquilibres sociaux.

L'économie de Bretton Woods organisa l'attraction de la stabilité monétaire des cultures par la fixité de la monnaie créée à l'or. Cette fixité n'est pas flexible. Elle ne permet pas la manipulation publique des échanges et l'intérêt public des gouvernements en défaveur du peuple mandataire, participant aux marchés. Le marché est le lieu de distribution libre et démocratique des intérêts aux participants au marché. Les déséquilibres de marché sont des déséquilibres de répartition. Cette globalisation monétaire des compensations des déséquilibres de marché voile les déséquilibres microéconomiques dynamiques. Ils exercent une pression constante sur les équilibres macroéconomiques des marchés. La répartition microéconomique se fait hors marché officiel d'équilibre macroéconomique de marché. La flexibilité ou négociation sont entreprises hors marché. La structure macroéconomique est statique comme le monnaie et s'ajuste sporadiquement à la souplesse des négociations hors marché.

---

[24] Jacques Binet. La psychologie économique africaine. Paris, Payot, 1970.

L'ajustement monétaire et macroéconomique officiel est statique et par saut. Leur régularité est fournie par la croissance régulière révélant la stabilité sociale et culturelle. L'instabilité monétaire traduit l'instabilité des cultures et l'adaptation sociale. La microéconomie est une économie de marché publique, officielle et culturelle. Elle intègre, en économie monétaire, les négociations hors marché, la transparence publique des négociations sociales hors marché. Les marchés sociaux d'échanges hors marché non transparents sont parallèles aux marchés officiels transparents. Ils sont nantis de la corruption des marchés officiels de l'administration reflétés par leur prix, leurs intérêts et leur taux de change parallèle.

Il y a deux dynamiques : la dynamique sociale d'adaptation des déséquilibres de consommation et la dynamique culturelle de déséquilibre de cultures et de la dépendance. La dynamique sociale est la croissance économique donc éphémère, et la dynamique de développement, donc de changement du niveau d'équilibre global de structures de la production et de la consommation.

L'économie réelle est en dynamique vers l'économie de production industrielle et de la consommation monétaire des productions monétarisées par l'homme. La monétarisation est le processus de production et de consommation à crédit. L'apprentissage de l'utilisation de crédit est la modernisation de la monnaie et de l'économie par l'anticipation de l'utilisation de la monnaie. La monnaie-crédit utilisée de manière anticipée à la production et consommation pose le problème essentiel du remboursement.

Dès 1980, ce problème devient l'essence financière de la monnaie. Le monde paysan en genèse économique est surendetté, face aux premiers prêts de développement de l'économie des années 1950-1970. Ces années sont des années de monétisation de ces économies. Les hommes sont attachés par la nature monétaire de la consommation, sans prévision de remboursement. La monnaie se gagne postérieurement à la consommation et à la production. Le travail antécédent à cette richesse est l'enfer du capitalisme. Le crédit est la levée du fer chaud du capitalisme sur le travail. Les conditions de travail entrent dans le cumul des salaires à côté de la qualification. Les conflits s'élèvent entre les niveaux de la rémunération monétaire du travail qualifié et les conditions d'accès (trajet) et du travail. Les cultures industrielles assouplissent technologiquement les conditions et se substituent comme un concurrent aux travaux durs. Par exemple, la France impose la corvée sans rémunération pour la création des chemins de fer en

Afrique. Elle soulève la révolte de la SFI, qui forme les ouvriers syndicalistes de la revendication des salariés des chemins de fer. La monétisation va se substituer aux mauvaises conditions de travail et s'aligner à la croissance avec le temps. La culture industrielle va décoller de la culture paysanne d'autoconsommation pour se consolider en culture de production rémunérée par le marché. Les ouvriers sont sélectionnés par leur effort de production individuelle, et rejetés par leur affaiblissement ou la compétitivité des marchés. Ce système est imposé aux cultures africaines par les Européens de l'euro. Il nourrit sous contrainte la production du commerce triangulaire pour les marchés européens consommateurs. Aujourd'hui, la construction du chemin de la soie chinoise conduit vers les pays européens consommateurs. La Grande-Bretagne, observant la diversité culturelle, se détache monétairement de l'euro et des colonies pour le financement à distance des nations. L'euro n'est pas une monnaie nationale, son ajustement est macroéconomique, national et n'est pas flexible. L'ajustement macroéconomique est la production à la consommation nationale. La dynamique des déséquilibres des structures macroéconomiques européennes ne s'ajuste pas à l'importation de la production mondiale extérieure, mais des nations indépendantes dans leur décision de production pour le marché international à l'équilibre de la consommation de la consommation des autres nations. Le développement macroéconomique des nations est dynamique, celui de l'Europe en tant que nations unies est statique.

Si le développement est l'ensemble des transformations, ancré sur la dynamique de la réalité des transformations de l'économie nationale, le développement économique national est l'évolution réelle vers l'économie monétaire de la dynamique macroéconomique. Cette dynamique s'accommode de la transformation des hommes et des structures de production encadrées par la monnaie nationale. Le fondement de la macroéconomie européenne n'est ni social ni microéconomique. L'euro n'a pas de dimension culturelle, donc économique. Elle s'intègre dans les révélations des risques de faillite des paiements monétaires des membres endettés. L'on tente de prolonger l'échéance de l'endettement à la fin de la vie indéfinie des États à l'espérance de la vie indéterminée des nations[25].

L'État est le cadre juridique formel de la gouvernance des transformations des économies réelles en économie monétaire adaptées aux

[25] Voir le programme de relance européen après la pandémie de Covid-19.

cultures présentes. L'économie monétaire francophone ne s'adapte pas à la réalité économique des cultures africaines, mais leur colle la statique monétaire française et laisse flotter la réalité économique hors de ce système sur les marchés parallèles de change et de commerce. Le franc français n'accompagne pas la dynamique des phénomènes réels. C'est la statique que la France et ses adeptes appellent la stabilité monétaire. L'euro hérite cette statique monétaire. Elle affaiblit l'union dans la rigidité de sa construction. L'inflexibilité traduit la faiblesse de ses institutions et la faiblesse de leurs résultats. Leur dynamisation passe par la fédération de la culture des pays membres unifiés, par une décentralisation des budgets en tentative d'unification.

L'euro, donc la valeur, est administrativement fixé, fuit le marché et doit dévaluer officiellement l'équilibre d'échange et de change avec les économies paysannes d'Afrique. La monnaie d'échange africaine est un instrument de valeur fixé et maintenu rigide par la France refusé par l'Afrique dans la pensée économique de développement. Il appartient au peuple de construire l'anonymat de leur monnaie sans mystère et de s'en imposer dans les échanges. C'est ainsi que la monnaie prend de la valeur culturelle et pas autrement. Imposée de l'étranger, elle impose la réalité étrangère, contre les richesses des pays d'accueil. L'euro, par exemple, est fixé au mark allemand ajusté par les efforts de l'après-Seconde Guerre à la parité de dollar-or de Bretton Woods. Cette parité est surévaluée par rapport à celle du dollar d'après 1971.

C'est de ce fait que s'impose la coopération à l'équilibre des biens disponibles et échangeables et la diplomatie d'échange des déséquilibres des biens disponibles. L'adhésion des pays membres à l'euro favorise la dépréciation interne du mark allemand en faveur de l'exportation allemande vers les autres pays membres de l'union. L'Angleterre n'adhère pas à l'euro. L'union protège l'Allemagne contre la dévaluation brutale du mark à l'effondrement du Fonds monétaire international. Les pays membres réévaluent leur taux de change dans le serpent monétaire européen et programme leur l'accompagnement global de l'ajustement du mark au taux de change du marché de change du dollar pour l'insertion internationale de l'Europe dans l'économie internationale. Elle accumule la consommation américaine et la conversion des euros en dollar, appauvrissant l'Europe et surévaluant l'euro par rapport du dollar du marché.

La Chine, nation indépendante, positionne librement sa monnaie, administrée comme concurrent international du dollar d'échange, accumule les recettes en dollar et endettement des États-Unis dans les échanges avec la Chine et enrichit la Chine en dollar. C'est dans cette dernière dimension que s'expriment la dynamique des cultures et les ajustements sociaux. La monnaie africaine de la zone franc est accrochée à l'euro. Les monnaies des colonies anglaises et autres métropoles sont décrochées des métropoles en vue d'une coopération sensiblement franche avec les anciennes colonies.

Aujourd'hui, les relations des métropoles réorganisées avec l'indépendance de l'Afrique sont encore coloniales dans la zone franc. En France, la coopération est adhésive par accords fusionnels et non négociables et la diplomatie autoritaire et discourtoise, sans dynamique économique. Les accords politiques sont unionistes et non fédéralistes. Les budgets sont centralisés et la trésorerie unifiée avec des garanties de paiement hors système monétaire international ni transparence. Ces politiques ne sont pas communes, elles sont régionales et sans fondement culturel. Le marché commun des États européens devient l'union des nations européennes sans culture commune des nations des membres. Elles sont sans souveraineté. Les systèmes parallèles révélant la différence des cultures sont combattus officiellement. Ils s'organisent parallèlement contre les décisions autoritaires des membres et de leur organisation. La coopération officielle organisée par les politiques est difficile avec la France, parce que la coopération parallèle est occultée et organisée parallèlement en informel. La France se trouve dans l'impossibilité de prendre position franchement. Elle est en permanente crise structurelle.

L'ajustement aux cultures africaines est impossible parce que la culture française n'est pas transparente et considère la culture africaine dans l'informel. La globalité de l'analyse étouffe la dynamique des structures. L'informel est la structure sociale et sa dynamique d'ajustement au formel. L'approche quantitative est formelle, l'approche structurelle, qualitative et réelle. L'approche formelle est la programmation du troc, et l'approche monétaire, la programmation de l'ajustement structurel du développement.

La dynamique de culture est la concurrence transparente et informelle. Elle implique une politique de planification et de survie des ajustements structurels ou sociaux du développement. Le mouvement de déséquilibre est global, formel et informel. À long terme, on constate les transformations actuelles qui sont les résultats du passé. Le développement, ce sont ces transformations passées. Il est dans sa réalisation actuelle, c'est-à-dire les projets de changement du passé. Le vrai paradoxe est que nous vivons l'actualité changeante du passé. La régulation du développement est structurelle, toujours en avance du passé. Elle est la prospective et l'action présente évaluable dans le futur. Elle n'est pas monétaire, mais politique. L'emploi des hommes au travail du développement social repose donc sur le développement des projets. On lie l'ajustement monétaire statique à la croissance et au développement économique aux résultats constatés à long terme qui changent l'environnement de constat. Les déséquilibres sociaux et culturels sont stabilisés par des ajustements monétaires à des déséquilibres. On entend donc par structures, les déséquilibres, le développement et la dynamique des déséquilibres.

Le système de Bretton Woods était un système de stabilisation sociale révélée par la fixité de la monnaie créée et stable par rapport à l'or auquel le dollar était fixé. À Smithsonian, la déclaration de l'inconvertibilité du dollar à taux fixé en or est la déstabilisation de l'instrument d'échange renvoyant aux négociations des déséquilibres réels d'échange entre nations indépendantes. La monnaie est un repère national de ces échanges sans valeur intrinsèque. La fédération des cultures des nations américaines est le repère intrinsèque du dollar. L'euro n'a pas de repère national intrinsèque. L'Union européenne n'est pas une nation. L'euro n'est pas l'équivalent général d'échange de tous les biens d'un pays garantis par la production de son peuple, mais de tous les pays membres sans garantie de production. Il n'est pas une monnaie nationale avec une autorité nationale garantissant la vérité de la production de son peuple et de remboursement de son endettement. La Banque Centrale européenne gère une monnaie internationale, l'euro, sans nations et sans engagement national. Le Parlement européen n'engage pas les nations à rembourser collectivement la dette communautaire ou extérieure d'un membre. L'Europe ne peut être son propre débiteur et doit réviser sa coopération avec le reste des nations du monde. Il est simplement un repère du niveau d'échanges intra et extracommunautaire des pays membres sans politique européenne. L'importance nationale de la monnaie est informelle et sociale. Elle informe sur la capacité de concurrence des individus et nations, en lutte pour la survie. Elle est de ce fait intégrée dans les cultures de compétitivité économique des individus et des nations.

La concurrence est enseignée dans les Business Schools américaines à partir de 1908. Elle devient la politique de l'emploi des nations en 1944, et la stratégie d'entreprise en 1965. La structure du développement américaine est désormais l'entreprise et la compétitivité économique, celle des entrepreneurs. Ce glissement du déséquilibre en tant que structure à l'entreprise est formellement le fondement du capitalisme. La concurrence des entreprises dans le commerce active la compétitivité de la production dans la résolution des problèmes de déséquilibre de la consommation. Elle est industriellement rattachée à la consommation, et socialement décrochée de la production. Cette structure fait éclater la société en individus travailleurs et compétitifs. L'abondance de la liquidité monétaire s'accompagne donc du développement social. Les prix et l'intérêt des États s'analysent en termes d'équilibre de la production et de la consommation et de l'intérêt des entreprises de production pour le marché qui sont en désirs et besoins de consommation. La liberté d'exploitation du capital et le souci d'équilibre de la consommation par la production libre et privée modifient la structure sociale d'organisation. La coopération keynésienne était uniquement étatique. L'on parlait de la coopération privée et publique aux intérêts divergents. Le changement de problématique contemporaine décale de la réforme monétaire keynésienne de 1924. L'on doit étudier la coopération et les déséquilibres sociaux de stabilisation par les ajustements monétaires des déséquilibres microéconomiques. L'équilibre macroéconomique de la stabilisation des déséquilibres sociaux de développement appelle la dynamique des cultures ou macroéconomique et la dynamique sociale ou microéconomique.

L'équilibre macroéconomie de l'État est l'ensemble de la production des individus et de la consommation du peuple, qui forme un équilibre social hypothétique confié à l'ajustement social. Les individus formant la nation des producteurs pour le marché administré par le public luttent pour l'équilibre général de la production et la consommation ainsi que l'ajustement marginal privé des déséquilibres. L'intérêt public, macroéconomique, cohabite avec l'intérêt microéconomique. La concurrence publique, notamment la croissance, se croise avec la concurrence privée et s'introduit dans l'analyse de la coopération public-privé. La gouvernance publique et la gestion privée de l'économie sont dynamiques. L'économie gère donc le déséquilibre public ou culturel et le déséquilibre social ou privé. Elle met en place ses gouvernants par choix démocratique (public, électif et référendaire) ou autoritaire (nominatif, impérial et colonial).

Ces choix peuvent être faussement argumentés, sans rationalité économique. Par exemple, le cadre conceptuel des pouvoirs administratifs locaux est la capacité d'imposer l'ordre social de production pour la distribution administrative équitable et l'emploi involontaire des personnes actives. Le pouvoir n'est pas seulement économique (la réflexion sur le moyen de substance), mais aussi, l'autorité armée de la protection de la production distribuée. C'est par exemple le cas des zones monétaires de la protection de la commercialisation des biens disponibles. Les individus imposent l'ordre démocratique privé, le gouvernement privé du peuple par le peuple, les partis politiques, qui contestent l'organisation publique du peuple par le peuple, sous la protection unique de l'ordre social de paix par les forces armées, de la police, de la gendarmerie et de l'armée. Le pouvoir est la protection de cette sécurité du vivre-ensemble. Au début du développement colonial, le pouvoir est réparti en territoires métropolitains et protégés par les armées des métropoles, contre les conquêtes métropolitaines d'avant 1884. Il est divisé à l'intérieur en chefferies traditionnelles et villes embryonnaires implantées par les colons métropolitains. Ces villes coloniales conquirent les nations et implantèrent leur modèle de gouvernance dans les États embryonnaires d'imitation coloniale. L'expansion des villes vers les villages les conquiert avec les modèles métropolitains sans interrogation de la culture et de la société locales. Les pays conquis sont sans culture, sans société ni moyen monétaire de leur stabilisation. Les nations africaines vont se mettre en place par coups d'État militaires successifs des anciens officiers et tirailleurs des armées métropolitaines. Il n'est point besoin d'aller à l'école pour gouverner, il est tout juste nécessaire de savoir manipuler les armes et d'avoir le courage d'obéir aux commandements de ces autorités étrangères puissantes.

La gouvernance du peuple paysan n'est pas intellectuelle. Elle est le savoir brutal, et le jeu de cache-cache entre le peuple et les autorités élues. Le pouvoir de gouvernance est dilué dans les institutions tenues de l'extérieur. La rationalité sociale et les institutions politiques deviennent problématiques. La manipulation du peuple sous le droit de protection des gagnants placés au pouvoir bannit le gouvernement du peuple par le peuple. Le pouvoir est l'équation personnelle des gens au pouvoir et de leurs complices. Les choix des options culturelles des pouvoirs sont toujours sous-optimaux et critiquables. Les nations sont bâties sur ces ordres culturels qui cadrent l'indépendance étrangère des nations assujetties. Leur protection armée est phagocytée par l'étranger suivant la puissance et l'impuissance des armées intérieures figurantes. La rationalité des pouvoirs aurait délimité les frontières des pays indépendants et supprimé leur protection extérieure par les lois et les armées métropolitaines. Les nations paysannes ne sont pas belliqueuses et les métropoles leur collent comme stratégie d'intervention armée des rébellions sauvages et des dirigeants consentants. Ils effacent les frontières réelles entre métropoles et colonies indépendantes, notamment dans les États africains indépendants francophones. La France veut reconstruire et unir en une action l'Europe et la colonisation de l'Afrique d'avant 1884, en d'autres termes l'Europe impérialiste.

La politique de développement n'est pas le choix libre de l'organisation de la vie des nations. La pression sur les besoins de la consommation de survie est la base de l'entretien de cette organisation. Elles encadrent la production individuelle, pour le marché et l'émergence sporadique du peuple de la pauvreté. L'ouverture économique devient une stratégie de la gestion de la dépendance des capacités de production pour le marché et du choix de la consommation du peuple. Les plus riches et les plus pauvres s'exilent en métropole, et les moyens se battent pour le vivre-ensemble dans la corruption et les détournements des finances publiques de développement. Toutes ces variables participent de la structure ou déséquilibre de la politique et des stratégies du développement. Le développement est une dynamique de l'asymétrie des déséquilibres. La réforme des systèmes esclavagistes et coloniaux imposés au monde jusqu'au XVIIIe siècle est sollicitée au XXe siècle, une réforme profonde et une globalisation des déséquilibres de développement et la croissance.

L'indépendance des peuples dans la construction des nations libres du XXe siècle spécifie les déséquilibres : le déséquilibre de croissance et le déséquilibre de développement. Les réactions actuelles des économies africaines sont des réactions au développement, à la croissance antérieure ayant été défaillante. Elles sont révolutionnaires. Le socle de la réforme pour l'exploitation rationnelle des économies nationales du monde diversement riche est structurel. La croissance est la dynamique du déséquilibre conscient du développement construit. Il s'agit de la construction de l'échange gagnant-gagnant, hors du voile monétaire du court terme. Les États-Unis mettent le développement individuel au centre de leur modèle de développement économique mondial. Ce système est consolidé à Bretton Woods en 1944, en développement mondial intégré. La mondialisation est la sujétion du reste du monde au retour des gens sans terre en métropoles et la décentralisation de l'urbanisation. Le retour à la nature contre la colonisation des villes au XXe siècle est la nouvelle vision du développent. L'homme est libre dans la vente de sa force de travail contre la rémunération de l'entrepreneur et l'utilisation de cette rémunération monétaire pour l'achat de la production des autres producteurs. Keynes remarqua que dans le modèle d'échange monétaire reposant sur les capacités d'emploi des hommes, l'on ne pouvait pas employer les hommes libres. Autrement dit, c'est la dynamique des hommes émigrant en Amérique qui a fait la compétitivité américaine contre celle des bourgeois restés sédentaires, dans leurs métropoles impérialistes et coloniales d'origine : l'Europe. Parce que les hommes sans propriété demandent la *monnaie pour la consommation et non* l'emploi, il faut en faire des salariés des auxiliaires de la croissance, et les accrocher à la croissance de leurs salaires sans propriété. Le modèle de l'emploi est alors libéral, actuel et anticapitaliste. Il s'accommode de la liberté de la recherche du changement de l'emploi suivant la rémunération et du désir de travailler activé par la consommation.

La réforme du développement mondial intégré impose la civilisation de *la liberté et de la capacité individuelle de travailler*. Lorsque l'on propose le revenu public, ce dernier n'est pas lié au travail public, mais au travail individuel par le prélèvement de l'État sur des salaires individuels. Il transfert une partie du grenier de l'épargne pour les catastrophes et la précaution de consommation au revenu et épargne publics. Il postule l'investissement public dans les infrastructures communes d'échange. L'accumulation du capital d'investissement de consommation reste privée. Le public est un consommateur économique surveillé par le peuple et son exécutif. L'exécutif est surveillé par les représentants du peuple, les députés pour ses dépenses et les sénateurs pour le respect des normes traditionnelles. Par l'accumulation de l'instrument monétaire d'échange, le système monétaire est favorable à la consommation sans greniers. L'on peut vivre comme des gens sans terre de l'époque d'émigration européenne vers les États-Unis. La lutte contre la pauvreté de la consommation intégrait l'homme à l'économie de la richesse monétaire de la production américaine. Cette économie d'échange monétaire s'opposait à l'impérialisme et à la colonisation tardive du XVIIIe siècle. L'impérialisme et la colonisation doivent être éradiqués au XXe siècle par l'indépendance des États. Le développement est donc culturel et social. Les systèmes d'indépendance sont combattus par l'Europe originaire de l'impérialisme et du colonialisme et l'appel à la démocratie, le développement du peuple par le peuple.

La capacité et l'intérêt des individus sont maximisés dans le système d'organisation des déséquilibres d'échange. Leur développement laisse émerger les plus forts (1 %) et maximise l'émergence majoritaire des plus pauvres, dans les transformations centralisées (99 %). La centralisation n'est plus une critique de l'organisation du socialisme de travail, mais du management du développement social. Dans les régimes socialistes, de système de plein emploi du peuple libre, l'on centralise la distribution du travail et la distribution de la pauvreté générale, en rémunération et prospérité de l'emploi social sans avantage accumulatif des revenus individuels. Le système capitaliste d'avantages libres d'actions spéculatives et de sanctions pénales des dirigeants occupant des postes de responsabilité augmente le risque de performance des ménagers. Les deux systèmes sont simultanément avantageux et désavantageux ne peuvent être classés par leur degré de performance statistique. L'idéologie des systèmes, fortement floue de la richesse réelle des populations, échappe à l'évaluation scientifique et cartésienne des performances.

La réformation sociale de la politique de développement concerne la liberté d'échange sur le marché et l'administration de change. Alors que la flottaison des monnaies est courante et adapte la monnaie à la stabilité des déséquilibres des cultures et développement de la coopération publique, la réforme des structures des déséquilibres ou de cultures s'adosse aux changements des mentalités sociales de comportement et de perception de contacts et rencontres sociaux. Les dévaluations monétaires compétitives internationales adaptent les monnaies à leur environnement international immédiat. L'environnement monétaire international primaire était américain. L'environnement européen est administratif et colonial pour l'Europe. L'Europe et les colonies européennes étaient le bloc européen d'adaptation de leurs cultures à la monnaie des États-Unis. Elle insista sur la défense de la valeur or du troc européen à Bretton Woods. Vu la diversité potentielle de la production des colonies sans marchés et la pauvreté réelle des richesses de la France, elle programma l'organisation unifiée de la monnaie et de l'économie par centralisation et unification de la monnaie européenne et des colonies.

La réaction africaine est inverse, et politiquement contrée. Elle préférait, dès 1963, déconnecter l'Afrique coloniale indépendante des métropoles européennes et construire la fédération monétaire et économique africaine. L'indépendance de l'Afrique dans la coopération étroite avec les États européens de la métropole était le projet africain. Elle voulait construire la coopération monétaire étroite des nouveaux États indépendants faibles de l'Europe avec l'aide des métropoles en enfance industrielle.

2.8 L'Afrique aujourd'hui

Aujourd'hui, l'Afrique est considérée comme un continent de libres-échanges des matières premières et des biens manufacturés sans industrialisation à l'optimum de l'échelle de leurs unités optimales actuelles de production, les micro-entreprises. Chaque métropole étrangère, même naissante, peut venir y puiser sa part de matières premières librement payées. Les recettes sont gardées à l'extérieur, et l'investissement étranger et la recette publique détournés pour être placés à l'étranger. Les investissements dans les secteurs locaux sont métropolitains et discrets, parallèles aux circuits officiels de commerce. Les circuits parallèles sont et officiellement combattus et parallèlement et discrètement entretenus par les métropoles. Le travail rémunéré est rare. Les structures locales intérieures sont déprimées face à la population croissante au des villes. Ces villes abandonnées aux maires des villes sans ressources financières sont pauvres et surpeuplées. Ils sont doublés au contrôle administratif par des sous-préfets et la tentative de la transformation des chefs traditionnels en agents administratifs. Toutes ces restructurations administratives de la société sont sans concertation publique et sociale, autoritaire et sans coopération institutionnelle. Les déséquilibres sociaux et culturels s'élargissent, et les conflits sociaux s'ajoutent aux conflits politiques entretenus par le gouvernement. Comme le partage de l'Afrique sans Africain en 1884 à Berlin, l'administration francophone poursuit la création et la confrontation des déséquilibres en Afrique. L'indépendance des États des années 1960 n'était qu'une initialisation de la restructuration de l'Afrique, de la multiplication des déséquilibres et de leur dynamisation systématique. La consommation et la production sociale sont les dimensions du déséquilibre. Le regroupement autoritaire en Union africaine de ces déséquilibres détruit leur dynamique, et les attache à la traîne de l'Europe dans les années 1990 par la France, dernier bastion colonial. L'Afrique francophone, l'Océanie et les îles du Pacifique font alors partie des dernières colonies françaises, intégrées dans l'Union européenne, en ACP.

Les autorités administratives mises en place pour la relève des colons ont été politiquement encadrées et menacées du risque d'assassinat, pour programmer le maintenir la colonisation avec la France dans les colonies. Ils apparaissent comme des apatrides sur le continent et des colons interposés, renouvelant la colonisation pour l'union de l'Afrique avec l'Europe sans souci d'accélération de l'émergence indépendante des anciens territoires colonisés dans l'économique indépendante internationale. La tête de toutes les nations qui émergent de la dynamique systémique des déséquilibres des nations africaines est coupée. Ces autorités sont contraintes, sous l'ignorance de leurs peuples, de participer silencieusement à la construction de l'Union Europe-Afrique sur le modèle de la France-Afrique. Au début de la construction de l'Union européenne dans les années 1990, à la demande de la France d'y introduire la zone franc, l'Europe avait dégagé sa responsabilité des problèmes qui pourraient être soulevés, par la suite, en notant qu'ils seront essentiellement franco-africains.

L'Europe ne pouvait donc faire la théorie de la violence du développement régional intégré, comme celle du libre-échange du développement mondial intégré. La révision des concepts et des politiques économiques de développement mondial intégré est nécessaire pour une théorie économique de développement des déséquilibres. L'initiative scientifique de la Banque Mondiale et des Nations unies sur le développement humain durable est une surveillance de l'information de développement sans politique concrète d'organisation révolutionnaire de développement. La politisation de ces concepts exigerait l'indépendance véritable des nations et l'échange gagnant-gagnant des richesses contre la pauvreté des pays en monétarisation. Cette révolution interne impose la liberté d'initiative et de promotion libre des déséquilibres de développement. La crise américaine des subprimes révéla les limites du capitalisme privé dans la promotion des déséquilibres de développement. Les personnes au-dessus de l'échelle d'organisation sociale de leur production optimale ne peuvent pas émerger au sommet de la hiérarchie des salariés dans l'organisation de la production par simple accumulation financière. Il faut un esprit de rationalisation entrepreneurial par hiérarchie des compétences, et pas seulement par connaissance administrative. Les ouvriers et les administrateurs ne pouvaient entreprendre de manière capitalistique que par spécialisation et équilibre de compensation. Les institutions financières entreprennent dans l'organisation, la programmation et le contrôle des paiements. Les investissements immobiliers financés sur garantie de la rémunération des ouvriers salariés au sens général du génie, sans accumulation d'investissement de propriétaires des richesses et patrimoines liquidables en cas de faillite, ont mis Lehman Brothers en faillite, engendré la liquidation et obligé les prétentions des ouvriers à investir sans accumulation du capital. Les ouvriers se battent pour la stabilisation des leurs salaires et emploi pour la survie.

La monnaie, instrument de consommation sans accumulation du capital, transforme la société traditionnelle en société de consommation et de rationalisation des salaires. Le crédit anticipe la production, l'épargne et l'accumulation pour l'investissement des entrepreneurs. La transformation des cycles de production en risques de catastrophe, de famine et de manque de consommation courante transfert l'épargne et les greniers individuels en épargne et investissement public en capacités privées. L'État, sans être responsable des crises, devient la source de leur résolution. L'État est le père de la nation vers lequel se retournent toutes les demandes de sécurité, de survie, de précautions de la consommation. Au début de son fonctionnement et de sa construction, il est monétairement et financièrement riche. La monnaie est l'instrument de la sécurité de survie. Il est agent de développement.

La fin de la guerre froide dans les années 90 a expérimenté l'ouverture de la Russie au capitalisme avec Gorbatchev et la stratégie de Poutine à l'ouverture vers le capitalisme sans confrontation brutale avec les États-Unis. Le risque de destruction des systèmes sociaux d'après-guerre offre au monde dans son ensemble l'émigration des surpopulations et de la pauvreté des nations vers le nouveau monde d'économie monétaire de paix et d'effort libre de production et de consommation. La crise des deux systèmes sociaux et capitalistes a relancé le contrôle de la centralisation du positionnement international de la reconstruction des États de l'après-guerre. L'émergence des États est la construction multiculturelle des États des nations indépendantes. La résistance à la fédération des cultures des indépendances relève de la volonté de protection collective. L'union est un réflexe de protection, et non une stratégie de développement. C'est le regroupement pour le vivre-ensemble avec le partage du minimum disponible. C'est la leçon à tirer des Guerres asymétriques à la fin du XXe siècle. Les Guerres asymétriques sont des Guerres de la coopération public-privé, la reconquête de l'espace est publique et privée. Elle est déconnectée de la sujétion des nations par des États métropolites du XVIIIe siècle. Juridiquement programmés au XXe siècle, ils obéissent à la coopération public-privé étroite du XXIe siècle. Il faut construire au XXIe siècle, un monde de paix et de dialogue des cultures sans conflit armé et terrorisme.

Le conflit terroriste est le marché parallèle des armées des États de droit. Les sociétés paysannes d'autoconsommation d'avant-guerres sont aujourd'hui systématiquement tournées vers la production pour le marché d'échange compétitif. La spontanéité de la consommation des produits manufacturés et la dureté de la famine, de la période de transition vers le monde d'économie monétaire, ont occulté, au XXe siècle, la spontanéité africaine de la production pour son marché de consommation locale. Les échanges entre les économies de production industrielle et les économies traditionnelles pauvres en production manufacturée partagent des excédents des productions alimentaires par troc monétaire de ces biens. Ces trocs ne réveillent pas les réflexes dynamiques de leurs cultures locales de production pour consommation de luxe. Le luxe est encore attaché à la métropole. Le financement public de la production des infrastructures a révélé, dans les années 1970-1990, les limites du développement monétaire public. Le crédit public détourné vers la consommation privée a réveillé l'attention sur les besoins privés de développement, donc de la croissance au-delà des équilibres de la consommation et de la production des infrastructures publiques. La libération des pays défaillants du remboursement du crédit public a retourné le monde vers le financement privé respectant le remboursement à bonne date. Mais ces financements privés sont légers par rapport aux financements publics lourds et massifs. La coopération monétaire entre États est devenue la coopération monétaire et financière étroite entre engagement et décaissement des paiements à bonne date. Sur le plan international, il y a la fin de la guerre froide et la destruction du mur de Berlin en 1990. La compétition de la production nationale pour exportation se transforme en production spontanée pour consommation locale. La guerre froide, au-delà des conflits d'instruments d'échange publics, les monnaies convertibles se transforment en demande de monnaie nationale pour échange national et environnemental. Cette demande est accompagnée de la demande de la liberté de création et de gouvernance de la monnaie nationale. La demande de la création et de la gouvernance de la monnaie nationale est accordée à partir de 1967 à tous les nouveaux États et interdite par la France aux États de la zone franc.

La puissance publique s'organise autour de l'équilibre de la consommation et de la production globale locale, indépendante des importations. Les importations et exportations contre monnaie convertible aux conditions de Bretton Woods s'amenuisent au profit de la production pour consommation locale délestée du financement à l'international. Chaque bloc communautaire du peuple s'occupe de l'organisation intérieure de sa survie, la production pour la consommation sur le marché local, et l'importation parallèle de l'environnement immédiat s'installe pour sa survie. C'est le libre-échange d'intégration sous-régionale. Le libre-échange officiel est orienté vers l'intégration métropolitaine. Ce développement parallèle du libre-échange confirme le parallélisme de fonctionnement du système francophone. Le dualisme culturel qui est l'essentiel du système qui est flou. Le déséquilibre régional soutient la compétition économique sous-régionale des producteurs nationaux. La base sociale de la production et de l'échange sous-régional est organisée aux frontières et bénéficie des échanges des produits manufacturés sur les marchés parallèles.

2.9 Coopération public-privé, émergence économique nationale des nations

L'émergence économique nationale est globale, publique et privée. L'État organise la production publique des infrastructures et s'accommode de la production privée de la consommation courante, durable et non durable. L'État compense la demande des travaux des privés par les commandes publiques aux entreprises privées. Il organise l'administration et la gouvernance des marchés publics de production. Les biens publics, sous l'exécution privée, bénéficient des largesses de l'État et du monopole des marchés. L'électricité, eau potable, services publics de santé, voies de communication routière, ferroviaire, aérienne de production sont distribués par l'État. Les prix des travaux sont surévalués par les administrateurs. Ils sont distribués sur le marché et les consommateurs négocient au marché parallèle. Cette surévaluation comprend la marge de l'entrepreneur d'exécution et la rémunération parallèle de l'administrateur au gouvernement. Ces doubles rémunérations vident les Trésors publics et renvoient les administrateurs indélicats en prison. Au fur et à mesure de l'enrichissement de la consommation du peuple des recettes publiques, l'État sollicite l'association technique des privés à l'exécution des projets publics. Il est exclu de l'économie libérale, de la production directe pour le marché, se spécialise dans la gouvernance générale et publique de l'économique. La gouvernance publique est politique. Elle est une gouvernance des groupes (politique) et des ambitieux (entrepreneurs). Si au début du développement, l'État est le cadre global de collecte publique de l'information et des recettes de développement, par la suite, il est un cadre de distribution de la richesse commune disponible. C'est l'émergence économique de la production pour le marché et l'exportation. L'échange limite le niveau de développement national. Les économies paysannes sont peu échangistes.

Elles se rattachent peu à peu à l'économie industrielle et d'échange monétaire. L'offre ou la production est sollicitée par la demande et coordonnée par la monnaie d'échange. L'on met en place les autorités monétaires de contrôle de l'orientation et de conseil des échanges sans pouvoir de contraindre des États.

À partir de 1971, le Fonds monétaire international devient cet organe de conseil sans pouvoir de changement des structures conseillées. Cette décision appartient aux autorités politiques. Elle contrôle le monde libre en changement et intervient à leur niveau à ce changement. La Banque Mondiale prend le relai financier de la monnaie crédit d'investissement contraignant les individus, le peuple et les institutions à rembourser les engagements en monnaie et au prix fixé. La monétarisation est un va-et-vient de la monnaie qui, comme un pouvoir, est un bien vide et équivalent général de tous les biens. Elle n'est pas un pouvoir de contrainte, mais de disponibilité à l'action orientée par le détenteur. Le remboursement-désengagement confirme les engagements et les orientations du détenteur de la monnaie. La monnaie est la liberté individuelle d'action. La monétisation est la libération des activités individuelles du peuple et des cultures. C'est pourquoi la monétisation dénature l'économie sociale en économie individualiste et concurrentielle. L'intégration monétaire est l'agrégation des revenus individuels, pour des actions communes. Cette agrégation est familiale en économie paysanne pour la consommation. C'est le chef de famille qui est naturellement responsable de la gouvernance de la consommation, du paiement et de la consommation de la famille. Dans les différentes cultures de développement de cette structure, le déséquilibre modifie les structures de travail. L'on passe de la rareté de la monnaie à la rareté du crédit et des engagements de paiement de la consommation familiale aux engagements de remboursement de la dette de consommation familiale. L'engagement financier répond à l'équation personnelle des gens au pouvoir de gouvernance des décisions de mettre la famille au travail pour consommer ou pour rembourser. Dans le cas contraire, la monnaie redevient un bien vide et un pouvoir d'action de consommation et de production.

Le pouvoir de changement est exigé des détenteurs de la monnaie. Ils orientent le changement par leur vision de l'avenir et du présent qui n'est que passée. Le pouvoir de développement est une option personnelle de chaque Chef de projet sous la pression des désirs changeants publics en dynamique de déséquilibre. Les Chefs d'État sont au premier rang de la gouvernance des déséquilibres sociaux. C'est le sens du concept de père de la Nation.

L'industrialisation de l'agriculture européenne oppose culturellement les Européens de la petite agriculture en dessous de 50 hectares et les grandes exploitations compétitives contre l'agriculture américaine. Le système monétaire de Bretton Woods mondialise le modèle culturel américain de grandeur assis sur leur expérience culturelle et leur adaptation aux productions libres pour le marché contre l'administration européenne contrainte d'initiative sur la compétitivité privée des agriculteurs solidaires. L'administration européenne favorise la mécanisation de la culture des terres des exploitations paysannes dans les années 1970 et installe les modèles de remembrement des terres et d'exploitation en commun, de regroupement des petits commerces par la création des supermarchés concurrents. L'organisation de la commercialisation de la production est centralisée, la mentalité du paysan transformée en mentalité d'agriculteur orienté vers la production de la quantité pour le marché. Les supermarchés sont situés dans les périphéries urbaines, incitant les jeunes cadres véhiculés à les pratiquer les soirées après le travail et les week-ends. Les supermarchés accompagnent le progrès social et l'industrialisation de l'économie. La taille de l'industrialisation est nationale et encadrée par la monnaie nationale. Les marchés parallèles européens émergent dans les échanges. L'Europe commerciale officielle émerge avec le serpent monétaire européen et la monnaie unique, l'euro. Il cherche dès lors à décentraliser la production européenne sous la monnaie unique comme une production nationale. Le modèle des anciennes colonies d'États-nations inspire les technocrates de Bruxelles. Il faut accompagner les marchés par l'union des cultures et la convergence des monnaies. La monnaie unique est obtenue en 1990. Les cultures restent divergentes et réclament la souveraineté des nations membres de l'union. L'organisation fédérative des cultures nationales de la communauté des marchés serait une alternative de l'Union européenne. L'on arriverait à orienter par la monnaie les décisions libres des nations.

Le système monétaire européen est régional, centralisé sur l'Europe unique et protégé comme les colonies des zones monétaires d'autres fois sur les métropoles. L'ouverture des importations complémentaires de la production nationale n'est pas centralisée. Il n'y a donc pas de diplomatie de la répartition communautaire et de la protection extérieure des nations membres. Dans le système monétaire international, le dollar ferme les cultures américaines fédérées et ouvre les États-Unis globalement sur le marché international. Dans le cas de la pandémie du coronavirus par exemple, cette catastrophe humaine mondiale a frappé toutes les nations. Les États-Unis ont réagi de manière communautaire et les nations européennes unifiées de marnière dispersée. Le marché commun après l'union monétaire devrait poursuivre sa construction par une fédération des États membres pour l'intégration de leur culture dans l'Union. La dynamique des déséquilibres communautaires de la production pour la compensation des déséquilibres de développement se poursuivrait par la dynamique des déséquilibres de cultures, le rêve américain.

La population des pays en développement monétaire fait face à la structuration et à l'initialisation de la dynamique des déséquilibres. L'absence de force de production et de la liquidité des paiements du matériel de production sont des déséquilibres primaires de développement. Ils sont opposés à l'exploitation rapide et sans limites des matières premières du continent. Le seul marché qui leur reste ouvert et solvable est celui des matières premières agricoles et minérales d'exploitation manuelle. Le peuple se révolte face à cette exploitation des matières premières lucratives par la technique et la technologie occidentale sans considération de l'intérêt des locaux et de leur progéniture. Au fur et à mesure de l'amélioration de leur perception du monde monétaire, la révolte se transforme en révolution non armée. L'obsolescence de la perception coloniale du commerce de troc du développement contre techniques et technologies modifie le paradigme colonial de développement en stratégie d'échange gagnant-gagnant. La jeunesse approche le développement comme la distribution de l'emploi rémunéré à tous, sans spécification industrielle, agricole, paysanne, administrative ou commerciale. L'économie monétaire est l'économie de développement des déséquilibres. La monnaie et son pouvoir d'achat sont le dénominateur commun de cette économie. Toutes les crises de développement sont des crises monétaires qui sont absorbées par la compensation monétaire des déséquilibres économiques sans transformation des déséquilibres réels de production face à la croissance du côté long du déséquilibre de la consommation par la croissance de la population. La croissance de la quantité de la stabilisation monétaire des déséquilibres est statique. Elle aveuglait les observateurs naïfs de développement. Le développement est la dynamique réelle des déséquilibres.

La concurrence est observée au niveau de la compétitivité des ajustements monétaires statiques des déséquilibres soit comme injustice divine, soit comme une injustice sociale qui introduit la morale dans l'analyse du fonctionnement économique des déséquilibres stabilisés par la monnaie sans changement profond des déséquilibres de structures ou déséquilibre réel de répartition par le marché. Les déséquilibres réels ne sont observables qu'à terme au niveau de l'augmentation de niveau de vie et/ou de sa dégradation. Sous ce regard, en dépit de la dégradation du niveau de vie traditionnelle réel, et de l'ajustement social de niveau de vie de la consommation de l'économie monétaire, l'observation officielle de la croissance de la stabilisation des déséquilibres présente une amélioration de la consommation de l'Afrique francophone sous le financement public préliminaire de l'installation des infrastructures primaires de développement ; l'énergie électrique, l'adduction d'eau, le financement public de la santé. En 1970, le paradigme du développement industriel du secteur privé change en paradigme politique du développement national et d'ajustement structurel. Les infrastructures, routes, chemins de fer, hôpitaux, transformation sociale de la paysannerie en agriculture, le développement des grands marchés, mettent les États en compétition pour leur construction. L'informel ou déséquilibre économique et social local entre dans le jeu de la pensée et de la construction des nations. Les infrastructures coloniales du lancement de la production industrielle entrent en dégradation, les projets de régionalisation francophone de l'industrialisation des deux sous-régions d'Afrique se détruisent en faveur de leur nationalisation. Les déséquilibres des nationaux s'élargissent, les structures locales se déstructurent et se dégradent et affichent la figure et la misère du sous-développement. L'Afrique francophone entre en enfance de sous-développement de la surpopulation et de la pauvreté. La croissance importée accompagne l'appauvrissement des nations libres et indépendantes. L'ajustement structurel à ces déséquilibres est un conflit d'analyse avec la France qui reste dans le paradigme de la régionalisation du développement de l'Afrique en sous-régions économiques, contre leur demande de l'indépendance pauvre des nations. Le problème de développement de l'Afrique devient la lutte contre la pauvreté des nations. Il faut lutter d'abord contre la faim, et se contenter du développement progressif. Dans les années 1970, le paradigme économique de l'industrialisation passe du paradigme du développement de l'économie informelle et de l'ajustement du déséquilibre industriel au déséquilibre de développement des nations. Les déséquilibres des nations sont culturels et multi-dimensionnels. La demande intra-européenne est jugée suffisante pour construire une économie européenne. Mais celle de l'Afrique est faible, moins de 15 % des échanges. L'Europe comme union est introduite parmi les pays membres comme une région échangiste.

La France adhère au régime de l'indépendance des nations africaines contre sa propre volonté, et au principe d'union de protection des nations en développement progressif. La révolte sociale du peuple sollicite la révolution culturelle face à la réalisation économique de développement. Cette réalisation sollicite la réduction immédiate des déséquilibres réels du sous-développement, contre le développement progressif. Les gouvernements francophones, par exemple, se trouvent aujourd'hui en contradiction avec leurs peuples, qui se révoltent, l'Algérie, le Mali, la Côte d'Ivoire, la Guinée Conakry, tous francophones, demandent le changement des systèmes sans changement de concept. La France développe alors un double système de protection militaire officielle administrative libre d'union africaine et de politique parallèle de protection des mécontents révoltés ou incités à la révolte. Les nations continuent à réclamer leur indépendance contre la demande de l'abandon de leur souveraineté par l'Union européenne des cultures.

Il se développe alors un double système d'intégration en déséquilibre dual statique. La population africaine réfère sa lecture au niveau de consommation métropolitaine, se positionne pour l'émigration sans catégorisation sociale d'émigration de la population, pauvre ou riche. Le problème d'existence en économie de développement devient une question de courage et d'apprentissage du vivre-ensemble dans des systèmes corrompus et désorganisés. Les oppositions s'appuient sur des observations extérieures des déséquilibres pour juger les tenants du pouvoir sans alternative crédible.

L'euro dans les années 1990 provoque des crises monétaires en Europe en enfance industrielle comme le passage de l'ajustement monétaire des déséquilibres statiques à la transformation sociale dynamique des déséquilibres économiques de développement réel. L'intégration européenne est formelle en quête de l'intégration culturelle des nations unifiées par la monnaie. Or, la monnaie fédère les cultures dans sa nature statique et ne les unit pas. La monnaie est parallèle aux déséquilibres réels et les stabilise. Elle stabilise la société traditionnelle et ne la transforme pas. La société est transformée par la dynamique des hommes. Le concept de l'intégration doit comprendre pour chaque pays les citoyens ordinaires, cultivateurs d'aliments de base, les producteurs de cultures de rente, les chauffeurs des taxis, les conducteurs des motos-taxis, les petits entrepreneurs, les commerçants, les vendeurs ambulants. Elle doit dynamiser les cultures locales par sa transparence de l'information.

La crise de 2008 ressemble pour l'Afrique et l'Europe à la crise économique de 1929-1933 de la naissance internationale de l'hégémonie du dollar. La naissance de l'euro et la construction de son espace de stabilisation des déséquilibres soulèvent les problèmes d'intégration de l'espace d'ajustement de déséquilibre comme le système monétaire international de Bretton Woods. Les déséquilibres d'échange sont différents des déséquilibres de développement. Ceux d'échange sont des déséquilibres de stabilisation de la croissance et les déséquilibres de structures avec ceux de développement. La croissance et la monnaie n'ont aucune incidence sur les déséquilibres de développement et les structures. Elles les maintiennent. La réforme monétaire avait été identifiée par Keynes comme la crise de la transformation de la monnaie réelle produite, l'or, et la solution ponctuelle des déséquilibres sans lendemain. C'est pourquoi il pensait que cette réforme ne pouvait pas résoudre le problème de l'emploi. La modernisation de la monnaie comme unité de compte n'apportait d'amélioration de paiement que par son flexible ajustement aux déséquilibres sociaux de paiement. Elle pouvait s'adapter à toutes les situations de déséquilibre rassurant le créancier et le débiteur. L'on ne pouvait pas produire l'or industriellement pour son ajustement à tous les niveaux de déséquilibres. Les coupures des billets pouvaient s'adapter à la demande aux paiements monétaires. Elle devenait flexible aux échanges d'économie monétaire et dépréciait le troc des biens rigides contre biens.

L'État a une espérance de vie infinie. Dans leur construction, l'on cherche à aligner l'échéance des engagements publics de remboursement des échéances publiques à l'éternité dans les programmes de relance de l'économie après la pandémie de coronavirus. Ce fut le projet de la relance microéconomique des peuples à l'échéance de leur vie professionnelle dans les années 1980 du surendettement.

La profession était le gage de la survie agréable à crédit sans souci de l'avenir de la progéniture. Ce comportement s'associait à celui des États éternels pour dénaturer la rigueur et la moralité financières de remboursement immédiat aux échéances. La réforme monétaire des États-Unis de 1934 devait changer la monnaie or, unité de compte fixe des économies de troc du XVIIIe siècle, en unité de compte flexible pour accompagner la négociation de la production nationale et mondiale des échanges. Les crises de changement de l'unité monétaire devaient cesser les bouleversements monétaires et la crise de 1933 à 1936 qui devaient attendre la production de l'or pour les échanges. La modernisation de la monnaie est la modernisation de la production de l'instrument d'échange. Les Nations Unies se sont mises en place pour la gestion d'un monde de conflits de paix et des États de droit ou consensus.[26] Le socialisme et le capitalisme sont apparus comme des formes abstraites de l'organisation sociale de l'économie monétaire. La monétisation a mis en conflit les monétaires cultures et la pensée capitaliste et socialiste sur la base monétaire. La pensée monétaire sociale est celle de l'imitation des comportements de cultures à leur rencontre alors que la pensée de développement est l'organisation de la résistance et de la compétition contre la dynamique des objets rencontrés. L'homme survit par exemple en raison de sa victoire contre la nature. Les modèles économiques des nations sont des modèles de lutte pour la survie, modèle chinois par exemple, asiatique, nord-coréen, français, américain… La solidarité des cultures de production économique et de partage des excédents des biens disponibles est le fondement des modèles culturels de l'économie d'échange de la relativité des cultures de la consommation de la production socialement échangeable.

Les ordres sociaux sont l'adaptation de l'ordre culturel à l'équilibre dynamique des autres ordres culturels des humanités en rencontre. D'un côté, les humanités rationnelles d'échanges et de l'autre les humanités d'accueil. Les imitations par essai et erreur mettent en apprentissage le peuple en rencontre. Les déséquilibres et l'ordre humanitaire se mettent en concurrence et la rationalité économique des échanges les élargit ou rétrécit. La juxtaposition paisible permet la description verbale de niveaux de développement, sous-développés et développés. Le sous-développement actif ou développement s'observe dans la dynamique de leur rencontre. Les déséquilibres de développement se rétrécissent et rapprochent les sociétés en rencontre ; ceux de sous-développement s'élargissent et éloignent les sociétés de l'équilibre des cultures. La disparité de ces déséquilibres de cultures et leur généralité conduisent à leur fédération de préférence à leur union. La construction de l'Union européenne est inachevée. Elle doit engager la fédération des cultures européennes dans l'euro, pour rendre cette monnaie unique, communautaire et partagée. Les nations membres prennent le risque du retour aux monnaies nationales et à leur souveraineté économique et monétaire phagocytée dans l'union.

La production africaine ne trouvera sa compétitivité économique que dans la fédération économique de l'Union européenne. La distribution de la dynamique des cultures, qui libère spontanément la force des

[26] Kofi Annan, Secrétaire général des Nations Unies, a essayé d'étendre cette mission à la population et à l'organisation des sociétés civiles et aux Organisations Non Gouvernementales ONG).

cultures, démocratise le développement. Nous arrivons à la recherche d'un monde socialement équilibré et des déséquilibres culturels stabilisés par la monnaie en communautés ouvertes et solidaires.

2.10 Encadrement monétaire et stabilité culturelle

L'encadrement public du développement de la production économique pour le marché a fait évoluer les économies pauvres et sous-peuplées par imitation, vers le monde de la lutte pour le maintien moderne du bien-être de la consommation des économies monétarisées et productives. La santé, l'éducation ainsi que les communications sociales sont des déséquilibres primaires généraux mobilisés par les infrastructures de transport (chemins de fer, routes, aéroports…) des productions humaines. La monnaie est l'instrument d'échange neutre de toutes ces ressources naturelles et humaines. Elle désolidarise l'homme en les reliant au travail pour les échanges. La culture de consommation est spontanée. L'abondance de la consommation exige la flexibilité de l'instrument d'échange. La monnaie doit donc être flexible à la stabilisation des déséquilibres, de palier en palier. Les paliers ou cultures doivent être fédérés et non unifiés. Leur union soulève des dualismes inextricables, des conflits sans fin. La théorie du dualisme est fondée par l'union des cultures et la compétition pour l'élimination de l'une. La fédération tolère l'existante et la cohabitation de plusieurs cultures. Le vivre-ensemble est la base du multiculturalisme. L'accès à la consommation est spontané et culturel. L'abondance de la consommation est le critère de la convergence des cultures. La monnaie stabilise chaque niveau de convergence. Le projet de convergence monétaire de l'Union européenne est un projet de la multi-culturation fédérée de l'Europe. Or le projet de construction européenne est unioniste des cultures européennes. L'encadrement de la construction de l'Union européenne et africaine doit être fédéraliste. La stabilisation monétaire doit être nationale et souveraine ou communautaire et fédérale, maintenant la souveraineté relative des nations.

L'union des cultures des nations maintient un encadrement monétaire de la consommation sans production. Il stabilise la consommation sans production. La corruption de l'administration de la consommation devient un élément essentiel de l'administration de la consommation sans production. La monnaie compense le déséquilibre grandissant du côté long du déséquilibre de la production et de la consommation, donc de la consommation. La monnaie penche du côté du déséquilibre compensé, de la consommation et de la dépréciation de la valeur formelle de la monnaie fixée sur les marchés parallèles. Cette dépréciation fixe de nouveaux paliers de stabilisation des déséquilibres par la monnaie. Il devient impossible d'évaluer la dynamique de développement économique sur un seul marché. Le marché officiel et parallèle fonctionne de manière duale. Le dualisme est alors la théorie économique de développement français. Toutefois, le dualisme n'est qu'un point de départ de la recherche de la définition analytique de la surpopulation qui est le critère de sous-développement[27].

La monnaie est stockée en instruments d'échange et compense les déséquilibres duaux. Productions-consommation, investissement-productivité, placement-rentabilité. La spéculation s'insère comme la recherche du maximum de profit sur la liquidité.

L'économie de production de biens est une économie de troc de travail et d'échange bien produits contre liquidité sur le marché. Le développement des marchés s'accompagne de la croissance et de la diversification des instruments d'échange en catégorie de la stabilisation des échanges, la valeur faciale des monnaies.

Le peuple tire le mécanisme de distribution des monnaies vers la consommation culturelle et fixe le prix des biens qu'ils consomment. Les monnaies fluctuent automatiquement en fonction des stratégies d'adaptation de la consommation sociale des peuples. Les gouvernements tirent vers le haut les critères monétaires d'échange, prix, change et intérêt pour prélever l'intérêt public et subtiliser par la corruption de l'intérêt privé des administrateurs.

Le système monétaire du XXe siècle a été d'abord le mécanisme, de développement de la compétition spéculative par la liquidité monétaire de paiement cash et à bonne date des engagements. À partir de 1970, le retard de remboursement introduisit dans le système monétaire de Bretton Woods les arriérés de paiement et la transformation du système monétaire de Bretton Woods en système financier. Il repose sur les produits dérivés des crédits. Les remboursements différés des crédits sont transformés en titre financier remboursable à terme. Les termes de remboursement inversent la pensée du bien-être monétaire. La consommation et la production peuvent être anticipées par rapport à l'accumulation du capital et au travail de production du revenu.

La spécialisation de la production pour le marché est le chemin le plus long de la consommation. L'obsession pour la spéculation

[27] Joseph Tedajo. (2015 ; p. 128).

d'enrichissement monétaire rapide de la consommation va surclasser celle d'investissement financier de production dans les pays pauvres en développement monétaire. La centralisation occidentale de liquidité dans l'action technique de la production des biens industriels va renforcer l'enrichissement de la technologie et l'intérêt d'investissement interindustriel pour les échanges des liquidités. Les déséquilibres de liquidités financières et de spéculation introduisent la compétition des liquidités immédiates dans le choix des investissements. La consommation courante a marqué sa domination sur le marché courant de la consommation de la subsistance et renforcé les échanges internationaux de consommation des biens de consommation contre la faim dans le monde. La construction des États s'est adossée sur le schéma de production américaine pour les marchés et la répartition administrative européenne de la consommation. Cette double dépendance des économies paysannes au marché et à l'administration humaine a réduit le développement à la croissance et à la stabilisation de la consommation historique sans réflexion sur le changement de l'histoire de la production et de la consommation, le développement.

La consommation européenne des produits américains, avec les avances des liquidités américaines à court terme 1947-1950 (3 ans) du Plan Marshall, remboursables ensemble par l'Union européenne de paiement, a déclenché la réflexion institutionnelle sur l'organisation de la construction de l'Union européenne de la consommation à partir de 1950 à Rome. La multilatéralisation des échanges Europe-États-Unis a lancé l'organisation institutionnelle et fédérale du libre-échange de consommation entre les États de droit américain et européen. La construction européenne est adossée sur les colonies sur ces dernières colonies. Les échanges de la consommation de subsistance occupent le marché du monde qui réunit la dynamique de la production pour l'équilibre de la consommation du monde sans organisation mondiale de la production. L'économie mondiale est la consommation certaine et la production incertaine des structures dynamiques. Le choix d'ancrage de la politique nationale de développement sur la consommation est la répartition nationale incertaine de la production locale. Ce système politique national de répartition est idéologique.

La Russie, par exemple, organise sa distribution nationale administrativement et les États-Unis sur la consommation et la distribution par le marché. L'organisation confirme ou infirme les déséquilibres global ou partiel. Dans le cas des États-Unis, le déséquilibre est global, intérieur et extérieur et s'organisa en terme fédéral. Dans le cas de la Russie, le déséquilibre est interne. L'organisation fédérale confirme la liberté extérieure et l'union des groupes par rapport à l'équilibre fédéral indépendant du monde libre et des déséquilibres ouverts et dynamiques aux échanges extérieurs des déséquilibres globaux.

En analyse économique, l'on considère les déséquilibres économiques comme le fondement de la dynamique du développement. Jusqu'en 1971, la dynamique économique est statique et comparative sous des déséquilibres donnés de structures. Elle devient économique, culturelle, psychosociale et dynamique de la production par l'équilibre monétaire de développement des déséquilibres des structures en 1971.

L'ajustement structurel est le passage de la statique des structures à la dynamique des structures ou de développement. Le lancement de développement des économies paysannes du monde commence en 1971. L'on sort du dualisme des cultures à la dynamique du développement. Le dualisme est un conflit de résistance au changement de cultures, le développement, une adhésion partagée à la croissance et aux transformations des structures. Nous entendons par structure l'ensemble du socle des infrastructures et structures de production données au début du XXe siècle. Le développement monétaire des économies paysannes est accéléré. Les transformations des économies traditionnelles sont retardées par le blocage des transferts de technologies vers les économies paysannes et la lenteur des acquisitions intellectuelles, technologiques et leur rétention dans les pays industrialisés.

En dépit de l'ouverture de l'Afrique au monde occidental par exemple, les technologies de production locale restent rudimentaires tant pour la consommation locale que pour celle exportée. Les métropoles lient leurs nations aux colonies par la monnaie de consommation et attirent les détenteurs des monnaies d'investissement vers les pays industrialisés pour des raisons de stabilisation de la consommation.

La zone sterling, le franc français, l'escudo, le franc belge, la lire… sont des zones monétaires de stabilisation des déséquilibres coloniales de consommation. Elles ne sont pas favorables aux transformations des espaces économiques coloniaux en espaces économiques de développement indépendant. La dépendance des colonies transformerait et convertirait cet espace en zones monétaires de consommation unique et de production statique et décentralisée. Il continue la colonisation sans frontières. Les Américains exilés de l'Europe, de l'Asie, de l'Amérique latine et exportés de l'Afrique entendent autrement l'organisation de l'indépendance américaine et du monde, de la sécurité américaine du développement paisible de la production dynamique pour l'équilibre regroupé de leur consommation. La liberté de la production et le marché sont la loi fondamentale de l'économie américaine. La coopération avec leurs anciennes métropoles en système de négociation libre des intérêts en présence de cas par cas. La compétition de la production pour le marché local et environs sera libéralisée. Le financement de la production sera nationalement libre en monnaie nationale. Seule la technologie de production restera une forte contrainte politique à la production locale. La concurrence émigre de la consommation vers la production pour le marché local et environnemental. Désormais, leur position hiérarchique sera le sous-développement des cultures de production. La richesse sera la production et son histoire et le bien-être la liberté. La monnaie unique, comme l'envisageait l'OUA en 1963, était le moyen africain de contrôle de sa compétition pour la richesse avec les métropoles et le développement fédéral de la production africaine pour l'échange compétitif des États africains indépendants avec cette dernière. La France s'élève contre cette politique. L'association des Banques Centrales des pays indépendants et le conseil impartial de gouvernements indépendants et leurs Banques Centrales sont mis en place en 1980 (ABCA ; CAEM) pour les États africains indépendants. Le Centre africain d'Études monétaires, organe de conseil impartial, est fermé dans les années 1990 de l'indépendance administrative formelle de toute l'Afrique avec l'indépendance de la Namibie. L'Association des Banques Centrales est éclatée en organisation en quatre sous-régions de coopération intra-africaine. L'Afrique de l'Ouest récupère l'organisation de la coopération monétaire régionale de l'Afrique de l'Ouest à la chambre de compensation réciproque des créances des Banques Centrales africaines de l'Afrique de l'Ouest, à Freetown. L'on va parler de l'Agence monétaire de la CEDEAC réunissant tous les pays membres de l'Association des Banques centrales africaines de l'Afrique de l'Ouest, de l'ABCA.

La monnaie unique dans l'esprit des réformateurs de 1963 est reprise en union de l'euro en construction depuis 1950, avec le traité de Rome. Elle s'accompagnerait de l'organisation du socle des structures et infrastructures nationales de production d'équilibre de la consommation nationale. De la rationalisation sociale des systèmes de compensation des créances africaines et des déséquilibres sociaux d'imitation des cultures données aux déséquilibres stabilisés par l'euro. Le modèle de l'Union européenne n'est pas un modèle de développement, mais de monétisation. L'Union européenne est une convergence économique des variables monétaires d'échange et de compensation des déséquilibres sociaux des échanges par l'euro. Elle est confrontée à la dynamique des cultures des nations européennes et africaines indépendantes.

Les structures de coopération publique/privée pour le développement sont corruptibles à l'avantage des métropoles et des administrateurs de relèvement colonial. Le recyclage de l'aide au développement vers les métropoles a initié à la corruption et à l'abandon de l'objectif du développement des pays pauvres. Leur insertion économique est restée occidentale et leur pauvreté monétaire, nationale.

Cette construction des réseaux unifiés du développement de la corruption a entaché les pouvoirs publics de pays en développement et leur désir de s'éterniser dans un réseau exceptionnel d'enrichissement occidental dans l'exploitation de leurs propres pays. À défaut d'appartenir à ces réseaux, il faut s'exiler dans le monde occidental. Il faut demander la protection occidentale contre les poursuites de ses prédateurs à eux favorables et positionnés pour le pouvoir local. Les métropoles occidentales sont sous cette organisation de faiseurs de chefs d'État des pays en monétisation. L'indépendance est tout d'abord la récupération de la base culturelle de l'Occident, la monnaie, et ensuite la maîtrise des instruments de l'organisation efficace de la production pour le marché. Instrument monétaire et instrument de la production pour le marché. Voilà les deux socles de la modernisation et de la mondialisation de l'économie confisqués par la France dans sa charte financière des colonies, la centralisation de la liquidité à Paris et l'interdiction du transfert du matériel de production en colonie complétée par l'interdiction des échanges entre colonies. Production, échange et instrument des échanges, voilà le socle de la colonisation.

La Chine, par le contrôle de sa propre monnaie, essaie de lutter contre la dynamique d'ajustement monétaire des corrupteurs et pour la construction politique de son économie. Elle ferme son économie nationale à l'intervention extérieure par sa politique d'organisation des échanges intérieurs. Il complète cette organisation par la monnaie nationale de développement de la production pour la consommation intérieure à l'équilibre de la production complétée par les importations contrôlées par les réserves de changes maîtrisés. La monétisation des économies paysannes est le premier risque de la restructuration de la morale de l'économie réelle. La circulation de la monnaie comme instrument de la dynamisation des sociétés introduit des comportements de tricherie et de détournement de l'attention du peuple traditionnel de la production pour l'autoconsommation vers la production des individus libres, pour le marché. Cette dynamique sociale du développement est le socle de la recherche de l'intégration de la dynamique de l'économie nationale dans la dynamique de l'environnement économique et social international.

L'ordre économique n'est plus statique et dichotomique, dualiste et traditionnel-industriel dans la modernisation des années 1970, mais systémique et dynamique sans frontière de la monétisation et la monétarisation de l'économie. L'ordre est structurel. La logique cartésienne qui a cessé d'être cartésienne se réduit à la dichotomie binomiale, et l'analyse des systèmes des sous-ensembles flous de cultures stables et de croissance appauvrissante. L'économie est alors la dynamique simultanée de la nature et de l'humanité, et se divise globalement en deux blocs, humain et naturel. Il émerge alors les économistes d'analyse du développement durable et les économistes de la nature, les verts. L'analyse est celle des systèmes des déséquilibres compensatoires et de croissance appauvrissante. Toutes les analyses d'équilibre deviennent partielles et statiques. L'analyse des déséquilibres de développement est dynamique, systémique, culturelle et floue. La pensée économique et monétaire doit être révisée à partir de 1999, l'année de la croissance zéro du Club de Rome.

2.11. Réflexion sur la pensée monétaire et la pensée du développement économique

La réflexion de la pensée monétaire et du développement économique repose sur la monnaie instrument des échanges et le matériel prolongeant la force humaine de la production pour le marché. Au XVIIIe siècle, la monnaie papier est construite par les banquiers privés comme un instrument d'échange se substituant à l'or produit et gardé par les orpailleurs dans les échanges. Les orpailleurs se transforment au fil du temps en banquiers des hommes d'affaires, gardiens de l'or et émetteurs de l'instrument de leur paiement garanti par la conversion immédiate en or à la demande. Chaque orpailleur à sa monnaie, son papier certifiant qu'il a l'or en dépôt. La confiance s'établit et s'accorde aux gardiens de l'or dans les échanges. Cette pratique nourrit peu à peu la pensée sur la confiance qui entoure les échanges entre échangistes. L'acceptation de l'échange est une confiance en son utilité de consommation immédiate ou de conservation pour la consommation en temps de besoin. La monnaie doit contenir cette garantie dépouillée de toute incertitude. Le papier-monnaie est la confiance à la détention de l'or par l'orpailleur. Un doute sur cette confiance déstabilise les échanges.

À la fin du siècle des Lumières – le XVIIIe siècle –, la réflexion sur les progrès scientifiques et ses conséquences économiques sur la production déclenche celle sur l'instrument d'échange de la croissance économique impulsée par la science et le progrès technologique. Tous les biens économiques peuvent croître sous l'application des progrès scientifiques de la connaissance et de la technologie par l'homme. La science est alors la source de la croissance et du développement de l'économie. Toutefois, l'instrument d'échange, l'or, est le seul bien qui ne peut croître sous la pression des découvertes scientifiques. Il faut trouver le moyen d'intégrer sa croissance dans la pensée humaine, convaincre l'homme d'un instrument abstrait d'échange de croissance intellectuelle, sans progrès scientifique. Il faut travailler dans l'espace *psychosocial de l'homme*. Keynes se replie sur la culture occidentale pour découvrir la motivation de leur exil et de leur exploration du monde, la conquête de la richesse monétaire abstraite.

Au début du XXe siècle, en 1908, les États-Unis avaient interdit la détention privée de l'or par les individus et déclarèrent l'achat de l'or de tous les orpailleurs par la FED. Jusqu'à Bretton Woods, les nations déposaient à la Banque Centrale américaine, la FED, le stock d'or garantissant leurs échanges internationaux. Les échanges internationaux d'un pays membre s'arrêtaient si son stock d'or s'épuisait. Les colonies adhéraient au commerce international à travers leurs métropoles qui confisquaient, pour leur importation, leur exportation. À partir de 1924, la réforme monétaire keynésienne proposa la réforme monétaire internationale autour du prix intérieur, du taux de change des monnaies des nations échangistes et d'un instrument d'échange international abstrait et sans valeur intrinsèque. Cet instrument doit être *librement créé par l'homme sans contrainte naturelle par les Banques Centrales à la place de l'or, stable comme l'or et flexible comme les décisions humaines changeantes*. À Bretton Woods, seuls les États-Unis déclarèrent être capables de respecter ces critères. Le dollar est donc la monnaie internationale. La confiance de la convertibilité du dollar en or à 35 $ par once d'or rassura le monde libre du dollar en tant que monnaie internationale.

Il faut maîtriser scientifiquement ***la monnaie créée*** par l'homme comme un instrument de gouvernance de l'économie de développement des sociétés libres et modernisées. Elle est rare et demandée par le peuple pour la consommation au-delà de leur production, voire sans production. La consommation est le socle d'implantation de la gestion irrationnelle de l'économie et de la société. La production est l'approche scientifique de la consommation.

Le conditionnement du peuple de l'économie monétaire par la consommation tenue d'un côté et la production tenue par le travail de l'autre sont des approches dualistes. La consommation sans le travail développe la dépravation sociale des mœurs et la pauvreté. Le travail, c'est l'occupation sociale des individus à la recherche de leur consommation. L'enrichissement de la consommation sociale sans travail désintéresse du travail. Le chômage s'accroît sans inflation. La consommation, moteur de la croissance de la production, observe une croissance appauvrissante. L'appauvrissement simultané de la nature et de l'homme conduit à la décroissance dans les années 2000. Il faut réviser l'approche de la pensée économique, et passer de l'approche cartésienne et dichotomique à l'approche systémique et à la logique floue des sous-ensembles de cultures dynamiques en rencontre.

L'approche nouvelle américaine et anglaise de la monnaie s'oppose à la conception traditionaliste française de troc de l'or monnaie réelle aux biens. La France a longtemps défendu le groupe du bloc de l'or. Les Banques Centrales créent la monnaie centrale pour les banques de crédit qui engagent les entreprises et les hommes d'affaires au développement de la production des biens mis en circulation contre la monnaie centrale créée garantie convertible par la Banque Centrale. Les Banques Centrales de crédit refinancent leurs trésoreries par des dettes commerciales des banques intérieures et l'escompte de crédit aux entreprises à taux favorable à leurs transactions. Ils fixent le prix de leur monnaie à l'échange international en concertation avec leurs partenaires. L'or devient un patrimoine national accumulé au Trésor public comme garantie de paiement de l'État en période de crise. L'approche monétaire européenne est différente. La Banque centrale émet la monnaie pour le commerce, à la charge de remboursement des entreprises sans son intervention. Le Trésor intervient pour sauver les États en banqueroute. Ces États sont renvoyés aux marchés concessionnaires du Fonds monétaire et de la Banque Mondiale, aux conditions des bailleurs internationaux des fonds, donc sans souveraineté.

Les marchés monétaires entre Banques Centrales escomptent leur monnaie au taux de change en dollar du marché. La Banque Centrale, en cas de besoins des liquidités en monnaie centrale des pays partenaires, peut demander la création des liquidités centrales à son avantage aux taux de change négociés. Le problème des marchés parallèles est donc un problème de la concurrence économique des sociétés contre les calculs économiques et de stimulation des échanges entre Banques Centrales. Le prix intérieur affecte les négociations des taux de change des monnaies-nations. Les banques des crédits sont strictement réglementées et contrôlées par la Banque Centrale. La Banque Centrale a le monopole de l'émission de la monnaie centrale, de la centralisation des trésoreries de banques locales et du contrôle de leur distribution de la distribution libre des crédits. La dynamique des systèmes des déséquilibres économique et culturel s'accompagne de la décroissance économique et de l'abondance de la monnaie libre.

La création de la monnaie n'est plus contrôlable ni juridiquement encadrée. L'homme demande la monnaie sans travail et son accumulation en enrichissement sans limites. L'enrichissement devient la mise à l'abri des besoins des individus, l'accumulation du potentiel d'échange de tous les objets de consommation disponibles.

2.12 La monétarisation de l'économie et l'abondance de la monnaie

La monétarisation est l'inversion du concept de la monnaie. La monnaie est au départ un concept de paiement immédiat et certain des biens disponibles. Elle désengage les débiteurs de leurs créanciers. Par la suite, elle devient une promesse de paiement certain à l'échéance d'engagements. La confiance devient un élément fondamental de la définition de la monnaie. L'incertitude s'introduit dans cette définition et dénature le concept de la monnaie en projet de remboursement. Le besoin actuel et immédiat de la consommation fait une pression psychologique sur la demande d'emprunt et rend acceptables aux débiteurs les conditions de remboursement en contre-projet de travail équivalent de production équivalente.

La monnaie devient l'équivalent général de tous les biens actuels et futurs. Elle ouvre la porte à la création abondante des coupures contre la croissance de la masse monétaire. Le concept de monnaie est désormais qualitatif. Elle s'ajuste au niveau de différentes cultures de la production et de la consommation des peuples sans distinction. Chaque peuple a sa monnaie ajustée, au niveau de sa culture de production, de consommation et d'échange. La monnaie devient la liquidité intérieure de l'économie. L'endettement entre le peuple s'ennuie et l'endettement extérieur appauvrit la nation. La disponibilité du cash de paiement immédiat et certain est la vérité de paiement. Le cash et la certitude s'ajustent au rythme d'expression des cultures.

Cette structure intègre l'ordre social dans la certitude de paiement, donc la politique sociale de paiement de chaque culture. Les autorités ajustent la valeur faciale de la monnaie au niveau des transactions. La société déprécie cette valeur donnée à la valeur réelle de la société. L'institutionnalisation de la politique étatise la certitude. L'État est le cadre juridique de contrôle de la certitude des engagements. Depuis Bretton Woods, ces États de droit sont des unités officielles de gouvernance des États. Ils sont accompagnés par les Banques Centrales qui gèrent la certitude des paiements et celle des engagements. L'engagement de nouveaux États aux paiements de la réalisation de leurs infrastructures et structures au niveau des avancées dans différents domaines est le socle objectif de l'économie et du développement mondial intégré. Ce développement intégré est systémique, monétairement indépendant et de croissance systémique appauvrissante et de décroissance globale. Il convient de réviser le concept économique du développement mondial intégré, la croissance économique appauvrissante de nations et la décroissance générale du développement mondial intégré vers l'équilibre du bien-être. Les objectifs juridique, politique et des crédits sont des objectifs intermédiaires de la construction du bien-être humain.

Nous assistons actuellement à la pensée monétaire formelle, indicative de la pensée économique réelle du développement du bien-être. L'approche d'économique monétaire depuis 1971 est financière. Les taux d'intérêt sont des libres choix de développement des entrepreneurs, de leur intérêt de production, en hypothéquant leur avenir au travail. Les créanciers s'engagent en temps limité dans leur intérêt de survie. Les taux d'intérêt de l'activité des banques de crédit sont la rémunération du système bancaire de leur travail d'irrigation de l'économie de la liquidité. L'intérêt de la base de distribution des intérêts partisans est fixé par la Banque Centrale du système bancaire. Cette dernière veille aux paiements cash et certain. L'État surveille la certitude des engagements. La cohérence de ce système accompagne le développement du bien-être humain. Le développement mondial intégré est alors le développement du bien-être humain à l'équivalence générale du bien-être occidental.

La monnaie est donc l'instrument libre de l'évaluation de l'équivalence des bien-être. L'incertitude qui se dégage de la comparaison des engagements certains des débiteurs fixe l'évaluation des mauvais et bons payeurs et le classement des pays par risque de paiement. L'on va dans l'analyse des risques parler des risques économiques (individuels) et des risques pays ou culturels de paiement.

Chacun de ces risques consommés est sanctionné à la mesure de l'exécution des pouvoirs réglementaires en place : pénalité de restructuration, exclusion du fichier des débiteurs, rallonge des délais de remboursement, titrisation, révisions des conditions de crédit… Les lois s'ajustent aux effets structurels de réaction des peuples. La monnaie centrale libre s'ajuste aux réactions du peuple et déforme la démocratie institutionnelle en autoritarisme contre le peuple qui garantit la sécurité des transactions sur les biens en circulation produits par le travail et les services. L'assurance démocratique administrative perd sa lucidité dans la protection juridique des lois corrompues. Toutes ces administrations de la liquidité sont tournées vers le futur et soumises au combat de vérité et de certitude des droits. La macroéconomie monétaire est une économie de plein emploi. La macroéconomie européenne est surpeuplée et en chômage permanent et croissant. Les spécialisations des métiers accroissent la quantité des liquidités qui augmente la richesse monétaire libre de la population. Les dégradations des déséquilibres et la dynamique du bien-être social. Le développement global s'accommode du développement individuel (productivité marginale) et de la dynamique floue du bien-être social, l'ordre social et culturel de travail.

La familiarisation du développement social des échanges et de la circulation de la marchandise confiée au système bancaire (Banque Centrale et banques) était au XVIIIe siècle confiée aux banques privées, gardiennes de l'or des orpailleurs et sans risque public. L'investissement était privé.

Les raisonnements américains sont dans la modernisation réelle et psychologique de la monnaie, en tant que distribution libre des biens disponibles pour et la construction de la compréhension d'un système mondial global de croissance de croissance. Ce système est naturel ; on naît, grandit, vieillit et meurt naturellement. La consommation est la base de ce processus d'existence de l'homme et de la nature, le *système* de vie. On doit le mériter par sa liberté de travail. La pensée, monétaire, américaine, est libérale et indépendante. Dans le raisonnement européen, la pensée monétaire est l'impérialisme populaire. On doit distribuer administrativement la subsistance aux plus pauvres. L'indemnisation du chômage volontaire est le résidu de la construction de l'impérialisme monétaire. Les conditions de vie du peuple sont sociales et sont administrées, comme le travail du peuple administré par les rois. La pensée psychosociale de la monnaie est impériale en Europe et libre aux États-Unis. Le dollar est universel, l'euro régional. Nous sortons de la rareté de la monnaie pour entrer dans sa nature en tant que politique. La conception monétaire américaine est indépendante et libérale. Celle de l'Europe est politique et autoritaire. Le paradoxe pratique est que l'euro maintient dans l'adoption du dollar, à l'instar du reste du monde, comme monnaie internationale découlant de ses bases conceptuelles interdites de débat.[28]

L'Angleterre, dès 1967, va sortir du système de rattachement du sterling aux monnaies coloniales. L'abandon de la parité fixée du sterling et des monnaies coloniales libère le déséquilibre des cultures de la convergence sociale du commerce des colonies et de la métropole. En 2019, face à l'insistance européenne dans l'erreur conceptuelle de la monnaie, instrument de liberté, elle déclare le Brexit et quitte l'Union européenne. La convergence monétaire européenne englobe les cultures et la souveraineté des nations membres. L'ambition et la compétition monétaire sont celles de la consommation. La production n'est pas essentiellement tournée vers le marché ni postérieure à la consommation. Elle ne fonde pas le crédit à la consommation et n'anticipe pas la production pour le marché. La globalisation de ce mécanisme élargit le déséquilibre des cultures en déséquilibre d'échange entre nations. John Maynard Keynes avait déjà mis en garde les Lords à la Chambre, en décembre 1944, de continuer à demander que les colonies leur prêtent l'argent qu'elles n'ont pas et de promettre de vendre aux colonies des biens que l'Angleterre ne peut pas produire. La monnaie est ce que l'État déclare de temps en temps, le moyen de paiement. Aussi, l'Angleterre pouvait produire sa propre monnaie et se débarrasser de l'or. Elle l'avait déjà fait en 1933, en démonétisant l'or, et devait se dégager de la conquête de la richesse dans les colonies pour se consacrer à l'activité financière, d'avance de la liquidité à la production et à la consommation indépendante. Cette déclaration révéla la compensation monétaire des déséquilibres de production et de la consommation, comme la source de l'enrichissement privé par la monnaie, contre l'enrichissement public entretenu par la France. L'Angleterre pouvait se spécialiser dans cette compensation des échanges sur un marché financier sans production. Elle pouvait devenir un intermédiaire financier d'échange des productions sans propriété. Keynes recommanda à l'Angleterre de quitter les colonies et de se développer avec des biens qu'elle dispose déjà dans sa spécialisation du financement de la production et des échanges sans quête de propriété économique et de colonisation des nations libres de leur développement.

[28] Jean-Paul Fitoussi. Le débat interdit. Monnaie, Europe, pauvreté.

Sa spécialisation dans le crédit international est devenue le socle de la finance internationale de l'Occident. Le sterling est désormais un instrument de gestion des déséquilibres de la production et de la consommation occidentale privée des propriétaires. L'indépendance n'est plus politique, mais économique et monétaire.

La France ambitionne de maintenir, sans changement, le système de rattachement fixe du franc français aux monnaies des colonies indépendantes dans l'idéal colonial du FCFA. Elle insiste pour son étendue sur toute l'Afrique indépendante comme système monétaire macroéconomique France-Afrique rattaché et vise à la rattacher à l'Europe. Elle ferme les yeux sur la contestation africaine du système de la zone franc et refuse le débat sur ce système. Le système monétaire français est sur ce plan impérialiste et colonial.

L'Union européenne, dubitative, adopte l'union monétaire impérialiste et coloniale française. La France impose l'union France-Afrique, à l'Union européenne, en 1994, avec la dévaluation du FCFA.

La pensée monétaire et le développement économique du matériel monétaire, l'or et du papier et le dollar. La consommation humaine a connu un cadre d'approfondissement de la connaissance de l'économie monétaire au XXe siècle. Au XIIIe siècle, la monnaie papier est construite par les banquiers privés comme un substitut à l'or produit et instrument d'échange développé par les gardiens d'or, les orpailleurs. Ils se transforment en banquiers privés, simples gardiens de l'or et émetteurs des instruments d'échange garanti par l'or accepté par le peuple. La confiance accordée à l'existence de l'or, et à sa représentativité par la détention d'un papier le certifiant, fait du papier la monnaie d'échange en lieu et place de l'or. Le papier – monnaie, devient peu à peu le fondement de la pensée monétaire sur la représentativité de l'or par papier et sa création ex nihilo. La confiance accordée à la disponibilité de l'or va progressivement décrocher l'attention de la réflexion sur disponibilité de l'or, en faveur du papier représentatif de l'or.

À la fin du siècle des Lumières, la réflexion sur le progrès scientifique et ses conséquences économiques sur la production déclenche celle sur l'instrument d'échange de la croissance économique impulsée par la science et le progrès technologique. Tous les biens économiques peuvent croître sous l'application des progrès scientifiques de la connaissance humaine. La science est alors la source de la croissance et du développement de l'économie. Toutefois, l'instrument d'échange, l'or, est le seul bien qui ne peut croître sous la pression des découvertes scientifiques. Il faut trouver le moyen d'intégrer la croissance dans la pensée humaine, convaincre l'homme d'un instrument abstrait de la croissance intellectuelle de l'instrument d'échange, ainsi que et le progrès humain de la conception de la croissance de la monnaie. La science de la monnaie est *psychosociale*. Elle n'est pas économique. Keynes se replie sur la culture occidentale pour découvrir la motivation psychosociale de leur exil. Il découvre la recherche des richesses monétaires lors de son exploration à travers le monde et la rareté de mines d'or. Il transforme la conquête de l'or en conquête psychosociale de la monnaie, instrument d'échange des biens et d'enrichissement en biens réels par l'échange d'un bien vide de toute valeur, mais l'équivalent psychosocial de toutes les valeurs échangeables.

Il faut ***créer la monnaie ; sa garantie de rareté et d'instrument crédible d'échange est sa protection contre la falsification.***

La construction scientifique de la monnaie est sa préscientifique de gouvernance de l'économie et de la société modernisée. Elle est rare et demandée par le peuple au-delà de sa production pour consommation. La consommation est le socle d'implantation de la gestion scientifique de l'économie et de la société. La production est la contrainte de la consommation sans limites.

Le conditionnement du peuple de l'économie monétaire est sa consommation tenue, d'un côté, par le travail. La consommation sans le travail développe la dépravation sociale des mœurs. Le travail, c'est l'occupation sociale des individus à la recherche de leur consommation. La consommation est le moteur de la croissance et la production, le monteur de la sagesse de développement. Elle est la norme de travail ardu et de la pauvreté des contreparties de la richesse des échanges. Tous les biens sont universellement échangeables en or ou en sa représentation, notamment le billet de banque échangeable en or.

Dès le début du XXe siècle, les États-Unis décident de centraliser l'or et de faire émettre la monnaie par l'État. Il assure juridiquement la convertibilité du dollar émis en or à taux garanti à 35 dollars l'once en 1934 dans sa Réforme monétaire. Ils mettent en place la FED (Federal Reserve Bank) of New York, à laquelle ils attribuent le monopole de la conservation du rachat et de la conservation de l'or dans ses coffres-forts et du contrôle de l'émission de la monnaie et de la circulation crédible des biens réels. L'or cesse d'être un bien librement échangeable, et l'État américain rachète l'or des détenteurs, privés des stocks d'or d'échange. Le conflit de leadership monétaire du commerce international, soulevé entre l'Angleterre et les États-Unis dans les années 1900, est résolu par la fixation de la parité dollar/or, dans le commerce international. L'Angleterre, à travers Keynes, propose une coopération étroite entre l'Angleterre et les États-Unis, dans la fixation du taux de change international entre le dollar et le sterling. La conclusion de l'Angleterre, dans cette coopération avec les États-Unis en 1944, soulève la réaction du bloc de l'or et l'organisation des zones monétaires coloniales de protection de l'Europe contre le libre-échange américain. La France, dès 1934, annonce, par l'association des industriels français, la construction d'un Grand Marché européen, de l'Europe et ses colonies. Le bloc de l'or est un bloc de défense de la valeur fixe du dollar fixée en or à Bretton Woods contre la valeur flexible du dollar et du sterling. La France va jusqu'aujourd'hui maintenir fixe le taux de change dans la zone franc et de l'Union européenne et tenter d'étendre ce système sur tout le continent africain. Cette instance est à l'origine du Brexit et autres crises à venir qui peuvent être rapprochées de la dévaluation et de la libération monétaire des colonies du rattachement au sterling en 1967, ou de la crise de l'annonce de la création du dollar international de 1936.

L'approche monétaire nouvelle américaine et anglaise de la monnaie s'oppose à la conception traditionaliste française de la monnaie du bloc de l'or.

Les Banques Centrales créent la monnaie centrale pour les banques de crédit qui engagent les entreprises et les hommes d'affaires au développement de la production des biens mis en circulation contre la monnaie centrale créée comme garantie convertible par la Banque Centrale. Les Banques Centrales de crédit refinancent leurs trésoreries par des dettes commerciales des banques intérieures et l'escompte de crédit des entreprises au taux favorable à leurs transactions. Ils fixent le prix de leur monnaie à l'échange international, en concertation avec leurs partenaires. L'or devient un patrimoine national accumulé au Trésor public comme garantie de paiement de l'État en période de crise. L'approche monétaire européenne est différente. La Banque Centrale émet la monnaie pour le commerce, à la charge du remboursement des entreprises sans son intervention. Le Trésor intervient pour sauver les États en banqueroute. Ces États sont renvoyés aux marchés concessionnaires du Fonds monétaire et de la Banque Mondiale, aux conditions des bailleurs internationaux des fonds, donc sans souveraineté.

Les marchés monétaires entre Banques Centrales escomptent leur monnaie au taux de change en dollar. La Banque Centrale, en cas de besoin des liquidités en monnaies centrales des pays partenaires, peut demander la création des liquidités centrales à son avantage aux taux de change des échanges négociés. Le problème des marchés parallèles est donc un problème de concurrence monétaire de la société contre les calculs économiques et d'échange entre Banques Centrales. Le prix intérieur affecte les négociations monétaires internationales. Les banques de crédit sont strictement réglementées et contrôlées par la Banque Centrale. Celle-ci a le monopole de l'émission de la monnaie centrale, de la centralisation des trésoreries des banques locales et du contrôle de leur distribution des crédits. La politique de la monnaie crée abondantes différentes liquidités intérieures. La société structure cette liquidité en consommation, investissement et épargne. Cette structure sociale n'est pas institutionnalisée. L'État cherche à cadrer, depuis Bretton Woods, cette structure financière. Cet encadrement monétaire est formel ou indicatif des réactions sociales attendues.

Nous assistons là à la pensée monétaire formelle et indicative et à celle économique réelle du développement. L'approche économique et financière est globale depuis 1971. Les taux d'intérêt sont des libres choix des entrepreneurs et financiers créanciers de leurs engagements. Les taux d'intérêt et l'activité du système bancaire sont encadrés monétairement par les Banques Centrales. Ils exécutent une mission d'intermédiation entre la Banque Centrale, créatrice de la liquidité, et les investisseurs désireux de se réaliser. L'État ne peut pas forcer les banques à distribuer de la liquidité. Il leur demande de la placer dans le développement et le commerce contre intérêts. Cette régulation du système enregistre des informations importantes sur la discipline de financement de la production et du remboursement.

L'incertitude qui se dégage est macro et microéconomique : micro-économique, elle est sociale, l'intérêt des opérateurs étant immédiat ; macroéconomique, elle est culturelle, l'intérêt de la société étant observable à long terme. L'on va, dans l'analyse des risques, parler des risques économiques (individuels) et des risques pays ou culturels.

Chacun de ces risques consommés est sanctionné à la mesure de l'exécution des pouvoirs réglementaires en place. Les lois sont des prévisions d'exécution des sanctions. La monnaie centrale est l'équivalent général de tous les risques. Elle garantit la sécurité des transactions sur les biens en circulation produits par le travail et les services par l'assurance d'indemnisation en cas de défaillance. Toutes ces organisations de la liquidité sont tournées vers le futur. La macro-économie est prévisionnelle et anticipative. Les spécialisations des métiers accroissent la quantité de financement de la production qui augmente la richesse de la population et amoindrit les dégradations du bien-être social. Le développement global s'accommode du développement individuel (productivité marginale) et de la dégradation du bien-être social (l'ordre social et culturel de travail).

Les infrastructures confiées au Trésor public sont le socle du développement du mieux-être social, de la lutte contre la pauvreté des cultures, de l'éducation, de la santé, des infrastructures publiques de transport (route, chemin de fer, aéroport et transport aérien) et le développement public de communication informationnelle.

Le développement privé des échanges et de la circulation de la marchandise confiés au système bancaire (Banque Centrale et banques) était, au XVIIIe siècle, confié aux banques privées, gardiennes de l'or des orpailleurs et sans risque public. L'investissement était privé.

Les raisonnements américains sont dans la modernisation réelle et psychologique de la monnaie, en tant que bien disponible pour la construction de la croissance de la production pour le marché. Dans le raisonnement européen, la pensée monétaire est la libération sociale du peuple de la sujétion des rois ; la monnaie est un produit psychosocial rare qui doit libérer le peuple de sa sujétion. Le paradoxe pratique est que l'euro maintient le peuple africain dans sa dépendance coloniale sans projet d'indépendance.

L'Angleterre refuse d'adhérer à l'euro, monnaie européenne.

La France ambitionne l'extension du régime impérial et colonial sur toute l'Afrique et soulève une nouvelle lutte pour l'indépendance africaine donnée par l'Angleterre. La centralisation de l'union monétaire de l'Afrique autour du FCFA est reliée directement à l'environnement économique international sans environnement culturel régional. Le système européen français gère l'équilibre d'échange entre nations, sans considération des cultures locales et sans souveraineté nationale.

Le FCFA est détaché de son environnement culturel de circulation. La production de l'ensemble de la zone est extravertie. Elle est hors développement national et régional africain. ***Les infrastructures et les structures de la production pour le marché*** sont dans la théorie de l'échange des biens disponibles avec l'étranger. Il n'y a plus seulement de théorie économique du libre-échange international ni de politique internationale de développement. Les infrastructures et structures du développement national stagnent. Dans les pistes d'évacuation coloniale des productions locales, les entreprises locales de production pour consommation de la population sont sans technologie de développement devant une population croissante tournée vers la consommation des biens, produits importés. C'est le nouveau paradigme intégré des développements économiques nationaux qui commande le renouvellement des structures de développement.

L'organisation est dépendante du mode financement. La monnaie est libre, et le financement monétaire construit par la politique. Ce financement est à terme, mais l'exécution du développement, actuel. Le concept du long terme est psychosociologiquement en cause, et il faut organiser le remboursement des disponibilités monétaires actuelles de la liquidité par la surveillance de la promesse du travail gagé. Le travail dégrade la liberté et le bien-être. Il place le chômage du côté du bien-être des souverains. Il s'agit de compensation des déséquilibres différés en temporalité de la production et de la consommation anticipée. La simultanéité de la production et de la consommation entretient le déséquilibre. Nous consommons, en fait, la production d'hier et produisons la consommation de demain. L'emploi d'aujourd'hui est la consommation de demain. Si la liquidité est disponible pour consommation disponible, le chômage antérieur est absorbé dans la consommation actuelle de tous, travailleurs et chômeurs. Mais le chômage actuel dégrade le niveau de consommation futur. Il est décroissant. Cette inversion du cycle de production et de consommation intègre la monnaie dans le processus de production et d'entretien du bien-être.

L'indépendance hypothéquée dans la centralisation de la liquidité ne peut libérer les cultures de production anticipée de la consommation. L'on constate les conflits de la production et de la consommation communautaire libérée du processus de production d'autoconsommation. Le marché et la monnaie provoquent l'organisation sociale de la production et de la consommation. Le budget public est la prévision de paiement de la consommation publique du peuple. Il s'agit des dépenses communautaires de cotisation du peuple. Les dépenses publiques des sociétés libres sont infrastructurelles et celles du peuple structurelles, attachées à leurs entreprises. Le concept américain d'entreprise-structure est social, séparant culture et cotisation publique de la société libre des producteurs. Le concept européen de structure est public, mêlant culture et cotisations communautaires des peuples à l'entreprise de la production de la consommation des hommes libres.

La généralisation de ce modèle statique d'organisation de la production et de la consommation sème la confusion dans le concept du développement, du peuple et de la nation. Le développement du peuple est social et celui des nations public et infrastructurel. Les économies paysannes ont des insuffisances dans les deux domaines de développement, infrastructurel et structurel, c'est-à-dire culturel et social. La nation française s'installe dans les deux domaines par des accords monétaire et militaire : développement des infrastructures culturelles et des structures sociales de production.

Il hypothèque non seulement l'indépendance des colonies, mais aussi leur développement. La croissante dépendance de la France et des États-nations post-coloniaux est d'impérialisme monétaire depuis 1853. En 1884, sans déclarer la fin de l'impérialisme, l'Europe signe les accords de Berlin de colonisation dispersée de l'Afrique par l'Europe. Elle s'évertue, à partir de 1912, à construire le modèle du Grand Marché commun de l'Europe et de ses colonies, et de 1970, la construction accélérée de l'institutionnalisation et de l'internationalisation de l'Union monétaire Europe-Afrique achevée dans les années 1990.

À partir de 1990, il fallait décrocher l'Europe entière de l'Afrique tout entière et revoir le partenariat international gagnant-gagnant de développement avec l'Afrique indépendante, intégrée dans le monde d'après-guerres mondiales. La France s'efforce de construire l'Union européenne sans souveraineté, comme ses colonies africaines.

L'Europe unie est la lutte pour la récupération coloniale de l'Afrique indépendante et l'annulation des indépendances de l'Afrique. Les téméraires victimes africaines de cette lutte sont nombreuses : Patrice Lumumba, Sankara, Mounier, Olimpio Sylvanius, Kadhafi, Um Nyobe et d'autres dont les noms, aujourd'hui, font peur aujourd'hui. L'Afrique est confrontée à l'indépendance négociée de sa construction d'après-guerre. La France interdit, à ce jour comme hier, le débat sur sa politique africaine et européenne. Elle exporte en Afrique et dans le monde le développement des guerres de colonisation sous le jour de la décentralisation économique sans indépendance des nations. Les développements actuels des anciennes colonies sont dépendants de la France. Les infrastructures locales de développement culturel (route, chemin de fer, aéroports, hôpitaux, éducation, santé) et social des échanges (agriculture, élevage et distribution de la viande, du bétail, production industrielle par des ouvriers formés…) sont dépendantes de l'Europe. Avec le partenariat gagnant-gagnant du monde du XXIe siècle, le paradigme change et est axé sur le développement de structures, d'infrastructures et l'indépendance monétaire et culturelle appuyée sur de nouvelles régions et zones économiques mondiales. L'abondance de la monnaie et la dynamique des cultures intègrent la pensée monétaire dans celle économique et culturelle de développement. Dans le temps colonial, cette politique dépendait de la budgétisation de l'union métropolitaine des trésoreries locales et des métropoles. Le peuple vivait en économie de troc des excédents sporadiques des productions manuelles et ramassages locaux des fruits et racines consommables. La monnaie était métropolitaine et retournait en métropole sans réflexion sur sa nature.

L'assistance budgétaire française, au début du développement des États de droit francophones indépendants, était considérée comme la générosité de l'État français. Le colonisé ne devait pas connaître sa création ni ses mécanismes considérés jusqu'aujourd'hui comme exotériques.

Elle fournissait comme aide budgétaire 20 % du dernier budget annuel. Cette assistance a disparu et la centralisation est devenue l'économie métropolitaine décentralisée sous la protection des importations de la monnaie des colonies indépendantes par les métropoles. L'intérêt des élites francophones s'est accroché aux importations et au FCFA. La majorité de ces élites non intellectuelles soutiennent le FCFA pour sa fixité et qu'ils appellent stabilité dans le change de la consommation courante semblable à l'échange de troc de marchandise contre l'or français. Ils défendent les importations, sans support en exportations. Les *choix stratégiques* et les manipulations politiques sont extérieurs. La corruption et le détournement vers les marchés parallèles livrent, par la France, ces marchés à la guerre. Mais l'euro, nouveau franc français, se trouve surévalué par rapport au dollar, au taux de change défini par le marché. Le yuan, monnaie libre, fixe son taux de change par rapport au dollar et le modifie au gré de la compétition violente avec les États-Unis. Le yuan est flexible.

Les hommes sont dynamiques aux déséquilibres de la rencontre de la pensée sociale et à ceux culturels des autres nations. Ils ajustent leur comportement, reflété par leur monnaie. La pensée monétaire est l'imitation sociale des cultures en rencontre et le changement de l'ordre d'organisation et l'adaptation sociale à l'ordre culturel en rencontre. La dynamique sociale d'adaptation est stabilisée par palier, par les ajustements monétaires et le flottement de résistance culturelle aux changements. Ces mouvements décrivent le processus de développement.

La monnaie, comme définie plus haut, est un instrument d'incitation à la production, mais aussi le risque d'impérialisation des échanges, entre souverains et sujets populaires. Elle est crédit de survie et moyen d'accumulation de la liquidité et de l'indépendance de la production. La consommation de l'excédent de recettes accumulées entretient la résistance au travail. Le développement est l'assistance *technique matérielle* et professionnelle humaine à l'accumulation de la richesse de la consommation.

Dans des systèmes libéraux, cette assistance est librement négociée pour l'équilibre des échanges sociaux. Dans les systèmes autoritaires de contrainte de la volonté humaine de produire, les déséquilibres des contributions à la production pour la société sont corrigés par la révolution culturelle et le partage administratif. Les politiques sont alors humainement violentes. Cette révolution dépend du niveau d'insatisfaction des peuples nécessiteux des ajustements économiques nécessaires à leur survie. Les déséquilibres de la production et de la consommation sont globalement soumis au relèvement systémique. Les ajustements sont structurels.

Dans ce cas, le niveau d'assistance technique et humaine est fermé sur le comportement des hommes, et leur redressement vers des objectifs souhaités ; la planification du développement autoritaire, par exemple, est communiste. Dans le cas du développement libéral, les objets publics sont intermédiaires, l'intermédiation financière, par exemple, est privilégiée, laissant la décision finale de produire aux individus intéressés. La planification dans ce cas est indicative. L'Europe balbutie entre planification autoritaire (communiste) et planification indicative (capitaliste), de 1970 à ce jour. Elle ne donne cependant pas la théorie de la troisième voie. L'Angleterre, dans ses options, tombe du côté de la planification indicative. L'hésitation de la France ne lui donne pas l'opportunité de proposer, dans son repli sur la coopération impérialiste avec les colonies, une alternative crédible de la théorie économique de développement des économies paysannes. Le monde est sans théorie économique de développement. Ce monde fermé entre les deux options théoriques, communiste et capitaliste, campe de manière dubitative sur le socialisme sans théorie, l'impérialisme et la conversation avec le monde.

Cette liberté est impériale, mais ni individuel ni communautariste ni colonialiste. Pour Karl Marx, la monnaie, liberté capitaliste, était l'opium du peuple. Pour Keynes, c'est un pouvoir d'achat que l'État permet, de temps en temps, d'utiliser pour la sécurisation de leurs échanges. Karl Marx intégrait ainsi l'enivrement social de la liberté octroyée par la monnaie, liberté sociale d'organisation des échanges individuels de production pour la communauté et de consommation individuelle dans la communauté. Elle transformait la société communiste en société d'individus libres. Le bien-être communautaire devenait un bien-être individuel. Le développement au vrai sens du mot est cette transformation des sociétés communautaires en sociétés individualistes.

Le partage primaire de la consommation communautaire, à la limite de la production intérieure des familles, se transforme en production pour le marché et la diversification de la consommation de la famille. Les villages peuplés se dépeuplent au profit des villes et se nourrissent sur le marché urbain ; puis les habitants urbains s'exilent des villes au profit des métropoles étrangères pour consommer sur les marchés communs.

L'ouverture extérieure devient une nécessité de l'équilibre de la consommation nationale. La compensation monétaire des déséquilibres de la production et de la consommation agrégée devient les outils de contrôle du développement humain.

Le bien-être, le vivre-ensemble devient le vivre communautaire. Il conditionne le niveau social et l'intégration économique internationale des sociétés.

Dans les systèmes économiques en développement de production de marché, le système de production intérieur pour la consommation de la famille est déstructuré. Il se restructure au gré des forces sociales en rencontre. Le vivre-ensemble de partage de la pauvreté d'une population en croissance devient le vivre-ensemble d'une collectivité d'individus plus ou moins indépendants. Les déséquilibres sont ouverts, et les ajustements monétaires et structurels systémiques. Dans les années 1884, du congrès de Berlin, l'ouverture des métropoles aux colonies est globale et par nation métropolitaine. La pensée métropolitaine et d'assujettissement est diversifiée et fermée par leur monnaie respective, le franc français, le mark allemand, la lire italienne, l'escudo portugais, le sterling anglais… Mais le monde des échanges est monétairement unifié par l'or, instrument de garantie des échanges. Les colonies sont donc des sujets métropolitains et introduits dans leur portefeuille de négociation des échanges. Dans la construction des nations en 1944, après la Seconde Guerre mondiale, ces colonies, en dépit de leur indépendance, vont faire masse avec le portefeuille de leur métropole et multiplier leur voix aux Nations Unies. Les États de droit doivent faire émerger les nations souveraines de leurs déséquilibres. Les zones monétaires sont donc de protection coloniale de leur émergence. Les métropoles interdisent les échanges directs entre colonies et développent l'échange entre eux, transitant par leurs métropoles respectives. Même les pays de la zone franc, situés dans les deux zones monétaires coloniales africaines, l'UMOA et l'UDEAC, doivent échanger à travers la France. Les échanges intra-africains vont rester et seront contrôlés pauvres. Il faut les protéger, ces échanges, par l'organisation centralisée du système monétaire colonial sur la capitale de la métropole, Paris. Le non-alignement monétaire des colonies est combattu. La technologie métropolitaine est interdite de transport dans les colonies. Les deux socles de développement, la monnaie et la technologie sont supprimés de la politique coloniale. Keynes fonde sa théorie générale de la monnaie et de l'emploi sur le comportement occidental de conquête internationale de la richesse. Cette théorie est une révolution contre le concept de richesse occidentale, et recommande que les métropoles quittent les colonies auxquelles elles demandent de leur prêter l'argent qu'elles n'ont pas et auxquelles elles proposent de vendre les biens que l'Angleterre ne peut pas produire. Elle recommandait ainsi la révision de la politique commerciale et monétaire de l'Angleterre. La Banque Centrale est alors une institution de création de la monnaie, les banques privées les intermédiaires de crédit aux hommes d'affaires, donc de vente de la monnaie.

La monnaie créée facilite la distribution de crédits et le financement de la surpopulation en attente de leur production. Le chômage compromet la production et renforce la surpopulation et la pauvreté résiduelle. Elle renforce les prises en charge de la prise communautaire des administrations de distribution. La culture occidentale et l'intérêt de production pour le marché en contrepartie de la monnaie sont la distribution par le marché.

L'instrument d'analyse de l'économie industrielle et de son efficacité dans l'absorption de la population dégagée du monde rural est la croissance de la production industrielle et la libération permanente des potentialités d'emploi. Cette absorption est précédée de la formation aux techniques séculaires aux méthodes techniques industrielles de production. Les pays en développement, en apprentissage de l'économie occidentale, s'efforcent dans l'apprentissage technique et des méthodes de production industrielle d'utilisation essentiellement occidentale. L'Occident reste le centre industriel du monde des consommations mondialisées par la monnaie. La mondialisation de la production de l'économie de développement est en retard de la mondialisation de la consommation.

Si la richesse individuelle est la porte de sortie de la pauvreté, le recrutement dans l'industriel des métropoles est techniquement sélectif. L'émigration de la consommation est administrée et s'accommode des capacités d'endurance humaine. Le développement mondial intégré doit être ajusté à la capacité de chaque système culturel monétisé et indépendant.

2.13 L'ordre mondial de développement

Dans les années 1950, l'ordre social n'est plus l'ordre d'économie réelle et statique du développement des entreprises du XVIIIe siècle. Il est l'ordre monétaire de développement des nations du XXe siècle. À partir de 1934 jusqu'à 1944, les États-Unis préparent l'ordre monétaire du développement de la dynamique privée des nations ou entrepreneuriale internationale à l'équilibre de structures de consommation de la production américaine. Les échanges internationaux stabilisent les consommations des nations des États de droit u monde. Le système est internationalement approuvé à Bretton Woods en 1944 par le monde libre. Le démarrage de la dynamique d'échange culturel des nations libres sous des États indépendants du monde en développement vers l'économie monétaire met les sociétés de libre-échange de Bretton Woods à l'épreuve des accords d'indépendance monétaire et de non-ingérence dans le développement des nations en 1971. L'économie monétaire des sociétés est culturelle et exige son indépendance dans ces décisions d'organisation et de développement.

Le modèle monétaire de Bretton Woods est monétaire et statique, et compense le déséquilibre d'échange par les ajustements monétaires. En 1971, l'effondrement de l'économie de ce système monétaire est institutionnel, l'ajustement des monnaies aux nations des États de droit libres et l'ajustement des États (politique) aux déséquilibres structurels ou de développement des nations. Les nations en développement sont naturellement pauvres. La dynamique sociale des échanges compensant les déséquilibres de structures de production et de la pauvreté de la consommation. Le développement est paradoxal, il opte pour la production et lutte contre la surpopulation ; il est la programmation économique de la consommation sociale. Le développement est économique.

L'ordre mondial du développement est donc économique. La quantité des monnaies d'échange doit être suffisante indépendamment de la production nationale. Elle doit être supérieure à la production nationale. La théorie quantitative de la monnaie est une évaluation préliminaire de la théorie qualitative de la monnaie. À partir de 1971, la théorie de la monnaie est qualitative et adapte la monnaie à chaque culture. La valeur des monnaies est sociale et culturelle. La dimension sociale est la consommation nationale, la dimension culturelle la production. À Bretton Woods, la dimension sociale, de la consommation internationale, est mise en exergue et assumée par les États-Unis, et la dimension culturelle de la production confiée aux États membres de la communauté internationale libres. La création du dollar, monnaie centrale d'échange international, est excessive et retenue à l'étranger comme moyen international de paiement. En 1971, les États-Unis décident de supprimer le change à taux fixé à Bretton Woods du dollar en or. La production pour le marché est mise en exergue dans les échanges internationaux. L'on tente d'inverser la tendance de financement international pour l'exportation de la production nationale dans les économies paysannes du monde.

L'Occident maintient la perspective de financement du commerce de rente sans transformation, en dehors de la production de consommation locale restée paysanne, manuelle et d'autofinancement. Les microcrédits nationaux vont s'orienter vers la commercialisation et non la production. La liquidité d'épargne locale privée s'oriente vers le placement à l'étranger dans les métropoles. Les riches en liquidité monétaire n'ont pas confiance aux systèmes bancaires et financiers locaux en place. La richesse monétaire reste une propriété métropolitaine inaccessible aux économies paysannes. La dynamique des structures de production pour le marché est nationalement faible face à la concurrence et la compétition internationale. Les ajustements monétaires des déséquilibres de structures de développement aggravent le déséquilibre de structure de production par la liquidation des initiatives des structures privées d'industrialisation. Le terrain de développement macroéconomique est vide d'industries et d'initiatives industrielles. Les initiatives des sociétés publiques d'industrialisation font faillite sous la mauvaise gestion publique et leur privatisation. La richesse monétaire américaine est le modèle mondial de privatisation de l'économie avant la constitution des ressources financières de développement national. Cette approche microéconomique est couverte par le financement public international du développement des nations. Jusqu'en 1971, le financement est public-privé. La France poursuit le développement macroéconomique contre le développement microéconomique industriel des États-Unis. Les modèles imposés au monde sont duaux : le travail libre des gens sans terre, partis de l'Europe pour faire fortune monétaire aux États-Unis par leur capacité personnelle et individuelle de production pour leur propre compte par le marché, est le modèle européen de dégagement du travail du peuple des Empereurs et des Rois. Le modèle américain est fondamentalement anti-impérialiste et anticolonial. Le modèle français et européen a des connotations primaires coloniales et impériales. L'exploitation de l'intérêt du peuple est strictement individuelle dans le modèle américain, et atténué par la prise en charge sociale des peuples dans les modèles européens. La rémunération du travail par la cotisation de l'employeur et du travailleur est capitalisée par l'État. La prévoyance sociale est collective, appuyée sur l'espérance de vie. Le système social s'ajuste à la dynamique des cultures. Il n'est pas directement intégré à la dynamique économique de l'ouvrier, mais à la dynamique sociale de production de la production nationale, donc aux contraintes sociales de production. Les nations exigent leur liberté de gouvernance, comme les individus riches la liberté de gestion de leur épargne.

Le travail est la capacité de survie jusqu'à la fin de la vie dans le système américain. La prévoyance de la dégradation de la force humaine de travail est individuelle et privée. Elle est intégrée dans la rémunération du travail de l'ouvrier. L'ouvrier est libre dans la consommation ou la capitalisation d'une partie de son épargne dans des fonds privés d'investissement. Il est libre dans l'utilisation de son revenu.

La démocratie devient celle de l'utilisation des revenus en économie monétaire. Des 1908, les États-Unis décident le prélèvement des revenus publics sur la rémunération individuelle et leur libération des charges publiques contrôlées par le peuple à travers leurs représentants au Parlement. La modernisation de la monnaie pour les échanges libres concerne la libération de la production de la monnaie par la création humaine de la quantité conforme aux échanges libres. L'effondrement du système monétaire international est la fin de l'économie de troc et le début du libre-échange sans contrainte de liquidités. Elle libère définitivement l'individu de la contrainte sociale d'échange. Les contraintes, impériales, royales et sociales de libre-échange sont définitivement levées. L'indépendance des nations dans la construction des nations des systèmes de production, de consommation et de la compétition internationale des producteurs nationaux dans le libre-échange est libre. Les nations faibles en production se regroupent en États monétaires de défense de leur production et de leur consommation. Les zones monétaires sont ces regroupements.

L'agriculture et l'industrie doivent désormais rémunérer leurs ouvriers en argent. Les salaires sont la modernisation de l'emploi. Dans les nouvelles nations, l'ajustement monétaire des emplois rémunérés en argent va être difficile. Les employeurs doivent d'abord vendre leurs marchandises produites par le travail pour payer les travailleurs utilisés. L'utilité du travail est la productivité du travail vendable contre salaire. La relation entrepreneur ouvrier devient commerciale, et le salaire replace l'utilité en économie. L'on comprend la discrétion sur les salaires en tant que variable d'évaluation de l'utilité de l'ouvrier. Les entrepreneurs doivent accumuler le capital en monnaie ou s'endetter pour engager les activités de production salariée. Les progrès techniques tentent de substituer la technologie au travail simple, comme le dollar à l'or. La dépréciation des salaires substitue le progrès technique au salaire apprécié. Mais la résistance humaine est forte à son extraction du milieu de travail. Toutefois, la surpopulation et la pauvreté, grandissantes dans les pays pauvres en monnaie sans technologies, se stabilisent au niveau très bas par rapport aux salaires du monde industrialisé technologiquement évolué.

Les États-Unis s'étaient enrichis dans l'agriculture, par le remplacement de la main-d'œuvre esclavagiste par les moissonneuses-batteuses. La France va adopter la technologie américaine de reproduction agricole dans les années 1970 contre le cheptel humain, et moderniser le commerce par la création des supermarchés et de coopératives de production. La vente des produits agricoles abondants et autres produits artisanaux dans les supermarchés de consommation courante va lancer le commerce des grandes surfaces contre le petit commerce de proximité. C'est aujourd'hui que le commerce de grande surface sans production agricole est organisé dans les économies paysannes d'Afrique pour vendre les produits importés pour la population métropolitaine et quelques cadres nationaux. Le modèle de développement est français. Les produits importés vendus sont français.

L'Europe va s'investir dans l'unification du marché de production agricole et la libération de la vente sur le marché commun agricole Afrique-France. Les secteurs émergents de production, de la volaille, la pharmacie, des huiles végétales, par exemple, sont concurrents de la production française. Le développement macroéconomique de l'Afrique à des fondements microéconomiques non posés. On s'efforce de faire un développement social macroéconomique sans fondement micro-économique de financement.

Le financement du développement macroéconomique africain est actuellement essentiellement international. Il repose sur des engagements internationaux des métropoles non décaissés. Les capacités de remboursement international sont en développement libre sans assistance. L'Afrique s'efforce d'emprunter pour rembourser sa dette publique. Dans un premier temps, l'excédent de production agricole en Europe était détruit pour maintenir le prix agricole élevé sur le marché national. Ils furent détournés vers l'Afrique par la communauté européenne comme l'aide communautaire aux États vendable sur les marchés locaux pour subventionner l'agriculture européenne. La liaison Europe-Afrique est subventionnée par l'euro, l'achat africain des produits communautaires et contre la production africaine pour la consommation locale. Le libre-échange est une stratégie de maintien de cette relation commerciale. Les mines africaines et leur industrialisation sont exploitées sans contrepartie palpable dans l'investissement pour la population africaine. L'intérêt général est contre l'intérêt européen, et l'Europe refuse la négociation directe de l'intérêt public des échanges auxquels se substitue à coût de milliards la corruption, des individus mandatés pour le pouvoir de négociation et de protection de l'espace de détournement de l'utilisation des deniers publics.

2.14 Politique monétaire et développement

La politique, recherche philosophique de la réalisation de l'assistance monétaire efficace à la production et à la consommation, se distingue des sciences humaines et sociales (sociologie, histoire, psychologie, psychologie sociale politique) ou de la science politique. La politique s'attaque à l'action concrète, fondée sur la recherche de l'universalité du fonctionnement guidée par la question d'intérêt et de la justice sociale. Le processus politique n'est pas philosophique, mais comparatif et coopératif. Leur classement hiérarchique relatif au bien-être du peuple soulève leur compétition. Ce pragmatisme projette le bien-être à partir de l'expérience sociale vécue de chaque groupe. L'analyse politique est le déséquilibre des perceptions sociales actuelles projeté dans l'avenir. Il renforce la concurrence actuelle. Le présent est le passé, l'avenir étant imprévisible. La dynamique politique est communautaire et sa synthèse sociale est la dynamique des communautés. L'adhésion aux croyances politiques des peuples et des groupes constitués introduit ***la violence*** dans l'application de l'ordre politique. La pensée du bien-être du peuple se caractérise par la tension constante entre la théorie monétaire d'ajustement monétaire de la production échangeable à la consommation.

Jusqu'en 1970, l'économie d'échange des biens disponibles, qui n'avait pas de logique scientifique de développement, et le syncrétisme des débats théoriques, sont sans rationalisation sociale et sans résultat économique réel de développement. Le développement est la perception occidentale des pays pour la plupart paysans, lesquels ont considéré leur niveau technologique comme le développement ; ce monde est globalement sous-développé. La globalisation de l'économie fait du monde une dichotomie interne en pays développés et pays sous-développés sans possibilité de synthèse et d'analyse économique théorique générale. La monnaie est un simple instrument d'échange sans significations économiques. D'après l'analyse de Fisher, elle est neutre et théorie, quantitative et parallèle aux échanges et non intégrée à l'économie. Le calcul de la quantité à introduire dans la circulation des biens sans perturbation des déséquilibres partiels de l'échange des biens qui passent de mains en mains donne sa vitesse de circulation, et d'accumulation courante. L'erreur fondamentale des théories économiques de la monnaie, de Léon Walras à John Maynard Keynes, est l'ignorance que les échanges sont une conséquence du *déséquilibre de la production.*

L'intervention des Nations Unies se limite aux recommandations d'autodétermination des équilibres sans force de loi d'élimination des déséquilibres de production. Le tâtonnement monétaire est la conséquence de la persistance des déséquilibres. La théorie d'équilibres globaux statiques, appliqués[29] aux déséquilibres, décale la théorie dynamique des déséquilibres sociaux et microéconomiques du déséquilibre global donné des cultures. L'équilibre est culturel, le déséquilibre social et microéconomique. Le développement mondial intégré des nations associe les deux déséquilibres pour une dynamique économique globale.

Keynes introduit le déséquilibre culturel avec la fondation psychosociale de l'économie dans l'introduction du pouvoir public dans l'économie monétaire. Cette approche retient les structures comme pouvoir culturel de renégociation et la monnaie comme l'instrument libéral sans pouvoir politique de déstabilisation des déséquilibres de production. C'est la naissance de la macroéconomie libérale sans pouvoir contraignant[30] de développement. Le programme d'ajustement structurel de 1971 est macroéconomique.

---

[29] Michel Virally. Droit en devenir. Droit international et décolonisation devant les nations.

[30] Joseph Tedajo. (2015, p. 197).

La formulation des politiques des États sans droit économique non contraignant est faible. Le développement économique est extérieurement dépendant du pouvoir politique étranger, régulant les conflits des changements par des transferts insoupçonnables aux individus. Ces transferts soutiennent des guerres civiles entre les élites de la décolonisation enrichissante des individus et de l'indépendance d'enrichissement du peuple. Cette guerre des élites abandonne le peuple à son propre sort. Le peuple africain (Algérie, Soudan, Côte d'Ivoire, Guinée) rejette déjà les élites au pouvoir, comme l'Occident au début de la révolution africaine des années 1960. La macroéconomie est campée sur la civilisation et la guerre des civilisations occidentales contre les civilisations en rencontre. L'Occident crée des économies de déséquilibre de cultures et d'allégeance des plus faibles. La macroéconomie des pays en monétarisation est dépendante de l'Occident.

L'Europe-Afrique est un projet de marché commun d'échange économique et d'allégeance des cultures en rencontre de la civilisation occidentale. C'est sur cette allégeance économique que campent la consommation des pays pauvres et sa manipulation monétaire par l'Occident. L'abondance de la liquidité doit s'accompagner de l'abondance du progrès technique et de la concurrence technologique au-delà des désirs humains d'existence paisible. La France va consolider le projet du Grand Marché de l'association des industriels français de 1934, à la fin de 1990, par la Guerre froide UE-UA contre l'indépendance de l'Afrique. Il faut balayer les cendres de ce modèle colonial africain, hérité des accords de partage de l'Afrique à Berlin en 1884.

Il faut installer les accords de développement de l'Afrique indépendante et la macroéconomie de *civilisation africaine*. Les nationalismes européens indépendants en 1884, sous l'union monétaire européenne, ne constituent pas encore une *civilisation européenne indépendante*. Cette séparation en civilisation impose des fédérations des systèmes de production de cultures différentes, indépendamment des formes de reconstruction des systèmes monétaires d'échange. Le marché commun est un marché d'échange des déséquilibres de production. L'on peut penser à la croissance des déséquilibres pour la pérennité des échanges et non pas à leur équilibre général.

La théorie de l'équilibre est une théorie de la stabilisation des déséquilibres de cultures ou macroéconomique. Elle est le report du souhait de l'équilibre individuel de la stabilité de la consommation à la stabilisation de l'équilibre social de la paix des actions individuelles. C'est donc par le processus de régulation des déséquilibres de production et de la consommation globale et par la compensation monétaire qu'il devient possible de préserver la paix sociale. La monnaie est neutre et instrument d'échanges des déséquilibres sociaux de consommation. L'équilibre culturel est macroéconomique et le déséquilibre social ou monétaire microéconomique et social. La théorie macroéconomique est la théorie des déséquilibres des cultures et des nations en rencontre.

La pauvreté macroéconomique est culturelle (revenu national) et la pauvreté individuelle et microéconomique (le salaire ouvrier). La monnaie, dans sa statique et sa neutralité, s'ajuste à la flexibilité de la dynamique floue de résistance des cultures aux changements. C'est l'ordre culturel de changement. La tendance à la variation des phénomènes monétaires est à la dépréciation de la fixation de taux de change contre la dynamique floue inverse des cultures. La fixité des changes est le blocage de la dynamique des cultures comme dans les zones euro et franc. Ce blocage élimine le deuxième volet de l'intégration monétaire dans la théorie économique de la dynamique globale du développement. Les variations traduisent la dynamique floue des cultures en rencontre et l'ajustement des individus au flottement des adaptations aux déséquilibres des cultures en rencontre. La monnaie est donc le critère d'observation du mouvement des cultures dans leur imitation réciproque de leur évolution lente. La fixité des taux de change élimine l'évolution des structures des modèles économiques de développement.

2.15 Taux de change et coopération économique internationale

Il s'agit de fixer les stratégies d'imitation réciproques des cultures par conflits de taux de change de révélés. Les nations essaient de perturber l'équilibre structurel des monnaies par la corruption des taux de change des monnaies d'annulation de leur valeur réelle d'échange. Ce conflit politique surévalue les valeurs sociales des monnaies de paiement au profit des monnaies concurrentes. Les États s'engagent dans les dévaluations compétitives comme dans les années 1936, ou dans le changement ou l'adoption de la monnaie, concourent dans le cas de stabilité unilatérale du paiement comme dans le cas de la stabilité unilatérale du dollar par le marché à partir de 1996. Il s'exprime dans les économies paysannes en monétarisation de par le gonflement de la valeur faciale des coupures de paiements, en milliers, pour des paiements des valeurs en centimes, par exemple le paiement du pain par une brouette d'argent.

Les monnaies perdent dans la compétition de leur qualité sociale d'instrument d'échange. L'on saute des économies monétaires à l'économie a-monétaire, c'est-à-dire sans instruments fiables d'échange[31]. L'ajustement mécanique des valeurs faciales leur fait perdre la valeur d'équilibre de paiement. Les dévaluations compétitives procèdent de l'ajustement compétitif des valeurs monétaires fixées par essai et erreur, sans concertation entre échangistes. Au début de la rencontre des cultures et de l'apprentissage des valeurs d'échange, ce mécanisme fait durer l'apprentissage de diplomation et social des relations de rencontre. Ce processus dans les années 1933 recherchait la fixation de la décision de coopération sur un taux de change d'abord fixe ensuite flexible. L'ajustement discuté de l'unité de compte or du commerce international par les États-Unis et l'Angleterre tirait à sa fin. L'Angleterre jeta l'éponge en 1933, par la démonétisation de l'or, et les États-Unis, par la dévaluation du dollar à 35 $/once dans sa réforme monétaire de 1934. Ils imposèrent le dollar comme la nouvelle unité de compte internationale en 1944 à Bretton Woods.

À partir de 1944, les États-Unis doivent stabiliser la nouvelle unité monétaire sur le marché de change international. Cette stabilisation se fera entre 1944 et le deuxième semestre 1996. La quantité de la monnaie accuse sa croissance sur le marché. Elle n'est plus contrainte par l'or. La stabilité monétaire internationale, donc des cultures de production, va soutenir cette croissance de la monnaie et des échanges abondants. À partir de 1950, le développement mondial est intégré par la monnaie. Il faut développer la monnaie comme instrument de stabilisation des déséquilibres des cultures de reproduction de la consommation à partir de Smithsonian en 1971, contre les révolutions culturelles.

2.16 Le projet d'intégration monétaire internationale de Bretton Woods

Le projet d'intégration monétaire internationale de Bretton Woods impose l'union des États de droit indépendants autour du leadership du dollar américain. Les États-Unis se positionnent comme la métropole mondiale des États de droit libres et entament les ajustements structurels des monnaies aux cultures mondiales de production pour le marché. La monnaie va libérer le changement des cultures de production pour le marché occidental et exposer les pays en développement monétisés aux changements de leurs habitudes de

[31] Voire l'incidence de la crise politique du Zimbabwe sur sa monnaie.

production d'autoconsommation pour la production pour le marché. Le monde doit se libérer des systèmes impérialistes autoritaires et coloniaux, construits sur la base de l'impérialisme ancien de l'Europe belligérante. Il doit se libérer de la production corvéable du travail forcé des colons sans rémunération. Les États-Unis récupèrent le leadership mondial et la construction des droits de l'Homme libre dans le système économique moderne. L'Europe doit apporter sa contribution en abandonnant son système impérialiste, esclavagiste et colonial. L'indépendance politique et psychosociale est le socle de la macroéconomie, de la monnaie de développement. Le fondement psychosocial de la macroéconomie va solliciter le fondement culturel de développement des infrastructures et structures de développement de la croissance. Sa méthodologie est politique : la négociation des transferts de techniques et technologies de production dans les économies paysannes pour le marché, et des échanges entre elles pour un développement mondial intégré. Ces négociations technologiques sont culturelles. Le système de production individuelle et entrepreneuriale pour l'intérêt individuel est naturel comme le jour, mais sans organisation sociale de la production de masse de la population de la production pour le marché. Les individus produisent pour leur propre consommation.

L'économie sociale est généreuse et sans prospective économique et sociale. Cette organisation va être perturbée par la prospective politique et sociale de l'Occident, le besoin pour la production et la transformation de la production individualisée en production industrielle pour le marché. Avec cette formulation sociale, l'économie se détache de plus en plus de la production d'autoconsommation pour la production des marchés non disponibles. Le marché interpelle le monde de production, la modernisation du mode de production pour le marché. La consommation agrégée immédiate est exigeante en production non disponible nationalement. Les économies en développement de la production seront des économies d'autoconsommation, généralement attachées à la générosité de la nature et à la solidarité des hommes pour la survie.

La rencontre des cultures de production en développement est statique sans possibilité de production dynamique rapide pour les échanges. Les instruments modernes d'échange sont la nouvelle contrainte des échanges internationaux. L'échange international en or démonétisé à Bretton Woods est apparent jusqu'en 1950. On échange en termes de troc de la marchandise disponible compensé en dollar, sans besoin d'instruments d'échange sophistiqués d'accumulation de capital.

La rencontre des cultures va faire naître des besoins nouveaux d'accumulation sophistiquée d'instrument d'échange par création de liquidités et de la production. C'est le système monétaire de Bretton Woods. Sa mathématique est floue, elle est la résistance incertaine aux changements de cultures. Toutefois, le frottement des cultures en rencontre accroît les besoins des populations et les expose à l'émigration. Le changement des habitudes de production est l'alternative à l'émigration. Les hésitations de changement des habitudes de production sont transmises à la monnaie moderne sans qualité intrinsèque autre que le pouvoir d'échanger contre tous les biens disponibles. Ce pouvoir est un bien vide dans la recherche des moyens neutres d'échange des pouvoirs de production. Cet instrument est rempli par tous les biens disponibles, et comme tout pouvoir, il est vide de contenu précis. Il ne s'accommode pas des étapes. Il s'accommode des ressources immédiates et certaines payables en argent. Il se détache de la prospective de l'indépendance des nations des années 60. Aussi, à partir de cette date, la politique économique de développement est internationale et monétaire, détachée des réalités économiques sans rationalité sociale. Chaque intervenant extérieur décrète son système institutionnel de pression, qu'il impose à allégeance monétaire des autorités locales, contre les ressources économiques réelles de la nation disponibles. Le développement macroéconomique devient une somme d'actions monétaires d'action de description de la richesse réelle des nations, partagée entre grands administrateurs publics des politiques de développement sans réalités économiques. L'économie est incertaine et son management imparfait. Le droit, normes sociales du management culturel, voit ses frontières effacées par la monnaie, la corruption et le détournement des fonds abondants généralement publics. Le soutien financier international réagit par engagement des ressources-liquidités sans décaissement à bonne date. Les réunions internationales deviennent des jeux d'enrichissement des copains et coquins circulant autour des liquidités abondantes sans rapport avec le développement économique.

La monnaie dénature le système d'économie de production nationale par la demande de la distribution de production internationale. Les transformations sociales de la production à l'image de la production mondiale deviennent le socle de la politique nationale de développement. La concurrence nationale de production pour exportation devient le socle de politiques nationales primaires de construction des États depuis le début du XXe siècle. D'abord statique de la consommation importée, elle est dynamique de la production pour consommation nationale à partir des années 1970. Les Nations Unies déclarent le nouvel ordre économique international, c'est-à-dire de développement des économies nationales. C'est la fin du soutien international de la consommation des nations et le début de l'incitation de la liberté de production pour la consommation nationale. Il est accompagné de la flexibilité des monnaies dans la compétition d'enrichissement ou de production pour consommation nationale du peuple.

La consommation locale est mondialisée et doit être technologiquement soutenue en production. Les industries européennes délocalisent pour la main-d'œuvre moins chère et leur technologie non transférable.

Ce processus, en dépit de son avantage pour le pays surpeuplé, intellectuellement et politique équipé, n'est pas généralisable en manque de technologie et des compétences techniques aux rabais. Les modèles associés sont des modèles de croissance locale déconnectés des métropoles et rattachés à leur capacité réelle de production. Les transformations économiques sous-jacentes sont appauvrissantes, la croissance économique et l'appauvrissement de la population, le socle du développement.

De la mondialisation du début du XXe siècle, par la consommation de la production occidentale, on passe à l'internationalisation du soutien de la production d'équilibre de la consommation locale. Cette dernière est multilatérale alors que la production pour l'exportation était unilatérale et centralisée sur le marché américain et européen dans les années 1970. La centralisation de la production internationale par le dollar et l'euro résiste à la décentralisation de l'économie mondiale. La monnaie, instrument d'échange, est devenue un instrument de pouvoir de centralisation de l'économie du monde en 1944. Elle étouffe l'émergence internationale des cultures mondiales occidentales. L'accès à l'émergence des cultures non occidentales dans le monde occidental est combattu. Il faut les distraire par la monétarisation du développement.

2.17 Espace, autoconsommation et coordination monétaire du développement économique

Dans les années 1910, la centralisation de l'émission monétaire par la FED transforme l'économie d'autoconsommation dispersée, désarticulée et financée par les banquiers privés du XVIIIe siècle, en économie monétaire nationale centralisée par la monnaie et l'État de droit. L'autoconsommation monétisée est centralisée pour la consommation de tous les hommes des nations et la production dispersée et autonome fédérée par l'agrégation internationale des États de droit à l'équilibre des consommations des nations. Le problème n'était pas la production, mais l'équilibre de la consommation et la liquidité de consommation rare et dispersée. L'économie du XIXe était donc la microéconomie dans l'espace des nations déstructurées sans États de droit monétairement organisés.

L'indépendance des systèmes monétaires libère et le management étatique de l'espace économique fini du XXe siècle a restructuré le monde en village planétaire. L'espace des colonies est structuré et partagé aux métropoles coloniales, en lutte intérieure pour le leadership en Europe, étendu par le congrès de Berlin à leurs colonies en 1884. Après la Première Guerre mondiale, les colonies allemandes sont partagées aux métropoles françaises et anglaises, victorieuses. À Bretton Woods les États-Unis récupèrent le leadership monétaire mondial de l'or, de l'Angleterre. Ils émergent comme une ancienne colonie indépendante. L'économie monétaire internationale est désormais américaine, et est institutionnalisée à Bretton Woods. La mondialisation de l'économie est américaine et tous les modèles économiques de la production et de la consommation mondiale sont liés au leadership économique et monétaire américain. Le leadership économique est la fédération de la production mondiale et le leadership monétaire, celui de l'équilibre de la consommation mondiale. Il s'accommode de la stratégie de contrôle de la production mondiale des biens et ressources minières dans le monde. Ils assistent avec la Russie, comme observateur, au partage de l'Afrique aux métropoles coloniales européennes en 1884. Par la suite, ces deux mondes assisteront pacifiquement à la colonisation de l'Afrique par les métropoles européennes et au développement de leurs modèles impérialistes et coloniaux de centralisation monétaire et économique.

L'Europe transforme l'économie africaine en propriété européenne, avec ses accords de coopération économique, monétaire et militaire. Les contestations africaines sont actuellement monétaires. Le monde en développement est exproprié sous le contrôle du dollar, par l'exploitation mondiale. L'euro, monnaie européenne, contrôle la consommation africaine. L'Afrique demande le développement fédéré de sa production hors union de production européenne et sa distribution dans le monde en États indépendants. La consommation Euro-Afrique est dépendante de l'Europe des métropoles coloniales comme la consommation mondiale de la production américaine. Il tient à conserver le statut africain d'union d'approvisionnement de l'Europe en matières premières au coût historique colonial. Les projets d'intervention des métropoles européennes dans les projets africains de sécurisation de l'espace d'échange et de développement économique ne sont pas décaissés. L'Afrique ne peut ainsi se développer en masse sans recouvrement de son indépendance et de la fédération de sa production contre la demande européenne. L'économie africaine est actuellement régionale et européenne. Elle s'intègre au monde à travers l'Europe. Les ressources financières internationales (budget) pour le développement de la production pour consommation nationale sont vides de provisions monétaires. La monnaie pour le développement est un véritable bien vide, et s'effondre comme du beurre face à la consommation réelle. La seule solution est l'appropriation de la monnaie africaine indépendante, pour l'organisation de la production fédérée et à l'équilibre de la consommation africaine et des échanges avec l'extérieur. Il faudrait un nouvel accord de Berlin pour l'indépendance collective de l'Afrique, comme lors de son partage en 1884, pour sa participation au dialogue de son développement. L'Europe face à la pression américaine cherche sa reconstruction politique sans concept. Elle doit la détacher de l'Afrique pour sa reconstruction culturelle et sa décolonisation. Elle doit libérer l'Afrique pour son indépendance culturelle et sa fédération projetée par l'OUA en 1963. Elle est bien différente de la décentralisation, qui conçoit l'Afrique comme une région française de l'Europe. L'euro n'est donc pas une monnaie africaine.

L'autonomie collective et la sujétion des cultures à une culture en rencontre, une réalité culturelle de l'historique de la formation de l'Europe et de l'Afrique. Les États fédérés sont des regroupements des cultures libres identifiées par leur comportement psychosocial. D'indépendance. L'Europe cherche une union des cultures en État mondial universel intégré sans souveraineté. Le regroupement des États culturellement indépendants se fait par la convergence économique des critères monétaires de croissance [déficit budgétaire (3 %), taux d'inflation (2 %)] régulée par l'activité industrielle, à travers les taux d'intérêt de la BCE qui sont des formes monétaires de reconnaissance des États du monde des cultures libres et dépendantes.

L'Europe tire l'Afrique vers la stabilisation de son sous-développement dans la réalisation de son développement industriel. L'Amérique du Nord la tire vers l'indépendance de sa production pour l'équilibre de sa consommation intérieure et ensuite l'exportation. La pensée économique de la dynamique des déséquilibres inverse le déséquilibre de développement exclusif en développement inclusif et rationalisation de la production sociale organisée en fédération des échanges de production. La fédération des productions est de productivité économique individuelle libre et de la consommation sociale intégrée par le marché. Ces deux variables sont des socles impartiaux de la dynamique de croissance et du développement soumis à la stabilisation par monnaie sans valeur propre des déséquilibres permanents. Ils sont ouverts à l'industrialisation multilatérale de la production agricole et naturelle primaire. Les États doivent gérer leur surendettement par l'industrialisation de leur production et l'accélération des échanges. La croissance confirme l'équilibre de la capacité de survie de la sous-population et le développement, la capacité de croissance de la population sans risque de surpopulation. Les banques de crédit agricole de développement de la réduction des déséquilibres de production change de palier de croissance de stagnation en palier µde croissance compétitive. La transformation de l'économie paysanne et de l'économie européenne en économie mécanisée dans les années 1970 pour la vente aux supermarchés déclenche le processus du développement économique de l'industrie de la production européenne. L'on découvre l'interdépendance des économies européennes et des économies africaines et la nécessité de leur union et non de leur fédération. Le monde occidental coopère silencieusement dans la réalisation de cet objectif européen, sans négociation avec l'Afrique.

DEUXIÈME PARTIE

L'ABONDANCE DE LA LIQUIDITÉ ET L'ÉMERGENCE DE LA PAUVRETÉ DES ÉCONOMIES DES ÉTATS DE DROIT

INTRODUCTION

La production, la consommation et l'autosuffisance sont économiques ; l'organisation et l'ordre social des nations administratives. L'administration publique est la collecte et la répartition des ressources publiques disponibles. Ces deux systèmes sont les bases de la stabilité sociale et culturelle. La stabilité sociale est automatique et politisée par la colonisation, et la stabilité culturelle économique ; la stabilité politique est administrative et la stabilité économique culturelle et personnelle. La macroéconomie et l'administration politique sont sociales. L'administration publique collecte les cotisations des individus pour une redistribution de l'équilibre social favorable aux nations. Il s'agit de l'intérêt public. Les cultures économiques en rencontre protègent l'intérêt privé ou économique des peuples en rencontre, la survivance individuelle dans la collectivité des peuples. Leurs contacts internationaux sont macro et microéconomiques. Les liquidités macroéconomiques, le revenu national, sont abondants et le peuple est individuellement pauvre. Tout le monde a besoin d'argent pour la consommation. La lutte collective contre la pauvreté sociale est la mise au travail de toute la population active pour l'acquisition de la liquidité de survie. Le modèle macroéconomique est le développement de la production, la croissance du peuple et l'appauvrissement de la population. La lutte pour la survie individuelle est sociale. Sociale, la lutte pour la survie collective et l'enrichissement de la population est la lutte pour l'équilibre de la consommation nationale et internationale. L'équilibre de la surpopulation mondiale. La pauvreté individuelle est le manque de la consommation individuelle. L'exil des Européens pour l'enrichissement individuel fut accompagné de l'esclavage et de la servitude des peuples en rencontre et ensuite par la colonisation des peuples disposés à émigrer. L'action de colonisation est impérialiste. Elle consiste à utiliser la force pour soumettre la population en rencontre aux travaux contre son gré. Les Africains sont serviles et corvéables. L'abolition de l'esclavage a transformé la servitude physique en servitude monétaire et la colonisation, l'exploitation esclavagiste en exploitation monétaire à distance pour le travail exporté. Les monnaies métropolitaines sont liées aux monnaies coloniales en zones monétaires, le FCFA, la zone franc par exemple, la zone escudo portugais et la zone monétaire lire italienne… Le développement des zones monétaires date de la décolonisation des colonies. Elle date des banques centrales coloniales françaises de 1853. Le développement social des colonies est systématiquement collé à la France comme le butin physique de sa conquête mondiale de la richesse, qui devient le « pré carré » français.

Les déséquilibres structurels et de croissance s'accumulent dans tous les domaines de la construction inextricable de l'empire colonial ; il devient la base du développement économique et social des colonies en sous-ensembles flous des systèmes de construction des nations.

D'abord statique, il se dynamise avec les indépendances des États africains de droit des métropoles. Il faut découdre le caractère inextricable des relations monétaires et économiques avec les métropoles des colonies. Les conflits émergent des colonies et la résistance des métropoles va se transformer en guerre séculaire ente les métropoles et les colonies. Elles vont s'organiser en concurrence et compétitivités économiques à armes inégales.

La relation de résistance coloniale est sociale et culturelle, donc de conservation et de la maîtrise des transformations des structures traditionnelles en structures d'économie monétaire et industrielles échappant aux résistances des cultures. La France refuse de se libérer de la maîtrise des relations monétaire et d'industrialisation des colonies par le haut. La concentration des liquidités métropolitaines et coloniales à Paris, depuis 1853, prolonge aujourd'hui, l'organisation communautaire de l'Europe Unie. La convergence des cultures divergentes diverge de l'unité économique communautaire des partenaires et attire les partenaires des anciennes colonies vers Paris. Les structures des productions industrielles et de la consommation sont centralisées par les monnaies coloniales rattachées à la monnaie française à l'indépendance par les accords militaires. L'adaptation sociale des colonies se fait aux marchés monétaire et d'échange parallèles à l'organisation des systèmes des relations floues des monnaies et d'échange officiel.

CHAPITRE 3

L'ACHÈVEMENT DE L'APPAUVRISSEMENT MONÉTAIRE DE L'ÉCONOMIE MONDIALE TRADITIONNELLE ET SON ÉMERGENCE DANS L'ÉCONOMIE MONÉTAIRE

3.1 La macroéconomie, la pauvreté monétaire des nations et l'enrichissement individuel et social de la consommation en économie monétaire

Au début de l'économie monétaire, au XXe siècle, l'instrument d'échange, l'or, est un bien réel et rare. L'économie internationale et nationale est une économie de troc de biens contre biens. La pauvreté est la rareté des biens et des instruments d'échange. La production pour la consommation individuelle est une exigence de l'équilibre de survie. L'équilibre microéconomique est l'équilibre partiel de lutte pour la subsistance et la survie. L'équilibre social est la solidarité de la survie du plus grand nombre de la population. La population est la seule richesse sociale. L'entretien de cette population est l'objectif économique traditionnel. La macroéconomie remplace, au XXe siècle, la solidarité sociale du peuple. L'équilibre du point de vue macroéconomique est un point de repère et d'observation des déséquilibres sociaux permanents de la production et la consommation du peuple. La pauvreté sociale de la production pour consommation sociale conduit à l'enrichissement macroéconomique par l'importation de la production extérieure. L'importation réciproque mondialise la production des nations et la notion d'équilibre prospectif. L'échange international est au début le troc de l'or contre d'autres biens réels mondialement disponibles. Mais l'or est plus rare et moins disponible que les autres biens. La théorie monétaire est la théorie quantitative de l'or pour les échanges des autres biens. L'assèchement des trésoreries en or d'un pays arrêtait ses échanges extérieurs et l'obligeait à produire indépendamment sa consommation nationale. L'on estima au début du XXe siècle que les échanges seraient plus importants si la monnaie n'était pas rare et baisseraient la pauvreté sociale par la croissance des échanges et le libre-échange. La réflexion keynésienne sur l'économie occidentale est psychosociale. L'Occident conquiert le monde pour la recherche de la richesse et du bien-être. Mais au XXe siècle, il disposait déjà des richesses avec lesquelles il pouvait construire la richesse de son bien-être par la création des instruments d'échange facilement disponibles, la monnaie. La monnaie doit être un bien vide de tout contenu réel, une confiance dans la promesse des échangistes. L'on devait décaler l'or des échanges et l'aligner par la certitude psychosociale de la confiance de paiement immédiat et certain du peuple en monnaie échangeable contre d'autres biens. La monnaie, bien vide, devait être construite comme un équivalent général de tous les biens échangeables. Les biens échangeables sont exportables, donc internationaux et nationalement disponibles. La monnaie créée est le système d'ouverture de l'économie mondiale.

La création de la monnaie devait résoudre le problème de sa rareté et de sa rigueur de paiement immédiat échangeable, certainement sans *variation de prix* à l'échange contre les autres biens. La rigueur de paiement de la monnaie est la certitude de paiement immédiat et certain en instrument échangeable contre tous les autres biens contrôlés par la Banque Centrale. La monnaie, bien vide, est flexible sur le marché et s'ajuste aux valeurs concrètes et réelles. La macroéconomie intègre les comportements sociaux diversifiés et fédère les sous-ensembles flous des systèmes d'incertitude les unissant. L'union monétaire est dynamique.

La richesse monétaire, la technologie et le savoir-faire de la production sont culturels et rigides à l'évolution. La monnaie, dans sa flexibilité sociale et politique, s'adapte à ces réalités culturelles.

Ces réalités font partie des infrastructures de communication sociale et physique, et de demande des transformations des matières premières en biens de production industrielle pour l'enrichissement de la consommation sociale.

La négociation des changements est hégélienne en raison des cultures ; chaque négociateur campe sur sa position primaire, sans dynamique de changement. La négociation accompagne la monnaie en tant que culture dans les échanges. La monnaie, un bien comme les autres, n'est plus un leurre concret dans les échanges à Bretton Woods. Elle est une représentation de valeurs concrètes, un équivalent général de tous les biens dans leurs inégalités. L'Angleterre et les États-Unis posent cette inégalité des biens comme leurs bases conceptuelles de la monnaie, comme un instrument passager d'équilibre transitoire. La France conçoit l'équilibre monétaire comme l'équilibre réel des structures. La théorie monétaire française est une théorie d'économie de troc.

L'ajustement monétaire est essentiellement formel et doit faire disparaître l'informel. Elle refuse la flexibilité monétaire et les cultures différentes.

Les Anglo-saxons sortent ainsi du monde de l'économie de troc et de la sous-population pour un monde de la surpopulation de la pauvreté sociale, l'enrichissement de la consommation sociale. La société est le groupe d'individus indépendant luttant pour leur survie individuelle. Pour l'Europe, et tout particulièrement de culture latine, la société est interdépendante et doit vivre-ensemble. Cette conception se poursuit à l'Est en communisme et vie communautaire. L'organisation sociale est la première richesse de ce peuple. Cette organisation est administrative et politique. L'organisation anglo-saxonne est libérale et managériale. Le management est la gestion économique de l'existence des structures, l'administration leur gouvernance. Aussi, la France dans la gouvernance des structures existantes dans les colonies va jouer le rôle du protecteur politique de par leur consommation des produits français sans compétition par leur propre production, leur subsistance, et les Anglo-saxons s'attèlent au développement de leur production par eux-mêmes et participent aux compétitions de survie contre l'extérieur. L'option française est impérialiste et coloniale, celle anglo-saxonne libérale et développementaliste. L'on peut fructifier par l'intermédiaire des instruments d'échange disponibles sur ce marché boursier des valeurs, la monnaie par spéculation et placement sur simple rentabilité financière. Pour John Maynard Keynes, il fallait rappeler les Anglais de la conquête mondiale de la richesse pour l'investissement de ce qu'ils possèdent déjà sur les marchés financiers. C'est ce que l'on appellera la révolution keynésienne. Aussi, la monnaie doit être abondante et anticiper la consommation et l'investissement pour faciliter les conditions de la production et des échanges.

La production pour le marché appauvrit donc l'autoconsommation et enrichit la consommation nationale. L'anticipation de la production pour le marché libère la permanence de la consommation. Dans les économies paysannes non spécialisées, les marchés sont périodiques. Les échanges sont semblables et la demande dépend du déséquilibre des déficits des productions et de consommation courante. La monnaie fait sortir de la contrainte des déficits projetés par l'homme dans un monde d'équilibre de la production et de la consommation. Le déséquilibre quantitatif de la consommation et de la production s'adapte qualitativement par la monnaie. La monnaie qualitative dynamise le comportement des opérateurs qui vendent et achètent les biens sur le marché dans leurs intérêts. Les opérateurs de commerce constituent la couche de l'emploi économique la plus large des économies paysannes en transformation en économies monétaires. Leurs revenus sont sporadiques et incertains, et attachés à leurs activités quotidiennes d'achat et de revente avec bénéfice. Le confinement lors de la pandémie de Covid-19 a montré le danger d'arrêter des activités quotidiennes. La survie économique s'est opposée à la suivie sanitaire et a rendu difficile la politique de protection sanitaire.

La première demande de la population est la consommation quotidienne, la seconde, le logement, la troisième l'allègement de la contrainte de travail pour la production de la consommation quotidienne et la quatrième le loisir. Toutes ces demandes sont sociales et s'assimilent à la richesse de la population et au bien-être. Le côté long du déséquilibre de la production et de la consommation est la demande du bien-être de la consommation. C'est le côté long du déséquilibre. Le déséquilibre économique est le déséquilibre des goûts pour que chacun consomme à l'équilibre des goûts ; il faut que la distribution des riches soit faite par le marché. La production d'autoconsommation ne satisfait pas l'exigence de bien-être, il faut produire pour le marché. L'échange de la production disponible accroît le bien-être. Et il stabilise les déséquilibres primaires de la population et des nations. Le développement est le changement des structures primaires de déséquilibres. Le troc est une compensation primaire des déséquilibres dans la stabilité du bien-être de la production d'autoconsommation familiale. Le réflexe de la protection est familial. La protection économique de la société est un réflexe politique et le développement, un réflexe de durabilité de bien-être.

L'économie monétaire macroéconomique est désormais du côté politique et la consommation nationale est politiquement protégée contre l'extérieure ; d'abord, contre la faim de la population du fait de l'insuffisance de la production intérieure, ou de l'importation de la faim par le changement d'orientation de la production pour exportation sans changement du mode de production.

Les économies paysannes produisent pour leurs populations locales avec les moyens culturels locaux. Ces moyens sont une contrainte à l'évolution de la production vers d'autres destinations. La pauvreté change de paradigme, elle est internationale et cesse d'avoir des solutions exclusivement nationales. Le monde est intégré par sa production et sa consommation, et les déséquilibres mondiaux de consommation et de production compensés par les échanges monétaires internationaux. En 1954, l'on déclare le développement mondial intégré accompagnant le système monétaire international de Bretton Woods. La construction des États indépendants de droit remplace les États d'occupation coloniale internationale de 1884. Le droit à l'indépendance est anticolonial. Cette construction met en place des conflits et des guerres d'indépendance, encadrés par les Nations Unies à partir de 1945.

Le seuil de la pauvreté est le point cible de la consommation monétaire élémentaire de la production. L'objectif occidental de développement est la lutte contre la pauvreté, c'est-à-dire la faim. Les États-Unis, producteurs exportateurs dans le monde, déclarent à Bretton Woods leur capacité à approvisionner le monde en consommation au début du développement de la production. Ils ouvrent les portes au libre-échange des biens disponibles. Le dollar est donc la monnaie internationale du libre-échange. C'est à partir de cette théorie de libre-échange international en dollar que l'or perd sa qualité de monnaie d'échange. Il devient un bien comme les autres et une référence de la stabilité des instruments d'échange des valeurs. La stabilité du dollar au début est fixée par rapport à l'or à 35 $ l'once à Bretton Woods, et à partir de 1971, par rapport au marché d'international d'instrument d'échange, les monnaies nationales en dollar. Cette stabilité par le marché du dollar est obtenue au deuxième semestre 1996.

L'économie mondiale est une économie monétaire des marchés à partir de1996. La spéculation monétaire s'accélère avec la titrisation des créances de l'endettement privé des paiements couvert par l'autorisation de la Banque Centrale de paiement monétaire et des reports des échéances des crédits. Le report des échéances des crédits devient la raison de la survie des banques, des systèmes financiers et des hommes d'affaires des marchés. L'économie monétaire des affaires est désormais une économie d'endettement. La France envisage de créer un fonds monétaire européen avec l'Afrique et le monde colonial comme les États-Unis avec l'euro fixé à l'or. Mais il faudra obtenir l'adhésion des pays membres dans leur souveraineté internationale présentement dépendants.

3.2 La pauvreté des nations et la richesse de la consommation des individus et de la société

La monnaie est auxiliaire de développement individuel et social. Sa quantité s'adapte au niveau du développement de la consommation sociale et de la production individuelle pour le marché. La production pour le marché donne l'illusion de la richesse individuelle et de la pauvreté sociale. L'échange des individus et de la société de la richesse et de la pauvreté est un jeu de déséquilibre de développement. Les monnaies des pays en développement s'adaptent depuis 1971, au niveau de leur propre développement des marchés, et de l'ajustement de leur pauvreté sociale.

L'émergence sporadique des riches et de la pauvreté permanente de la société transforme la politique de développement en politique de lutte contre la pauvreté. En dépit de la lutte française pour l'alignement des monnaies de la zone monétaire euro, les déséquilibres individuels et des nations contestent la globalisation des déséquilibres. Il faut fédérer les déséquilibres globalisés. Les nations sous la globalisation des déséquilibres et leur union sont pauvres. Leur dé-fédération décentralise les déséquilibres apparents et laisse émerger la richesse réelle et les déséquilibres de développement. Les échanges industriels américains sont développés nationalement dans les États fédérés par le libre-échange et le dollar. Le dollar est érigé en système international de protection extérieure des échanges intérieurs des nations fédérées. L'Europe semi-industrielle construit une monnaie internationale sans échange entre nations de la production indépendantes et nations fédérées. La faillite économique de l'industrie automobile de Detroit n'affecta pas le reste des États-Unis d'Amérique en compétition avec lui. L'euro maintient administrativement son taux de change contre le taux de change du dollar stabilisé par le marché. La production américaine, du fait de sa flexibilité dans les échanges entre États fédérés, est stable. L'euro se déprécie sur les marchés et s'apprécie sur le marché officiel en fonction de la compétitivité de la production américaine. La compétitivité, protégée des échanges européens et internationaux entre nations membres, laisse émerger la compétition sur les marchés de change et de commerce. L'Europe combat administrativement ces marchés et met en place des politiques de protection des nations contre la corruption, d'interdiction de débat sur ces questions, voire d'élimination des critiques et incidents de cette politique.

La France ne peut pas discuter le leadership monétaire international avec le dollar, même sous le couvert de l'euro qui est une monnaie construite internationalement comme les États coloniaux de Berlin de 1884, sans souveraineté nationale. Les assises du dollar sont nationales.

Elle rattache les individus et nations aux marchés administrés contre leur production essentiellement familiale, sans compétition pour le marché, et consolide le troc des faibles excédents. La croissance est rattrapée par la destruction[32] des excédents non vendables aux prix

[32] Voire la destruction des excédents agricoles subventionnés au début de la construction du marché commun agricole.

administrativement fixés. La multilatéralisation de la consommation par le marché administré appauvrit les productions locales des économies de troc, et enrichit les producteurs compétiteurs de la production pour les marchés extérieurs. Aussi, la compétition microéconomique reste le fondement microéconomique de l'agrégat de la production et l'échange des biens produits de la théorie macroéconomique capitaliste internationale. L'Europe se construit pour le marché commun européen et perd sa compétitivité internationale contre les États-Unis et le reste du monde. L'Europe n'a pas d'objectif international de production, elle délocalise ses entreprises pour la production moins chère de sa consommation européenne. Elle renforce ainsi la compétitivité internationale de l'économie mondiale contre l'Europe et sa zone économique et monétaire Euro-Afrique. La macroéconomie est générale, sans fondement microéconomique, mais au fondement social de la production pour la consommation nationale. En protégeant administrativement la consommation, l'Europe perd la compétitivité internationale de sa production. Elle enrichit monétairement sa consommation, efface les traces de la puissance du développement de la production de son modèle. L'emploi public des hommes et la distribution administrative des revenus sont la voie de l'enrichissement collectif de la mesure de la compétitivité des peuples face à la pauvreté de la production privatisée et sans contrôle public. Cette conception de la démocratie administrative de la consommation et de la distribution publique du bien-être hypothèque la liberté monétaire des peuples. La liberté monétaire est la production de sa propre consommation. L'alternative de la distribution administrative de la liberté de la production pour le marché est la démocratie libérale. La croissance de la richesse des individus par la production pour le marché est libérale. La démocratie française est une illusion de démocratie[33]. La pauvreté technique de la société de consommation fonde la politique de la coopération entre nations pauvres et nations riches.

3.3 La rencontre des populations riches et pauvres du début du XXe siècle

Au début du XXe siècle, le monde est un monde de juxtaposition des cultures et des sociétés riches et pauvres. Les nations sont globalement pauvres et leur échange est un troc des biens disponibles contre des monnaies anciennes et contre l'or pour les échanges internationaux. La

[33] Juan Banco. L'illusion de la démocratie en France.

première mondialisation sera la substitution du dollar à l'or à Bretton Woods. Elle facilitera l'intégration internationale des économies nationales et la construction des États de droit dans leur diversité de production et de cultures.

La deuxième mondialisation, en 1990, sera la construction régionale des États de productions échangeables sur le marché et l'émergence de la pauvreté monétaire des nations et globale de la richesse mondiale de la consommation. Le mouvement libre de la population dégagée des infrastructures et structures de production locales en transformation de production industrielle pour le marché sollicite le regroupement urbain de la population, et un instrument d'échange neutre et anonyme, national et convertible internationalement pour les échanges sur le marché. Le marché est un espace de liberté d'échange. Il est contrôlé par la spontanéité des consommateurs et des producteurs et la compétitivité des producteurs dans la production est orientée vers le marché.

Le bien-être local des populations riches ou pauvres est restructuré autour du marché. Le peuple lutte hardiment pour la stabilité de la production et de la consommation sur le marché. Les demandeurs de production sont en concurrence et compétitivité, ils se copient mutuellement dans les méthodes, formes et quantités de production pour le marché.

Les consommateurs imitent la consommation du marché et mettent le peuple en éveil de la consommation et demande de la production. La consommation mondiale de la production occidentale est mise en éveil en 1990 et concomitamment à la demande de la production mondiale. La concentration des méthodes de production quantitative pour le marché en Occident accompagne l'explosion de la surpopulation mondiale et leur émigration massive vers l'Occident. Les économies paysannes ont résisté à leur transformation en économie monétaire de production industrielle pour le marché. L'ordre économique international de production américaine pour la consommation mondiale devient l'ordre économique des nations de production pour leur consommation nationale. L'investissement international des liquidités devient l'ordre prioritaire d'investissement dans les économies paysannes en compétition pour l'émergence en économie monétaire de surpopulation et de l'abondance des ressources. Les cultures de production sont indexées, ainsi que les orientations de la production. Au XXe siècle, l'orientation était la relance de la consommation mondiale par le marché, et au XXIe siècle, l'orientation est la relance de la production des économies paysannes pour l'équilibre de leur consommation macroéconomique. La relance de la consommation mondiale par l'Occident était accompagnée par la restauration de la production économique européenne de l'après-guerre et de l'enrichissement de la relance de la population de l'après-guerre. La croissance de la population de l'après-guerre était un boom démographique, qu'il fallait contenir par la croissance industrielle de la production. La transformation de la paysannerie en agriculture de marché, l'industrialisation de l'acier et des mines de charbon pour l'énergie industrielle, l'incitation de l'émergence des industries automobiles (Citoyen, Peugeot, Renault, Volkswagen, Mercedes), ferroviaires, aéroportuaires, était des objectifs nationaux de développement des métropoles européennes d'après-guerre. Ces secteurs de développement étaient dynamiques et protégeaient leur technologie par l'échange des produits finis. Les colonies pouvaient à grands frais accéder à la consommation, mais étaient interdites d'accéder à la technologie de production et à la compétition par le marché.

Cette organisation préparait l'explosion de la surpopulation mondiale, submergeant la production occidentale. L'émigration massive des peuples des économies paysannes en monétarisation vers les États-Unis et l'Union européenne n'est plus une ruée vers l'or du début du XXe siècle, mais vers le développement économique de la production américaine et européenne du XXe siècle. Ce développement de la richesse économique est accessible à tous les peuples sédentaires par l'organisation privée de leur travail de production pour le marché et la distribution de la consommation par le marché. Les États-Unis, pays de grande émigration et de grandes potentialités de production industrielle pour le marché, sont d'abord une nation des peuples fédérés dans leur liberté culturelle. Ils protègent leurs frontières économiques de populations indigentes à la recherche du travail et de la consommation. Le paradigme nouveau de développement est la production pour la consommation et non contre la consommation. La production contre la consommation est le troc et la servitude, et celui pour la consommation est la monnaie et la liberté.

3.4 L'économie de troc et la servitude

L'économie de troc est une économie de survie sans excédents. Elle est une économie d'égalité de la consommation et de la production. Les échanges sont intuitu personae. Le marché est absent. La liberté est négociée lors de rencontres strictement privées. Cette économie est truffée de sociétés secrètes qui gouvernent le peuple. Les religions ouvrent ces cercles au peuple par l'officialisation de certains aspects des rites secrets. Les hommes politiques, pour la survie du peuple, s'engouffrent dans des rites secrets et exotériques. Toutes ces pratiques sont celles des économies de troc ou les échanges sont faibles. Le traitement au sommet de la hiérarchie de la compétition pour le pouvoir idéalise la survie mystique. L'assistance politique des croyances relève de ce mysticisme. Ils s'adonnent librement à cette servitude dans la laïcité de l'État. Le fondement culturel des États africains d'économie de troc serait laïc. Il n'y a pas de religion unificatrice des peuples ni de guerres de religion entre peuples africains. Chaque famille a son temple d'adoration du Dieu unique à travers ses ancêtres. Les religions importées sont impérialistes, politiques et conflictuelles. Elles accompagnent la monétisation et la monétarisation des économies laïques et paysannes. La monnaie est alors étrangère dans ces caractéristiques politiques d'unité sociale des peuples. La monnaie est au début instrument d'échange avec les blancs. Les peuples camerounais de l'Ouest interdisent aux enfants d'utiliser la monnaie. Ils se rendent compte qu'elle les libère de l'éducation de leurs parents aux traditions culturelles et sociales. Les cultures locales en rencontre de la monnaie occidentale entrent en apprentissage de ce phénomène social nouveau et de son incidence sur leurs sociétés et leurs cultures. Ils s'adaptent très vite avec l'envoi de leurs enfants à l'école, et à l'endoctrinement des régions, dessinant les perspectives de leur avenir dans les croyances. Sous le régime de l'intégration monétaire de la production dans la consommation, l'éducation religieuse chrétienne ouvre la voie à l'apprentissage des petits métiers. Les écoles publiques laïques ouvrent la voie à l'apprentissage des métiers pour l'emploi.

Les valeurs économiques transforment les valeurs culturelles et sociales, et les alignent à l'évaluation monétaire. La résistance au progrès économique et aux changements des cultures imposés par les églises et les mosquées les font rapidement adopter comme la voie de développement.

L'ordre monétaire est accompagné de l'appauvrissement de la société traditionnelle et des cultures locales de production et de consommation. La production pour l'exportation exige les pistes et voies d'évacuation de la production vers les marchés des consommateurs métropolitains éloignés. L'instrument de la politique d'expropriation de cette production des producteurs locaux est la monnaie métropolitaine utilisée dans les marchés d'échange métropolitains. Les échanges des métropoles avec les colonies font circuler cette monnaie en colonie, en doublon du franc métropolitain appelé Franc Colonial. C'est là l'origine du FCFA. L'institutionnalisation du Franc Colonial en tant que puissance publique de la coordination de la production et de la consommation des colonies conserve la liaison du développement des pays indépendants de l'Afrique à l'union des métropoles européennes. Cette liaison n'est pas réelle, mais psychosociale.

Ce transfert psychosocial du pouvoir des productions pour le marché et de la transformation de la capacité de la production réelle de la consommation locale des peuples est encore éloigné de la vérité. La stabilité du bien-être est dynamique, ancrée dans le bien-être traditionnel. Les Français vont parler des populations mutantes de l'Afrique vers l'Occident. Cette mutation va être bloquée par les élites replongées dans leur culture primaire du côté de l'Occident. Ils vont être demandeurs du développement occidental et seront protégés par l'Occident. Les Africains sont demandeurs du développement social sans protection même de leurs élites...

3.5 L'émergence politique des élites africaines

La croissance économique est objective et la stabilité du bien-être culturelle. Ce bien-être social est la consommation en Occident et les relations sociales dans leur ensemble dans les économies paysannes. C'est cette dernière qui est considérée comme donnée à Bretton Woods, et sa stabilité organisée par l'agrégat des productions a son équilibre à la consommation mondiale.

Le système officiel de contrôle de la monnaie décolle la production de la consommation individuelle. La rareté de la monnaie est la consommation sociale, forçant l'extension de la production à l'équilibre de la consommation sociale. Les projets de développement sont la production et la consommation sociale de la stabilisation du bien-être culturel. L'économie du XXe siècle est une économie de troc de production à l'équilibre de la consommation distribuée sporadiquement par le marché et essentiellement par l'administration privée individuelle des producteurs. Le PIB des années 1950 ne mesure pas la stabilité sociale et la théorie quantitative de la monnaie, mais la quantité de la monnaie pouvant sauver la stabilité sociale et culturelle. Elle suppose qu'il existerait en économie monétaire ***une quantité optimale de la monnaie de stabilisation sociale et culturelle de la production et de l'emploi des hommes***. La théorie économique de Bretton Woods est une théorie de la demande qui tire la production vers l'équilibre de la consommation spontanée en économie de troc. Le déséquilibre de la consommation est ajustable en économie monétaire par la monnaie au développement dynamique des structures et infrastructures de production libre pour le marché. La demande de marché est psychosociale et incertaine et s'ajuste mécaniquement à la dynamique des déséquilibres. Elle s'ajuste à la production qui réagit *ex post* et à la consommation qui s'ajuste immédiatement. Le développement est l'anticipation de la consommation immédiate par la production *ex ante*. Nous produisons aujourd'hui pour la consommation de demain, et consommons actuellement ce que nous avons produit hier. C'est ce processus qui est la modernisation de l'économie par l'ajustement monétaire à la finance. La production à crédit de la consommation de demain.

L'économie monétaire est désormais l'économie d'avance de la liquidité aux producteurs pour leur consommation d'aujourd'hui dans la production de la consommation de demain. Cette économique est dynamique et la monnaie est antécédente et contrainte par le développement des déséquilibres. Elle est antécédente, parce qu'il faut consommer pour produire, et contrainte, parce qu'il faut la monnaie pour consommer aujourd'hui et demain. La recherche de l'équilibre psycho-social bloque la dynamique économique et sociale, arrête le processus d'existence. L'économie dans sa dimension psychosociale, c'est-à-dire la conception monétaire keynésienne, est dynamique. Cependant, ce n'est pas la monnaie qui est dynamique, mais l'économie sociale. Le travail et la volonté libre de travailler de la population pour la consommation exigent l'emploi pour la production de demain. C'est le sens de la politique de la monnaie et de l'emploi de production anticipée de la consommation.

L'encadrement permanent juridique délimite les aires d'autorités monétaires formelles de travail des peuples et précise les espaces de la dynamique de l'économie monétaire ou du développement ou de lutte contre la pauvreté de la consommation. La perception statique de monétaire et sa flexibilité l'adapte à la production et à la consommation. Le socle des erreurs d'interprétation de l'économie monétaire comme l'économie réelle et statique a induit l'erreur de l'interprétation de la dynamique économique et sociale comme la dynamique monétaire. L'économie réelle est statique, et parce que sans projection sur l'avenir ; l'économie monétaire comme la marche projette la dynamique des déséquilibres de la production et de la consommation vers l'avenir de leur équilibre impossible.

Lorsque l'on parle d'épargner pour les générations futures, on se situe dans cette économie statique sans penser que la production d'aujourd'hui est une anticipation de consommation pour le futur. L'on suppose que l'épargne peut couvrir la consommation passée et future synthétisée dans la finance de l'existence de toutes les générations. L'erreur conceptuelle de la perception statique de l'économie monétaire conduit aux emprunts sur le marché pour les États européens sans perspective de remboursement public des nations. La Banque Centrale européenne crée l'euro, comme instrument d'échange européen et non de financement européen *ex nihilo*. Ce financement sans travail et investissement se réduit à la consommation semblable à la consommation traditionnelle des produits de la générosité de la nature en décroissance. Le travail de l'homme est dynamisé par l'investissement monétaire dépensé actuellement en capital et consommation. Il est l'énergie de la production de la consommation modernisée permanente.

La liquidité abondante accroît la consommation et anticipe la pauvreté réelle de demain et la consommation d'aujourd'hui. Le travail actuel est l'enrichissement de demain. L'enrichissement monétaire est prospectif. L'abondance de la monnaie installe le processus de consommation permanente sans réflexion sur la production. La jeunesse urbaine n'apprend la connaissance des animaux et des plantes que par des recherches scientifiques qui se substituent aux connaissances réelles de la société traditionnelle. Ces connaissances réelles alimentent la politique et déforment l'information scientifique. Les scientifiques se protègent par la déclaration selon laquelle un fait de l'observation empirique ne corrige pas les connaissances scientifiques. L'on ne voit plus les réalités vivantes qu'à travers les réalités mortes et consommables. La production est un monde abstrait des entrepreneurs dans un monde scientifique de connaissance de la production sans application pour le marché. L'application pour les marchés est brevetée pour la protection de sa vente sur le marché : la propriété intellectuelle. La consommation est déconnectée de la production qui se développe et se diversifie indépendamment du marché. La consommation se diversifie sur le marché au contact de la production. Ces deux diversifications libèrent la pensée humaine de la production pour la consommation et la rattachent à la consommation par le marché. L'homme des contraintes de production pour sa consommation se libère par sa consommation sur le marché, grâce à l'instrument d'échange, la monnaie. Le développement est la relance permanente de la production indépendante pour la consommation incertaine du marché de demain. Ce phénomène est contemporain de l'économie monétaire. Épargner pour le futur c'est investir actuellement dans la production et l'incertitude de la consommation de demain. L'économie de développement, la dynamique économique, est assistée par la monnaie dans ces ruptures de passage de la réalité des déséquilibres en déséquilibre. L'équilibre réel est projeté sans fin et sans réalisation.

La déclaration de la certitude de la connaissance est temporaire, les diplômes que distribuent les États, dans un monde des déséquilibres de savoir, balisent les systèmes politiques de nations de versification de leur capacité de production et de l'ajustement de leur consommation à la production par la monnaie sur marché. Le marché est donc l'offre et la demande, et la monnaie l'instrument flexible d'ajustement. L'économie de troc est une économie rigide au changement et sans diversification. Sa régulation est la fluctuation de la population sous pression des maladies, des épidémies et des pandémies. La première lutte pour le développement mondial se fait contre la maladie, les pandémies et les épidémies. Elle fut confiée à l'Organisation mondiale de la Santé et provoqua la croissance de la population rapide des économies paysannes à partir de 1970. La deuxième lutte pour le développement est contre la faim de la population abondante, elle fut confiée à l'Organisation mondiale contre la Faim, et la troisième contre l'ignorance et l'apprentissage de la connaissance scientifique fut confiée à l'UNESCO. Les progrès réalisés dans ces trois domaines de développement mondial intégré déclenchèrent le processus économique de développement du plus grand nombre de la population mondiale certaine dans les soixante-dix premières années du développement mondial intégré. Dans les années 2020, le paradigme devient celui de la gouvernance économique de la population mondiale. Ces organismes étaient accompagnés des institutions de suivi économique du développement mondial, la Banque mondiale et le FMI de l'organisation du système d'échange monétaire international des biens maîtrisés par l'homme. Cette maîtrise est obtenue en 1970, et le système monétaire international de Bretton Woods s'effondre au profit du marché financier international accompagnant le développement. Le dollar doit être alors stabilisé par le marché international de change. L'ajustement structurel des monnaies nationales au dollar est réalisé autour de la parité du dollar fixé par le marché de change international au deuxième semestre 1996. C'est la fin de l'ajustement monétaire de Bretton Woods au financement de développement mondial libéral intégré.

La sécurisation du développement des nations, le Conseil de Sécurité des Nations Unies chargé de gérer la Paix après la Seconde Guerre mondiale entre nations en reconstruction est entre les conflits de guerre et de paix des nations.

Au début du XXe siècle, les hommes se battaient pour l'enrichissement personnel en biens réels, l'or devenu instrument d'échange international convoité par tous dans la première moitié du XXe siècle. La relance de l'économie internationale reposait sur la disponibilité de l'or qui était la contrepartie internationale des échanges des biens réels. Les biens échangés étaient la demande mondiale de la consommation de survie et de l'émigration de survie. L'échange est l'utilité de la consommation. L'économie du bien-être chez les économistes classiques est l'utilitarisme des biens échangés. L'utilité économique des biens échangés se transforme en stabilité de la monnaie des biens échangés. L'instrument monétaire d'échange est flexible à la demande. La conception de la flexibilité détache l'économie monétaire de l'économie de troc des biens produits contre biens produits. Le paradigme monétaire classique de la théorie quantitative de la monnaie, bien réel d'échange, devient la théorie qualitative d'échange d'un équivalent des biens échangés conservables. La monnaie, sans valeur intrinsèque contre les biens réels, est un instrument de conservation de la valeur des biens échangés. De la théorie quantitative de la monnaie produite, on passe à la théorie qualitative de la monnaie créée, projetant l'homme dans le futur. Équivalente générale de tous les biens, elle est échangeable contre tous les biens du marché et conservables pour l'échange futur des biens disponibles. Les économies de troc rigides aux changements de la conception primaire de la fixité de la valeur de l'or dans les négociations cèdent à la flexibilité de la monnaie créée. Les conflits d'échange ne sont plus hégéliens, mais des positions flexibles face aux négociations. La diplomatie des salons tenant inflexibles les positions de départ dans les négociations devient économique en économie monétaire. Les technologies non échangeables face à leur obsolescence rapide doivent entrer dans les biens échangeables. C'est l'analyse de l'utilitarisme des économistes classiques sans monnaie et créée et sans cultures de bien-être qui justifie la rigidité de l'économie traditionnelle paysanne de troc des excédents des biens produits ou ramassés. La monnaie modernisée est l'instrument d'évaluation de l'utilité de la production humaine. Elle transfigure l'économie de troc et généralise les échanges monétaires de compensation des déséquilibres réels de production et de la consommation.

3.6 L'asymétrie de l'économie de troc et de l'économie monétaire

La modernisation de l'économie commence par le remplacement du système de troc par celui d'échange monétaire sur le marché. À la fin de la Seconde Guerre mondiale, les États-Unis lancent la reconstruction du monde monétaire avec la reconstruction de l'Europe par le Plan Marshall du crédit de 3 ans à l'union de paiement européenne et de l'inflation du dollar à partir du taux de change fixé à l'or. En 1971, ils renversent la perspective inflationniste par la dévaluation du taux de change fixé à l'or à 35 $ l'once, et la déflation des prix et d'ajustement internationaux des changes à la baisse au dollar du marché. Cette déflation de l'économie mondiale est alignée au marché international d'échange au second semestre 1996. L'Europe fait exactement l'inverse ; elle se bat contre l'inflation de relance de la reconstruction de l'Europe d'après-guerre jusqu'en 1970 et s'accroche au mark à partir de 1990 surévalué par rapport au dollar de Bretton Woods grâce à son ajustement économique réel allemand de l'après-guerre. La monnaie unique européenne est surévaluée par rapport aux monnaies nationales européennes à ajustement libéral. Grâce au serpent monétaire européen de construction du taux de change unique de l'euro, ce dernier accroche les monnaies européennes, biens vides, au Deutsch Mark proche des biens réels.

3.7 Fédéralisme et refondation sociale de l'économie

Au début du XXe siècle, le fondement de l'économie internationale est la microéconomique américaine de réussite individuelle. Il est transformé au XXe siècle en macroéconomie de la consommation globale de l'Europe.

La construction des États-Unis d'Amérique est sans fondement social. La construction du système monétaire international de 1944 est assise sur les fondements microéconomiques sans fondement culturel des nations membres du système monétaire international. Ces constructions microéconomiques sont la fédération des productions, l'enrichissement individuel ainsi que la coordination nationale des échanges. Le fédéralisme est un conglomérat des structures sans relations explicites, organisé autour du concept d'équilibre macroéconomique américain. Le concept d'équilibre est un point d'observation des déséquilibres microéconomiques réels. La macroéconomie oppose les dirigeants américains et européens, sur le concept de fédération et de l'union. L'équilibre qui simplifie la lecture divergente des déséquilibres est projeté dans l'avenir sans réalité actuelle. Ces constructions abstraites bouleversent le monde politique et scientifique, du savoir et d'action.

Emmanuel Macron est contre le fédéralisme, les États-Unis vivent empiriquement le fédéralisme sans conception sociale et culturelle. Leur organisation est individualiste, les droits de l'Homme. L'Europe vit empiriquement le socialisme, le droit du peuple sans conception de la diversité des cultures dans l'union. La diversité des cultures est l'indépendance des nations.

Le problème des conflits mondiaux des peuples est scientifique et culturel. Les diplômes distribués par les États sont des autorisations et pouvoirs de déclaration de la certitude de la connaissance dans un monde de déséquilibre du savoir en référence à une culture. Les entreprises demandent le savoir-faire en déséquilibre du savoir-penser.

Le fédéralisme est l'intégration des individus libres et l'union l'intégration des sociétés des cultures différentes. L'intégration des peuples différents soulève le problème du vivre-ensemble, de l'indépendance. C'est l'acceptation des différences et des déséquilibres des États indépendants, le droit des peuples. L'échange d'informations sociales ravive et atténue la perception des déséquilibres de l'indépendance. C'est la compétition pour le changement du niveau de déséquilibre qui atténue ou ravive la concurrence entre nations. La concurrence économique américaine est individualiste et, rapportée aux nations, elle est l'indépendance des nations. Les États-Unis défendent l'indépendance des nations et lancent la libéralisation des colonies de l'empire colonial. Elle s'accommode de la fédération des nations indépendantes d'Afrique, et de l'Organisation de l'Unité africaine (UOA). L'aspect social et culturel est occulté jusqu'en 1970. L'Union européenne et ses colonies africaines, envisagée en 1934 par l'association des industriels français, émerge en 1972 avec l'accélération de la construction de l'Union européenne et non de l'union économique et monétaire européenne. Cette union est l'union des économies de troc de Bretton Woods de 1944. La référence européenne de l'économie de troc est l'Allemagne. La culture de l'union est cependant française. L'Union européenne sera la fusion de la force économique de l'Allemagne et de l'universalisme de la culture française. Leur fusion ne sera pas l'harmonisation, mais l'union des cultures européennes et africaines. L'intégration est la fusion des États en un État unique, comme l'euro. Le modèle État-nation de l'organisation coloniale française est le schéma phare de cette organisation. Il y a union des États hors nationalité et souveraineté, une convergence économique.

Leurs différences sont enterrées dans les déséquilibres et globalisées dans des convergences économiques sans concurrence entre nations unifiées. La diplomatie est donc politique et autoritaire. L'économie réelle décroche les échanges monétaires de production locale et s'adapte à l'environnement régional européen. L'émigration est un déplacement régional, qui ne devrait pas avoir des contraintes administratives. Les hommes complètent leur consommation locale avec des offres des productions régionales disponibles, et s'informent sur les opportunités d'échange extérieur et non sur la demande de l'environnement immédiat.

Le marché local des colonies est socialement intégré et régionalement faible. Le développement concurrent de ces marchés est évité par les métropoles. La richesse monétaire est métropolitaine. Elle s'accommode des instruments agréés des paiements approuvés par les métropoles, et s'accommode de l'accumulation des productions vendables immédiatement en métropole. Parmi les biens vendus localement, il y a tout d'abord les produits culturels anciens, artisanaux et considérés localement comme des attributs de richesse locale et patrimoine national. La production consommable traditionnellement et immédiatement est marginalisée et hors investissement financier bancaire. La circulation monétaire entre les mains des élites est extravertie en consommation courante extérieure. L'épargne et l'investissement en métropole distraient le développement national en faveur de l'accumulation privée et extravertie. Les comptes d'opération favorisent cette extraversion de la liquidité. Les États se battent pour l'équilibre hypothétique éphémère de la consommation exposant le peuple à l'exil. Les incitations industrielles privées coloniales s'accumulent en recettes publiques de l'indépendance fictive des États orientés vers l'investissement et les dépenses en métropoles. Le développement artisanal stagne sans génie complémentaire, et les biens industriels s'accroissent dans les importations, les étoffes, les appareils électroniques, les radios, les biens de consommation, le riz et autres biens importés qui s'imposent à la consommation locale. La structure économique de production traditionnelle de la consommation locale se déprime et ne se renouvelle pas par les structures de production industrielle pour le marché. Il n'y a pas de développement économique, mais prédation de l'économie africaine au cours des soixante-dix dernières années.

La concurrence de la consommation s'active entre ces biens disponibles et puis la faiblesse de celle des producteurs locaux avec la pression internationale de la consommation métropolitaine provoque l'exode rural, l'abandon des marchés traditionnels locaux, au gré de la réduction de la population des travailleurs de production pour les marchés artisanaux et de la consommation locale. L'économie monétaire devient l'économie urbaine d'échange, et la richesse, la mobilité des instruments monétaires d'échange.

L'émergence dynamique du développement des échanges est la transforme de la théorie quantitative de la monnaie de l'économie de troc en théorie qualitative de développement de l'abondance, de l'économie monétaire d'échange mise en place à Bretton Woods. La théorie qualitative adapte la quantité de la monnaie aux échanges. La monétaire qualitative et macroéconomique adapte la monnaie créée aux nations européennes. Ces nations sont indépendantes et culturellement différentes. La monnaie instrument d'échange doit s'adapter à ces cultures par leur fédération. Bretton Woods n'était qu'une banalisation quantitative du système monétaire international. Ce système devient, en 1971, un mauvais conseiller de la dynamique qualitative des économies nationales indépendantes dans ses programmes d'ajustement structurel sans culture et sans réalité sociale. L'économie du XXIe siècle doit être refondée sur la sociale et la culture du développement pour assister la construction des nations.

L'évaluation monétaire de l'utilité doit reposer sur le fondement social et culturel réel du bien-être. La concurrence de la consommation et la demande de la monnaie de la consommation semblent fonder le bien-être social du peuple dans la distribution de la monnaie de la consommation. Les États-Unis maximisent cette distribution par le marché et la rattachent à la production. L'Europe détache le bien-être de la consommation de la production, le rattache à la distribution administrative de la subsistance du peuple sur les cotisations sociales. Le gouvernement et les institutions publiques sont hors de la production, mais cotisent sur leur salaire administratif. L'économie de la consommation est publique et administrative et celle de production privée. Le fondement social du développement est la consommation et le fondement économique la production. Le concept du déséquilibre intègre stratégiquement ces deux fondements. Il permet de réguler simultanément le côté long et court du déséquilibre de la production et de la consommation et celui de la stabilité de la croissance de la population.

L'or au XIXe siècle était un bien rare, et un instrument privé des échanges. Il était fourni par les orpailleurs ; les gardiens conservateurs d'or étaient des banquiers des hommes d'affaires détenteurs d'or. L'économie est définie comme la rareté et la politique économique comme la lutte contre la rareté. La première rareté est l'instrument d'échange désiré par tous. Il appartient aux orpailleurs et à leurs banquiers conservateurs de soutenir les échanges économiques des biens disponibles. L'or était un bien précieux échangeable contre tous les biens, mais rare. Il devient à la fin de XIXe siècle un instrument de puissance publique confisqué par le pouvoir public américain, qui demande à la Federal Reserve Bank, de racheter tout l'or détenu par les privés et d'émettre le dollar, monnaie nationale américaine, en lieu et place des banques commerciales privées. L'État contrôle l'or et les échanges des nations américaines fédérées et assure leur représentation économique et monétaire internationale. À partir de 1934, la Federal Reserve Bank était autorisée à émettre des dollars contre les effets du commerce crédibles à ses yeux. En effet, les nations échangistes accumulaient leurs réserves d'or d'échange international à la Federal Reserve Bank of New York. La Banque Centrale américaine gérait les stocks d'or mondiaux par le déplacement des tickets représentant les échanges sur les stocks d'or détenus par la Banque. L'épuisement des stocks arrêtait les échanges internationaux du pays. Le gouvernement interdit la création privée des substituts de l'or, monopolisa la création de la monnaie unique sans alternative dans les échanges, transféra la puissance des banquiers privés à la Banque Centrale. La production pour le marché est contrôlée par les banques privées en tant qu'intermédiaire de la Banque Centrale. La FED unifie les prix des marchés, le taux central de crédit et de change de la monnaie nationale. Le taux d'intérêt des producteurs national est augmenté de la rémunération des banquiers privés intermédiaires de la production et des échanges nationaux. Le système bancaire est national. Le Système monétaire international est la relation entre Banques Centrales. Ces dernières émettent les monnaies nationales et négocient le taux d'échange avec les monnaies extérieures. Ce taux de change est un prix de coopération monétaire internationale. Le Fonds monétaire internationale harmonise aux conditions américaines les taux de change internationaux, la Banque Mondiale les prix internationaux de commerce, et la Federal Reserve Bank le taux d'intérêt international de la production et d'échange. Ces conditions sont internationalisées à Bretton Woods.

Le monde échange sous les conditions américaines. Jusqu'en 1970, ces conditions sont organisées par rapport au taux de change du dollar fixé à l'or à Bretton Woods. Elles sont les conditions du commerce de troc de l'or et des biens, d'avant Bretton Woods, fixées à Bretton Woods. L'alignement des changes, des prix et de l'intérêt des producteurs aux conditions des États-Unis d'Amérique est la règle internationale d'échanges et d'adaptation à l'économie américaine. L'objectif d'industrialisation est l'adaptation américaine de l'économie mondiale.

À partir de 1970, cette adaptation est fictive face à l'émergence de la surpopulation mondiale des économies paysannes, sans guerre de destruction quantitative massive, ni maladie et épidémie et pandémie de correction systématique du nombre des survivants par rapport à la production disponible. Le paradigme économique de l'économie de troc de Bretton Woods se transforme en paradigme de l'économie monétaire d'enrichissement de la consommation de la surpopulation sans patrimoine par la production contre revenu monétaire de consommation net. La politique d'investissement est entrepreneuriale. L'unicité de la monnaie affronte la décision des économies de troc pour consommation, immédiate et d'investissement pour la production pour consommation prospective. Les économies monétaires deviennent prospectives et décollent des économies réelles. Le Monde réel, en 1970, devient monétaire. La pauvreté monétaire est la demande de la consommation et la pauvreté réelle la demande de la production. Le monde mute de la richesse réelle des propriétaires à la richesse monétaire, des pauvres. La richesse réelle est la propriété du patrimoine. Le mouvement du patrimoine économique vers la monnaie appauvrit la société monétaire qui est une société de consommation. La majorité des hommes d'affaires de cette société sont endettés et passent leur vie à travailler pour rembourser leur consommation et terminent souvent pauvres. Ce mouvement déstabilise l'économie réelle et l'économie monétaire envahit le système économique des déséquilibres de la consommation éphémère, exproprie les détenteurs réels de patrimoine et les raccroche à leur plaisir de consommer les biens et les services. L'économie de consommation est une économie de loisir. Elle décolle de l'économie réelle de production contraignante par le travail. L'économie monétaire déstabilise les populations mondiales des travailleurs vers celle des consommateurs qui comme un troupeau à la recherche d'une prairie verdoyante sans frontière filent vers les États-Unis, et les métropoles de consommation et de la fourniture des moyens monétaires de la libre consommation. L'industrie n'est plus l'objectif premier des émigrants, mais la monnaie de la consommation courante. La liberté de spéculation bancaire a ouvert la voie à la recherche de l'appropriation de la monnaie par la réflexion et non plus par le travail physique. Le peuple est marginalisé en économie monétaire et sa survie lui est abandonnée dans l'organisation libre de son travail de production pour le marché.

La FED, à partir des réformes monétaires américaines de 1934, organise le système monétaire international d'échange sur le modèle monétaire américain contre celui anglais de troc de l'or contre les biens disponibles. L'or mondial accumulé à la FED est transféré au trésor américain et accumulé à la base militaire de Fort Knox au Kentucky. L'or n'est plus un instrument officiel d'échange, mais de garantie d'échange. Le dollar, désormais instrument international d'échange, est émis par la FED sur la base des effets des commerces crédibles à ses yeux et non plus seulement de l'or. Le dollar démonétise l'or en faveur du système monétaire international, comme le sterling en 1933, en faveur de la zone monétaire sterling. La France crée la zone franc en 1945, potentiellement en faveur d'un système monétaire colonial hypothétique entre les métropoles européennes et leurs anciennes colonies en compétition au Système monétaire international en construction par les États-Unis en 1934. Elle commence par soutenir le bloc de l'or, contre les États-Unis en 1944, la dévaluation de franc français et la libération du franc des monnaies coloniales en 1967, et enfin le Brexit avec l'Angleterre du système européen en 2020, sous la construction de la France.

La zone franc est un embryon de l'union économique France-Afrique à laquelle elle rattache les métropoles coloniales sauf l'Angleterre. Cette dernière à tirer les conséquences de l'indépendance des États-Unis de la dépendance de l'Angleterre. La construction du modèle français du Système monétaire et économique colonial est sans prix et sans débat. L'économie administrative cadre toutes les frustrations d'ouverture politique, économique et de débat scientifique sur ce projet. Les coûts d'obstruction des politiques et de débats des arguments d'adhésion à l'Union ouvertement débattue des politiques et des économies actuelles, et à terme avec la France, sont plus élevés que la construction ouverte des fédérations des politiques et la négociation des coopérations étroites. Cette ouverture faciliterait l'ouverture des marchés libres d'échange, de production et de développement social réciproque.

3.8 Système monétaire international et ajustement de la richesse monétaire à la pauvreté de l'économie réelle

Les systèmes et zones monétaires internationaux ne sont pas des systèmes de développement, mais de protection économique et de change contrôlé. Le système économique international est le système de la liberté d'échanges international et d'encouragement libre de la production nationale pour exportation. Cet encouragement libéral s'accommode des investissements libres internationaux. La politique internationale est l'encadrement de cette action libre d'investissement international. La circulation libre des capitaux internationaux est privée.

Les zones monétaires des organisations publiques de coopération pour la protection contre le libre-échange et la concurrence économique américaine. L'Union européenne est leur regroupement non concurrentiel, pour le même objectif pour les échanges intrazones. Toutefois, l'Union européenne impose à l'Union africaine son union à l'Union européenne, en États-nations européens. Dans le flou de la construction, elle oppose les États africains et leur peuple ainsi que les anciennes colonies francophones aux autres anciennes colonies européennes d'Afrique, notamment anglaises, portugaises et lusophones. Elle devient après la colonisation un facteur de division de l'Afrique plutôt que de sa reconstruction après la colonisation. Elle veut restaurer l'impérialisme d'avant 1884. Elle impose le système monétaire et économique sans réalité sociale de l'impérialisme de 1853. La protection de la construction du système monétaire impérialiste ne considère ni le parcours historique de l'Afrique ni son émancipation sociale, culturelle et intellectuelle. L'Afrique n'est pas associée aux décisions franco-européennes. La France n'envisage pas le développement de l'Afrique avec les Africains, à la relever au niveau de la concurrence américaine de Bretton Woods et à la libérer de la dépendance coloniale et impérialiste. Elle-même reste dépendante des États-Unis et contre la concurrence américaine et l'organisation communiste russe. Le développement mondial du début du XXe siècle est l'imitation des États-Unis dans leur progrès économique. Quant à l'organisation administrative, au cours de la première moitié du XXe siècle, elle est tolérée européenne avec le commerce de troc de l'or contre les biens sous le leadership de l'Angleterre. À partir de 1933, l'Angleterre lâche la main au profit des États-Unis pour la construction du monde à son image. L'Amérique n'est pas seulement monétaire, elle est d'abord industrielle et libérale. La monnaie et la liberté sont les deux bases de sa culture. Sa politique est la défense de son indépendance et de celle des cultures en rencontre, l'implantation du libéralisme dans le monde. À partir de 1970, ils décident l'implantation mondiale du modèle américain contre le modèle impérialiste de ses origines européennes. La France prend la défense du modèle impérial et retombe sur l'union des modèles des zones monétaires coloniales de l'administration impérialiste de paix de l'après 1884 du congrès de Berlin, en Union de l'Europe économique sans culture pour éviter les conflits d'avant Berlin. Les Nations Unies sont d'abord des organismes de construction de la paix en Europe et de la prévention des conflits entre nations dans le monde. L'union des zones monétaires européennes exporte leurs conflits entre nations en Afrique à travers l'union économique sans cultures de l'Afrique de l'Europe.

La croissance de la population, grâce au progrès sanitaire des nations organisé par les Nations Unies, fait émerger une surpopulation mondiale des producteurs et consommateurs déséquilibrés. Ces déséquilibres sont nationaux et internationaux. Ils recommandent l'organisation fédérale des déséquilibres de production et de consommation semblables. La croissance de la population se structure en producteurs et consommateurs ; toute la population est consommatrice. Seuls quelques hommes sont volontairement producteurs. L'organisation de l'économie est la préparation de toute la population à la production de sa consommation. Toutefois, il existe des catégories sociales invalidant la production : les enfants sans maturité, les vieux sans force, les malades invalides. Ces catégories sont prises en charge par la société dans l'organisation du vivre-ensemble. La sous-population des catégories valides à la fin du XIXe siècle était la source de la pauvreté de toute la société. L'on sollicitait le travail permanent de toute cette catégorie et évitait leur chômage. L'introduction de la monnaie créée dans l'économie à Bretton Woods donnait la liberté à l'homme de créer librement les conditions de travail du peuple valide. Ces conditions associaient sa liberté de travailler et d'économiser pour consommer sans travail. Le développement de la population mondiale commença à partir de l'an 1000 et s'accéléra à partir de l'an 2000 grâce aux progrès scientifiques et techniques du XVIIIe siècle. Le système monétaire international du XXe siècle accéléra les progrès des applications techniques des connaissances scientifiques. De la construction des automobiles mécaniques au XXe siècle, par exemple, nous sommes aujourd'hui à la construction des voitures électroniques sans chauffeur. L'on doit réinventer la fonction de redistribution des conditions de subsistance humaine dans la dignité contre son intelligence artificielle.

Le développement mondial intégré des années 1950 était la prévision des changements globaux des nations sous l'action des États, et sous hypothèse des progrès scientifiques et techniques des nations. La contrainte du XXe siècle était la monnaie, celle du XXIe siècle est la vitesse de la diffusion du progrès technique et scientifique dans le monde.

La révolution culturelle des Nations Unies était plus générale que la révolution keynésienne. La gouvernance scientifique du monde est le développement rapide des connaissances et technologies à travers le monde. Le monde keynésien croupit encore dans la contrainte de transfert de technologie vieillissante presque instantanément. Le peuple du monde ouvert s'adapte par émigration à la circulation de la technologie de la population. L'on va passer du monde de la surpopulation occidentale riche en production pour le marché au monde de la surpopulation d'économies paysannes pauvres en voie d'éducation à la production rapide pour la consommation de la population par le marché. L'évolution de la population mondiale de l'an 10 000 BC à l'an 2000 montre l'accélération de la croissance de la population à partir de l'an 2000. Le problème de développement à partir du XXe siècle est la population et l'organisation de son évolution.

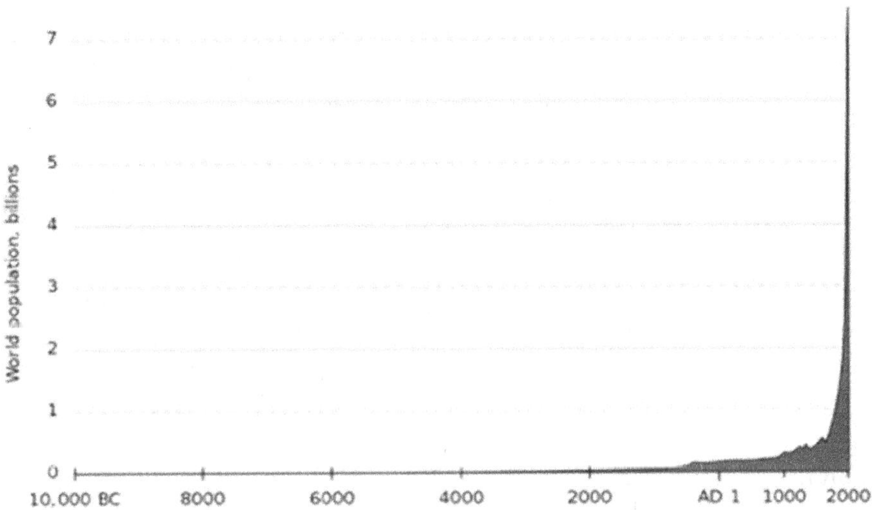

Les pays industrialisés sont riches et surpeuplés. Ils ne sont pas en surnombre par rapport à leur production, mais en surproduction de leur propre consommation. La distribution en Europe de cette surproduction est administrative dans la justification du savoir-vivre-ensemble de leur population. La distribution de la surproduction américaine est faite par le marché et la monnaie dans la lutte pour leur survie individuelle. L'Europe distribue la monnaie humainement aux populations consommatrices, les États-Unis la distribuent aux individus par la production.

La théorie économique européenne est macroéconomique et sociale, elle est fondée sur la microéconomie de production américaine. La théorie économique américaine est la production marginale ou microéconomique à l'équilibre de la consommation sociale ou macroéconomique. L'instrument d'analyse macroéconomique américaine est statistique. L'Europe adopte la statistique, instrument d'analyse économique comme la connaissance économique sans fondement social. La convergence économique est statistique, sans culture. Le besoin de culture est colmaté par l'exception de culture universelle de la France sans définition. La théorie économique de la culture française est la consommation. Le monde est sous la pression de l'économie de production américaine. La France fait basculer l'Europe du côté de la consommation et développe la théorie de l'équilibre de la consommation par la production et la convergence des systèmes économiques sans autorégulation. Un système sans régulation est une somme des déséquilibres éparpillés. La régulation des systèmes économiques est leurs cultures, que l'on ne peut pas intégrer, mais fédérer. Les États-Unis développent la théorie des déséquilibres de la production, de la consommation et des déséquilibres économiques par la fédération monétaire. Le rattrapage permanent ou dynamique de la consommation par la monnaie auxiliaire de développement[34]. Ce fondement de la macroéconomie américaine est dynamique. La macroéconomie européenne est statique, une intégration des consommations sans dynamique de production. À partir de 1970, où l'unité monétaire du système économique international de Bretton Woods est désormais véritablement l'État-nation, le conflit conceptuel des systèmes économiques éclate au grand jour. La construction du système monétaire et économique international apparaît comme une organisation internationale entre la fédération des États-Unis, l'Angleterre et la France. Les États-Unis et l'Angleterre s'occupent des économies fédérées et la France de l'unicité et de l'universalité de sa culture et de son expansion mondiale dans les colonies. Elle est déboutée dans toutes les colonies du monde sauf en Afrique, Pacifique et Caraïbes (ACP). La culture française sans définition est déclarée comme une exception culturelle ; une économie sans intérêt autre que le développement de la France. La France, du système économique de développement mondial de la France, et l'Angleterre, du financement mondial du développement, occupent la scène économique et financière officielle occidentale, de l'Europe. Elles sont couvertes par les États-Unis dans l'exploitation internationale du monde libre.

Les pays pauvres participent au système d'organisation monétaire international et de leur exploitation derrière les métropoles occidentales. Les populations pauvres, à travers leurs métropoles coloniales, consomment ce qu'ils ne produisent pas, sous les régimes des échanges prédateurs et la générosité de la nature. Ils ont l'hospitalité dans

[34] Pierre Dieterlen. L'investissement. Éd. Rivière. Paris 1957.

l'accueil de leurs hôtes colons sans souci de ce qu'ils possèdent. Sous ce régime, la cohabitation dans l'exploitation paisible de leur situation est interprétée de sous-développée par rapport à leurs hôtes colons qui comparent leur richesse en biens réels industriellement exploitables à leurs technologies et matériels de productions dérisoires. La révolution keynésienne constate l'éveil potentiel des peuples sous-développés et l'expulsion des colons de leur territoire. Elle invite les colons anglais à rentrer en métropole avec ce qu'ils possèdent déjà pour exploiter financièrement et à distance la richesse qu'ils n'ont pas grâce à la monétarisation et au mécanisme d'échange. La monnaie est alors un instrument d'expropriation internationale des nations par les États, qui n'ont que des intérêts.

La différence du niveau d'organisation de bien-être culturel auquel la monnaie s'adapte aux différences et marges des déséquilibres de la production et de la consommation est occultée. C'est pourtant cette différence qui va soulever le problème de l'indépendance dans la construction des États-nations indépendants. L'État est la forme juridique des nations humaines. L'indépendance est la forme socioculturelle de choix du mode de vie. Ce choix est apprécié différemment par les pays et leurs hôtes. Pour les hôtes, c'est la différence avec leur culture et leur bien-être, la consommation qui est le sous-développement. Pour les pays d'accueil, c'est l'indifférence dans l'imitation du bien-être des hôtes qui est problématique. Il est traité comme l'indépendance par le peuple suivant leur bien-être du vivre-ensemble et non pas comme le sous-développement. La dimension culturelle devient essentielle dans l'évaluation du développement. Le bien-être est la norme de cette évaluation.

Le salaire est l'équivalent général de la consommation mensuelle. Il satisfait le bien-être de la population salariée dans leurs propres dimensions culturelles. C'est l'équivalence générale du choix des consommations qui choisissent le développement monétaire. Ces choix se font au détriment des équilibres économiques. La différence culturelle de l'Occident est bien perçue par les pays hôtes sans esprit de concurrence et de compétition. Toutefois, l'Occident réduit ses contacts avec l'extérieur et va à la recherche de son intérêt dans son enrichissement, dans sa dimension matérielle, culturelle de profit. Sa satisfaction dans sa dimension culturelle est l'intérêt et le profit qu'il tire des rencontres. La théorie monétaire et de l'emploi keynésien est une théorie de l'intérêt et du profit public, donc une théorie de la politique macroéconomique. La théorie de la croissance de la production pour le marché est la quête de l'intérêt et la maximisation du profit privé sur le marché d'échange.

La monnaie est une ouverture de l'économie de troc à l'intérêt privé et public. L'intérêt public est général et distribué par l'emploi rémunéré du peuple travailleur d'une nation. Le progrès des échanges internationaux laisse émerger des opportunités de l'emploi public et privé et de maximisation des profits et intérêts d'échange entre les peuples. Gérer le taux d'intérêt central de la monnaie, c'est assurer le contrôle de l'incitation du peuple à la recherche de l'emploi et à l'offre à la prise du travail rémunéré. La politique économique est la monnaie pour la rémunération et l'emploi pour le travail.

Jusqu'en 1970, le taux d'intérêt de relance de l'économie internationale est celui de la Federal Reserve Bank of New York. Elle relance l'emploi mondial par l'expansion mondiale du dollar et la recherche prise des travaux privés rémunérés. L'emploi est donc un véritable marché. Il est une disponibilité globale du travail et de la demande libre de travail. Le chômage d'abord comme le refus de chercher le travail, puis comme un manque du travail souhaité et enfin comme le refus de prendre le travail disponible à cause de la faiblesse de sa rémunération en monnaie. Les opportunités de travail et d'emploi national sont donc encadrées par la monnaie. La monnaie créée a une dimension de la volonté humaine, donc politique. Elle est politique. Sa dimension économique est sociale. La production est donc encadrée par la monnaie pour la consommation nationale. La consommation nationale est spontanée, elle adapte la production nationale ou s'adapte à la production nationale. Dans les économies traditionnelles, l'homme s'adaptait à la générosité de la nature, mais dans l'économie moderne de la production, l'homme adapte la nature à son intelligence et sa technologie de production. En 1970, l'ouverture internationale de la finance et de l'investissement des nations renforce l'encadrement de la nature par la monnaie. La nature doit obéir à l'agression de l'intelligence et de la technologie humaines qui multiplie les possibilités de subsistance humaine hors de la nature : l'industrialisation. Le développement financier lance les multiples dimensions de l'industrialisation et du test de la dynamique des connaissances, des technologies et des nouvelles découvertes. L'économie mondiale est désormais dynamique et sort des hypothèses de la croissance pour celles de développement.

Le développement et la transformation des structures. Les structures économiques mondiales depuis 1900 sont la transformation rapide sans théorie. Il faut une théorie de la dynamique des structures qui porte la dynamique de la croissance. La dynamique des structures est intégrée à la dynamique à l'économie pour un développement mondial intégré.

L'universalité de la monnaie de Bretton Woods devient le système financier international et le déséquilibre économique mondial. Les nations demandent leur propre monnaie indépendante pour la gestion de leurs déséquilibres économiques.

Le développement des économies paysannes n'est plus la priorité de l'ouverture aux échanges économiques, mais une priorité d'ouverture au développement économique. De l'ouverture aux changements de comportement de production et d'équilibre de la consommation nationale. Les opportunités de production sont nationales et leur financement international doit s'adapter. L'adaptation internationale de financement est publique. L'adaptation des financements internationaux à la création des infrastructures économiques et des entreprises économiques de production pour le marché. Le développement mondial indépendant conduit à la coopération étroite entre nations. Le développement des économies paysannes de l'après-Seconde Guerre mondiale est ouvert à l'économie monétaire et à la liberté d'échange des biens disponibles. Ces économies ne disposent que des richesses naturelles, échangeables avec l'Occident. Celui-ci offre des biens manufacturés de consommation immédiate et du matériel de production « non échangeable ». Le conflit dualiste entre l'Occident et ces économies est technologique et scientifique. C'est le conflit d'échange des technologies et de la force de travail de production pour le marché. Ces conflits provoquent des discussions interminables entre indépendance et développement.

Il est pour les riches un jeu de prédation des sociétés indépendantes de la liquidité créée et de son accumulation au sommet des hiérarchies des peuples et des institutions, la théorie économique de la croissance et pour les pauvres un jeu de protection de la consommation minimum au prix stable. La stabilité des prix est l'objectif social du peuple pauvre, l'inflation, le moyen pour les riches, le moyen de prélever le maximum de liquidités de l'économie. Les États-Unis optent pour le prélèvement libre et maximum, la France pour la stérilisation des prélèvements, la lutte contre l'inflation et la pauvreté sociale de la consommation. L'Occident se divise alors en deux, l'Occident américain de prédation et d'accumulation de la liquidité par la production et l'échange, les États-Unis, et l'Occident de la gouvernance de la consommation stable, l'Europe.

Le développement est l'intégration immédiate du peuple dans la consommation par la gouvernance administrative pour les Européens et l'intégration de la consommation dans la capacité de production du peuple américain. Le développement mondial, intégré, est américain, notamment la production. L'effondrement du Fonds monétaire international de1971 est l'effondrement du système de gouvernance de la consommation internationale par la distribution administrative de la consommation de la production américaine compensée par le dollar fixé à l'or, le troc du dollar contre les marchandises internationales. Le monde est surendetté aux États-Unis, qui à leur tour exigent le remboursement au dollar désormais flexible stabilisé par le marché en tant que monnaie créée et non plus fixée à sa relique, l'or. L'or, définitivement, n'est plus un instrument d'échange, mais un bien comme les autres.

Toutefois, le conflit dualiste se reporte sur les conséquences structurelles de la transformation des structures économiques réelles et l'échange avec une monnaie créée sans valeur intrinsèque. Chaque peuple peut créer sa monnaie sans valeur intrinsèque contrôlée par les échanges réels de son peuple. C'est le système monétaire libéral d'échange stabilisé par la psychosociologie du peuple. Le développement est la recherche de l'équilibre et de la stabilité des structures de production et de consommation en parfait déséquilibre. La théorie de développement, quels que soient ses fondements, doit est systémique et dynamique. De ce fait, la théorie dualiste est une théorie de la gouvernance du déséquilibre de la production et de la consommation, d'observation et de régulation des déséquilibres économiques. La surveillance de l'émergence des économies traditionnelles dans les économies monétaires est la croissance ou la transformation des structures économiques, le développement économique. Le développement économique est la participation à l'émergence systémique dynamique des structures économiques traditionnelles dans les économies monétaires d'échange garanties par la confiance des échangistes. Les zones monétaires sont des zones d'encadrement et de protection des colonies africaines distribuées à l'Europe en 1884 par le congrès de Berlin. La population, socle des échanges, certifie la méthode des échanges libres par le marché. La production s'échange par proximité. Toutefois, les colonies balisent, chacune, ses frontières rattachées à sa capitale européenne et à ses industries par sa production de matières premières industrielles. Ces nations ne sont reconnues comme États que par leurs matières premières complémentaires des industries européennes, et des individus favorables aux échanges sans conditions avec les métropoles. Leur indépendance est néocoloniale, c'est-à-dire subtilement rattachée aux métropoles.

Les rattachements monétaires et militaires sont saillants. Leur croissance est extravertie. Elle se tasse en réserve en métropole qui prétend garantir leur stabilité.

Les transformations sociales introduisent la compétition économique entre anciennes et nouvelles métropoles, entre métropoles coloniales et métropoles indépendantes dans la répartition politique de la gouvernance. La distribution par le marché suppose des individus libres, capables et en bonne santé pour participer à la concurrence par leurs propres forces. La compétition américaine est la concurrence des plus forts pour la croissance et des plus faibles pour la survivance.

La théorie de développement économique américain est la croissance de la production des échanges des plus forts avec les plus faibles stabilisée par le marché. Le développement industriel des économies paysannes est une offre prospective américaine. La demande pour les Européens est un rationnement du libre-échange américain en attente de la production européenne. La production industrielle européenne est dans sa tendre enfance à la fin de 1900.

L'Amérique assiste le monde dans sa consommation de produits manufacturés au XXe siècle. Cette aide se transforme en échange de la production des États en 1970. Pour les États-Unis d'Amérique, l'assistance à l'échange de la consommation primaire des biens manufacturés pour la production automne et indépendante des États du monde en industrialisation devient une exigence des échanges effective d'équilibre de l'endettement des États-Unis désormais créanciers du monde.

Sous un modèle du système de troc de Bretton Woods compensé à l'euro fixe sans valeur réelle, cette fixité élimine la spéculation en monnaie créée et l'ajustement de l'inflation à zéro. L'Europe fixe le taux d'inflation à 2 % et la parité de l'euro est fixée. Elle est ajustée périodiquement et administrativement au dollar du marché. La France opte pour l'union des nations au taux de change fixé en États-nations[35]. Les États-Unis, l'indépendance et la fédération des nations membres par le dollar. Le dollar est supposé aux États indépendants comme un

[35] Le serpent européen fixe le taux de change unique des monnaies de l'Union européenne.

instrument d'échange, et l'euro intégré dans les nations indépendantes comme un instrument de leur union. Les armées sont cependant indépendantes. L'union des armées doit passer par l'union pour la guerre de la fusion de l'Union européenne et africaine. L'opposition africaine soulève un pari de la troisième guerre mondiale provoquée par la France pour la récupération de l'Afrique française. L'uranium, le cobalt, l'or, le caoutchouc, le cacao, le café... sont des matières premières désirées par l'industrie mondiale, arrière-plan des guerres internationales. L'Occident améliore constamment sa technologie de transformation de ces matières premières et de l'armement de protection de son industrie et de la production des armes de défense. Cette technologie est interdite d'exportation des pays riches en industries vers les pays riches en matières premières pour la permanence de la compétition dans l'exploitation des matières premières disponibles dans le monde.

L'abondance de la liquidité au XXIe siècle transforme le monde en deux mondes, le monde des extrêmement riches minoritaires transformant des espaces terrestres et lunaires sans production immédiatement vendable et propriétés habitables, au début du XXe siècle, en paradis des extrêmement riches du monde traditionnel appauvri par la dynamique des changements. La consommation humaine est naturelle, et s'adapte à la dynamique des changements imposés par l'homme.

La productivité marginale du travail s'adapte à l'adhésion à la consommation de la population des peuples à l'offre de production. Cette dimension culturelle limite la production pour la consommation, poussée par la croissance démographique. L'explosion de la croissance démographique des économies paysannes dans les années 1970 change le paradigme de la croissance en celui de développement. Les richesses naturelles exploitées dans le pays pour la consommation naturelle sont transformées en richesse améliorée de la consommation par l'industrie. La consommation sociale n'est pas fantaisiste, elle s'adapte à la monnaie. La nature de la consommation sociale impose les instruments de production et la décision des producteurs pour leur consommation personnelle et de leur famille ou de la production pour le marché. La consommation primaire de la famille est autoproduite ; c'est encore le cas dans la plupart des failles paysannes africaines en 1970. La consommation sociale sollicite la production pour le marché d'échange et non plus le troc des excédents sporadiques des économies traditionnelles. La monétisation de l'économie africaine commence en 1970, sa monétarisation, l'accumulation de la dette en 1980. En 1990, le problème monétaire de paiement devient celui du remboursement de la dette des pays africains pauvres et très endettés. Après la stabilisation du taux de change du dollar par le marché en 1996. L'ajustement monétaire international des années 1970 est achevé. L'on peut donc commencer l'ajustement structurel de la dette des nations et des entreprises, avec l'abandon de la dette des pays très pauvres et très endettés, financée par une partie des réserves de la Banque Mondiale et du Fonds monétaire international, et le rééchelonnement des dettes privées par le Club de Londres.

La production pour le marché est l'origine de la demande de la monnaie pour les échanges dans l'intérêt de la diversification de la consommation nationale et de la production des individus. Cette diversification appelle l'adaptation de la productivité individuelle à la demande du marché et la coordination publique de la consommation du peuple pour soutenir la production nationale. Le système de la production et de la consommation est libre, les États-Unis qui défendent ce système libéral défendent aussi le libre-échange. L'économie monétaire est une économie de liberté de production et de consommation coordonnée librement par la liberté de production et de consommation par la productivité marginale des consommateurs. L'homme consomme par le marché ce qu'il a produit.

C'est la diversification de la consommation qui entraîne celle de la production. L'économie de la production est culturelle et celle de la consommation monétaire. L'imposition des conditions humaines de travail et du minimum de salaire de la consommation des ouvriers est individuelle. Les marchés sont libres et sanctionnent ou récompensent les producteurs et consommateurs individuels.

La diversification de la consommation est la source de la diversification de la production et du développement de la production. La confiscation étrangère des recettes de production nationale par la dette de consommation de la production nationale est une recette publique, donc la réclamation est confiée à l'État. L'État fédéral est donc superposé à la nation pour les intérêts communs généraux des nations membres. La production de la consommation et de la production de chaque État membre est libre de consommation ou de circulation dans l'État fédéral ou à l'étranger sous le contrôle de l'État fédéral.

Dans le cas des États coloniaux français, les travailleurs des anciennes colonies sont des consommateurs des produits français d'importation exclusive de la France encadrée par la zone franc et le compte d'opération des colonies au Trésor français. Cette fusion de compte d'opération extérieur est une intégration de fait des pays de la zone franc dans l'organisation économique française sans concertation avec les pays membres de l'union France-Afrique. Le développement local est lâché par les sans soutien, par les jeunes en émigrant potentiel vers les villes nationales et étrangères à la recherche de l'emploi et de la consommation. C'est le modèle colonial de la zone franc. Elle a été organisée pour maintenir au pouvoir les personnalités, nommées par la métropole contre la démocratie locale. Ces pouvoirs importés (le néocolonialisme) sont rattachés à la démocratie théorique française de la gouvernance du peuple, par le peuple à cheval entre l'administration et le marché. Le peuple en rencontre française est détaché de sa population locale et rattaché à l'administration française. La jeunesse sans travail rémunéré est prise en charge par la corruption des systèmes. Et les marchés parallèles en compétition avec les marchés officiels.

L'instrument de la richesse est la monnaie, création humaine occidentale, le dollar, réparti dans le monde libre à travers les monnaies nationales par les Banques Centrales nationales. La richesse réelle non exploitée y compris l'or entre dans le commerce des nations comme l'offre nationale de production sans outils. Les accords économiques et monétaires de coopération englobent le patrimoine dans les échanges des richesses potentiellement disponibles. Les conditions d'exploitation sont d'abord techniques. Les matières premières précieuses pour l'industrie – l'or, l'uranium, le cuivre, le pétrole – ou pour la consommation humaine et animale – le café, le cacao, le soja, les huiles végétales – entrent globalement dans les accords de coopération par le protocole d'échange encadré par des accords monétaires d'exportation sans limites des bénéfices d'exploitation, d'échange. Les échanges monétaires exproprient par les échanges inégaux des nations plus faibles en faveur des plus fortes et technologiquement équipées. L'exploitation technologique des richesses, et l'échange inégal[36]. Ces accords sont protégés par des accords militaires de défense des contractants par le coopérant extérieur contre l'agression extérieure. Les pays sont protégés contre l'agression extérieure par les armées extérieures. Il faut s'armer contre l'agression extérieure par des armées extérieures, d'où la nécessité de contrer l'agression extérieure sans ennemis voisins identifiés.

---

[36] Samir Amin s'est appesanti sur l'analyse de l'inégalité des échanges mondiaux entre pays riches et pays pauvres.

Les accords de coopération des métropoles et colonies sont des accords de force d'exploitation des plus faibles qui se dressent entre elles-mêmes les métropoles contractantes. Le conflit des producteurs occidentaux de l'armement de destruction massive s'oppose à l'équipement compétitif des nations monétairement pauvres.

Les territoires colonisés d'Afrique du Sud, d'Australie et enfin des États-Unis disposaient de l'or, instrument monétaire d'échange certifié par les Anglais dans le commerce, international. Les pays échangistes font de l'or l'instrument d'échange sous le leadership de la métropole de Grande-Bretagne. Les États-Unis d'Amérique, libérés de l'Angleterre, vont transformer le leadership monétaire des échanges internationaux en instrument américain d'échange, le dollar. Après la démonétisation de l'or par l'Angleterre en 1933, les Américains vont autoriser, en 1934, l'émission du dollar garanti par des effets de commerce crédibles et non plus seulement par l'or. La construction du Système monétaire international est une célébration de la victoire de l'indépendance des États-Unis contre l'impérialisme et la colonisation des empires européens. L'or des échanges internationaux de la FED est renvoyé au Trésor public américain, et stocké à la base militaire de Fort Knox. L'indépendance des États-Unis est mondiale. À travers le leadership du dollar, ils imposent l'ordre monétaire international, et la protection militaire du monde libre. Le monde libre est le monde de l'économie monétaire. La richesse nationale est le travail représenté par la monnaie nationale créée à l'image du dollar, par les Banques Centrales nationales et échangeables en dollar, dans le commerce international. Le commerce mondial est le libre-échange mondial par le dollar. Le Fonds monétaire internationale est américain. Il évoluera au rythme de la politique monétaire américaine dans le monde, la monétisation et la monétarisation des nations. La liberté de création et de distribution de l'instrument humaine d'échange sans valeur intrinsèque est la politique monétaire américaine du monde. Les pays membres de la communauté monétaire internationale gardent leur indépendance dans la production des biens échangés par le marché. Les États-Unis se chargent de la stabilisation de la monnaie sur le marché international des changes. La stabilisation de la monnaie nationale par rapport au dollar est la version nationale de la politique d'ajustement structurel des monnaies nationales au dollar. L'interdiction de s'ingérer dans les affaires intérieures des pays à Bretton Woods visait l'autonomie de production et de la consommation des pays. L'ajustement structurel est celui des monnaies nationales au dollar américain. Toutes les monnaies nationales ont leur indépendance, sauf le franc FCFA. La France veut stabiliser le FCFA dans l'euro. L'ajustement monétaire à la finance s'achève avec la crise financière de 2008. Alors commence la crise de l'ajustement structurel économique des échanges gagnant-gagnant, alternative de l'échange inégal du XXe siècle. La France s'enferme dans l'échange inégal avec la zone franc.

Le monde doit profiter de l'abondance de la monnaie et de l'assouplissement de l'enfer d'accumulation du capital par le crédit. C'est la modernisation de la monnaie. Keynes, en 1944, avait demandé à ses pairs de la Chambre des Lords de rappeler les Anglais des colonies avec ce qu'ils possèdent déjà en métropole et d'organiser leur enrichissement dans leur spécialisation dans le financement du monde et de cesser de demander aux colonies l'argent qu'elles n'ont pas. Il faudra également cesser de proposer aux colonies les biens que l'Angleterre ne peut pas produire. Aussi, la disponibilité dans le monde des biens échangeables entre États, les matières premières exploitables expropriées par la monnaie sans autre organisation. La liberté c'est la monnaie et la monétarisation de l'économie. C'est le point de consensus psychologique de l'Angleterre et des États-Unis dans leur coopération étroite pour la fixation du taux de change du dollar et du sterling, monnaies créées. Ces monnaies sont protégées par les exportations des pays émetteurs garantissant les échanges réciproques. Dans le modèle de la zone franc, les pays membres garantissent à la France leur importation potentielle par l'accumulation de leur réserve d'exportation au compte d'opération ouvert au Trésor français. Ce compte garantit la valeur du FCFA créée par la France. La France est l'émetteur du F.CFA garanti par les pays africains membres de la zone franc. La France spécule sur le marché financier international et couvre ses importations avec les devises de la zone franc. Elle choisit parmi les biens exportés ceux destinés à la zone, notamment les biens de consommation immédiate avec l'interdiction d'exportation du matériel de production dans les colonies. Elle maintient ce modèle dans sa coopération avec le monde en rencontre et s'expose à la délocalisation des entreprises françaises compétitives dans des régimes de liberté monétaire de production et de consommation. La liberté et l'indépendance de la production sont cependant dépendantes de l'Occident dans le modèle du financement libre américain et anglais. Les nécessiteux demandent la coopération aux conditions américaines et anglaises à prendre ou à laisser. La coopération s'accroche donc à la flexibilité des changes. Les États-Unis, producteur industriel, s'alignent en compétiteur contre la

Russie soviétique qui ne dispose pas encore du matériel de production industrielle pour le marché. La Russie construit l'administration sociale de la consommation de son peuple dans la pénurie de production pour le marché et le déficit de sa défense militaire contre l'Occident. Ces deux pôles de développement, la consommation administrative et la défense nationale, cadrent le projet de développement de la Russie antécédent à l'ouverture de son économie sur le marché libre. L'ouverture des marchés russes dépend de la richesse de l'économie russe, alors qu'en Occident, l'ouverture crée l'abondance de la richesse par l'importation.

Après la Seconde Guerre mondiale, la Russie refuse l'aide Marshall de la reconstruction rapide du monde libre sans échanges russes. Ses richesses sont encore naturelles. La Chine résout le problème de sa richesse naturelle sans biens échangeables par l'ouverture d'un pan de son économie culturellement fermée à l'investissement extérieur et bénéficiant de la main-d'œuvre chinoise moins chère pour exportation dans les pays où leurs entreprises sont implantées. Il y a délocalisation protégée de la technologie et exploitation de la main-d'œuvre disponible. La Russie a des préoccupations de restructuration administrative de son empire, celles de son positionnement pour le développement durable. Les États-Unis d'Amérique confient à la Federal Reserve Bank la surveillance du taux d'intérêt de base de la construction du libre-échange avec l'Occident.

Les pays en développement monétaire de leur économie sont sans liberté monétaire, et sans force de protection de leurs richesses. Ils sont non alignés aux conflits de compétition entre la liberté monétaire et l'organisation administrative de l'exploitation de leurs richesses.

La stabilité de ces deux variables, prix et change, caractérise l'équilibre de la croissance internationale sans assistance à l'évolution des déséquilibres des cultures et de la dépendance des pays de l'extérieur. John Maynard Keynes, nationaliste, marqua sa préférence pour la stabilité des prix intérieurs dans le cas des conflits ouverts entre la stabilité des deux variables. Il recommanda la coopération étroite entre l'Angleterre et les États-Unis, pour la fixation du taux de change des monnaies créées, le dollar et le sterling. L'or est une référence lointaine de la stabilité de l'instrument monétaire d'échange. La stabilité monétaire théorique keynésienne va débuter par la fixation du taux de change du dollar à 35 $/l'once d'or en 1934. L'Angleterre va démonétiser l'or en 1933 et aligner le sterling au dollar des États-Unis en 1944 à Bretton Woods. Les deux pays mondialisent cette parité à

Bretton Woods et la désolidarisent de l'or. Désormais, le problème monétaire international est la stabilité des changes fondants par la compétition de l'échange sur le marché. International. Les États-Unis doivent stabiliser le dollar par le marché international de change. Ce programme de stabilisation financière débuté en 1971 se termine en 2008, avec la faillite de Lehman Brothers.

La France marque sa préférence pour la fixation de la parité de son franc aux francs coloniaux, le CFA d'Afrique et de Maillote. La tendance à la fixation des prix est la politique monétaire de la France et de l'Europe. Cette fixation date des banques centrales coloniales de 1853, et donne le nom de franc des colonies françaises d'Afrique (FCFA) au doublon de l'Africain du franc français. Ce modèle fonde l'union monétaire et la Banque Centrale européenne, substitut européen du Fonds monétaire international effondré en 1971. L'inflation est fixée à 2 % contre la flexibilité du dollar sur le marché. Les monnaies mondiales sont des monnaies des Banques Centrales nationales, à stabiliser par rapport au dollar du marché. La politique monétaire américaine mondiale est la stabilisation du dollar sur le marché de change international. L'ajustement structurel des monnaies se poursuit jusqu'à la crise financière de 2008. Les prix et le change sont flexibles sur le marché international d'échange et de change, stabilisés à partir du second semestre 1996.

Les dévaluations des années 1936 sont évacuées des échanges internationaux et changes, l'économie monétaire mondiale est stabilisée. Le chômage est le résidu d'absorption de la main-d'œuvre active par l'industrie, à éliminer par la création des industries nouvelles ou le développement des industries existantes. L'économie de troc est l'échange des biens contre les biens suivant leurs utilités calculées directement en économie traditionnelle. L'économie moderne est l'échange des biens contre les monnaies nationales créées et flexibles. L'économie française est semi-modernisée. Elle n'est pas flexible et ajuste la flexibilité des monnaies à la rigidité des prix. Elle est une construction temporaire de l'économie de troc.

La souveraineté des pays membres de la zone franc de troc des échanges de biens est fusionnée en souveraineté française. Métropole de la zone. La France lutte pour la dépendance de ses partenaires africains de la zone franc et de Maillote à la France. Elle nourrit l'ambition de construire une zone de troc des biens antécédents aux échanges monétaires. L'économie d'échange monétaire est rigide à la dynamique économique française, proche du troc administratif des biens. La gestion administrative française des prix et des changes est traditionnelle, impérialiste et quantitative.

En 1967, l'Angleterre se désolidarise de la politique de la fixation administrative du taux de change du sterling aux monnaies coloniales. L'Angleterre se désolidarise de l'économie traditionnelle d'échange de biens contre biens avec les colonies. C'est le début du nouvel ordre économique monétaire international. Les monnaies doivent stabiliser leur parité internationale et leur prix national par rapport au dollar, et de préférence leur prix intérieur, et négocier leur taux de change librement. C'est la fin de la parité fixée de la stabilité monétaire de troc international de Bretton Woods, et l'effondrement du système de parité fixe de Bretton Woods en 1971. La convertibilité des monnaies est désormais libre. Les pays fixent indépendamment leur parité et stabilisent librement leur prix et leur change par rapport au dollar.

L'introduction du comportement qualitatif de la gestion monétaire américaine dans l'économie internationale dresse officiellement la France et l'Europe administrative derrière la France contre les États-Unis d'Amérique en 1970. La France accélère la construction de l'Union européenne et de ces anciennes colonies contre l'indépendance forcée de ses colonies par les États-Unis dans la décennie soixante. La parité du dollar fixée provisoirement à Bretton Woods à l'or est abandonnée en 1971. Les États-Unis déclarent l'effondrement du Fonds monétaire international. Chaque pays est libre de créer sa propre monnaie et de fixer librement son taux de change par rapport au dollar. La surveillance des parités établie à Bretton Woods par le FMI cesse. La France prive autoritairement la zone franc d'accéder à cette modernisation internationale des échanges et de la monnaie, et s'apprête à priver toute l'Afrique, sans frontière coloniale de 1884, de nouvelles opportunités. Les programmes d'ajustement structurel du Fonds monétaire international en Afrique sont français. La France refuse l'Ajustement structurel de sa monnaie au dollar du marché et ajuste le franc français aux francs coloniaux FCFA, transformé en euro. Elle projette d'étendre l'euro à toutes les anciennes colonies européennes, pour l'union l'Europe-Afrique. La BCEAO est le point d'ancrage de l'euro sur l'Afrique pour la restauration du monde de la colonisation européenne de l'Afrique d'avant 1884 de l'Europe dispersée en empires.

L'indépendance des nations membres de l'Europe unie prend le coup de l'Union africaine, sous sa dépendance de l'Amérique libérale et sa lutte contre l'expansion européenne du communisme russe. Elle se confine dans une zone franc statique, comme une herbe qui ne cherche qu'à respirer. Ce confinement est administratif. L'économie de la zone est statique comme une économie de troc. La France accepte la recommandation keynésienne du retrait de ces colons des colonies en 1970, pour la reconstruction européenne et la néocolonisation de l'Afrique adossée à l'Europe. C'est la seule alternative de la respiration de l'économie française sans négociation. Elle refuse son retrait du système de colonisation impériale de l'Afrique. Elle accélère la construction européenne comme le socle solide sa survie.

L'indépendance africaine des années 1960 n'est donc pas la fin de l'État colonial. La France encourage sa naissance comme État-providence dans les colonies en maintenant la fixation des parités coloniales à la parité du franc français pour la distribution coloniale de la consommation sans production locale. La circulation abondante de la monnaie dans les colonies se fait sans production conséquente des colonies pour leur propre consommation. Ce système est encouragé et défendu par la France. Le développement mondial intégré est pour la France l'intégration de l'évolution de l'Afrique dans la statique de la France. La France force l'Europe à être distributeur administratif de miettes de richesse de liaison avec l'Afrique ; ce qu'elle appelle l'aide. Les Américains assistent les États à la production pour leur indépendance par le marché « Trade ad not Aide ».

Les concepts américain et français de la richesse sont donc différents. Pour les Américains, c'est le sauve qui peut pour adhérer au commerce, pour l'enrichissement individuel, alors que pour les Européens, la protection de la consommation de la population est essentielle. La surpopulation pauvre, concentrée dans les économies monétisées et en voie de monétarisation, émigre massivement vers les systèmes en voie d'industrialisation et de libéralisation accélérée ouverte. L'ouverture est confrontée à la rigidité de la population française contre la concurrence américaine. La croissance rapide des populations des économies paysannes et leur adaptation rapide à la consommation des productions industrielles dans le monde s'accompagnent de la mobilité internationale de la population en voie de la recherche de sa propre consommation. Ce mouvement de survie est humain. En dépit de la circulation de la monnaie, il y a le manque de circulation des biens et des hommes. La circulation des hommes se substitue à celle des marchandises et du matériel de production. C'est cette dynamique des hommes et matériels de production, de circulation de l'intelligence, qui forme l'économie moderne. C'est la stabilisation de tous ces déséquilibres des mouvements qui est aujourd'hui la mission internationale du développement de la croissance mondiale de la population.

3.9 Richesse monétaire et pauvreté réelle

La pauvreté réelle et la richesse de la consommation sont fournies au début par la production locale gratuite de la nature. Elle est enrichie de la production humaine fluctuante selon ses capacités de production et de consommation de la population. L'accumulation des liquidités est la richesse monétaire fluctuante selon les orientations politiques. L'orientation américaine est vers la consommation et le développement personnel. Le développement social est la somme des développements personnels. L'orientation européenne est vers la consommation sociale centralisée et la distribution administrative de la consommation et du développement personnel. L'administration publique a l'œil sur tous les systèmes des déséquilibres. Le rythme de la contribution humaine à la production compensatoire accélérée de la production de la nature dégrade les structures de la production traditionnelle sans rattrapage par la production des structures industrielles de compensation. Bretton Woods programme le déséquilibre de la production mondiale des nations pour les échanges mondiaux de la consommation des biens disponibles, déboise les forêts concurremment à l'absence des énergies alternatives, de la consommation des produits humains, de la distribution mondiale du progrès scientifique et technologique de la production dans le monde, de l'acquisition monétaire de la propriété réelle des pauvres monétaires, bref de la dynamique monétaire de la destruction monétaire du monde. L'avenir est monétaire et tous les peuples demandent la monnaie pour sa survie. Le développement monétaire mondial donne un goût amer du complot occidental de faire disparaître les sociétés traditionnelles. Pour les précurseurs de l'économie, les classiques, la monnaie est prête à faire disparaître les cultures traditionnelles ; pour Keynes, cette disparition passera par la transformation de leur mentalité psychosociale.

Le traitement des ordures, la protection des forêts et de la nature, la découverte des énergies alternatives au bois, à commencer par le pétrole, l'énergie nucléaire, éolienne, solaire…, la purification de l'air des gaz toxiques et déchets industriels, élargit le champ de l'économie industrielle de substitution de l'économie réelle traditionnelle. Le développement de l'économie industrielle est long et encadré par l'intelligence humaine et ses découvertes scientifiques et technologiques. Le développement mondial d'après Bretton Woods est mondialement intégré par la pensée réellement désintégrée dans la pratique par les déséquilibres de production et d'échange : production et échange de la connaissance, de la technologie dans la coopération mondiale durable.

Les économies mondiales par rapport aux objectifs de développement industriel peuvent être classées par leur retard par rapport aux plus avancés. Bretton Woods place les États-Unis au sommet du développement des années 1944. L'on élimine les concepts frustrants comme le sous-développement et le développement sans système de référence. La croissance de la production nationale pour la consommation mondiale sans référence des nations productrices dans le déséquilibre de la répartition mondiale, de leur participation à la production de la richesse monétaire mondiale. L'Afrique que l'on estime par ignorance n'avoir pas participé à l'histoire a été le précurseur de l'émergence du commerce mondial international capitaliste. La répartition de la consommation mondiale l'a exclue de la table de consommation des racistes et esclavagistes. Confiée aux États-Unis, la palme du plus grand producteur industriel du monde devait être partagée avec les Noirs-Américains, producteurs primaires des biens échangés par leur force humaine de travail. La suppression de l'esclavage impose le progrès technique et scientifique, le cheptel mort contre celui vivant au XVIIe siècle. Les travaux nationaux de production mécanisés sont mondialisés au XXe siècle. L'Europe est en enfance industrielle. Elle doit remplacer son cheptel vivant paysan par le cheptel mort américain, les machines agricoles et les échanges des produits agricoles nouveaux et concevables (lait, fromage, légumes, vins) produits par les supermarchés. Ce processus est standardisé dans les années 1980, et en voie d'exportation des produits de consommation courante vers les anciennes colonies sans outils de production et accompagné de la monnaie d'échange, le franc français, qu'elle transforme en franc européen, l'euro. L'euro supprime l'abandon forcé des anciennes colonies des années 1960 et restaure la dépendance des anciennes colonies de l'Europe. La France va forcer l'Europe dans la nécessité de reprendre la recolonisation de l'Afrique sous son leadership. Chacun crée son petit marché d'offre de ce qu'il a, et de survie quotidienne. La richesse réelle est la disponibilité des biens sur le marché et la richesse monétaire, le pouvoir d'achat de ces biens. En Afrique, les petits marchés vont faire face, impuissants, à l'émergence des marchés publics en l'absence des grands et supermarchés de vente de la production industrielle en émergence en France. Plus l'accumulation de la production réelle augmente, plus le besoin de la monnaie d'échange devient la recherche d'un équivalent général des biens détenus. Les accumulations monétaires camouflent la pauvreté réelle. Les relations sociales deviennent l'accumulation des liquidités. Les propriétaires des biens réels en pauvreté monétaire sont expropriés par les riches en liquidité monétaire. Les banquiers font de l'économie publique de transfert international, et sont contrôlés par la Banque Centrale. Les organismes de transfert d'argent assistent les privés et hommes d'affaires dans leur compensation internationale et transfert des créances. Les banques deviennent des organismes de gestion des créances et dettes publiques, de paiement des salaires des fonctionnaires et d'encaissement des recettes publiques, et concurrence le Trésor public. La comptabilité de production et de consommation, la comptabilité de la production et de la consommation nationale se fait en termes de PIB, c'est-à-dire de la stabilité de la quantité nationale de consommation internationale. Dans cette comptabilité, la compensation de la production de consommation locale par l'importation de la production internationale met la production pour consommation locale en compétition avec la production internationale. La compétition américaine est la production nationale brute (PNB) qui devrait être celle de la production mondiale de chaque nation, et son apport dans l'entretien de la consommation mondiale. Cette comptabilité de la production de la nation n'est pas faite et perturbe les systèmes internationaux de répartition de la consommation de la production mondiale. Le système monétaire international compense les déséquilibres du côté le plus long du déséquilibre de la consommation et de la production. Les producteurs du déséquilibre le plus long de la production sont des scientifiques et technologues, les producteurs du déséquilibre de la consommation le plus longe sont de la société traditionnelle en voie de transformation scientifique et technologique vers le monde d'économie monétaire. L'économie monétaire est une économie de développement infini. La théorie du développement est la théorie de la dynamique des déséquilibres.

Au début de la rencontre des nations, les échanges sont réels. L'instrument des échanges est les biens réels convoités. La nature offre la consommation aux hommes à mains nues. L'instrument des échanges se substitue progressivement aux biens échangés comme un moyen d'échange et de conservation de la valeur des biens échangés sur le marché d'échange des autres biens. La relation monétaire devient sociale. Elle doit représenter les valeurs acceptées par une société d'échange donnée. Ces valeurs sont stables pour cette dernière. Sous le régime esclavagiste, la relation d'échange, par exemple, entre les esclavagistes et les chefs traditionnels, était directe. Ils prenaient les chefs de village comme des propriétaires de leur population et nouaient des relations d'échange avec de riches exploitants de l'Amérique du

Sud. À l'abolition de l'esclavage, ils ont substitué la monnaie à leur chaîne d'esclavage. Restés propriétés des exploitations, ils pouvaient négocier librement la main-d'œuvre libre des esclaves contre un salaire. Le salaire est le prix de la liberté des esclaves volontaires. La disponibilité de leur travail est la condition première des maîtres libéraux d'embauche du travail libre. Le peuple était en Europe les esclaves des rois. Les instruments d'échange de leur travail étaient sans valeur intrinsèque, liés à la satisfaction de leur utilisation par le Roi. La libération populaire des peuples européens des royautés était collective. Leur indépendance sociale était organisée collectivement contre la gouvernance royale autoritaire du royaume, et remplaçait cette gouvernance par la gouvernance républicaine et démocratique du peuple. L'on comprend l'offre française du statut de la liberté aux États-Unis en 1886, en signe d'amitié de l'organisation américaine de la liberté. L'homme doit construire au pied de la majesté de cette statue de liberté, l'égalité sociale et la fraternité de l'indépendance culturelle de l'homme dans le monde. Telle est la théorie économique, sociale et culturelle véhiculée par l'emblème national de la France : Liberté – Égalité – Fraternité.

L'abolition de l'esclavage en 1848 met les esclaves directement sur le marché du travail, libérés de leurs maîtres. L'économie internationale est désormais l'économie des marchés de l'emploi et de la production et l'organisation de la compétitivité des individus sur le marché. La liberté des esclaves va accompagner celle du peuple de l'impérialisme des rois et la libéralisation des frontières d'échange, notamment le libre-échange américain. Ces libertés sont organisées autour des Nations Unies pour la construction du développement humain. L'ouverture des frontières est confiée à l'Organisation mondiale du Commerce, la Santé à l'Organisation mondiale de la Santé, la survie humaine à l'Organisation mondiale contre la Faim et enfin la coordination économie et sociale au Fonds monétaire international et à la Banque Mondiale. La sécurité et le développement mondial sont confiés au Conseil de Sécurité des Nations Unies. La pratique de l'ordre mondial du développement est jonchée des déséquilibres pratiques et des erreurs des administrateurs. Le nouvel ordre économique de 1970 est l'ordre d'économie monétaire internationale, en substitution et accompagnement de l'économie traditionnellement paysanne du monde.

La France comme le reste du monde prend des retards d'adaptation réelle à l'économie monétaire des marchés. Elle tarde à sortir de l'économie d'échange de troc impériale de l'organisation régionale du développement contre la mondialisation américaine du développement. La mondialisation s'accommode de la consommation et se spécialise librement dans la production par les nouveaux outils modernes de la production pour le marché de la libération de son peuple non marchand et attaché aux travaux royaux pour une consommation minimum. La richesse populaire est faible, pauvre et limitée par la production. L'organisation européenne opte pour la survie du plus grand nombre au détriment de la richesse individuelle de droit des États organisant le respect de la paix des rois. Mais le problème commun des populations libres est la transformation de la surpopulation paysanne pauvre entretenue par les royaumes en surpopulation monétaire riche, par leur travail. La croissance de la production est considérée comme la voie libérale de la richesse. À partir de 1950, la croissance de la population est rapide. En 2000, on est passé de 6 milliards à 7 milliards d'âmes dans le monde. La croissance de la production économique mondiale doit suivre. La production est le centre de la survie de l'homme et la réflexion du XXe siècle est la maîtrise de la croissance rapide de la population sans production. La croissance est un objectif explicite de lutte contre la pauvreté de la nature ou de son exploitation irrationnelle par l'homme. L'accompagnement de l'exploitation par l'emploi de l'homme et la rationalisation de la régénération de la nature soulève des concepts révélant l'ignorance du fonctionnement de la nature. La croissance industrielle détruit la nature, source de la production humaine. Face à la demande de l'emploi de la croissance de la surpopulation urbaine, la demande de la monnaie de la consommation ignore le problème sous-jacent de la production adossée à la nature. Le coût de l'homme est comparé au coût des machines industrielles et à la substitution des machines à l'ouvrier dans la compétition de l'exploitation de la nature. La croissance de la population est désormais problématique face à la dégradation de la nature et du bien-être naturel de l'homme. Le travail humain est en compétition avec l'utilisation robotique des machines pour la croissance de la richesse des individus sans société dans les pays industrialisés. La programmation de l'emploi est décrochée de la demande humaine des liquidités de consommation par l'emploi.

Les banques de développement primaires de liquidité publique dans les économies paysannes en monétisation, sans agriculteurs, entrepreneurs et exploitants industriels locaux des richesses minérales, ont toutes fait faillite et les avances publiques internationales sont devenues des demandes de remboursement publiques des jeunes États. L'économie, d'endettement international, a renforcé la dépendance financière internationale des anciennes colonies vis-à-vis de leurs métropoles.

La Banque africaine de Développement (BAD) a résisté par reconstruction de la dépendance internationale de l'Afrique en coopération et aide financière internationale attachée par le remboursement et par compensation politique d'exploitation économique des matières premières. L'investissement d'évacuation des matières premières exploitées, les voies intérieures vers les ports maritimes sont les seules priorités extérieures. Le développement intérieur et l'implantation compétitive des religions extérieures dans les villages animistes. L'économie traditionnelle est familiale, la religion traditionnelle est familiale et sans conflit social de regroupement. Les religions extérieures imposées sont des bases politiques de regroupement et de construction sociale extérieure. L'organisation sociale laïque intérieure est dite informelle, le laïcisme est l'individualisme dans la société. L'économie est l'organisation personnelle de la survie. C'est la base de la construction américaine de l'économie mondiale. La macroéconomie est l'organisation de la consommation sociale des productions individuelles. Elle est la base de la construction de la macroéconomie européenne et l'indépendance de la consommation sociale du peuple des rois et empereurs. L'économie européenne est l'organisation de la liberté, de l'égalité et de la fraternité du peuple libéré de la violence des rois et empereurs.

Cette construction s'est appesantie sur les droits de l'Homme et non du peuple en tant que souverain et protecteur des individus. La souveraineté du peuple est leur réaction collective, contre toute violence imposée aux peuples. Elle est collective et sous-traite au contrôle des autorités politiques et administrateurs de la société.

La politique, ou organisation de la dynamique des déséquilibres dans la société, soulève le problème de l'adoption comme emblème du combat pour la liberté, les ruptures sociales de leur perception : le Franc en Marche, la France insoumise, le Rassemblement démocratique du peuple africain, le Rassemblement démocratique du peuple camerounais, le Parti socialiste, la droite et la gauche du parti centriste, sans théorie spécifique. La pratique, ce sont leurs programmes de campagne contre toutes les autres campagnes, sans contrainte d'application. Ces programmes ne valent que pour la conviction des électeurs.

La vraie question qui se pose est la construction politique et économique de la société. La monnaie est à cheval sur le système économique et social. Sur le système politique, elle emprunte des réseaux flous de l'information sur les déséquilibres économiques de la consommation et de la production du système social et culturel ; sur le plan économique, le raisonnement s'arrête sur les schémas cartésiens de la logique de calcul de l'équilibre sans analyse. Le développement économique a des alternatives multiples dans les déséquilibres sociaux et culturels dispersés. Leurs analyses monétaires sont celles de l'équilibre de la consommation des biens disponibles du système monétaire de Bretton Woods, comme celle de biens fournis par la nature sans transformation. La production est donnée sans changement que l'on appelle la structure. C'est dans les années 1965 que la structure industrielle est intégrée dans l'analyse économique et a transformé le concept statique de la monnaie d'échange en concept dynamique de la transformation des structures traditionnelles données. Il y a donc changement des variables monétaires sans changement des données qui balisent l'analyse économique du système monétaire jusqu'en 1970. Le vrai paradoxe économique est la dynamique monétaire sans dynamique de structure[37]. Les taux de change, d'intérêt, les prix de ces systèmes monétaires ne sont pas adaptés à la structure en transformation des sociétés traditionnelles en société d'économie monétaire. L'analyse des structures économiques a commencé en 1970. L'on constate que la monnaie est statique et que ce sont les structures économiques qui étaient dynamiques.[38] L'inversion de la problématique monétaire est en 1970. Les nations paysannes doivent ajuster la monnaie statique à la dynamique socioculturelle de leur économie traditionnelle.

Les normes de cette économie traditionnelle de consommation et de production sont en transformation et l'on doit adapter à cette dynamique la monnaie comme instrument de mesure des valeurs des échanges des sociétés dynamiques. Le fractionnement des coupures des monnaies adapte la quantité de monnaie aux valeurs sociales. La rigidité à cette adaptation la renvoie sur le marché parallèle de change et de commerce. Il s'agit d'une dévaluation, implicite, adaptant quantitativement la monnaie à la valeur qualitative de l'économie, capacité de production et de consommation. D'un point de vue quantitatif, des valeurs d'échange qualitativement plus petites sont plus élevées que celles sociales qui sont plus élevées. Par exemple, un euro égale 655 FCFA. Elles méritent d'être ajustées en permanence au flottement social de la valeur économique, la flexibilité monétaire de change. C'est depuis 1970 que les nations paysannes en développement monétaire de leur économie luttent ouvertement pour l'adaptation de leur monnaie à la

[37] Jean-Paul Fitoussi. Inflation équilibre et chômage. Éd. Cujas. Paris 1973.

[38] Joseph Tedajo. Monnaie structure et sous-développement. Thèse du Doctorat d'État en Sciences Économiques soutenue à l'Université Louis Pasteur de Strasbourg en juin 1981.

valeur économique et sociale de la dynamique du développement économique de leur culture. Le développement économique est social. La culture est le curseur social du coulissement du développement économique et social. La monnaie coulisse avec ce développement.

L'ajustement statique de la monnaie à ce fonctionnement est socialement automatique et institutionnellement mécanique. L'économie mondiale intégrée de 1950 pose les bases internationales de la dynamique de l'économie mondiale. L'organisation mondiale de la liberté des échanges correspond à la stabilité de la monnaie d'échange internationale, le dollar. Le dollar est stabilisé par le marché international de change en 1996. Sous le régime du surendettement des économies paysannes et la monétisation, la communauté internationale décide un programme de désendettement du monde pauvre par l'abandon d'une partie de cet endettement international conduit par le FMI et la Banque Mondiale. Mais les résultats disponibles en 2000 ne montrent pas la coopération franche entre l'Occident et le monde paysan en développement d'économie monétaire. L'on est passé de l'espionnage industriel et l'offre d'emploi à l'exploitation internationale du monde par l'industrialisation occidentale et le remboursement des dettes internationales par les économies paysannes surendettées et sans ressources.

L'économie mondiale est structurellement déconnectée de la monnaie centrale et rattachée à la finance privée internationale. Il faut titrer les échéances de la dette, reporter les délais de remboursement actuellement différés de remboursement sans échéance couverte par l'État sous forme d'aide publique, révélant les périodes initiales de lancement du développement des économies paysannes dans les années 1960 devenues, dans les années 1980-1990, un surendettement à rembourser. Le marché est le seul évaluateur pertinent des capacités économiques. Les traitements financiers publics sont devenus des dévaluations déguisées des engagements pour la relance de l'économie après la crise de la Covid-19, en France et en Europe. La réforme macroéconomique de l'économie monétaire est l'ajustement de la monnaie à la réalité du marché. L'on ne crée pas le marché, c'est l'état d'esprit du peuple qui crée le marché. La Covid-19 a révélé l'instinct de protection du peuple par l'épargne contre la consommation et l'investissement. L'encouragement de la production par l'aide publique aux commerçants et entrepreneurs est un encouragement hypothétique sans relance de la consommation. La consommation nationale est stable, elle est maximisée par la consommation touristique. Les deux secteurs sont touchés par la pandémie.

L'écart de surévaluation monétaire du bien-être dans l'économie traditionnelle africaine est salarial, d'emploi administratif et rémunéré. Dans le secteur administratif, les retards des salaires inversent le processus d'investissement de l'État dans la promotion économique de développement en processus de financement de l'État par des différés de paiement des premiers salaires administratifs de trois ans et le retard de paiement des salaires suivant le rappel. La politique est un déstabilisateur social. Les prix et des taux d'intérêt s'ajustent aux normes réelles d'existence sociale sans liquidité et de demande de liquidité minimum d'échange près de l'équilibre de troc.

La France observe le marché comme un intégrateur des dimensions locales de survie et la métropole comme la bouée de sauvetage de quelques privilégiés. L'émigration devient la porte de sortie de la misère de tous les citoyens, la formation à l'emploi occidental, les paris des collèges et la réussite en France de l'ordre optimum de succès économique et social. L'adhésion à la culture universelle de la France, centre de la diffusion de l'expansion de la réussite, est privilégiée dans les colonies.

Cette perception française du monde et du monde de la France est le fondement de la construction inextricable de l'Union européenne et africaine. Ce régionalisme est unioniste. La France ne circule pas entre les conflits de cultures, elle se positionne comme la France de chargement des cultures en rencontre en culture française. Ce positionnement est critiqué par le Brexit, l'Europe centralisée et le monde périphérique. La France veut changer les cultures en rencontre, notamment celles chinoises, africaines, latino-américaines et asiatiques, sans ancrage social ni développement de la dimension économique nationale des cultures en rencontre. Mais elle évite les révolutions culturelles par des contacts multilatéraux, et les stratégies d'équilibre monétaire des déséquilibres sociaux en rencontre par transfert sporadique des liquidités éliminant les dévaluations périodiques. La dernière dévaluation du FCFA date de janvier 1994, pour le rattachement fixe du franc CFA à l'euro à 655 F.CFA/euro, à l'image du rattachement du dollar à l'or à la parité de 35 $/once en 1934. L'euro prenait la place de l'or pour la zone franc. Cette parité se maintiendra fixe avec la zone franc et s'étendra sur toute l'Afrique dans la construction de l'union de l'Europe et ses colonies programmée depuis 1934. L'on peut rapprocher cette construction de celle du Système monétaire international de Bretton Woods démarrée en 1934 et achevée en 1944.

La deuxième phase de la construction de l'Union européenne est l'intégration de l'Afrique des anciennes colonies européennes, non pas par consentement, mais par décision autoritaire de la France. Elle fixe l'adhésion de la zone franc, de l'union monétaire européenne et ensuite de l'Europe à l'union économique de l'Afrique de Ouest (CEDEAO). Elle est statique dans la présentation de la culture française comme référence du modèle de développement des cultures en rencontre. Ce modèle est l'administration des cultures et non le développement des marchés.

Les États-Unis en raison de la liberté d'adaptation des monnaies aux cultures regardent l'économie comme l'expression de la culture. L'introduction dans la construction du système monétaire régional français, de l'Union monétaire européenne, soulève la révolte des autorités françaises contre le système monétaire international. La France en tant que système original de la culture de l'impérialisme et de la colonisation mondiale prend la concession de la gestion du système monétaire international depuis Bretton Woods. Elle n'adapte pas la monnaie à la dynamique des cultures, mais les cultures à la dynamique sociale. C'est pourquoi Jacques Rueff et Maurice Allais, expert financier et Prix Nobel d'économie française, vont consacrer leurs travaux à l'étude de la dynamique monétaire. Jacques Ruff découvre que la dynamique monétaire est l'ordre social et Maurice Allais l'ordre économique. Ces deux thèses convergent vers la pensée que la monnaie est neutre et que l'ordre est la gouvernance de dynamique économique et sociale. La lutte pour la richesse européenne est celle des pauvres exilés pour la recherche de la richesse. Cet exil est traité par Keynes comme une erreur, qui se révolte contre cette erreur historique et demande à ses pairs de la Chambre des Lords de rappeler les colons en métropole. La base de la théorie keynésienne est claire, le reste n'est que le mécanisme de mise en œuvre. L'Europe est construite sur une philosophie sociale d'expansion de la gouvernance culturelle de la France sans frontières.

Les luttes sociales africaines pour l'indépendance, transformées en luttes de développement des jeunes États libres, se poursuivent en luttes de décolonisation des années 1955-1960 sous des formes nouvelles, monétaires et sécuritaires, de pauvreté matérielle et monétaire visible, contre l'embrigadement militaire et policier de la gouvernance. La démocratie est occidentale, mais pas outre-mer. Au début de l'indépendance de l'Afrique, les gouvernements, sauf quelques rares exceptions, sont militaires. Le concept de pauvreté de la gouvernance divise l'Europe et le monde réel en construction monétaire. La conception de la concurrence et de la compétition pour la richesse matérielle divise l'Europe administrateur de colonies et les États-Unis exploitants riches en technologie d'exploitation des richesses dans le monde. Les progrès en technologie et en protection militaire sont des socles privilégiés de l'organisation de l'exploitation des biens de développement économique. Le monde riche est peu convoité par l'Europe, leur compétition est de pouvoir administratif et appauvrissant économiquement, et la compétition des Américains en fin de parcours de l'expérience de la conquête mondiale de l'enrichissement est très compétitive, monétaire et militaire.

La France est réduite à une dialectique des conflits de cultures en rencontres interminables. C'est la dialectique marxiste de la fin de la guerre avec la mort de l'adversaire. Le fondement social de la politique économique et sociale française est marxiste. Sa pratique est hégélienne. Elle s'arc-boute sur ces positions primaires et renie formellement la responsabilité des conséquences de ses actes et la repentance. Elle induit ainsi les conséquences de sa diplomatie à des catastrophes humaines et révolutions sociales récupérables et irréductibles, notamment en Afrique. Elle est le socle de la lecture de ses relations sociales et politiques. La coopération française n'est pas économique, mais politique et refuse l'orientation économique du partenariat.

La Chine, dans sa coopération africaine, observe à distance la culture africaine sans contact ni désir de sa transformation, mais plutôt de sa satisfaction par l'adaptation de son offre à la demande africaine. Au début de la rencontre de la France et de l'Afrique, l'observation des différences n'était pas économique, mais commerciale. Elle était une politique d'exploitation de la consommation en Afrique des produits consommés en France.

À la veille de l'indépendance forcée en Afrique par les États-Unis, en 1945, la France commence à construire l'alternative à la colonisation et à l'impérialisme français de l'Afrique ; le franc des Colonies françaises d'Afrique (FCFA). Ce doublon du franc français est créé, contrôlé et distribué par la France.

Il n'est pas intégré dans la production africaine, mais française distribuée par l'administration française en Afrique francophone ; c'est la France-Afrique. La France bloque les réserves de compétition de ses partenaires pour la limitation de leur potentiel de production de concurrence et compétition pour l'approvisionnement des industries françaises en matières premières désirées. Ces matières premières sont tropicales, notamment le café, le cacao, le caoutchouc, quelques épices, l'uranium puis le pétrole, exploitation occidentale la plus productive pour l'Occident détenteur de la technologie d'exploitation, de la main-d'œuvre et des droits de répartition à sa guise des revenus de production. Ces investissements lucratifs sont internationaux et non africains. Les pays producteurs sont importateurs du pétrole raffiné consommé localement et les transactions sont nouées avec l'élite locale dépendante des exploitants, financiers internationaux et décochés de l'investissement national de leurs importants revenus. L'enrichissement monétaire à travers ces élites est financier et extraverti, sur l'appauvrissement économique du continent. Les réserves sont conservées et investies à l'extérieur, garantissant la commercialisation des produits importés par des classes monétaires moyennes et supérieures. Cette économie monétaire peut être classée par charge économique et sociale. La comptabilité des revenus et du nombre d'enfants par famille donne une bonne approximation de l'incidence de l'économie monétaire sur l'économie réelle. L'économie monétaire n'attaque pas de front l'économie réelle dans le sens de son industrialisation, mais de revers dans le sens de son appauvrissement.

La compétition sous regard devient la compétition pour la consommation et non pour la production. Les marchés s'assèchent des productions intérieures et se comblent des biens extérieurs de consommation importés. Elle se réserve le droit de mettre la pression de la compétition unilatérale d'approvisionnement des anciennes colonies en consommation immédiate. Toutefois, elle refuse l'adaptation de son modèle de production colonial, à la consommation des localités des anciennes colonies comme la Chine pour l'extension de son marché. Le marché africain de la France est faible. Il tarit à l'approche des nouveaux partenaires internationaux (Chine, Japon, Amérique latine, Asie). Le choix de la consommation se diversifie dans les anciennes colonies (importation du riz asiatique, des biens chinois adaptés au pouvoir d'achat africain). Le frein monétaire n'est plus suffisant pour contraindre la négociation des échanges et la France résiste à la modification de la rigidité de change du franc français depuis 1971 et à l'intégration de la flexibilité des cultures par la fédération flexible de l'intégration monétaire des cultures. La fixité des prix et des changes teste la contrainte maladive de la France, donc elle contamine l'Europe. Tous ces experts et hommes politiques se cassent la figure sur le refus des autorités françaises d'examiner cette contrainte[39]. La démocratie

[39] Jean-Paul Fitoussi. Le débat interdit. Monnaie, Europe, pauvreté.

des États-Unis est alternative, celle de la France est dominatrice et lutte pour la continuité des mêmes personnes au pouvoir et à étendre la domination impériale dans la pratique de la gouvernance du peuple par le peuple. Elle organise les échanges entre colonies et le pouvoir entre groupes d'individus choisis par la métropole. La complicité de la gouvernance du peuple se construit en classe politique de pouvoir contre le peuple. La politique devient une profession sans formation scientifique, de l'ouverture d'esprit à l'observation directe de la réalité sociale sous des formalismes économiques. La monnaie est socialement surévaluée ou sous-évaluée et automatiquement ajustée socialement. Jusqu'en 1980, l'ère de la construction du système monétaire international, inflationniste, notamment avec le slogan de la recherche de la demande après le choc pétrolier de 1973-1981, l'endettement, des États producteurs, accompagna l'augmentation de la consommation monétaire du pétrole, le revenu monétaire des États des producteurs et les engagements de paiement des dettes de pétrole et autres dettes. La recherche de l'offre sera la devise, des années 80 à nos jours. L'OPEP va organiser l'offre internationale de pétrole, les États-Unis, grands consommateurs, produisent le pétrole de schiste, pour la stabilisation du prix international du pétrole et l'inflation mondiale.

Au XIXe siècle, on assiste à la ruée de la population vers les mines d'or des États-Unis. Ces derniers sont indépendants et libres. Dans le monde du XXe siècle, le pétrole est l'or des États mais le malheur des États producteurs pauvres, sans technique, ni technologie de production, ni protection militaire des mines exploitées. La pauvreté nationale est protégée par les accords militaires extérieurs contre les armées nationales. Contrairement à la ruée paisible du peuple vers l'or américain au début du XXe siècle, la ruée des États du XXe siècle vers le pétrole est accompagnée de violences armées. La macroéconomie publique du XXe siècle est violente. Elle commence en Afrique avec les révolutions culturelles de l'indépendance des États colonisés, et la réaction violente et armée des États métropolitains. Le développement des nations est désormais conflictuel et militairement violent.

À partir de 1981, le monde est en surendettement : explosion du chômage de masse, circulation abondante de la monnaie sous la financiarisation de l'économie sans objectif de développement national. Le développement dépend des efforts des autorités nationales sans pouvoir de les retenir sur place par négociation financière de leur emploi. Ces derniers sont détournés par les métropoles de leur l'objectif premier vers les objectifs de leur survie immédiate. Le projet de développement national devient un projet à long terme sans échéances. La finance publique tente de s'adapter à crédits sans échéance, donc sans remboursement dans la relance de l'économie européenne après la pandémie de coronavirus.

La relance de l'économie européenne après la Seconde Guerre mondiale était monétaire avec un crédit à l'Union européenne de paiement de trois ans. Aujourd'hui, le gouvernement français propose deux ans de différé de remboursement de crédits commerciaux sous forme d'aide du gouvernement à la relance du commerce. La liquidité devra circuler deux ans pour produire son remboursement.

L'abondance monétaire est nationale. Elle circule en cercle fermé entre hommes d'affaires et élites élus à la participation politique de la gestion de la pauvreté sociale mondiale. L'asymétrie du taux d'intérêt et de l'inflation dans leurs mouvements soulève le problème de la fixité de la monnaie. Le slogan de l'ajustement structurel depuis 1970 est la lutte contre la pauvreté qui s'aggrave de période en période dans la financiarisation de la transformation de l'économie réelle en économie monétaire. Les métropoles s'approprient les puits de pétrole des anciennes colonies, les délestant des revenus du pétrole au profit des classes dirigeantes nommées et soutenues par l'étranger contre le changement social, économique et politique dans les jeunes nations. L'équilibre général serait l'équilibre monétaire de tous les déséquilibres possibles. Celle pensée n'est pas réelle. La réalité c'est l'équilibre pareil de la croyance à la cohérence des déséquilibres partiels de son environnement immédiat, la culture. L'équilibre global n'est donc pas la somme des déséquilibres ou croyances partielles, mais l'ensemble flou des déséquilibres des équilibres des croyances partielles. L'on ne peut donc pas unifier les croyances globalisées, mais fédérer les croyances globalisées par la monnaie. L'on a toujours besoin de la monnaie. La monnaie comme disait Hegel est « l'abstraction d'une abstraction », puisqu'elle est l'équivalent général concrétisé de tous les besoins humains » ; le développement de l'économie monétaire est donc la lutte pour l'acquisition du pouvoir abstrait de l'enrichissement concret. L'enrichissement monétaire est accompagné de l'abstraction monétaire et de l'incertitude de la richesse monétaire. Elle n'est conservée que par l'attitude dynamique de la société en cause. La dynamique des sociétés est culturelle. Elle flotte socialement pour la défense de sa transformation en culture différente. La dynamique des cultures implique l'ajustement des monnaies à sa défense. L'indépendance nationale est monétaire. La monnaie est l'enrichissement des individus et de la société simultanément par le vol et le détournement des ressources monétaires entre les deux entités. Dans l'économie traditionnelle, ces mécanismes de vol sont violents, le vol par force, et dans la société moderne, donc monétaire, le vol par ruse et intelligence de combinaison des intérêts économiques des groupes. Le développement monétaire est la combinaison des intérêts des groupes économiques et sociaux par intelligence dans la paix. L'intelligence économique proscrit les guerres matérielles ouvertes du XXe siècle. La politique est l'expropriation intellectuelle des individus par l'État et la violence organisée en armée officielle avec des règles de combat et de cessez-le-feu. Le peuple sans armée et sans défense militaire organisée exprime par des guerres asymétriques du terrorisme, leur mécontentement de l'élargissement des écarts de développement de la vie entre riches et pauvres en monnaie. Le regroupement se fait entre monde abstrait des riches et monde réel et pauvre de la population. Le premier monde construit sa vie d'abondance sur les réalités humaines du monde pauvre, le marché de consommation est partagé, les prix unifiés et intégrés par la monnaie. Celui de la production est individualisé et intégré par la liquidité du marché. Jusqu'en 1970, l'intégration économique est l'échange sur le marché payé cash et immédiatement. La richesse monétaire est rare et gérée strictement. À partir de 1981, la richesse monétaire de traitement des échéances de crédit en monnaie de paiement différé oblige la création monétaire de la Banque Centrale et l'augmentation de la liquidité de la consommation et de la spéculation. L'orientation de la finance est spéculative, les investissements se transforment en placements financiers et le paradigme de l'inflation/chômage en paradigme de l'inflation/intérêt. Lorsque le taux d'intérêt augmente, le taux d'inflation baisse et vice versa. Les financiers investissent dans le commerce et la production, et lorsque le taux d'intérêt baisse, les banques commerciales placent leur liquidité à la Banque Centrale, et les financiers sur la spéculation des traders contre le financement de la production. Dans ce dernier cas, le chômage augmente massivement et, dans le premier cas, ne baisse pas significativement. Le monde européen et ses colonies anciennes sont dans le deuxième cas depuis 1981. Ils poursuivent la lutte contre l'inflation en période de déflation et la surpopulation des anciennes colonies positionnées pour l'émigration vers la métropole. La métropole centralisatrice lutte dubitativement contre la pensée de l'émigration des anciennes colonies, la modification de sa politique de coopération avec les colonies pour leur propre indépendance de développement, l'intérêt détaillé de la métropole pour son propre intérêt, aujourd'hui centré sur les matières premières internationalement demandées (pétrole, uranium, le cacao, le café, le cobalt pour téléphone portable, le bois, le soja, l'or...), sans interrogation sur la provenance de ces matières travaillées par les industries métropolitaines pour ce bien-être. Le renforcement de la pression de la source de ce bien-être à sa participation au bien-être de la consommation inquiète à tort les métropoles. Le développement intègre l'économie réelle et l'industrie formelle afin de combiner les avantages partagés de l'intégration, du développement équitable de la coopération dans la production au niveau de la consommation durable. L'intégration durable de la consommation est la production intégrée à la consommation locale et la compétition par la suite pour l'approvisionnement paisible de la demande extérieure. La stabilité est la production et la consommation intérieure. C'est la substitution stabilisée de la transformation des déséquilibres de la consommation paysanne en déséquilibre de la consommation monétaire. L'ajustement monétaire permet de stabiliser l'apport extérieur dans le développement intérieur, la transformation de l'économie paysanne en économie monétaire.

La rupture de la colonisation de la consommation des économies indépendantes serait le plus grand dommage causé au modèle français de l'appropriation sans partage des matières premières des colonies. Cette rupture introduit la concurrence ouverte d'adaptation à la demande des anciennes. Elle finit par mettre en compétition les producteurs des anciennes colonies contre les producteurs métropolitains et ceux extérieurs. C'est le critère de l'émergence internationale de l'Afrique.

La planification prospective de l'émergence de la compétitivité de l'Afrique à l'horizon 2036 est théorique, sans appui réel face à la concurrence de résistance des métropoles dans la colonisation. La lutte européenne est la protection et le retardement de l'émergence de la concurrence africaine. Cette contrainte est la source de la violence politique métropolitaine concertée contre la décolonisation. Le projet de regroupement de l'Afrique de l'OUA était contre la colonisation et l'impérialisme. L'on peut donc comprendre la lutte des métropoles européennes derrière la France pour la pérennisation du modèle colonial et impérialiste apparemment libéral.

Si la problématique keynésienne de 1936 dans la naissance de la macroéconomie était l'emploi et la monnaie comme politique monétaire de croissance économique, celle de 2020 est la surpopulation et la financiarisation de l'économie comme objectif du développement économique et social. La richesse et la pauvreté sont de socles de la financiarisation de l'économie. Les sociétés de 2020 adapteront la surpopulation des nations à la politique d'entretien monétaire de la richesse de la consommation des pauvres. Les monnaies structurent la richesse et la pauvreté. Bretton Woods était l'économie d'un monde monétaire sous-peuplé, paysan et économiquement pauvre. Le monde monétaire du XXIe siècle est surpeuplé, monétairement riche et pauvre en consommation. La spéculation financière entretient la surpopulation et l'enrichissement de la consommation.

3.10 Travail, pauvreté et prospérité financière

L'exécution des projets industriels et d'infrastructures de production des biens en circulation constitue l'avenir. Le présent est prospectif. Autrement dit, nous vivons présentement dans un monde futuriste. Le présent est un passé certain qui nous sécurise pour l'avenir. Nous vivons du travail de nos parents et travaillons pour nos enfants. Le Crédit Agricole français, par exemple, découla du système de financement de l'agriculture allemande qui a insufflé son réalisme du développement coordonné. Il adaptait la liquidité par le Crédit Agricole à la réalité du milieu paysan et à la stabilité des projets de développement et de modernisation de l'agriculture et de l'élevage au système de production paysanne. Les agriculteurs refusaient le placement de leurs liquidités sur les marchés financiers et sollicitaient des crédits calamités (neige précoce, peste bovine et autres calamités) au taux de zéro pour cent et d'autres calamités à 1 %, adapté aux risques agricoles et difficultés réelles d'accumulation des liquidités de paiement en agriculture. L'augmentation du revenu agricole facilita la transformation de l'agriculture paysanne en agriculture mécanisée et en voie d'industrialisation. Le regroupement des terres en exploitation en commun intégré facilita la mécanisation des exploitations élargies et la croissance des revenus agricoles au voisinage des revenus des ouvriers industriels. La productivité du travail agricole entraîna l'explosion des supermarchés de distribution des produits agricoles et la protection de l'emploi agricole par le crédit bancaire à la conjoncture de l'agriculture au détriment du commerce de proximité. Les supermarchés étaient des supermarchés agricoles accueillant quelques produits industriels. Les agriculteurs plaçaient leurs revenus agricoles croissant au Crédit Agricole qui devint la première banque liquide française. Elle va racheter le Crédit Lyonnais, banque de financement de l'agriculture dans les colonies. Cette dernière avait fait faillite du fait de son inadaptation à la conjoncture de l'économie paysanne francophone. Le financement monétaire du développement agricole était lié à la transformation des structures économiques paysannes de faible production en structure financière de production abondante et de consommation de masse. La production mécanisée va augmenter les prix agricoles et pousser l'économie moderne en voie d'industrialisation à la lutte contre l'inflation dans les années 70-80. La mécanisation de l'agriculture en Alsace (France), par exemple, était précédée du remembrement des terres paysannes et du regroupement des exploitants en groupement d'exploitation en commun. Le calcul des salaires du travail en commun était la socialisation des paysans en agriculteurs modernes pour l'augmentation de leurs revenus monétaires et la mécanisation de leur emploi. La production collective pour le marché était mécanisée et le travail des paysans allégé et réparti en jour de contribution des paysans à la production communautaire. Les coopératives venaient en organisation de la transformation communautaire des produits des coopératives agricoles de transformation de lait, de la farine de blé, et du vin, pour le marché en fromages, vins et farine de blé pour le pain. Les paysans agriculteurs passèrent d'un revenu de mille à trois mille francs français à un revenu de cinq et huit mille francs français de l'époque en agriculture de la mécanisation de la culture paysanne. Les supermarchés accompagnèrent le développement agricole, les Mammouth, Carrefour et autres structures de supermarché. Ce développement de l'agriculture modifia la structure des petits commerces et la prospérité de la consommation urbaine dans les grands marchés.

La succession des agriculteurs entrait dans les critères du financement des exploitations agricoles. Par exemple, le Crédit Agricole ne pouvait pas accorder de crédit aux agriculteurs qui n'avaient pas de successeur envisageant de reprendre l'exploitation.

Les tontines (cotisation disponible à court terme pour chaque membre) forment la base monétaire d'échange social de liquidité d'investissement rentable associée aux projets mûrs des économies paysannes pauvres en liquidité et techniques d'industrialisation bancable. Ces tontines sont des bases de la mutualisation des ressources pour le financement des activités des membres.

Ceci est vrai en Amérique latine, en Afrique, en Asie, en Chine… où on les transforme en microcrédits institutionnalisés des organisations non gouvernementales des micro-projets sans concourts bancaires. Elles reflètent le niveau de production et des échanges locaux.

L'environnement économique immédiat détermine la taille de ces micro-projets et microfinances. Les grandes communautés paysannes sont édifiées en État de droit depuis Bretton Woods. Elles se heurtent à la parité monétaire des environnements industriels monétarisés en abondance de liquidités et d'échangistes sur le marché international ouvert et sans limites géographiques.

Dans cet environnement des conjonctures économiques internationales des économies nationales, les critères monétaires et financiers de classement marginalisent les pays pauvres monétairement. Pourtant, ces pays contribuent essentiellement à la croissance réelle de l'industrielle de l'Occident par leur fourniture de matières premières. Cette contribution est harmonisée dans l'échange inégal des matières premières et des produits manufacturés sans considération de la participation détaillée de l'échange au développement humain durable. Les biens de fabrication, les techniques et les technologies appropriées à l'industrialisation sont centralisés en Occident et deviennent des armes puissantes de contrôle du développement des pays pauvres. Leur transfert en colonie est proscrit par la charte financière des colonies françaises de 1912. Cette charte interdit également les échanges directs entre colonies, donc dans l'environnement immédiat des colonies. Déclarer l'indépendance des colonies aurait consisté d'abord à abolir ouvertement cette charte et les accords de coopération associés unilatéralement. À ce jour, la zone franc est encore la mise en œuvre de la charte financière des colonies et de ces accords de coopération.

Les échanges entre anciennes colonies transitent par les métropoles respectives, les servitudes intérieures conduisent essentiellement aux ports et aéroports d'évacuation des matières premières et d'émigrants vers les métropoles.

La production intérieure est déterminée par la main-d'œuvre nue intérieure. Les communautés sans instruments de production délocalisent vers les villes sans emploi disponible. Ces transformations créent la rareté des ressources monétaires et l'impossibilité des ressources financières importantes du fait de la nature des structures économiques et sociales. Les investissements publics, seule possibilité de développement de masse, sont détournés et renvoyés en métropole en placement et investissement privé des administrateurs publics.

La parité des monnaies est fixée à la parité des monnaies occidentales pour faciliter les transactions monétaires et financières entre la métropole et les colonies. L'Union européenne est la fermeture européenne de cet espace de transaction, à l'avantage mondial de l'Europe. Les communautés industrielles (USA, Angleterre, Europe) sont des communautés internationales d'échange. La France se distance des deux premières communautés pour la construction de la communauté administrative de l'Europe et de ses colonies. La protection séculaire de cette communauté est technologique et monétaire.

Dans les pays pauvres des technologies de production de masse pour le marché des richesses des ressources agricoles et minières, café, cacao, caoutchouc et minéraux, pétrole, uranium, l'or, cobalt et autre minéraux, la comptabilité matières et monétaire, sous le leadership monétaire, financier et statistique de la métropole, constitue un domaine de combinaison inextricable confié à la Banque Mondiale et au Fonds monétaire international, qui conseille l'alignement des États colonisés nouvellement indépendant aux normes monétaires et financières des États anciennement échangistes.

L'emploi est alors une provision du développement de la prospérité du développement dynamique industriel. La réaction au chômage traduit à la fois l'incertitude sur la reproduction de la prospérité d'aujourd'hui de la consommation de la production d'hier et la liquidité de l'investissement dans la production de la consommation de demain. La monnaie qui est l'auxiliaire de développement est transformée par la financiarisation, en liquidité antécédente et contrainte de l'économie monétaire de développement. Antécédente, elle est l'engagement à crédit de l'État de garantir la consommation du peuple ; contrainte, elle est la demande de l'État de l'engagement libre de la population dans la production de sa consommation. L'État assume la contrainte de l'équilibre national de la consommation sans responsabilité de la production et la liberté de la production des individus sans contrainte de l'État. L'État est juste responsable de la coordination libre de la production et de la consommation du peuple. Ce vide de la coordination est un pouvoir d'action sans limites qu'il faut encadrer par le droit. D'interdiction et d'autorisation.

Antécédente et contrainte, la monnaie participe à la dynamique de l'organisation du développement et fait évoluer les structures de développement. Les zones monétaires ne sont pas des zones de développement. Dans la charte financière des colonies, la monnaie est une contrainte aux échanges entre colonies et un antécédent des échanges avec la métropole ; elle est métropolitaine. Les colonies libérées des métropoles doivent créer leur propre monnaie. La monnaie est un instrument de coopération étroite, donc de diplomatie active. La métropole française l'a transformée en instrument de politique.

Elle n'est pas elle-même dynamique, mais balise la théorie de la dynamique du développement des structures. La communauté industrielle et financière constitue des relais de la construction de la dynamique sociale de développement ; c'est-à-dire de la production et de la consommation à crédit. L'économie de l'accumulation préalable du capital pour la production du futur est une réalité de l'économie de troc, formulée à Bretton Woods et abandonnée à Smithsonian en 1971 pour l'économie financière. Le nouvel ordre économique est le changement de l'ordre d'économie monétaire de troc en ordre dynamique de l'économie financière.

Les administrateurs publics deviennent des acteurs de l'organisation de l'État, de changement et de l'encadrement de la dynamique de structures et des marchés libres. L'État est alors la mécanique juridique de régulation (contrainte et de libération stratégique) des comportements de marchés libres. L'émergence économique et de la prospérité économique est donc celle de la dynamique des peuples sur le marché et la flexibilité de la monnaie dans la financiarisation de l'économie.

3.11 Crise monétaire et crise financière

La crise monétaire de 1936 est une crise de la monétarisation internationale de l'économie réelle. La crise monétaire internationale de 2008 est la crise de la financiarisation de l'économie monétaire mondiale. On assiste au développement du système monétaire international dans la dynamique des systèmes économiques réels. Le développent est l'adaptation du système monétaire international de Bretton Woods à la dynamique des économies réelles nationales, réveillées par la monnaie.

La monnaie est l'instrument de l'encadrement et du balisage des transformations dynamiques des économies mondiales. L'on est sortie de la concurrence exacerbée d'après Première Guerre mondiale encadrée par des zones monétaires jusqu'en 1971 et de la protection monétaire et militaire des nations de la Seconde Guerre mondiale par la bombe nucléaire à partir de 1981, pour la construction du monde de liberté monétaire et de paix sociale. La réalité du XXIe siècle demande une conceptualisation de l'éradication du terrorisme né de la dualité des conflits armés du XXe siècle et des protections militaires asymétriques des administrateurs corrompus, du courroux des populations à mains nues.

L'Afrique du XXIe siècle vit ses dernières guerres de décolonisation de l'Europe, et le monde les dernières heures de la démilitarisation. Les économies paysannes ont une croyance au mysticisme, aux religions individuelles et particularistes qui ne se consolident pas en idéologie politique. Ceci libère leur laïcisme de l'organisation politique et sectorielle de la population migrante des campagnes vers les villes. Dans la conception primaire du développement dualiste, le monde en développement était conçu à deux secteurs, la campagne et la ville. La ville était assimilée au développement, et l'exode rural à l'accès au développement. Les thèses dualistes sont actuellement dépassées. Les thèses de développement sont des thèses de déséquilibre des structures et d'ajustement monétaire des déséquilibres économiques, sociaux et culturels. Les artisans de l'industrie de production de masse pour le marché sont les employeurs de la population mutant de secteur en secteur. Dans les économies paysannes, les secteurs dominants sont l'agriculture et les autres secteurs embryonnaires. L'emploi rémunéré est rare. Les personnes en recherche d'emploi rémunéré sont nombreuses, le chômage des personnes ayant déjà travaillé est limité, le prolongement du travail des retraités est courant et le non-emploi des jeunes sortants des formations techniques et intellectuelles une réalité. L'abondance de la main-d'œuvre se transforme en surpopulation et demande croissante de la consommation. L'État s'endette pour l'équilibre de la consommation du peuple et endette les fonctionnaires pour la production du revenu de leur emploi. Il le fait par le différé de leur salaire de deux à trois ans.

Dans les économies industrielles de la France par exemple, l'avance de la liquidité gratuite aux paysans et aux commerçants participe de la relance financière de l'économie. La relance financière de l'agriculture française mécanisée dans les années 1970 procédait du financement de l'agriculture paysanne par le Crédit Agricole à taux bonifié. La relance du commerce de 2020, après la pandémie de coronavirus, procède du différé de deux ans du remboursement des crédits, aux commerçants comme aide publique à la relance de leurs activités. Dans les économies paysannes, des pays à économie pauvre sans crédit. Les crédits publics aux entrepreneurs privés de production connaissent une mauvaise gestion et des faillites et végétations de sa production conséquente pour le marché. La structure économique nationale reste plus du voisinage de l'économie réelle et pauvre que de l'économie monétaire riche. Les normes économiques sont monétaires sans financiarisation, pauvre et d'économie de troc. La financiarisation de l'économie réelle ou de production rencontre les difficultés de fuite des capitaux vers les systèmes d'économies monétaires vers des systèmes d'économies monétaires financiarisés. Les fondements microéconomiques de la macroéconomie montrent ses limites dans la financiarisation de l'économie. L'on passe de la rareté de la liquidité privée à l'abondance de la liquidité publique. Les hommes de pouvoir public confondent expressément l'abondance de la liquidité publique avec leur propre liquidité. L'environnement monétaire, industriel et public se confond. L'investissement public matériel de masse est conceptuellement prohibé dans la production pour consommation. La consommation publique est sociale et correspond aux domaines de la santé, de la scolarisation et des infrastructures publiques de communication. Ils sont progressivement ouverts aux intérêts privés de la consommation publique. La psychologie sociale du peuple s'adapte à la production privée de la consommation publique. Le matériel d'usage de seconde main importé comble les décisions des États d'assurer l'équilibre de la consommation du peuple et la paix sociale. La compétitivité de la production pour consommation locale est abandonnée à l'intérêt privé national et international.

La concurrence inégale des protagonistes organise leur coopération contre le peuple consommateur et son protecteur, l'État institutionnel. Ce dernier s'affaiblit et importe sans contrôle de la production nationale tous les biens d'intérêts privés. Et de consommation publique.

Les entreprises de production pour consommation locale végètent et dissipassent sans contribution significative à la consommation locale. Les entreprises des sociétés industrielles s'organisent secteur par secteur de production pour les marchés. Le secteur industriel est donc le socle du développement de l'économie moderne et son besoin de trésorerie immédiate, le crédit à la consommation industriel, c'est-à-dire des matières premières anticipant sa production actuelle. Le Crédit Agricole n'anticipe pas les risques de reproduction, mais la réaction immédiate par crédit bonifié aux catastrophes imprévues de la nature, sécheresse, neige précoce, météorologie incertaine. L'économie industrielle et l'économie financière sont des économies de production dévoyées par la spéculative financière sur des dérivés de crédit. Elles heurtent la gestion de la liquidité des agriculteurs qui investissent dans la production sécurisée de leur produit et leur bétail pour le marché. Les risques prévus sont les épidémies et la sécurisation de la réaction financière dans le cas de leur réalisation.

L'ordre primaire de l'agriculteur est microéconomique, paysan et parfaitement certain. Il est déstabilisé par la concurrence introduite par la monnaie, moyen d'information sociale du peuple, et ordre macroéconomique. Cet ordre macroéconomique communautaire est déstructuré du temps microéconomique paysan pour le temps macroéconomique plus long d'information sociale. L'industrie en temps d'économie monétaire se rapproche du temps microéconomique et l'administration du temps macroéconomique. Les paiements sont immédiats en microéconomie et longs et certains en macroéconomie. La certitude de paiement est la valeur macroéconomie et l'immédiateté de paiement le temps individuel de la valeur microéconomique. Le montant du crédit se déprécie dans le temps et justifie la dépréciation constante de la monnaie, valeur sociale d'information. La certitude est la valeur immédiate de l'information monétaire. La vitesse de la circulation de la monnaie était associée à la rareté et l'immédiateté des paiements, et l'abondance de la monnaie, le différé et l'immédiateté de paiement par transfert. C'est donc le différé de paiement qui est la financiarisation de l'économie monétaire. Le crédit est affecté à la consommation, le stockage et la consommation de demain. En 1853, les Banques Centrales coloniales engagent l'agriculture coloniale dans le système bancaire de mécanisation et la monétarisation de l'agriculture esclavagiste. La monnaie libère les esclaves de leur servitude et l'intelligence des esclavagistes dans la recherche de la technologie et technique de substitution du cheptel mort (machines de production) aux cheptels vivants (esclaves et bêtes de somme). C'est le début de la transformation de l'économie réelle en économie monétaire et industrielle. Le XVIIIe est alors le siècle des Lumières, le XIXe siècle, celui des progrès scientifiques et techniques et le XXe siècle, le siècle des applications réelles et politiques ou de la pensée formelle du réel.

Le processus de développement réel est théorique. Théorique, il est la pensée politique de développement, réel, il est l'application concrète des connaissances scientifiques et techniques dans la production.

La crise monétaire de 1936 est la crise de l'intégration de la monnaie dans l'économie réelle, et la crise de 2008, la crise de l'intégration de la financiarisation privée et publique de l'économie monétaire. La première était une crise de la relance de la production traditionnelle en économie monétaire et industrielle (la croissance), la seconde la relance du développement de la production industrielle en économie paysanne (économie de développement). Le développement est le système de financement des structures réelles. La croissance est le financement monétaire du système des échanges pour la consommation de la production disponible et donc du passé. Le développement est la production actuelle de la consommation du futur. Sous cette présentation, le chômage est un prélèvement sur la consommation future et une destruction de la production passée. Il n'est donc pas étonnant d'observer dans les économies paysannes en Afrique la faillite, par exemple, dans les années d'après Seconde Guerre mondiale, des initiatives monétaires d'investissement public sans financiarisation privée avant 1970. La financiarisation publique de l'économie paysanne de développement de la production publique a fait faillite en 1970. Les avances à la production publique d'infrastructure primaire de développement (route, énergie, eau potable, santé publique) sans rentabilité économique ont appauvri les structures locales de consommation sédentaire des produits de la nature sans réflexion profonde sur la protection de l'homme de faible espérance de vie. L'OMS a fortement contribué à la protection sanitaire de l'homme et à la rallonge de son espérance de vie. Dès 1970, les paradigmes économiques de la sous-population et de la pauvreté monétaire changent en paradigme financier de l'économie monétaire de la surpopulation mondiale et de la pauvreté de la consommation.

La problématique de la croissance change en problématique de développement et celle de la monnaie en problématique de la financiarisation de l'économie monétaire de développement. Les crédits, financement du développement, doivent être remboursés immédiatement à l'échéance. La financiarisation de l'économie monétaire affaiblit toutefois la rigueur monétaire de remboursement à l'échéance.

La trésorerie des entreprises est courte pour l'approvisionnement en matières premières et le financement des infrastructures. Celle des États est longue pour le financement de la consommation courante du peuple. Les États recherchent à stabiliser la consommation libre du peuple par les importations et les entreprises à stabiliser la production de la stabilisation de la consommation courante du peuple. L'importation et la production nationale sont les deux faces d'une même médaille. La financiarisation privée de la production et publique de la consommation du peuple, en économie monétaire, cherche depuis le début du XXIe siècle un terrain de coopération étroite. Les zones étaient des espaces et mécanismes de paiement moins cher des matières premières protégées par les métropoles avant 1967. Après 1970, le monde est libre et exige la financiarisation locale de la production privée des entreprises et publique de la consommation et du développement public des infrastructures de la production et de la consommation.

Cette coopération public-privé est la globalisation financière de l'économie monétaire, l'assouplissement de la rigueur économique par la flexibilité de la monnaie et le renforcement de du laxisme de la pratique financière du développement à la hauteur du développement humain durable.

Le développement est fait pour l'homme et non pas l'homme pour le développement. Il doit s'ajuster à l'homme dans les perspectives acceptables de son évolution.

La financiarisation publique de l'économie monétaire crée l'abondance de la liquidité publique. Elle couvre la liquidité privée dans les pays industrialisés. La financiarisation privée de l'économie monétaire internationale place la liquidité de certains entrepreneurs privés (Bill Gates, Georges Sorot) au-dessus de la liquidité des certains jeunes États. La force de l'État est sa reconnaissance internationale à l'instar des autres États dans la prise des décisions sur sa nation. Les relations entre États sont diplomatiques. Il n'y a pas de petits États ni d'États faibles. Leur force est institutionnelle. La corruption des administrations affaiblit les États. Lutter contre la corruption c'est lutter pour le renforcement institutionnel de l'État.

La répartition publique des revenus dans les économies paysannes en monétisation affecte le bien-être des populations en faveur du bien-être des groupes riches attachés par leur collaboration aux métropoles étrangères. Les cultures des économies monétaires locales fluctuent au voisinage du déséquilibre de leur culture locale par rapport aux cultures d'économie monétaire en rencontre. Jusqu'en 1970, ces rencontres étaient des rencontres d'économie monétaire d'échange. Elles se sont transformées en déséquilibres de développement en rencontre en 1971. L'effondrement de l'économie d'échange en faveur de l'économie de développement – l'effondrement du système d'économie d'échange de Bretton Woods en faveur de l'ajustement structurel – est mal compris par les acteurs.

L'émergence nationale, dans l'organisation culturelle indépendante de l'économie monétaire de développement, est le préalable de la stabilité du développement économique. L'indépendance est l'administration sociale du développement à laquelle on annexe le développement économique. Elle permet d'identifier les insuffisances de la gouvernance nationale par priorité du développement. Elle proscrit le désordre et la rigueur des échanges monétisés et prescrit la flexibilité monétaire du développement social. C'est cela l'effondrement du

Fonds monétaire international et l'émergence de la gouvernance administrative mondiale en 1970. Dans le nouveau système économique international, l'économie de Bretton Woods devient l'annexe de la gouvernance internationale. La gouvernance de l'économie monétaire internationale devient une gouvernance politique. Elle annexe Bretton Woods à la gouvernance internationale des nations. Cette révolution sociale et culture internationale échappe aux économistes et chercheurs ancrés sur l'analyse des arrangements de Bretton Woods. Les rencontres des peuples sont sociales et culturelles.

La stabilité économique et sociale désirée est monétaire et culturelle. Les échanges accompagnent cette stabilité sur le marché. La dépréciation de la monnaie sur le marché parallèle des marchés officiels des autorités monétaires et des échanges est l'expression sociale de l'ajustement des autorités monétaires et politiques publiques de la monnaie. Ces ajustements sont internes (les prix) et externes (la coopération monétaire). Les dévaluations compétitives des années 30 étaient des tentatives d'ajustement de la monnaie modernisée au marché monétaire international d'échanges. Cette stabilité des prix des échanges est réalisée en 1970. La stabilité de l'instrument d'échange international, le dollar, par le marché international de change, est réalisée au second semestre 1996. Le système monétaire international des nations est complètement installé en l'an 2000. Il s'agit dès lors d'installer les nations dans la liberté de leur développement. Chaque pays choisit librement son taux de change de la stabilisation de ses prix nationaux. Or, les prix internationaux sont encore fixés par les États économiquement et monétairement les plus puissants de Bretton Woods. Le premier choc pétrolier de 1973, la fixation du prix du pétrole par les pays producteurs, l'OPEP, bouleversa l'équilibre de troc au prix international des matières premières fixé par les consommateurs. L'on comprit le risque de l'indépendance des pays disposant des matières premières consommées par l'Occident. Il faut dans l'organisation administrative du monde distraire ces pays de leur développement, soit l'orientation de leur investissement vers celui dans les métropoles occidentales, soit dans des investissements non utiles à leurs peuples afin de développer le sous-développement de leur peuple. Les projets administratifs visent à contrôler le développement des partenaires et à édifier les stratégies de leur distraction du développement durable. Le change est le point d'attraction des investissements monétaires spéculatifs extérieurs et le taux d'intérêt le point d'attraction des mouvements financiers des capitaux de production. Ces deux critères, intérêt et change, déterminent le mouvement mondial des capitaux face à la déstabilisation et à l'exploitation du déséquilibre des cultures. Le développement se fait au voisinage des prix et changes socialement le plus proches.

L'instabilité contrôlée des normes monétaires et de changes environnementaux tire les capitaux vers le côté le plus long de la combinaison des déséquilibres d'intérêts. Les hommes d'affaires pencheront vers les déséquilibres d'intérêt de spéculation (dévaluation du change)[40], les entrepreneurs vers le déséquilibre le plus long du côté le plus long de la stabilité des capitaux (la stabilité des prix). Progressivement, l'accumulation des déséquilibres sociaux vers le côté court du déséquilibre de la consommation provoque des violences contre l'organisation administrative et des révolutions sociales et politiques. Les mandatés (hommes politiques) s'opposent à leurs mandants (le peuple) et développent des formes de coopération contre-nature, corruptive, multiple pour s'éterniser au pouvoir.

L'Europe, par exemple, n'a pas une politique d'industrialisation, mais d'adaptation communautaire des cultures étrangères à la consommation européenne. Elle refuse le fédéralisme, une organisation économie-culture de l'indépendance du développement de ces partenaires. La Chine adapte sa production à la culture africaine et entraîne leur dynamique compétitive discrète de la culture africaine mal perçue et combattue par l'Europe. L'UE, l'UA, l'OHADA sont des organisations administratives sans culture qui annexent le développement économique. Le développement américain est essentiellement économique et annexe l'administration sociale. Donald Trump est essentiellement américain, et Emmanuel Macron essentiellement français et européen. La crise économique et sociale du XXIe siècle est la crise du développement économique et social. Elle débute en 2008, avec la crise financière des subprimes, causée par le refus de l'administration publique de coopérer avec l'administration financière privée. De même, les pratiques financières privées, Madoff dans la gestion de l'intérêt de l'épargne des riches et la Société Générale dans la spéculation monétaire à l'intérieur du système bancaire renforcèrent la compréhension de la financiarisation de l'économie monétaire du XXe siècle.

[40] Dans les années 1970, les Africains francophones spéculaient sur la dévaluation de franc CFA. Depuis 1990, ils spéculent sur la stabilité des prix et de change, l'ouverture des frontières de change pour le transfert de leur excédent monétaire à l'étranger.

La crise soulève la réflexion sur l'administration financière de l'économie monétaire du XXIe siècle et l'économie de développement. La France, dans les colonies, ne provoque pas la concurrence, mais étouffe la dynamique des cultures de développement. Elle inspire le rejet mutuel des cultures par l'ignorance expresse des cultures des partenaires. Elle protège le commerce déjà réalisé sans ambition de changement et de son adaptation à la dynamique économique du monde. Il conviendrait d'introduire la dynamique. Cette introduction fédère les cultures.

3.12 Fédération des cultures et développement mondial intégré

La fédération des cultures est la construction de l'indépendance des nations et de leur coopération étroite. La France défend la liberté des États sans coopération des nations. Pour coopérer, il faut être indépendant. Le modèle français est unioniste, il est anti-coopératif. L'ajustement économique de 1970 à 2000 est organisé administrativement par le FMI sous la conduite de la France. Elle considère que le monde est à la fin de l'ouverture économique et qu'il n'a plus que besoin de l'administration. Or, les économies paysannes sont encore dans l'enfance de leur économie. Leur développement social ne s'accommode pas de l'administration sans ressources monétaires et économiques. Ces économies disposent des ressources économiques primaires auxquelles ils doivent accommoder avec leurs ressources monétaires. Les ressources monétaires sont fournies par les échanges. Ces derniers sont orientés et planifiés par les métropoles des anciens colonisateurs. L'organisation coloniale était faite dans l'hypothèse d'absence de cultures dans les pays colonisés. Leur indépendance devait commencer par une reconnaissance de leur culture dans la construction de l'administration monétaire. L'approche coloniale plaça toutes les dimensions culturelles dans le concept de l'informel. Les déséquilibres internes de cultures étaient le manque de culture et de monnaie, et les transactions avec l'extérieur nanties de la culture et de la monnaie extérieures. Les dimensions culturelles et monétaires étranges implantaient leurs racines culturelles dans la consommation locale[41]. Adopter le comportement de consommation colonial était le fait de devenir pour les nationaux un colon et pour les coloniaux un

[41] Pour John Stuart Mill, le moyen de transformation des objectifs culturels est l'implantation d'une mentalité conforme à l'accumulation du capital, et de développement de l'effort productif, par la diffusion du luxe à travers le commerce extérieur. Tedajo (2015 ; p. 317)

mutant vers la consommation métropolitaine. La consommation métropolitaine était l'objectif du développement. L'on ne pouvait imaginer aux XVIIIe et XIXe siècles l'émergence d'une culture dans les colonies et leur fédération contre l'Occident. Les transactions étaient les seuls moyens d'approvisionnement monétaire des colonies. Le développement mondial intégré des années 1950 ne pouvait pas imaginer une dimension culturelle fédérale entre les métropoles et les colonies. Toutefois, l'indépendance conceptuelle calculée par les Anglo-saxons libérait les colonies de l'indépendance monétaire en 1967. De même, la construction de l'OUA de Chrouma, le Ghanéen, en 1963, était une approche économique anglo-saxonne intégrée, qui était placée dans le collimateur silencieux de l'approche française de l'union FrançAfrique des colonies.

La financiarisation de l'Afrique à partir de 1980 est publique et privée. Privée, elle s'adosse au Club de Londres pour le traitement de la dette privée et publique, elle s'adosse au Club de Paris pour le traitement de la dette publique. Toutefois, l'objectif international est l'intégration de la financiarisation privée et publique de l'économie monétaire.

À cause de l'imposition, des entrepreneurs et hommes d'affaires fuient les Trésors publics vers les marchés financiers. Les Trésors publics sont contraints de s'adresser aux marchés financiers pour le financement de leur déficit public, coopèrent avec les entreprises privées dans l'exécution des projets publics de développement et modifient avec leurs retards de paiement public l'exécution des projets de développement… L'abondance des liquidités publiques accompagne la lenteur du développement et ralentit la coopération des entreprises privées sans liquidité immédiate. Cette lourdeur de la gouvernance des liquidités publiques entraîne la liquidation des initiatives privées d'industrialisation sans liquidité suffisante de soutien de l'emploi et de la production.

L'intégration de la financiarisation publique et privée ralentit le rythme global du développement économique et social. Il ralentit la croissance, régularise le développement économique et active les révolutions sociales. La crise des années 30 régulait l'ajustement de la monnaie modernisée aux ajustements de la population paysanne à la production industrielle. La modernisation de la monnaie était l'adaptation de la quantité de la monnaie à la production industrielle et la surconsommation industrielle. L'objectif de développement mondial dans les années 1944 était donc la production industrielle et l'emploi de la population dégagée de l'agriculture paysanne après la Seconde

Guerre mondiale. La relance de l'économie européenne de l'après-guerre relevait de cet objectif. La modernisation de la monnaie et l'augmentation de sa quantité, qualitativement par sa création, comblait la faillite de la négociation des indemnités de la Première Guerre demandées à l'Allemagne, et la nécessité d'internationaliser le système monétaire. La crise financière de 2008 est l'adaptation de la financiarisation de l'économie monétaire de Bretton Woods pour l'enrichissement de la surpopulation créée par la transformation de l'ordre économique traditionnel international sous-peuplé de 1944 en ordre économique mondial ouvert et surpeuplé de l'an 2000.

Le développement mondial intégré est la stabilité de la population mondiale dans une conjoncture de monnaie abondante.

3.13 Le triptyque de l'intégration mondiale et la crise du développement mondial

La déclaration du développement mondial intégré, des années 50, est un projet en construction jusqu'à nos jours. À ce jour, sa cohérence mondiale n'est pas encore établie. Les États-Unis ont établi une cohérence interne de la fédération économique et sociale sans administration, et l'Europe l'union admirative et sociale sans économie. La cohérence externe de ces deux constructions est en conflit. D'un côté, l'administration externe de la cohérence interne de la fédération économique et sociale, de l'autre la cohérence externe de l'union administrative et sociale. L'erreur des deux systèmes logiques est la définition de l'économie qui est une culture, par son objectif la lutte contre la rareté. L'économie s'est engagée dans la poursuite de son objectif sans définition de son contenu. Elle a été désintégrée de son cadre de fonctionnement spécial. Toutefois, avec l'intervention américaine, l'on a imposé l'erreur américaine aux mondes et tenté de construire l'erreur européenne comme une alternative crédible. Le premier sujet de notre thèse de Doctorat d'État de 1975, « Dynamique monétaire et Dynamique de structure dans un espace économique non intégré », a été révisé en « Monnaie, structure et sous-développement. Une contribution à la reconsidération des concepts et des politiques de développement ». Nous arrivons aujourd'hui à la découverte de l'erreur définissant les conflits mondiaux. C'est la définition de l'économie.

Si l'économie est la culture de change pays du monde, l'ouverture du débat sur les cultures, interdite en France, devait baisser les tensions de l'indépendance de chaque nation défendue par les Anglo-saxons, notamment les États-Unis. La liberté, l'égalité et la fraternité devraient être l'emblème français de la construction de son indépendance protégée par sa monnaie sans empiétement sur d'autres nations comme le prétend la zone franc. L'indépendance des nations devrait encourager, comme le pensait Keynes, la coopération monétaire étroite entre États émetteurs des monnaies nationales et organisateurs libres, économiques et sociaux des nations. C'est la stabilisation de la production locale sans ingérence internationale non négociée, qui définirait la nature des cultures et de l'administration intégrée, c'est-à-dire de l'économie intégrée de l'administration nationale. La dépendance de la technologie et des progrès technologiques des nations serait librement négociée et échangée et non imposée.

Les hommes politiques s'organisent pour tromper le peuple de leur liberté pour leur propre compte d'intérêt dans les missions publiques qui leur sont confiées. Ils élargissent les marchés parallèles aux marchés publics et sont distraits de l'intérêt public de développement. Ils négocient les liaisons financières privées occultes contre les nations mandataires. Le capitalisme sélectionne les individus parmi le peuple pour la construction de la classe des riches. Cette réalité des faits est bien rapportée par R.T. Malthus. C'est ce système mondial capitaliste qui est mis en place à Bretton Woods, facilité par l'assistance de l'économie industrialisée américaine à l'économie mondiale paysanne pauvre et en enfance industrielle. La perception monarchique et impérialiste européenne du monde réagit à la liberté d'action indépendante américaine par la recolonisation des nations libérées et par des États naissants. L'argument économique soutient l'argument politique et surclasse apparemment l'objectif social de l'indépendance. Or, l'objectif économique ne peut être négocié qu'entre pays indépendants sous l'objectif social de la résistance des cultures à l'exploitation du peuple sans intérêts publics. Le peuple ouvert au développement attend des changements économiques et sociaux de sa situation. Il s'ancre dans sa consommation d'aujourd'hui et travaille pour l'enrichissement de sa consommation de demain.

La lutte pour l'indépendance sociale des peuples est suicidaire en Afrique tenue sous dépendance coloniale et néocoloniale. Les braves qui veulent vivre debout sont assassinés par ceux qui acceptent de vivre à genou, avec la complicité des métropoles coloniales.

La France considère la coopération comme l'abandon des objectifs des partenaires au profit des objectifs français. Ces partenaires n'ont pas d'administration locale indépendante parce qu'unifiés avec l'administration centrale technocratique. Les États-Unis considèrent la coopération comme l'échange de compétitivité de biens disponibles dans les nations libres avec leur administration intégrée. Elle fédère son administration interne et établit la cohérence de l'administration fédérale avec la gouvernance internationale. Comme le recommandait Keynes, les États-Unis établissent la préférence nationale en cas de conflit international de coopération avec le monde.

L'objectif américain de l'émergence est l'émulation de la compétition entre producteurs nationaux et l'échange international des excédents. Ils postulent les réserves de change de protection de l'échange, contre la compensation des créances à l'équilibre du système d'interdépendance financière flou des producteurs. La financiarisation publique américaine est claire, logique et cartésienne. La compensation qui stabilise des déséquilibres européens et de ses partenaires de coopération est politique et floue dans l'union administrative de paiements. La logique d'établissement du remboursement des engagements collectifs n'est pas clairement établie en union des intérêts dans l'administration de la relance économique du commerce, de la production nationale et de la considération de la pauvreté individuelle des nations dans le remboursement des engagements collectifs. Cette organisation affecte à la baisse la concurrence et le développement intercommunaux des structures privées. Les réserves stimulent la compétition et la concurrence entre nations et le développement intérieur des nations fédérées. L'objectif français de l'intégration des cultures des partenaires est politique dans l'union des nations et la décentralisation de l'effort local de la production et du financement communautaire révèle la faiblesse de certains producteurs conduisant à leur suicide face à l'effort de compétitivité industrielle inhumaine ou à l'accumulation de la dette financière d'aide communautaire à la production agricole non remboursable. L'on doit réorganiser la finance et la compétitivité de production de la transformation de l'économie traditionnelle de production en économie monétaire industrielle.

L'intégration de l'économie traditionnelle à l'économie monétaire industrielle n'est pas immédiate. L'intégration de l'économie traditionnelle des années 1950 a été favorisée par la destruction massive de la population par les deux guerres mondiales et la réaction humaine rigoureuse des Nations Unies pour la reconstruction du monde intégré. C'est l'erreur fondamentale de l'Union européenne d'exiger une transformation immédiate des économies paysannes en économie industrielle.

L'évaluation de l'interdépendance culturelle et politique est administrative et économique. Les accords français de coopération économique, monétaire et militaire sont secrets. La gouvernance française du développement économique est discrète et frappée d'interdiction de débat. Ces deux domaines sont les priorités simultanées du développement. La zone franc, par exemple, au-delà de la décolonisation administrative, est restée économiquement française et du domaine de l'interdit de débat. Elle a été essentiellement politisée. Le domaine économique a été présenté comme le domaine de défense des intérêts de l'État. Ce domaine des intérêts ne s'est donc pas penché sur l'intérêt des anciennes colonies dans la coopération avec la France, mais sur les avantages de l'Europe du prolongement du système colonial au-delà des indépendances formelles des années 1960.

La production française en enfance industrielle, à la fin du XIXe, a amorcé son industrialisation de l'agriculture d'échange de l'abondance en 1970 comme la Chine. Mais pour organiser son indépendance, la Chine sentit la nécessité d'organiser son développement culturel, c'est-à-dire le bon bout de la définition de l'économie. Nous soupçonnons l'Asie et l'Inde d'avoir aussi défini l'économie comme la culture d'avoir centré leur développement sur l'ordre culturel local. L'Afrique a fixé son développement sur la rareté des biens et tendu sa main à la demande de l'aide des métropoles coloniales pour construire son indépendance contre ses colonisateurs. Ce fut l'erreur la plus fatale de l'Afrique. Les premiers indépendantistes africains qui ont demandé cette indépendance ont été assassinés par les métropoles et leurs complices en colonies. L'Afrique est une région économique française qui prolonge la France et n'arrive pas encore à relever le défi de l'indépendance de ses pères.

Comment démêler la gestion indépendante des nations africaines de l'universalisme culturel colonial français dans la construction de l'Union européenne-africaine.

3.14 La révision du concept de la définition de l'économie et du système économique

La révision du concept de la définition de l'économie entraîne celle de tout le système économique et monétaire. La monnaie est la privation volontaire de peuple d'accéder à l'échange et à la production. Au XXe siècle, la définition de l'économie par la rareté faisait de l'or la monnaie, l'instrument d'échange des rares disponibilités. Il ne pouvait pas être l'équivalent des biens disponibles, par la production et la demande de l'homme en augmentation croissante. L'échange de production et de la consommation ne pouvait s'équilibrer par le bien rare. L'instrument d'échange pour le développement et la croissance est l'échange qui devrait être abondant. À Bretton Woods, l'on substitue le dollar, bien créé et volontairement disponible, à l'or, bien produit et rarement disponible. L'instrument d'échange des biens disponibles en croissance devrait s'adapter à cette croissance. Il ne devrait pas contraindre la production des biens demandés[42]. Les riches des pays pauvres sont administrés autoritairement par les pays industrialisés qui font de la monnaie un pouvoir de contrainte de la liberté de leurs partenaires et de leur propre liberté. Les gouvernements occidentaux manipulent la monnaie comme un instrument de pouvoir de contraindre la liberté de leurs partenaires. Ces ressources interchangeables sur le marché officiel d'aide au développement et le marché parallèle de l'assistance financière aux gouvernants métropolitains circulent dans le pavé haut de l'administration de la zone franc et de la France. Ce pavé, financé par le drainage de l'aide au développement ainsi que les recettes d'exploitation des anciennes colonies disponibles dans les Banques Centrales francophones sous la surveillance de la métropole, laisse ruisseler goutte à goutte ces liquidités vers le bas. Les gouvernements qui sont pauvres font des pieds et des mains pour payer leurs fonctionnaires.

La recherche de la rémunération libre de la surpopulation urbaine s'oriente politiquement de la population vers l'émigration. L'organisation du développement national est sous un système de la déflation qui ne peut pas emballer le développement.

Les liquidités transférées des métropoles par des individus travailleurs en métropole assurent la survie de la population peinant pour leur consommation quotidienne sans ambition d'investissement pour le développement. L'investissement est une ambition de spéculation pour la stabilisation de la consommation actuelle. L'avenir s'éloigne des projets de subsistance. Compte tenu du niveau de consommation du peuple, ses ambitions d'investissement sont faibles, sans vision sociale globale ni emploi pour la production de demain. Le projet de l'emploi de Bretton Woods était une prévision de la prise en charge de la reprise démographique de l'après-guerre et des hommes appauvris par la guerre. Jusqu'à l'an 2000, l'économie du XXe siècle est une économie de la reconstruction sociale et économique de l'après-guerre. Du monde

---

[42] Voir Joseph Tedajo (2015 ; p. 197). La monnaie est pouvoir ; mais elle n'est pas contraignante.

de l'avant-guerre. La préoccupation de l'inflation et de l'emploi change en enrichissement monétaire de la consommation, de la déflation et de la croissance du chômage et du non-emploi de la population croissante dans un monde de paix sociale, de consommation, de croissance de la population, de l'abondance de la monnaie.

En 1970, la demande de la production du début du siècle change en demande de la production mondiale sans contrainte. Le peuple lutte pour l'échange de la production disponible contre la demande de la consommation distribuée administrativement. Le monde entre en déséquilibre de la distribution par le marché (capacité de production) et l'administration (besoin de consommation). La monnaie devient une variable d'ajustement flexible des déséquilibres de la production et de la consommation. Le changement de la monnaie bien réel en monnaie bien créée a rendu la monnaie ajustable aux déséquilibres réels contre l'hypothèse de la dynamique de la monnaie des siècles passés. La pauvreté monétaire est le manque de biens échangeables auxquels s'ajuste la monnaie créée. L'illusion de la dynamique monétaire est levée avec la flexibilité de la monnaie dans les échanges. La dynamique de la production des biens échangés pousse l'ajustement statique et immédiat de la quantité de la monnaie aux biens échangés sur les marchés parallèles contre les marchés officiels publics calculateurs. Le délai de calcul public prend le retard sur la réaction des marchés parallèles. C'est la lutte entre la privatisation et la nationalisation ou de l'ouverture des marchés publics à la privatisation.

La privatisation des entreprises publiques est ouverte dans les années 1980. La financiarisation privée et publique commence sa réflexion sur l'intégration financière du développement privé et public mondial.

3.15 La cohérence interne et externe et la découverte de la maladie profonde des systèmes

Les marchés publics, à force de corruption, s'ajustent aux marchés parallèles du commerce et de change. Un système cohérent ne peut être à la fois autoritaire et démocratique. Dans le cas de l'intégration de l'économie sociale et administrative, le système américain est démocratique à l'intérieur et à l'extérieur. Dans les cas français et européen, il est autoritaire à l'intérieur et à l'extérieur de l'Europe. Également, l'approche démocratique et indépendantiste de l'OUA de 1963 est démocratique, la récupération de la France pour l'Union européenne est autoritaire et impérialiste.

Le développement du XXe siècle était à dominance démocratique et libérale, celui du XXIe est à tendance fédération de l'économie, du social et de l'administration, c'est-à-dire des cultures des pays indépendants. L'unité de l'étude de la nation est l'État. L'entreprise est l'unité de développement économique de l'homme, le centre du développement.

L'économie de développement du siècle dernier était désintégrée. L'on étudiait séparément l'économie, la sociologie, la psychologie, l'administration en dehors de leur intégration culturelle. La politique se substituait imparfaitement à la culture et balbutiait sans connaissance théorique de l'intégration en unité culturelle.

La construction de la relation entre la pauvreté de cette consommation et la richesse de la production n'intégrait pas la fourniture de la matière première dans la richesse de l'unité nationale d'échange contre la consommation. L'urgence de cette dernière s'accommodait de la faim et de l'émergence de la production extérieure dans les unités de consommation nationale de production traditionnelle. La production traditionnelle à mains nues entrait en compétition déloyale avec la production mécanisée importée. De plus, les métropoles coloniales interdisaient le transport du matériel de production dans les colonies sous l'ère des Lumières. Ils cadraient de manière protectrice les échanges avec les colonies avec leurs monnaies. La production pour consommation locale était détournée par la monnaie vers la production pour exportation payée en monnaie métropolitaine compensée par l'importation des biens étrangers de consommation. La révolution sociale débute dans les années 1970 : l'abandon des cultures paysannes de rente exportées au profit des cultures maraîchères de consommation locale contre monnaie locale. Le doublon français, de l'échange avec la France, le FCFA créé par la France en 1945, en préparation de la poursuite de la colonisation, n'était plus suffisant pour l'orientation de la production nationale vers la consommation nationale. L'État, considéré comme le père de la Nation, doit créer la monnaie nationale et abandonner la monnaie coloniale.

Paradoxalement, le pouvoir en place est le doublon du pouvoir français. Il est implanté et soutenu autoritairement par la France au prix du sacrifice des récalcitrants. L'économie d'échanges voile les perspectives de développement de la production nationale. Les microfinances monétisent l'économie contre son développement. La dynamique des propriétaires terriens est supposée transformer la production paysanne actuellement consommée à l'état brut en production industrielle. Cette transformation de l'économie traditionnelle en économie moderne de production rapide pour le marché exige des techniques, technologies et financiarisation de l'économie monétaire paysanne. Cette financiarisation est prohibée par la métropole. Elle confine le consommateur de la corvée des saisonnalités naturelles de production de la nature et de la consommation de la nouveauté plutôt que de la production du nouveau. La nature est dégradée par la consommation nationale, et la modernisation de la production différée. La modernisation et le développement de l'économie sont annexés à l'administration coloniale de la statique de développement. À ce jour, 70 ans après l'indépendance, l'Afrique se contente encore de présenter la Côte d'Ivoire comme le premier producteur de cacao, sans aucune industrie de transformation en produit consommable. Le pétrole consommé en Afrique est importé et la production africaine brute exportée pour raffinage à l'étranger. L'économie monétaire est sociale, africaine et vide d'industrie.

Les ruraux, propriétaires des terres productives, émigrent vers les villes riches de la consommation et de manque de productions agricoles paysannes, sans mécanisation de la production industrielle et en excédent de la population d'exode rural vers les villes de consommation sans monnaie. La culture industrielle est monétaire. L'on doit dans la zone franc restructurer culturellement la paysannerie sans monnaie et sans culture industrielle. L'union Europe-Afrique unit les cultures paysannes et industrielles en naissance.

La stabilité sociale n'est plus métropolitaine, mais mondiale et structurelle. La structure économique n'est plus l'entreprise américaine, mais la culture sociale en développement et de l'entreprise américaine en croissance industrielle. Les cultures sociales sont données et statiques. La dynamique économique est celle de l'entreprise dans les années 1965. Elle est mécanique et non structurelle. Elle s'accommode de la statique des cultures sociales comme une hypothèse de recherche économique.

À partir de 1970, la dynamique économique est systémique, comportant une composante sociale et culturelle sur laquelle les nations et États sont bâtis. La macroéconomie est culturelle et dynamique. L'économie monétaire de croissance est mécanique. Le changement du modèle de croissance de Bretton Woods est interprété comme l'effondrement du système monétaire de Bretton Woods en faveur du système financier de l'ajustement économique et social de Smithsonian. L'analyse économique a du mal à intégrer la réflexion sociale et culturelle dans l'ajustement économique mécanique. L'action de décentralisation et de convergence économique accompagne l'intégration formelle de l'économie dans la société et la culture. Toutefois, l'introduction de la culture et de la société dans la conception de l'économie est une révolution culturelle et sociale, une violence économique.

Elle fait muter de l'économie de l'annexe de l'administration à l'économie monétaire auxiliaire de l'administration des cultures. La compétitivité économique devient sociale et culturelle. Les ajustements économiques et culturels sont dynamiques et systémiques[43]. L'ajustement des structures de développement des déséquilibres de la production et de la consommation est systémique. Le monde industrialisé des années 50 ne pouvait nourrir unilatéralement sans révolution mondiale intégrée culturellement. Le monde était en enfance d'intégration culturelle.

Au cours du XXe siècle, le monde a appris le comportement des pays industrialisés et s'apprête à lui répondre adéquatement à partir de XXIe siècle par la fédération des cultures par leur production, consommation et échange. Il convient de réviser alors le concept du développement mondial intégré par partie des années 50, pour l'intégration, systémiquement et globalement, du développement mondial du XXIe siècle. Il conviendrait de réviser le modèle de Bretton Woods et d'y introduire l'unité culturelle et sociale des nations. L'erreur de la France est de chercher à unifier les cultures sans leur identification. La fédération identifie les échanges dans l'indépendance des cultures. Les échanges doivent être groupés autour des cultures.

La liquidité générale devenue abondante n'est plus le pendant de la production, mais de la Paix sociale des peuples en développement. La distribution intègre les marchés d'expression de la compétence et de la consommation. Sa circulation n'est pas normée par la production, mais par des conflits délibérés entre États échangistes et la volonté du peuple de résoudre par l'activité rentable, mais aussi par le vivre-ensemble du peuple. Une partie de la liquidité abondante est infiltrée dans la population pour maintenir leur pauvreté et leur désir d'enrichissement. Elle est la porte d'entrée de la corruption.

[43] Le Club de Rome parle de la croissance zéro, en 1999, c'est-à-dire du changement de l'approche linéaire de l'économie en approche systémique et dynamique.

3.16 La politique économique de développement du XXIe siècle est le conflit délibéré du Président américain, Donald Trump, contre le monde de distribution de la liquidité du dollar contre les États-Unis du XXe siècle

La provocation du rééquilibre monétaire mondial du XXe siècle à partir de 1970 trouve son apogée avec l'arrivée au pouvoir américain de Donald Trump, en 2016. Il faut réécrire Bretton Woods. L'écriture de Bretton Woods correspondait à la fin de la Seconde Guerre mondiale et la nécessité de la reconstruction économique de la paix dans le monde. Elle visait les destructions de la guerre et l'éradication de la misère de l'après-guerre. Les origines des guerres mondiales étaient les conflits des nations européennes. Ce conflit était culturel, la lutte pour le leadership en Europe, sans gouvernement européen. L'Europe d'aujourd'hui, ce sont les Nations Unies européennes, sans gouvernement et avec un pouvoir sans exécutant. C'est le reflet que l'Union européenne donne à travers ses institutions africaines : l'Union africaine et la CEDEAO. Ces institutions protègent et défendent les dirigeants cooptés par la France, contre leur peuple dans l'intérêt de la France.

Le monde est intervenu pour arrêter la guerre entre deux nations européennes, la France et l'Allemagne, et résolu le contentieux de règlement des dommages de guerre par le Plan Marshall d'aide à la reconstruction de l'Europe. La guerre terminée, l'instauration de la paix a été longue. Le système monétaire de Bretton Woods a mis en œuvre un système monétaire de la reconstruction de l'Europe aux fondements microéconomiques américains. Le contentieux européen était social et politique, la lutte pour le leadership européen et la stabilité sociale. Le conflit européen était entre nations et non entre entreprises. Il fallait construire l'unité administrative nationale et non pas l'unité économique nationale. L'économie européenne est l'annexe de la gouvernance administrative européenne.

La discussion du leadership de l'Europe unifiée est restée le fondement du conflit européen entre la France et l'Allemagne aujourd'hui, auquel est sacrifiée la construction de l'Union européenne sans frontières. L'harmonisation sociale de la politique, la globalisation des prix et des paiements nationaux ne sont pas une solution aux conflits de leadership de l'administration. L'économie est l'annexe à la politique administrative des colonies et des partenaires européens. L'Afrique ne dispose pas encore des forces politiques indépendantes pour arracher son indépendance de la France. Le comportement des pouvoirs politiques francophones de l'Afrique de l'Ouest le démontre suffisamment. Ne restent au pouvoir dans les pays francophones que ceux désignés, protégés et soutenus par la France.

L'union économique et monétaire européenne doit s'adapter aux changements du modèle américain de croissance de l'Europe en modèle de développement économique et monétaire d'indépendance de développement.

La France, face à Donald Trump, ne parle pas de l'indépendance de la France, mais de l'indépendance de l'Europe. Donald Trump entretient un conflit délibéré d'abandon financier de l'Europe et de la France dans leur projet de financement public du monde.

L'Europe doit, par exemple, participer effectivement au financement de l'OTAN, de ses propres conflits internationaux et compter moins sur les États-Unis. Elle doit construire son armée en fonction de l'environnement de ses conflits. Le paradigme de la sécurité nationale est nouveau. Le monde de la paix doit abandonner la préparation de la guerre nucléaire, ou financer nationalement sa protection.

La préférence humanitaire de la consommation immédiate et certaine se substitue à la préférence de l'investissement dans l'idéologie européenne d'extraversion, de création et règlement des conflits extérieurs d'après-guerre. L'entretien d'une paix conflictuelle avec le monde est l'environnement préféré de l'Europe approprié au développement mondial. L'Union européenne des guerres de mobilisation des conflits offre à la France l'intervention de dialogue avec le monde. La résolution des conflits pour le cessez-le-feu doit passer de la négociation à la paix conflictuelle et sans guerres. La réalité du XXe siècle guerrier est dépassée. L'Europe doit repenser sa politique et sa diplomatie de paix sans conflits. La page des guerres doit être tournée au XXIe siècle pour un monde de paix, de collaboration du développement.

Les guerres de la colonisation sont les vraies guerres de la permanence de confits européens. Elles sont la toile de fond des efforts des Nations Unies entraînées dans la gestion de la paix. Les conflits sont restés actifs et en sourdine en Afrique, attisés par la France et entretenus par les missions de la paix des Nations Unies. La France trouve l'Afrique comme son dernier entretien de retranchement colonial des conflits. Les nations paysannes pauvres se détachent de leur réalité coloniale sans force ni stratégie politique de dégagement de la France à cause de son infiltration profonde des administrations. La différence des cultures conseille l'indépendance et la fédération des nations africaines, sa défense internationale à la mesure de ses propres conflits comme l'envisageait l'OUA de 1963. Le monde actuel est surpeuplé en raison de la politique d'échange et de l'emploi mondial appliquée par les États-Unis. Le monde est soulevé par la politique européenne des conflits sans fin et sans objectif de développement volontaire. Elle mobilise à vide le monde des conflits, de paix et de protection massive pour la paix.

Au XXe siècle, les pays ont été entraînés à consommer ce qu'ils ne produisent pas, au contact de l'Occident et de sa civilisation de la production industrielle pour la consommation par le marché. Les conditions de développement du marché, la monnaie et la technologie ont été privées aux économies paysannes. La base microéconomique du travail est restée paysanne sans technologie et spéculative sans monnaie nationale. La coopération internationale est restée impérialiste et ouvertement coloniale, avec la coopération des Nations Unies et de l'Europe dans le placement des dirigeants de substitution de l'administration coloniale pour l'entretien de la colonisation.

La Banque de Reconstruction de l'Europe accompagnait les États dans le processus de leur relèvement du marasme et de la pauvreté monétaire de l'après-guerre. L'inflation était une mesure de relance de la production et de la consommation régulière, la croissance jusqu'en 1970. La période de la déflation et de la croissance du chômage commence dans les années 1971. La substitution de la financiarisation publique à la financiarisation privée fait mauvaise fortune de l'intégration, de la financiarisation publique de la spéculation financière privée et de la sollicitation de la privatisation des investissements publics de développement. La crise financière de 2008[44] est la crise de l'intégration de la finance privée dans le public, du financement public de la financiarisation privée.

L'état des infrastructures et des structures d'entreprises de production massive pour le marché se substitue au financement public du développement durable des infrastructures, les infrastructures publiques de développement des économies paysannes s'appauvrissent et révèlent la dimension réelle du développement économique. Ils reflètent les résultats de l'ajustement monétaire sans développement.

[44] La crise de 2008 est la faillite de Lehman Brothers, avec le refus du Secrétaire d'État au Trésor, H. Paulson, d'escompter les effets des crédits de cette grande banque américaine, subprime.

L'avenir se jouait présentement, dans la dégradation et le relèvement des infrastructures sans ressources technologiques, liquides internationales d'importation et volonté occidentale d'exportation de la technologie.

Comme l'avait perçu Keynes, l'économie monétaire dont il élabora la théorie était occidentale, donc industrielle, spéculative et d'échange massif pour la population d'après-guerre en développement rapide. Elle limita sa théorie au développement occidental qui disposait de la monnaie et des infrastructures de croissance et dont le problème était qu'il n'emploie personne, abandonnant l'agriculture pour le secteur industriel. Leur récupération par l'industrie automobile de Detroit était la simplification du travail de contribution à l'essor de l'industrie, le travail individuel sans grande spécialisation et l'endurance du travailleur, c'est-à-dire sa productivité marginale. L'homme pouvait aligner sa consommation à son effort endurant du travail. Le salaire de l'ouvrier était calculé sur l'endurance au travail et non la qualification. L'endurance ou le temps de travail au début était illimité. La qualification réduisit le temps de travail jusqu'à un minimum de 8 heures par jour. L'heure de l'ouvrier est évaluée en argent, le pouvoir d'achat du bien produit pour le marché. L'économie paysanne en développement vers l'économie monétaire cherche les normes monétaires de l'effort de production des biens demandés sans qualification. La qualification augmente le prix de la formation professionnelle au prix du travail sans qualification professionnelle.

Dans le cas du Cameroun par exemple, dans les années 1970 de repli des colons vers la métropole, l'abandon du projet d'industrialisation de la tomate à Foumban, de la tannerie et de la menuiserie moderne de fabrication des meubles à Gaoundéré, de la culture de riz à la plaine Bow et à Tonga, de l'industrialisation de la production des dérivées de l'huile de palme de la Sanaga Maritime, de l'amélioration de la production industrielle du café moulu de la coopération agricole de café à Bafoussam, plantait le décor de la formation professionnelle pour l'industrialisation ou de la simplification des techniques, technologies et méthodes de production industrielle du Cameroun. Déjà dans les années 1960, l'on produisait la quinine à Dschang avec la culture du quinquina dans les plantations de Lagarde et certaines plantations paysannes des planteurs de café. La quinine produite par ce laboratoire était distribuée tous les vendredis dans les écoles primaires contre la fièvre. Ces structures, à ce jour, ne sont plus que des vestiges d'un passé sans trace actuelle de production.

La politisation du pays a dégagé des exploitations terriennes et forestières de leur initiative de projets d'industrialisation rattachant les populations aux règles aux d'administration sociale à leur connaissance. La production industrielle n'était pas une tradition locale. Et le peuple retomba dans les traditions de production pour autoformation et échange des excédents sur des marchés embryonnaires. La spéculation monétaire sur la dévaluation du FCFA a orienté la vision des cadres de relèvement colonial vers les métropoles d'emploi et de consommation confortable.

La richesse monétaire accompagnait la consommation de l'importation contre la production nationale de compensation des déséquilibres de consommation nationale. Le peuple en croissance et en monétisation rapide à partir de 1970 inversa la demande monétaire de la consommation importée en demande de production intérieure appropriée de sa consommation et de la monnaie parallèle correspondante aux échanges des excédents de production locale sans modification des instruments locaux de production. Ces échanges étaient plus près du troc que des échanges monétisés sur le marché. L'Europe et la France sont contre les monnaies parallèles des colonies indépendantes. Ils leur substituent l'euro contre le dollar, le yuan et les autres monnaies nationales indépendantes du monde. L'euro est la monnaie Euro-Afrique dans sa construction. Le décrochage de l'euro de l'Union européenne sonnerait le glas de sa fin.

L'on va développer une théorie de la technologie appropriée sans politique de développement appropriée. L'on passe de la politique certaine de l'application des décisions politiques des métropoles coloniales à celle de la stratégie d'évitement des applications des théories avec intérêt global des anciennes colonies, à partir de 1965. Ce processus conduit à l'incitation de la privatisation des entreprises publiques des années 1980.

Les nations sont libérées de l'obligation internationale de rattachement de leur monnaie pour l'organisation indépendante de leur développement. Elles sont libres dans le choix de leur monnaie, instrument approprié à leur culture de production et d'échange. Les métropoles, sauf la France, décrochent leur monnaie des monnaies coloniales avec la dévaluation de la livre sterling en 1967. La dévaluation de la livre accompagne la création de l'OUA, en 1963, de l'organisation de l'Association des Banques Centrales africaines et de son organisation exécutive en 1980, récupérée par la France pour la construction de l'Union Europe - Afrique, UE-UA, en 1990 à la place de la Françafrique. Les premiers salaires des cadres néocoloniaux étaient assortis de la liste des produits de consommation étrangère obligatoire. La consommation française était la dimension culturelle française. La consommation forcée était une marque de distinction monétaire de la métropole et des colonies et de contrôle de la concurrence d'épargne entre ouvriers métropolitains et ouvriers coloniaux. Le traitement des colonies en économie est considéré comme un avantage à l'administration coloniale. L'administration coloniale est un acte politique discret et sans publicité. Au XXIe siècle, l'ouverture économique du monde impose l'intégration de l'économie dans l'unité culturelle de l'administration et l'éradication de la corruption.

L'investissement étranger français à l'étranger est la consolidation de la conquête coloniale et non pas du développement de la production des partenaires. L'implantation de l'unité de production de Peugeot au Nigeria, par exemple, fut une opération politique de récupération du Nigeria dans la zone franc. Mais elle n'a pas encouragé le développement de l'intégration de pays membres de la zone franc et du Nigeria. Elle sabote la construction de la CEDEAO, par la résistance dans la rigidité du franc français à la flexibilité. Les dévaluations périodiques sont des politiques d'imposition des ordres d'échange, indépendamment de la souffrance du peuple qui subit l'imposition des échanges et la fixité de la parité du franc CFA.

Le peuple des années 1980 s'est rabattu sur les exploitations paysannes de survie en attente de l'appauvrissement monétaire définitif des structures d'exploitation nationale publiques et privées pour s'exiler massivement à partir de 1990. L'économie de la croissance des exportations paysannes a implanté dans la seconde moitié de 1996 une économie monétaire de marché, paysanne, surpeuplée et pauvre. La politique monétaire de croissance est devenue, à la flexibilité de la monnaie et la politique monétaire de développement, le financement privé et public international intégré. La financiarisation intégrée subit sa crise financière de 2008. L'économie devient l'économie de développement du financement privé et public intégré pour l'équilibre des unités des cultures de consommation et production nationale intégrées par fédérations.

Le crédit s'est bancarisé et s'est concentré dans le secteur pour le financement du secteur économique des entreprises de production des biens commercialisables. Cette financiarisation privée s'est heurtée au financement public de la production et à la demande publique de la désintégration de leur fédération. La fédération des nations est le développement de leur indépendance monétaire et sociale. Et de la coopération monétaire internationale flexible. La flexibilité monétaire stabilise les déséquilibres des cultures et ne les modifie pas. Aussi, sous la stratégie monétaire de la croissance des années 1970-2000, la monnaie n'est pas un facteur de développement. C'est la raison de la crise financière de la spéculation financière de la croissance des structures sans développement de 2008. Les quantités de monnaie et des nations dans le monde d'abondance de la monnaie et de la pauvreté de la production pour la consommation nationale. L'échange international devient la compensation des déséquilibres intérieurs de production. La coopération internationale est l'assistance internationale des nations à l'organisation de l'émergence internationale de leur excédent de production. L'économie du XXe siècle est une économie de croissance monétaire et de la population sans contrainte du transfert des techniques et technologies de production pour le développement économique réel des économies paysannes nationales. L'abondance monétaire au XXe siècle a libéré la consommation en différant l'ordre d'émergence industrielle de la production mondiale des économies paysannes déclenché en 1970. Le développement au XXIe siècle est la concrétisation du processus de développement industriel par financiarisation de l'économie monétaire de développement. La financiarisation du XXe siècle était la spéculation monétaire dans sa tendre jeunesse, sans maîtrise du risque d'endettement ni de l'objectif de la monétisation de l'économie. L'objectif économique était la lutte contre la rareté, donc en économie monétaire pour l'appropriation de la monnaie rare sans autres objectifs que la consommation. L'organisation économique et monétaire était des stratégies de conquête de la rareté de la monnaie. L'inversion de l'ordre de production industrielle mondiale réelle de l'Occident au monde est contre la conquête coloniale de la richesse monétaire et l'organisation de la financiarisation du développement de l'économie réelle. C'est la révolution keynésienne.

La crise monétaire de 1936 était une crise de spéculation monétaire de transformation des structures de production économique sans technologues ni technologies industrielles en monde de production industrielle. L'intervention américaine dans la distribution provisoire de sa production industrielle au monde était contrainte par la rareté de la monnaie instrument d'échange international. La création du Fonds monétaire international était le moyen de libérer le monde de la contrainte d'échange international. La croissance zéro en 1999, prévue par l'étude du club de Rome, était la fin de l'implantation du système monétaire international et le démarrage du système de développement économique mondial. Ce développement était systémique, donc l'intégration fédérale des systèmes des unités économiques et sociales nationales intégrées nationalement, donc de l'économie mondiale. Le XXIe siècle est le siècle de la fédération systémique des unions économiques et sociales nationales de développement. Nous parlons aujourd'hui du développement national inclusif.

La relance de la coopération internationale est la production industrielle pour le marché dans chaque unité nationale de production industrielle de 2020. C'est le développement mondial intégré du XXIe siècle. La lutte pour le développement économique est désormais structurelle. Elle est contre la surpopulation, pauvre et émigrante. Les raisons de l'émigration sont généralement humaines ; l'impossibilité de supporter les conditions monétaires et sociales de vie nationale. Les conditions de vie dans les transformations de l'économie paysanne en paix en économie industrielle sont parfois effroyables. Dans ce monde de transformation, le crédit public s'évapore en consommation privée indépendamment des sanctions administratives. La monnaie créée, garantie par les effets de commerce, accompagne l'expansion de la consommation et des exportations pour l'acquisition des devises de la consommation extérieure.

Les banques notamment de la zone franc gèrent la liquidité extérieure de la zone à l'avantage de la métropole, le système monétaire lutte pour le rattachement commercial à l'Europe. La France-Afrique est la centralisation de l'investissement de la liquidité de la zone en France pour une gestion communautaire de la France.

L'organisation sociale traditionnelle, socle de l'économie informelle, est déconnectée de la zone par les marchés parallèles de change et du commerce concurrent des marchés officiels. Les crédits réels en nature sont remboursés en nature, l'avance par des pourceaux, veaux et chevreaux, en élevage ou fille en mariage contre usufruits transmis en richesse de génération en génération par succession, sont des bases de négociation de l'économie de troc traditionnel local. Les emplois de ces économies sont des emplois familiaux de petits services de nature humaine, non industriels et de paiement avec des petits sous. L'industrie est l'organisation de la gestion de la technique en relation avec l'exploitation du travail humain des hommes formés à la technologie. Les infrastructures et les structures d'entreprises sont des fondements sociaux de l'économie de la richesse monétarisée. La monnaie investie est la programmation de la conservation de la consommation actuelle demain.

Le déséquilibre des deux systèmes montre la dimension structurelle et systémique de leurs intégrations. Les structures d'entreprises, les infrastructures de développement économique et social sont tellement éloignées qu'il convient de penser à leur fédération par cohérence interne et externe à un certain niveau de développement. Certainement que l'union était un frottement nécessaire d'éducation à la compréhension des deux systèmes. Soixante-dix ans de frottement, à ce jour, révèlent un certain niveau de compréhension mutuelle et un pouvoir d'organisation fédérative de leur intégration. Une intégration économique et monétaire fédérative comme l'envisageait l'OUA en 1963, contre l'UA-UE des années 1990.

Dans les structures de l'intégration fédérative, c'est la création des entreprises de production industrielle pour le marché et des infrastructures de développement économique et social qui forment la base essentielle de l'intégration.

La monnaie voile les déséquilibres de la production et encourage la consommation de la production d'hier pour la production stabilisée de demain. L'équilibre de la consommation d'aujourd'hui et de la production, et de la consommation de demain, est la stabilité économique générale ou l'équilibre monétaire des déséquilibres de structures et infrastructures. Les unions ne facilitent pas leur développement. Le modèle fondamental de la stabilisation du développement humain durable est cet équilibre monétaire de la dynamique des déséquilibres. L'économie monétaire est une économie de la programmation de la production et de la consommation humaine, compte tenu de déséquilibres actuels. Le développement n'est pas leurs stabilisations monétaires, mais la transformation des structures sous-jacentes en structures de développement économique, social et industriel. Comme le disait John Maynard Keynes, l'économie monétaire introduit l'incertitude présente et la politique, la certitude du futur, le développement. C'est cette certitude qui est le développement du futur. Le futur n'est pas connaissable et il n'est connu que lorsqu'il devient passé. La monnaie introduit alors l'équilibre des déséquilibres économiques réels. C'est la politique qui fait le développement stabilisé par la monnaie.

L'abondance de la liquidité crée et raréfie le travail. Pour Keynes, l'économie monétaire ne peut pas employer les hommes. Dans cette économie, ce que les hommes demandent, c'est la monnaie et non pas le travail. Le développement, c'est le travail. La désutilité du travail est créée par la monnaie. Elle rend l'économie monétaire de développement politique.

Si dans la règle 20/80, de la fondation Rockefeller, l'on soutient que vingt pour cent de la population mondiale peut s'occuper des 100 %, les 80 % sans emploi doivent gagner l'équivalent général de leur consommation de subsistance par distribution des moyens de consommation produits par 20 %. L'abondance de la monnaie est créée pour la consommation de 100 % de la population dépendante de 20 % des producteurs. Le bien-être n'est plus la survie, mais le vivre-ensemble.

Le problème du XXIe siècle est celui de la surpopulation et de la pauvreté de la production pour la consommation nationale. L'abondance de la liquidité facilite la consommation internationale. Jusqu'à la crise des subprimes en 2008. Elle ignore les emplois du développement de la production nationale pour la consommation nationale. Les fonctions de l'économie de la spéculation monétaire de Bretton Woods se transforment en fonction de spéculation financière en 1970, qui fait sa crise en 2008, avec la déflation et la croissance réelle de du chômage depuis Smithsonian.

3.17 La spécialisation de la production pour le marché et le financement du développement mondial intégré

La spécialisation de la production pour le marché à partir de 1971 est systémique et financière. La politique économique internationale de développement est désormais articulée sur le crédit et la spéculation financière. L'offre mondiale de la production pour le marché mondial est coordonnée par le libre-échange américain. Seule la Chine répond politiquement à l'appel de Smithsonian par l'organisation culturelle et sociale de son développement, la programmation de la croissance de sa population, l'acceptation de l'immigration stratégique des investisseurs étrangers pour la production industrielle pour exportation, la fermeture des frontières nationales à l'endoctrinement étranger et à l'organisation de la déstabilisation du système politique chinois, la mise au travail du système chinois de production paysanne et la spécialisation dans la production et l'exportation des infrastructures de production routière, de communication électronique et production de la demande étrangère. La Chine, unité nationale de production, s'est donc organisée comme producteur pour la consommation nationale d'une population maîtrisée et exportateur de la demande extérieure.

Elle a ainsi adapté sa culture à la production de la demande extérieure de la consommation et des infrastructures de développement. Elle est devenue en moins de quarante ans le grand fournisseur des fournisseurs des infrastructures d'exploitation économique de l'Afrique en infrastructures de développement et de la consommation immédiate ; le grand fournisseur des systèmes numériques en compétition avec les États-Unis et offreur d'investissement en Europe. Elle a inversé le paradigme du financement de l'investissement, en paradigme de production pour exportation. Le modèle chinois est un modèle du développent contre le modèle occidental d'équilibre des structures historiques d'échange. Il transforme les structures actuelles en structures de développement futur et de la compétition internationale du développement de la Chine. Ainsi, de 1970 à 2015, la Chine est devenue la deuxième puissance économique internationale.

Le développement des entreprises chinoises de production nationale et internationale positionne son émergence internationale comme la première puissance économique mondiale à partir de 2020. La France commence à penser à la relocalisation des entreprises françaises délocalisées en Chine par imitation. Or, la différence de compétitivité ne réside pas dans la localisation des entreprises, mais dans le modèle de construction de la concurrence internationale. La Chine a pris une avance dans le modèle de la concurrence internationale. Elle construit la route de la soie comme le moyen de livrer la concurrence chinoise à l'Europe à partir de la Chine.

La France et l'Europe construisent la relance de la recolonisation du monde sans concurrence, hors économie. La compétitivité de la Chine sur les marchés internationaux va relancer sa croissance nationale et internationale dans les échanges et relever la Chine au premier rang de l'économie mondiale. Les États-Unis, dans la lutte pour la protection de sa technologie, vont subir la concurrence chinoise de l'intérieur de la Chine. Le monde occidental et son combat technologique deviennent progressivement historiques.

Dans le domaine de technologie de l'information par exemple, le marché américain est en compétition réactive de la Chine. La réaction américaine s'est traduite en conflit commercial par la monnaie, mais aussi en réclamation du vol technologique américain par la Chine. L'imposition du commerce chinois a révélé la violence de la concurrence qui s'accentue. La Chine a fini par répondre globalement à la réaction américaine par ajustement de sa parité libre de yuans. Les instruments de la compétition chinoise sont donc réunis. La liberté de change favorise la liberté d'ajustement de l'économie de marché chinois encadré à l'agression américaine du marché libre international. La lutte contre les marchés parallèles des économies francophones est une guerre de l'économie administrative contre l'économie des marchés. Elle est une guerre d'orientation de base de l'économie libérale contre l'administration humaine. L'écart de production entre ces deux systèmes économiques est clair ; l'économie libérale spécule sur la stabilité des déséquilibres d'échanges par flexibilité sur le marché ou fixité administrative de la parité. Le conflit de change est interne à l'économie occidentale. Toutefois, la fixité de change marque la frontière entre l'économie administrative à prix fixés et l'économie de marché à prix flexible. Dans le fonctionnement de la CEDEAO, par exemple, les compensations monétaires d'échange entre le Nigeria et la BCEAO sont toujours en déséquilibre en faveur du Nigeria pour la compensation par monnaie de paiement à la chambre de compensation sous-régionale au détriment de la mise en circulation des échanges réels disponibles au Nigeria. La chambre de compensation n'est pas un promoteur des échanges réels entre les deux zones monétaires membres de la CEDEAO. L'Union monétaire CEDEAO est donc sans objet économique. De même, la zone franc ne favorise pas les échanges entre pays membres de la zone franc. Elle est sans objet pour l'intégration africaine.

La croissance des échanges intra-africains est marginalisée par la stabilité monétaire des déséquilibres d'échanges encadrés par la France depuis 1912 dans la charte financière des colonies. Les accords de coopération monétaire de la zone franc de 1945 et leur adaptation en 1973 restent dans le cadre général de la fixité de la parité du FCFA, doublon du Franc français.

CHAPITRE 4

L'ABONDANCE DE LA MONNAIE ET LA POLITIQUE DU DÉVELOPPEMENT MONDIAL INTÉGRÉ

« La plus haute ambition de toute science est de découvrir les lois de tout changement qui est manifeste dans les phénomènes relevant de son domaine. »

N. Georgescu-Roegen

INTRODUCTION

Au début de 1950, l'Occident est envahi par la population en recherche du travail pour la survie. L'on doit inverser le paradigme de l'accumulation du capital pour l'enrichissement individuel en paradigme du financement anticipé de la production pour l'enrichissement de la consommation du peuple en croissance rapide. L'on a trouvé avec la monnaie créée le moyen d'augmentation de la circulation des biens disponibles pour consommation. La richesse monétaire est la consommation. Les pays industriels dits développés, en raison de la disponibilité abondante des biens de consommation, sont considérés comme l'objectif du développement mondial. Tous les pays du monde veulent devenir industrialisés. Ils sont encore en majorité paysans. Seuls les États-Unis sont le modèle de l'industrialisation du monde. Le reste du monde y compris l'Europe se met en position de compétition de développement industriel compétitif derrière les États-Unis. L'avantage américain est tiré de l'expérience esclavagiste des premiers occupants de l'Amérique et du développement du commerce triangulaire de liaison de l'Afrique, de l'Amérique et de l'Europe. Ce commerce est plus prospère que celui de la route de la soie vers l'Asie et l'Inde.

La pauvreté est naturelle. Les structures économiques mondiales sont paysannes sans monnaie d'échange à distance et vouées au troc de proximité des excédents des biens disponibles.

La vie sociale est stable par rapport à la production humaine complémentaire à l'offre généreuse de la consommation par la nature. Ces économies sont naturelles. Le développement humain de la production des individus pour leur propre consommation est le Nouveau Monde économique. Son développement est industriel, c'est-à-dire l'accélération du processus des transformations des biens de la nature en biens consommables disponibles doit être dynamique et stabilisée.

La régularité de la croissance doit être soutenue pour la stabilisation de la dynamique des structures qui est le développement. Les composantes de cette dynamique sont la population croissante, la demande croissante des échanges et l'adaptation permanente de l'instrument d'échange.

L'instrument d'échange, la monnaie, a été rendu adaptable en 1971 avec l'effondrement du système monétaire international de Bretton Woods. Son adaptation se limitait à la stabilisation des déséquilibres historiques des structures sans leur changement.

La dynamique des structures est soutenue par la politique de développement, c'est-à-dire de changement des structures et de leur adaptation à la croissance de la population et de sa consommation.

Jusqu'en 2000, l'adaptation des structures de production traditionnelle aux changements de la croissance de la population et de sa consommation a été morose.

4.1 La dialectique du système colonial du développement et la dynamique de changement du système de croissance colonial

La dialectique est le fondement de tout mouvement et de la dynamique des structures sociales et de sa gouvernance. La dynamique des structures, la réaction d'ajustement du peuple coulissant à la réaction dynamique conjoncturelle de la société. La dynamique est la lutte de la résistance au changement de structures d'adaptation des infrastructures de développement et des structures de production à la croissance de la population et de sa consommation. L'unité nationale de développement est la population et ses échanges et sa consommation.

Les changements sont des mesures politiques d'adaptation des infrastructures sociales et structures d'entreprises de production de la consommation nationale à la croissance de sa population et de sa consommation. La production industrielle est technologique ; la production traditionnelle est manuelle. La substitution de la seconde à la première présente des contraintes intellectuelles, techniques et technologiques. À cela s'ajustent des contraintes politiques, l'organisation des mandants de la gouvernance publique contre l'intérêt général et la corruption des administrateurs de l'intérêt de leur électeur. Jusqu'en 1971, le financement public de la croissance régulière est constaté entre 1960-1970. La chute de l'intérêt public est constatée à partir des années 1970, avec le début de l'ajustement structurel, la suppression des bourses publiques d'éducation de la jeunesse à l'étranger. L'émergence de l'opposition des étudiants des universités locales et universités étrangères, la demande face à la mauvaise gestion de la liberté estudiantine dans les universités nationales, la fuite des cerveaux à l'étranger. Cet exil est encouragé par les pays d'accueil des étudiants africains et l'organisation de l'opposition politique de lutte pour le retour dans les nations d'origines respectives.

Le développement des nations prend une tournure internationale, multiculturelle, économique et sociale, politique et stratégique.

L'intervention pour l'insertion professionnelle des cadres formés localement soulève des problèmes de la gestion défectueuse de macro-économique du développement extraverti.

Sur ce plan général, le prix et le change sont les deux régulateurs économiques d'échange des biens disponibles. L'équivalence monétaire fixée dans les pays francophones est contestée. La flexibilité de change dans les pays hors zone franc montre une adaptation marginale de la population à la consommation et à l'effort de production nationale pour échange régional. Ce modèle est plus favorable à l'intégration sociale régionale, le modèle francophone est favorable à l'intégration internationale. La France et l'Europe veulent procéder à l'intégration immédiate de l'Afrique dans l'Europe sans débat. L'absence du débat est que la France veut un développement mondial alternatif au développement mondial américain sans compétition économique ni coopération technique.

La politique est la construction du vivre-ensemble dans la réduction des déséquilibres de structures. Toutefois, ces déséquilibres structurels grandissent en Afrique francophone. Ils renforcent la construction de l'instabilité économique et sociale, contre la résistance culturelle du pays aux changements. L'exode vers des régions du monde économique ouvertes et disposées à accueillir les étrangers renforce l'émigration. La régionalisation du développement devient une structure du vivre-ensemble dans la dynamique d'un monde en dynamique de changement. Néanmoins, le peuple en mouvement est nostalgique de son passé culturel dans ces structures en changement.

La compétition est alors internationale. La reconstruction des macro-équilibres est impossible, l'homme est intégré à l'instabilité permanente, révélant le changement international des structures.

La dialectique de développement décrite par le dualisme des années 1950 n'est pas systémique, mais dualiste. Il oppose les déséquilibres par paire, le Nord le Sud par exemple, et la logique duale de la numérisation. Jusqu'en 1971, ce dualisme statique de la résistance des structures au changement maintient les équilibres historiques d'exploitation de la production de l'Occident industriel, du sous-développement paysan du monde. L'ouverture mondiale au contact des cultures a réveillé leurs déséquilibres profonds et la liberté l'expression brutale de leur changement par rapport à la diplomatie ancienne du silence devant les déséquilibres perçus. L'amélioration de la connaissance des cultures aboutit au changement de paradigme entre religions considérées comme structures données des siècles derniers. La convertibilité illimitée d'une monnaie en une autre, le FCFA en franc français par exemple, fait du FCFA la monnaie de paiement des biens français limités à la quantité du FCFA créé par la France, au taux de change fixe et au prix stabilisé à 2 % de croissance annuelle. Cette organisation est donc un contrat léonin d'exploitation des pays membres de la zone franc par le Trésor français, qui fait des banques centrales francophones des boîtes à outils de cette exploitation.

Les religions sont données et intégrées en structures non économiques dans le système global d'exploitation économique en termes de gestion de l'équilibre et de la paix future au ciel, comme une réalité culturelle contemporaine de la gestion des difficultés humaines. La dynamique économique est donc la croissance sans ces structures données. L'économie est donc la dynamique des variables monétaires sans variation des structures, donc sans développement. Cette position aujourd'hui est considérée comme de l'obscurantisme alimentant les guerres religieuses sous couvertes de l'indépendance économique des nations. Le christianisme a subi de nombreuses restructurations, au niveau de ses dirigeants et de ses pratiques. Le protestantisme et les sectes de croyances chrétiennes indépendantes se sont développés comme des signes de la dynamique des croyances chrétiennes. Le peuple musulman a organisé sa guerre ouverte contre la critique de son idole, Mahomet.

Le peuple occidental face aux changements profonds de l'Asie, de l'Afrique et de l'Amérique latine[45] est resté aveugle, sans adaptation de son intelligence à la demande des peuples paysans. Ils ont imposé les réalisations de la production de leur pays au monde paysan sans adaptation ; le monde industriel occidental. L'alternative chinoise est l'adaptation de sa production exportée aux besoins économiques de la demande des peuples rencontrés. L'ajustement chinois est économique, celui occidental monétaire. La croissance est l'ajustement monétaire aux déséquilibres de marchés, le développement économique, l'ajustement aux déséquilibres de production.

Seule la Chine s'est inscrite dans la dynamique du développement économique mondial. L'Occident s'est inscrit dans la logique de l'exploitation monétaire des déséquilibres de croissance.

L'alignement de la révolution économique depuis John M. Keynes, sur cette dynamique de la croissance internationale à partir de la base nationale de production pour la demande internationale, a été le paradigme de la croissance de XXe siècle. Il devient le paradigme du développement de la production pour consommation nationale et exportation au XXIe siècle. La Régionalisation est un processus d'exploration de la demande internationale, pour la programmation de la production nationale. L'approche communautaire cherche à décentraliser la production communautaire sans infrastructure ni entreprise de production communautaire ou individuelle pour la consommation et le marché national. La fusion des espaces par la convertibilité illimitée était le paradigme des zones monétaires effondrées en 1967 avec la dévaluation de la livre et la séparation de sterling des monnaies coloniales désormais autonomes sauf dans la zone franc. Demander la flexibilité du F.CFA, c'est rendre incontrôlable la quantité des biens français achetables par le FCFA. Les marchés parallèles sont combattus parce qu'ils épuisent la quantité des FCFA créés par la France pour ses anciennes colonies. De même, la création du taux de change parallèle entre le FCFA de l'Afrique de l'Ouest et de l'Afrique centrale est une répartition française de la masse des FCFA créés pour chaque région.

Le modèle de développement français est donc à dominance administrative et économiquement flou. La France cherche juste à créer la cohérence administrative et monétaire de l'organisation de sa

---

[45] Paul-Marc Henry, président de l'OCDE, centre de développement. La force des faibles, Ed. Entente, 1975, p. 117.

gouvernance coloniale sans développement ni ordre social. L'objectif social est juste la survie en santé du peuple et l'amélioration progressive du vivre-ensemble. La liberté française est le droit du peuple, le droit public. L'approche américaine est l'enrichissement individuel sans limites et l'administration de l'indépendance des individus, droit de l'homme ou de liberté individuelle. Elle reconnaît le droit de liberté individuelle aux États-Unis et leur offre, en 1880, le statut de la liberté. En 1884, le congrès de Berlin établit le droit colonial de la liberté des peuples, le droit public. Les États-Unis interprètent en indépendance du peuple. Ils luttent pour la libération des colonies contre la mission française de civilisation. L'indépendance des colonies africaines est obtenue en 1960, contre la volonté française exprimée par le Général de Gaulle, commence alors le renforcement du sous-développement privé des structures de croissance (entreprises) à l'avantage du développement des infrastructures publiques de développement (route, hôpitaux publics, chemin de fer, écoles publiques, contre les écoles et hôpitaux privés confessionnels, les initiatives d'investissement privé. Les privés affairistes sont engagés dans la politique plus rentable. Les jeunes s'orientent vers des formations administratives et la structure privée se nationalise jusqu'en 1970. La privatisation de l'économie est déclarée en 1970. Les bourses publiques de formation se réduisent, les États privatisent les entreprises publiques, la France accélère la construction de l'union monétaire européenne à partir de 1972 et fait adhérer la zone franc en 1990. Certains Européens s'inquiètent de l'adhésion de la zone franc à l'Union européenne, ignorant qu'elle était le modèle concret français de l'Union européenne.

À partir de 1972, la France relance la conquête coloniale de l'Europe avec l'Union européenne. La dynamique de développement international du lancement de la construction de l'Union européenne est la reproduction des conflits européens d'avant 1884 et du partage de l'Afrique de 1884 entre États européens, sous l'observation des États-Unis et de la Russie au congrès de Berlin. Les indépendances des nations africaines sont octroyées sans concertation sur l'organisation spatiale de l'Afrique compartimentée aux métropoles européennes, après la Seconde Guerre mondiale entre la France et l'Allemagne.

Les administrations métropolitaines depuis la Première Guerre mondiale sont différentes, et l'organisation au sein de la même administration coloniale de l'Europe en difficulté d'union et coopération s'adosse sur le projet antérieur de colonisation groupée d'avant 1884. Cette fois-ci par l'Europe unie. Pour cette Europe, l'Afrique n'échange pas avec l'Afrique, mais avec l'Europe et sa monnaie est européenne.

La construction africaine est européenne comme une région du développement d'Europe. Ce projet est discret et doit être interdit de discussion. La discrétion repose sur l'exploitation économique africaine sans contrepartie en développement. Les administrations européennes doivent maintenir les colonies au mieux dans leur statut colonial le temps de construire l'Union européenne pour sa récupération communautaire. L'Union européenne est une forme technocratique superposée sur les administrations nationales des pays membres pour la récupération globale des colonies et de leur richesse issue du sous-sol et sol. Cette construction dépend donc de la réaction de l'Afrique à la compréhension du projet et de son avenir dans ce projet dans la modernisation économique du XXe siècle. La fermeture administrative des nations de la zone franc est confiée à l'administration des changes et des prix européens. La conséquence sur la modernisation de l'économie africaine, c'est-à-dire le développement de la production humaine de sa subsistance, est sérieuse. Ce progrès est barré par la politique des autorités européennes de l'Afrique à l'insu de leur peuple.

4.2. La révolution culturelle et le développement économique et social de l'Afrique

Les marchés de consommation africaine sont des marchés nettement séparés de la consommation des nations européennes en 1970. Ils doivent être consolidés en marchés de la commission communautaire de l'Union africaine à partir de 1963, à la création de l'Organisation dc l'Unité africaine. À partir de 1980, le démantèlement de la planification et de la rationalisation de la production privée des colonies des métropoles ainsi que l'abandon des prêts publics rétrocédés aux entreprises publiques de la zone franc consacrent le retour de la France à la coopération de la privatisation des entreprises d'énergie, des hôpitaux, des écoles, des travaux publics engagés dans la décennie 1960-1970.

Le C2D au Cameroun va être le modèle français de remboursement camerounais de la dette publique française au Cameroun à la BEAC pour réinvestissement public dans l'administration publique avec le PNDP. Le C2D investit les remboursements d'arriérés de la dette publique dans les missions de la gouvernance administrative de l'État, notamment l'appui au développement des administrations locales, l'appui aux communes, coordination de gestion, du suivi-évaluation et communication.

La privatisation des entreprises publiques et l'ouverture des frontières des États indépendants à l'investissement technique et technologique des marchés du modèle américain. Celui-ci alimente la résistance française aux changements de politiques publiques de développement administratif. La stratégie d'entreprise des années 1965 entre dans l'État en stratégie sectorielle du gouvernement contre la planification globale et statistique de la politique nationale de développement francophone. La résistance française à la dynamique de développement de l'efficacité de l'entreprise dans l'État sonne le glas de la restructuration ou de la fin de la zone franc comme celle de la planification de développement.

La France lutte pour la sauvegarde des entreprises et de l'administration publiques sans débat. La spéculation financière publique est atténuée par la lutte contre la corruption et la fraude fiscale de rattrapage de la richesse dans les investissements privés. La privatisation active le transfert privé des ressources contre le financement public du développement. Les banques privées se spécialisent dans la gestion des comptes et transferts privés plutôt que dans la gestion des finances publiques de développement.

Ces modèles servent de test dual de coopération internationale dans la finance privée et publique. La modernisation et la privatisation de l'économie française balbutient entre ces deux modèles tout en s'adossant sur les fondamentaux de la zone franc, la convertibilité illimitée du FCFA, le taux de change fixé et le prix stabilisé à une croissance de 2 %. Les entrepreneurs sont bloqués dans les échanges avec la France, décideur en dernier ressort de l'échange avec les autres pays du monde. Elle se trouve être un système alternatif à la mondialisation américaine stabilisée par le marché.

Il faut alors continuer de contrôler le budget et les relations internationales de l'Afrique francophone par la construction de l'Union européenne phagocytant l'Union africaine. Les États africains indépendants francophones de l'Union européenne sont donc sans souveraineté. Il en est de même pour les États européens membres de l'Union. Les zones monétaires de la seconde moitié du XXe siècle étaient des zones de protection du commerce français des colonies contre la mondialisation américaine des échanges. Cette organisation est encore aujourd'hui le fondement de l'Union européenne. La dynamique monétaire constitue les sauts statiques successifs de la croissance et la dynamique sociale de l'adaptation permanente sociale des cultures. Jusqu'en 1971, ces deux mouvements de croissance et d'adaptation sont la croissance dans la conception économique du début du siècle. Les crises monétaires de 1933 ainsi que les dévaluations compétitives sont les débuts de la séparation des mouvements d'adaptation dynamique floue des cultures à la croissance statique de la monnaie créée.

Le budget national est alors la quantité monétaire prévue pour le fonctionnement de la nation en un an. Il s'ajuste aux dépenses nationales de production des infrastructures de développement (routes, ponts et chaussées, hôpitaux, écoles publiques, centre de formation des administrateurs publics, des médecins des hôpitaux et pharmacies publiques, des maîtres et professeurs des lycées, des conducteurs de train, des pilotes de ligne, bref de toutes la main-d'œuvre de la mise en place d'un État de la gouvernance nationale.

Le financement de ce budget dans les colonies était assuré directement par le budget national métropole ramassant toutes les liquidités de la mère-patrie et planifiant les développements de l'État-nation des colons esclavagistes à la recherche de la richesse individuelle. Le budget et la liquidité étaient métropolitains. La politique de l'État-nation sans souveraineté était métropolitaine. Au début de la construction de la modernisation de l'économie mondiale à la fin du XIXe siècle, les États européens étaient des États Europe-Afrique de 1884. À la fin de la Seconde Guerre mondiale se dessina une révolution politique européenne de la reconstruction de la colonisation de l'Afrique contre la révolution américaine de l'indépendance des nations et de la construction des États indépendants de leur gouvernance.

La révolution africaine prend le relai de l'indépendance américaine contre les métropoles coloniales et impérialistes. Les indépendances africaines de 1960, initiées par la Guinée Conakry en 1958. Elle est contre la révolution politique française de la construction de l'unité de la communauté des nations européennes, pour la recolonisation de l'Afrique, des nations européennes en guerre fratricide de depuis l'époque des empires et des royautés. La révolution africaine est contre la révolution communautaire européenne et justifie le conflit présent de l'union Europe-Afrique.

Politique, elle est d'abord administrative, c'est-à-dire la planification sociale de la dépendance africaine à l'Europe. Économique, elle est l'affectation des ressources de développement économique de l'Afrique à l'Europe en exclusivité. Dans le cas du C2D, c'est la France qui planifie le développement économique et social du développement du Cameroun, traduisant la dépendance totale du développement de l'Afrique francophone, qui asphyxie la modernisation de l'économie francophone.

Elle oblige l'Afrique francophone à construire sa modernisation derrière le rythme de la modernisation de l'économie française. La France n'envisage pas le développement autonome et compétitif de l'Afrique par rapport à la France.

La première révolution africaine est la sortie immédiate de l'Afrique francophone de la zone franc ; l'abandon du FCFA. La deuxième révolution est la construction de la compétitivité économique africaine par rapport à la compétitivité française. La troisième est l'organisation communautaire des échanges extérieurs de l'Afrique en tant qu'États fédérés. Toutefois, l'Europe est contre la fédération des États dans son projet d'union institutionnelle de l'Europe. Ce modèle est critiqué par l'Afrique et certains partenaires européens. La proposition alternative est la construction sociale et dynamique de la communauté. La dynamique économique est sociale et la dynamique institutionnelle mécanique.

La liberté de l'Afrique non francophone est victime de la construction impérialiste et coloniale de la France de l'Afrique francophone sans débat sur l'efficacité de cette construction. L'organisation intérieure est une organisation de survivance de la population, les restructurations sous-régionales intègrent les échanges intra-africains.

La réalité de l'existence des capacités communautaires de la consommation est sous-régionale.

La production pour le marché, elle seule, ne peut pas faire le développement. L'encadrement humain par des infrastructures de production et d'échange doit accompagner la privatisation de la production pour le marché. Elle s'accommode du droit de vivre-ensemble dans le déséquilibre des structures sous-régionales.

Cette organisation peut bénéficier de l'assistance conceptuelle, politique et budgétaire extérieure, pour des options intérieures importantes d'équilibre de manque de moyens de consommation et d'engagement de la production d'équilibre de la consommation intérieure.

Sur le plan conceptuel et théorique, au début du XXe siècle, les économies paysannes devaient adhérer à la croissance internationale pour la préparation de leur production industrielle nationale pour l'équilibre de leur consommation nationale. Les déséquilibres de la production et de la consommation ont installé la guerre des peuples autour de la production d'échange. La conception de la politique économique américaine sur l'emploi et le libre-échange sont les deux extrémités du processus. L'emploi pour la consommation, la production pour la consommation, et le marché pour l'échange. La relance économique américaine est celle de l'emploi, de la consommation et de l'échange sur le marché.

À partir de 1980, l'apprentissage de l'utilisation de la liquidité monétaire introduit l'anticipation des dépenses de consommation et de la production dans le processus économique transforme le paradigme d'accumulation du capital et d'investissement en paradigme d'avance de la liquidité à la consommation et à la production pour le bien-être. La réalité financière est assortie du remboursement à bonne date. Le système bancaire traditionnel de paiement éclate le paradigme monétaire d'accumulation et de paiement en paradigme d'engagement et de remboursement d'une part et de paiement et d'accumulation d'autre part. Elle ajoute l'expertise financière à l'expertise monétaire. Le libre-échange et la croissance transforment la monnaie en auxiliaire de développement. Elle devient antécédente et contrainte par rapport au développement. Antécédente, elle facilite la production par l'allégement de la contrainte d'accumulation du capital (l'enfer du capitalisme) ; contrainte, elle réduit les possibilités de consommation du peuple.

Une économie monétaire sans développement de la production et de la distribution de la production nationale est une économie de troc, donc sans marché. L'économie monétaire de troc est statique, de la certitude de la permanence des structures à l'identique. Pour accéder au développement, il fallait provoquer une dynamique des structures. La gouvernance doit s'y adapter régulièrement pour soutenir cette dynamique au risque de retomber dans l'économie primaire et paysanne. Dans les économies paysannes, la monétisation et monétarisation conservent à l'identique des structures la croissance des variables. La population urbaine croît et refuse le retour dans les structures paysannes en dégradation. Il faut évoluer ou rester pauvre dans les structures urbaines en espoir de progression.

La construction de la compétition dans le domaine d'incertitude de l'espoir de progresser renvoie au conservatisme. Le conservatisme, c'est la démission devant l'espoir et le retour au bien-être actuel, le progressisme est l'espoir soutenu dans le changement de la situation actuelle.

La compétitivité macroéconomique est une compétition globale du peuple pour le changement de sa position actuelle. Elle s'accommode de la concurrence des monnaies et des biens échangés. La concurrence de la consommation du début du XXe siècle s'accompagnait systématiquement de celle de la progression de la production des économies en production industrielle. L'emploi n'était pas spécialisé, les travaux industriels étaient simplifiés pour s'adapter à la population disponible. C'est à ces prix que les industries automobiles de Détroit connurent leur expansion et l'émergence de l'automobile sur le marché industriel.

La zone franc est une organisation institutionnelle de la protection de l'émergence des marchés et de la liberté d'échange. Elle est faible et sans compétition sur le marché régional et international. L'euro, monnaie européenne, ne peut être compétitif par rapport au marché monétaire international américain du dollar. Cette organisation est un frein au progrès de l'émergence internationale des économies nationales. Les États de la zone franc, par exemple, ne figurent pas parmi les premiers États émergents de l'Afrique.

Le défi est donc lancé pour la privatisation de la production de la consommation nationale et de la réduction optimale de la consommation importée. Mais l'exportation des biens primaires est encore dans la dépendance économique, le moyen de paiement et de la consommation industrielle des produits français et européens manufacturés. Les biens de production importés constituent encore l'essentiel de la consommation nationale des biens manufacturés. L'alternative est la production nationale des biens de substitution aux importations et à la concurrence des biens européens de consommation et la corruption ainsi que le détournement des fonds publics qui se substituent à la stratégie de la concurrence des entreprises sur le marché pour l'enrichissement privé. La stratégie sectorielle est donc l'optimisation de la corruption et des détournements des fonds publics pour l'enrichissement des mandatés du peuple. La richesse de la haute administration publique est concurrente de l'enrichissement des entrepreneurs et de la pauvreté des nations. Cette inversion de la mission des administrateurs publics oppose progressivement les peuples à leurs gouvernants. La finance publique et privée est détournée vers le marché financier d'investissement libre pour la reproduction de la liquidité de consommation. C'est la consommation des marchés qui relance la production. Le contrôle financier primaire est le contrôle de la dépense. L'organisation financière francophone est l'Union des consommations des biens disponibles. La production libre suivra. Or, la production libre est le modèle culturel de consommation traditionnelle. Ce modèle est abandonné dans la construction du système financier francophone en faveur du modèle culturel français, de la résolution des conflits.

L'Afrique doit créer sa propre monnaie pour l'émergence de sa culture de production et d'échange. Cette culture est rejetée par le modèle de la coopération française. L'Afrique est considérée dans le développement économique de la France comme une région intégrée non détachable de la France. À la construction de l'Union européenne, la France impose l'intégration de la zone franc comme le modèle de la construction de la gouvernance des États indépendants. L'intégration des États européens est régionale et impériale contre l'intégration libérale du développement mondial. Le développement mondial intégré, libéral, structurel, dynamique et pour un développement par palier.

Lever la confusion entre la quantité et la qualité de la monnaie facilite la compréhension et l'analyse du développement et de la croissance. Le développement est le changement des structures de la croissance. Le développement, c'est l'ajustement qualitatif des structures stabilisées par la monnaie. La monnaie n'est pas dynamique, c'est l'adaptation des structures des cultures sociales par les mouvements sociaux qui est le développement. Les révoltes des printemps africains en Algérie, Tunisie, Soudan, Côte d'Ivoire, Mali, République Centrafricaine, Sénégal sont encore des secousses sociales du régime impérialiste et colonial français, sans changement de structures et de l'ordre économique continental d'émergence internationale. L'approche quantitative de l'ajustement de la quantité de la monnaie à la croissance de la consommation retarde la transformation des structures traditionnelles en structures de modernisation de l'économie africaine. L'on est encore au niveau de la lutte contre la faim dans bon nombre de pays africains par l'importation. La production pour la consommation nationale hésite sous la pression des structures de production et d'exportation des matières premières de production industrielle sans transformation industrielle. Les importations des biens manufacturés forcent la consommation importée sans adaptation à la demande nationale, et contre l'indépendance de la consommation nationale.

Le changement et l'intégration nationale du modèle de consommation entraîneront le changement du modèle de production nationale, et provoqueront l'émergence du modèle d'industrialisation locale intégrée à la consommation locale. Le modèle du développement mondial intégré des années 1950 était l'expansion mondiale de la culture de consommation américaine. Le nouvel ordre économique international était l'éducation des nations à la production américaine pour le marché.

Le XXIe siècle est le siècle de la production nationale pour la consommation nationale et l'exportation. L'économie mondiale est désormais multipolaire. Le développement transforme la qualité des importations et des exportations alors que la croissance augmente la quantité des échanges. L'Afrique au XXe siècle a connu la croissance et un faible développement, une faible transformation de ses produits et une faible pénétration de la monnaie dans la production. Elle est restée un instrument d'échange et non un auxiliaire de développement. Les banques coloniales et autres banques émergentes se spécialisaient dans les transferts des fonds privés et négligeaient le financement du développement peu rentable. Le financement du développement est sous-traité à l'Europe. La monnaie, depuis 1971, est une mesure qualitative et sociale du développement. Mais l'ajustement structurel de 1971 est monétaire sur le marché international des changes. La quantitative des monnaies nationales est déterminée par leur taux de change en dollar sur le marché, le change international par ajustement aux enchères des monnaies au dollar stabilisé en 1996. C'est cette stabilisation du dollar par le marché qui marque la fin de l'ajustement monétaire international.

Désormais, le critère de développement est la lutte contre la pauvreté de la consommation des nations, dont les productions nations sont appauvries par les exportations des matières premières mobilisant la main-d'œuvre paysanne par la production des produits de rente au terme de l'échange en monnaie créée dépressive. La croissance est appauvrissante. Les structures de développement sont déprimées par la population rurale regroupée dans les villes embryonnaires sans équipement et outils modernes de production. Le renforcement du regroupement de la population dans les villes change le paradigme de la pauvreté de la production en paradigme de la pauvreté de la consommation d'une population libérée de la production. La pauvreté de la consommation est macroéconomique. La France et l'Europe s'accrochent à la macroéconomie, la solution à la consommation du peuple y compris sans travail. L'économie n'est plus seulement l'arithmétique, la croissance du de la population sans travail, mais structurelle la prise en charge floue de la croissance de la population sans travail. L'émergence de la macroéconomie introduit une incertitude non probabilisable en macroéconomie. Les déséquilibres structurels sont non probabilisables. Le processus rationnel de l'ajustement structurel du FMI et de la Banque Mondiale est resté arithmétique jusqu'en 1971. À partir de 1971, l'analyse linéaire cartésienne de l'intégration par partie cède le pas à l'observation floue des phénomènes économiques et monétaires. L'ajustement structurel est systémique et l'intervention sur le système économique et monétaire internationale stratégique. La stratégie internationale est le financement privé et public de la relance de l'économie. L'économie privée est sous le contrôle administratif de l'économie publique. La politique nationale va devenir la critique de l'administration et la surveillance populaire de sa corruption. Les partis politiques se forment autour de la critique des hommes au pouvoir dans le but de les remplacer. Ce remplacement des équipes au pouvoir est la seule définition de la démocratie du XXe siècle. Les élections deviennent la référence des pouvoirs démocratiques. La monnaie devient la référence de la résistance au pouvoir par la corruption du peuple électeur. Elle s'appuie sur le financement extérieur, et la stratégie de corruption et de détournement des fonds publics. Cette levée des boucliers a fait éclater les intérêts publics et intérêts privés et individuels en crise financière de 2008. La coopération public-privé devrait être définie.

L'émergence des individus contre celle des nations s'est éclatée en dialectique d'intérêts publics et privés. L'ajustement structurel depuis 1971, les fusionnait la coopération public-privé qui se transforma en partenariat public-privé pour développement des infrastructures et structures économiques intégrées.

Le concept de technologie approprié est une interprétation de la nécessité de mobiliser de manière compétitive, la technologie propre et adaptée à l'intelligence de chaque peuple. La dominance occidentale et le système monétaire international sont ouvertement contestés. Mais le processus du développement des économies paysannes n'est pas immédiatement inversé. Il faut passer par la transformation communautaire en individus, unité de développement libéral de la société de droit de l'Homme contre les organisations communautaires. L'Europe communautaire se construit comme une société de droits de l'Homme. Les politiques nationales européennes sont en crise avec le droit économique de l'Union : la convergence économique sans convergence culturelle.

L'Afrique encore paysanne est enrôlée dans les balbutiements de la construction de l'unité de l'Europe coloniale contre l'Organisation de l'Unité africaine. L'OUA est une menace de la construction de l'indépendance africaine.

Le développement inclusif est un processus récent de la relance de la production nationale de ces pays africains. Toutefois, depuis 1970, le paysan camerounais avait commencé à abandonner certaines cultures de rente pour les cultures maraîchères vendues sur le marché local.

L'État s'est préoccupé de l'organisation de son budget national et de sa décentralisation régionale et communale. L'abandon de la gestion de 50 % des recettes extérieures à la zone franc dans les accords monétaires de 1973 est un processus d'autonomisation de la gestion des budgets des pays membres de la zone. La consolidation des budgets nationaux a des conséquences économiques lourdes sur les métropoles : la réclamation de la fixation des prix des matières premières, le retournement du regard vers le niveau de vie de la population locale, et le désir de transformation des matières premières sur place pour l'emploi de la population locale.

L'OUA, en 1963, avait perçu le problème et la crise financière de 1970, et réveillé l'attention des autorités africaines sur l'organisation de la création de leurs indépendances avec leur propre monnaie à l'indépendance pour les échanges nationaux et la protection de leur commerce international. Cette initiative, mise en œuvre par l'Association des Banques Centrales africaines et son organe exécutif, le Centre africain d'Études monétaire, est détournée en 1990 par la BCEAO[46], en faveur de l'Union européenne.

L'Angleterre se détache du rattachement du sterling aux monnaies des colonies en 1967. La France maintient seule le rattachement du FCFA au franc français.

La France a dénaturé le plan de construction du développement de l'Afrique en plan de la croissance pour l'approvisionnement de l'Europe en matières premières.

La consommation locale est déficitaire face à la population croissante. Elle est durablement extravertie et perturbe la psychologie sociale des consommateurs nationaux à la recherche de la liquidité d'échange dans des structures défectueuses de développement héritées de l'abandon colonial et des développements nationaux.

L'on doit procéder par transfert de la technologie et techniques de production locales compétitives comme antécédent à l'émergence internationale de l'Afrique. La stabilisation de la croissance monétaire pour l'approvisionnement de l'industrialisation de la France contre l'appauvrissement des structures économiques de production pour la consommation locale. La compétitivité de production locale pour exportation est encouragée par la France adossée à l'Europe. Aussi, la

---

[46] La BCEAO est une banque centrale de 8 pays de l'Afrique de l'Ouest, rattachée au Trésor français.

croissance qui est désormais l'ordre monétaire international de Bretton Woods abandonné en 1971, pour les pays en voie de monétisation et de monétarisation, est le modèle européen actuel sans partenariat de développement de l'Afrique.

L'ajustement libéral de la monnaie aux désordres réels des structures les stabilise. L'ajustement social de la monnaie à l'ordre social soutient le développement. La liberté et la flexibilité de la monnaie (prix et taux de change) accompagnent librement dans sa neutralité le changement quantitatif de la consommation et qualitatif ou social du développement.

Le monde développé s'accroche au développement du monde quantitatif de croissance et des connaissances des progrès formels. L'économie classique d'utilité qualitative est remplacée par l'économie « scientifique » d'arithmétique et de géométrie de la statique. Ces systèmes de calcul sont des repères statiques de la dynamique spontanée des relations sociales. L'approche mathématique de l'économie des années 1970, dans les universités européennes, donne un modèle de sophistication formelle de l'économie et renvoie l'analyse économique aux combinaisons stratégiques de défenses optimales des positions adoptées. La révolution est l'engagement dans la transformation des infrastructures et des structures des déséquilibres de négociation. La transformation des règles est une combinaison des intérêts des hommes cooptés par classe. Les relations structurelles de développement sont politiques ; celles de la croissance sont stratégiques. Depuis 1970, l'on ne parle plus que de la stratégie. La crise de 2008 est une crise de la stratégie de conservation des positions acquises dans les années 1970. Celle de 1936 était la crise de la politique de changement de la nature de la monnaie, bien réel à la monnaie bien créé. L'économie d'utilité sociale et individuelle devient l'économie d'intérêt individuel et d'intérêt social humainement géré.

La croissance industrielle accompagne la dynamique des sociétés sous la gouvernance humaine. La gouvernance humaine de la monnaie transforme la politique de développement en stratégie de croissance dans la conservation de structures données par les mandatés du peuple. Leur intervention est la statique comparée des nations par les États, en plus du taux de l'incitation du peuple à l'organisation de la transformation des structures données. C'est cette stabilité donnée des structures qui est le capitalisme.

Le système monétaire n'est donc pas un système de développement des structures, mais de capitalisation de la croissance spontanée. Le développement est l'accumulation des infrastructures et structures favorables à la croissance de la production et de la consommation, à la capitalisation des ressources. La capitalisation des ressources s'adresse à la dynamique de structure et non aux individus bénéficiaires des ressources capitalisées. Seul le régime est capitaliste ou socialiste. Le régime capitaliste fait la promotion des individus et le régime socialiste la promotion des nations. Les promoteurs du capitalisme sont des individus dans leur intérêt personnel et les promoteurs sociaux des administrateurs publics élus ou cooptés pour la défense de l'intérêt public. Ce couple Homme-État structure l'organisation administrative de la nation.

La technologie est l'auxiliaire de la dynamique des individus du système capitaliste et l'administration des cultures celle du système social. Cette dernière positionne le système pour la croissance économique de sa production et de sa consommation. Le déséquilibre monétaire provoque la compétition pour la croissance et le déséquilibre des structures de développement. Le déséquilibre de croissance travaille à l'ouverture des frontières des échanges extérieurs et le déséquilibre de culture à l'ouverture des frontières de développement intérieur. À Bretton Woods, l'on procède à l'ouverture des économies nationales aux échanges extérieurs et à Smithsonian, l'ouverture des Nations aux déséquilibres des cultures nationales pour la liberté de choix entre le développement et la croissance. Il est donc clair qu'à ce jour, on ne pouvait pas élaborer une théorie économique de développement dans un contexte de concentration mondiale sur la croissance et de l'ouverture des frontières internationales. Le développement économique et social est la demande de paradigme théorique de la croissance en paradigme de développement, c'est-à-dire de la fédération des cultures. L'économie de développement, l'économie tout court, n'est pas scientifique. La science est l'auxiliaire de l'observation statique de sa dynamique.

L'observation statique du projet européen, de l'union Europe-Afrique doit être accompagnée de la dynamique des peuples des nations membres européens et africains. Cet accompagnement est structurel. L'intégration étatique Europe-Afrique est formelle, la dynamique de son développement est sociale et culturelle. Elle subit la conséquence des pressions d'en bas des nations sur les États. Faire le développement c'est modifier la pression sociale et culturelle de changement des structures et non de la forme statique des États de droit. Faire l'intégration des États dans les nations.

Dans les États-nations actuels, les hommes politiques stratèges cherchent à accéder et durer au pouvoir sans projet de changement volontaire des structures de développement. On assiste au retour de l'autorité royale de groupuscules dans les systèmes de démocraties formelles.

Si l'enjeu du développement est la lutte contre la misère et la pauvreté sociale des nations, la politique de croissance des États de droit est la lutte pour la conservation des déséquilibres de structures de croissance sans changement. Le développement est la lutte pour le changement des déséquilibres et structures. Le développement national devient alors la croissance inclusive. Il doit satisfaire aux besoins d'adaptation de la dynamique sociale aux structures de changement social du peuple. La culture est nécessairement socle de coulissement antagoniste des cultures en rencontre. Le développement est un jeu social de la dialectique de connaissances et des projets de copie mutuelle.

L'interdiction de la copie de la technologie occidentale étouffe l'émergence de la concurrence des structures de développement. Le développement mondial est désintégré. Il faut harmoniser les cultures, les fédérer et non pas les intégrer. L'intégration des cultures est l'erreur fondamentale de la construction de l'Union européenne. La rigidité des cultures nationales bloque la construction globale de l'union. La décentralisation doit concerner les cultures antérieurement fédérées, et la décentralisation des ressources du développement global.

Les infrastructures, route, chemin de fer, les aéroports, les universités sont des actions fédératives des cultures, alors que l'entretien des routes, des chemins de fer, des aéroports nationaux et régionaux sont des infrastructures communautaires en charge des collectivités nationales ou internationales de développement partagées par la nation et les communes ou les nations. Elles s'accommodent des indications statistiques et des analyses, mathématiques et arithmétiques de la société sans synthèse culturelle. Les cultures sont nationales et participent de la négociation des partages : le vivre-ensemble ou la coopération. Dans la théorie keynésienne, la coopération pour la fixation de la parité des monnaies entre États est étroite. Il n'est pas prévu leur union.

La surpopulation potentielle est nationale imperceptible internationalement. Elle ne peut donc être prévue dans la Réforme monétaire keynésienne. Les économies paysannes sont objectivement sous-peuplées, mais économiquement surpeuplées. L'analyse monétaire est formelle, celle de la croissance de la consommation et de la production de la population donnée. Le concept de donnée accompagne la structure économique. Les transformations imperceptibles des structures sociales comprennent de manière prioritaire la population. Elle commence sa croissance rapide avec l'exode rural et le peuplement des villes embryonnaires des économies paysannes dans les années 1970 et son émigration internationale massive à partir de 1980-1990. Cette émigration n'est plus la recherche de la richesse monétaire de la consommation, mais de l'emploi au travail de production. La production industrielle ne s'est pas développée dans les économies paysannes au rythme de la couverture de l'emploi de la surpopulation naturelle des économies paysannes dégagées des zones rurales. La surpopulation émigrée des campagnes et des villes vers l'étranger est une demande globale d'un nouveau système de vie, du vivre-ensemble et de coopération entre peuples.

Il y a mondialisation de la vie sociale, mais fédération des cultures des peuples du monde. La mondialisation sociale est l'intégration monétaire des échanges, et de développement mondial intégré de la fédération des cultures et de leur coopération. La phase de l'intégration monétaire s'achève avec l'effondrement du Fonds monétaire internationale en 1971. Le début de la fédération des cultures était l'indépendance de toutes les nations-États du monde des années 1960. Le contrôle de la croissance et de l'exécution des budgets ex ante par le capital avait inversé le contrôle devenu *ex post* de l'utilisation du crédit. Ce changement de paradigme financier, le financement à crédit, accroît l'abondance de la liquidité en circulation.

Le développement est désormais associé à la dynamique de financement et de remboursement public ou privé. Le financement avec la liquidité accumulée *ex ante* devient un financement à crédit *ex ante* et remboursé certainement *ex post* à l'échéance. Le paradigme monétaire rigide d'accumulation préalable de la liquidité pour investissement devient le paradigme financier flexible de remboursement du crédit. La flexibilité d'économie d'endettement réside dans la négociation des échéances de crédit.

Les échéances de crédits bancaires sont alignées par rapport à la vie professionnelle des individus, trente ans, donc d'hypothèque de sa vie par le remboursement de la dette. Nous entrons dans une période de la préférence de la vie anticipée sur le travail futur garanti par l'emploi actuel, et l'obligation nationale de la stabilisation des emplois. L'on se heurte à la pratique de la coopération entre l'État administrateur de l'équilibre général de l'emploi et de la consommation du peuple et des entrepreneurs privés fournisseurs de l'emploi productif pour les marchés. L'État devient le responsable de l'emploi du peuple disponible et s'investit dans la lutte contre le chômage. Les entrepreneurs s'engagent dubitativement dans l'emploi de la population disponible pour le travail.

L'aide Marshall à l'Europe était une aide au relèvement de l'emploi européen au niveau de l'avant-guerre mondiale, sans transformation des infrastructures et structures de production. Ce relèvement prit trois ans (1947-1950) et relança la croissance européenne. À partir de 1970, la France et l'Europe sont face à la décolonisation de 1950-1970, elles sont dans l'aménagement de leurs structures et infrastructures dépendantes des colonies (infrastructures énergétiques, de communication, d'approvisionnement industriel en matières premières, de coopération dans les échanges des matières premières et manufacturées...). À partir de 1970, elles décident d'accélérer la construction de l'Union européenne pour la protection commune de leur intérêt public des métropoles dans les colonies. Les accords monétaires, militaires et économiques de protection des intérêts européens doivent être unifiés derrière la zone franc, comme zone de protection coloniale. L'Europe dépendante de l'aide américaine bénéficia de la protection des États-Unis contre le communisme russe. Elle engagea la construction de son *développement* communautaire à partir de 1950 mis en place par le traité de Rome. Il ne s'agissait plus d'un projet de croissance, mais de développement impliquant la déstructuration et de la restructuration du modèle de la dépendance américaine de la France au tour « l'Europe indépendante ». Cette restructuration européenne se passe au défi des souverainetés nationales africaines et européennes. En 1990, sous l'instigation de la France, l'Europe va accélérer la construction de son modèle d'unité monétaire et économique d'indépendance des États-Unis, en même temps que la reconstruction de la dépendance économique de l'Afrique de l'Europe avec le modèle français.

La lutte pour l'indépendance de l'Europe s'accompagne de celle de la France pour la protection de la dépendance des anciennes colonies africaines de l'Europe. Le problème de l'accompagnement de l'emploi industriel des populations rurales s'exilant vers les villes devient le problème d'accumulation forcé du non-emploi national dans les villes des économies africaines et paysannes. L'organisation métropolitaine des regroupements urbains dans les villes africaines embryonnaires habitées par les colons se fait par la déstructuration des campagnes par la guerre nationale d'indépendance de l'Afrique centrale. En Afrique de l'Ouest, il y a organisation de l'entente entre nations francophones adhérentes à l'option de la construction de la communauté française avec la France. La France accélère le processus monétaire de leur intégration dans les échanges commerciaux avec la métropole à travers la BCEAO. Elle offre à son ministre d'État, Houphouët Boigny, un franc à parité fixée au franc français, le FCFA. Ce dernier va avoir la mission de la construction de la zone franc des colonies francophones, comme une dépendance économique et culturelle de la France. La Côte d'Ivoire est donc la capitale française de la zone franc. Le Rassemblement du peuple africain va être le noyau politique de la zone franc. Le Rassemblement démocratique du peuple camerounais en 1982 va être une évolution de l'Union nationale camerounaise en marge de la zone franc. La BEAC est une banque centrale construite par un capital indivis fourni par la France englobant le Cameroun dans les colonies françaises indépendantes de l'Afrique Centrale. Le Cameroun, protectorat français et anglais d'après la Première Guerre mondiale, et la Guinée Équatoriale se sentent peu à la l'aise dans la BEAC ; ils pratiquent le partage de la monnaie avec les quatre autres États anciennes colonies françaises - la République du Congo, la République Centrafricaine, la République du Gabon et la République du Tchad - et pensent développer une politique de développement de leur nation indépendante de la France. Toutefois, le ministère français des Finances assure le leadership, de la politique monétaire et financière du développement et de la croissance à travers la BCEAO et la BEAC.

Les biens donnés sont cadrés par les accords politiques de coopération de leurs développements dépendant de la France. La France développe une expertise européenne de la colonisation impérialiste dans la zone franc qu'elle veut transférer à la Côte d'Ivoire à travers la gouvernance de Ouattara après celle de Houphouët.

La construction de la zone franc est donc politique. Le soulèvement politique du peuple africain et de la francophonie africaine s'est aligné au combat politique contre les gouvernements, et les gouvernants français et non contre le peuple français détourné de l'indépendance des peuples par l'ambition impérialiste de leurs dirigeants. La lutte contre la pauvreté de la croissance occidentale des variables des structures industrielles données en croissance globale et spontanée se heurte au développement des structures paysannes en transformation orientées vers les structures industrielles naissantes. L'évaluation du développement n'est pas la croissance, mais l'émergence des structures industrielles de croissance économique rapide pour le marché. Elle est accompagnée de la lutte pour l'appauvrissement des structures de production d'économies manuelles paysannes en rencontre, sans émergence des structures de développement volontaristes de développement. S'il n'y a pas d'émergence des structures industrielles, il y a croissance appauvrissante des structures traditionnelles. Ces structures sont supposées disparaître spontanément en économie libérale, et volontairement en économie dirigée. L'économie asiatique est dirigiste, et celle occidentale libérale. Il est donc impossible de comparer la croissance de l'économie libérale et de l'économie dirigée vers la transformation des structures en vue de la croissance. Sous ce regard, le monde tout entier était sous-développé par rapport aux États-Unis en 1950 en croissance. Le reste du monde était en compétition de développement de structures en enfance industrielle. Le monde est globalement pauvre en structures de croissance de la production, de la consommation et de marché. Il se protège contre le système américain de production rapide et de consommation abondante.

Le système de compétition par le marché entre en France en 1970. Le repli colonial en métropoles la construction de la concurrence de l'Europe contre les anciennes colonies son marché traditionnel. La violence de l'organisation de l'exode rural est un projet de construction du marché urbain embryonnaire local sans capacité de concurrence, des comptoirs coloniaux d'échanges économiques en Afrique de l'Ouest.

Les emplois sont essentiellement administratifs, et les emplois privés sont les domestiques dans les résidences des colons. L'exode rural des années 1945 à 1970 alimente la naissance des marchés urbains de consommation locale, et le retournement des paysans rentiers et exportateurs vers la production maraîchère de consommation locale. Les initiatives coloniales d'industrialisation privée s'arrêtent avec l'émergence des structures politiques d'investissement massif dans les infrastructures des pistes de communication nationale, des écoles publiques d'éducation et de formation professionnelle, de santé publique, d'énergie et d'eau, qui sont des structures de démarrage de l'indépendance financée par des prêts publics métropolitains rétrocédés aux entreprises publiques. La faillite des remboursements dans les années 1980 crée le surendettement des jeunes États indépendants. Les métropoles considèrent ce risque comme la mauvaise gestion publique et décident de privatiser les entreprises publiques et d'abandonner une partie de la dette publique des pays pauvres.

La pauvreté des pays africains est réelle. Elle n'est pas seulement monétaire de la consommation, mais réelle de la production industrielle pour consommation locale. La pauvreté réelle des infrastructures et structures encourage la compétition de l'implantation des supermarchés des produits français mis en route dans les années 1970. Mais la croissance industrielle française s'est orientée vers les marchés de main-d'œuvre pas chère de production d'exportation vers l'Europe et non vers l'Afrique où elle demandait une formation patiente. La première implantation industrielle en Afrique s'est orientée vers les pays anglophones pour la conquête de nouveaux marchés potentiels tels le Nigeria, le Ghana et l'Afrique du Sud, sans consolidation de l'espace d'émergence industrielle de la France. L'industrialisation de la France et sa zone franc sont restées fragiles. Elle lutte pour la protection et la fermeture monétaire armée et juridique de son espace d'échange France-Europe-Afrique.

L'économie monétaire des marchés se divise en deux économies :

i) l'économie monétaire administrative qui assèche des trésoreries locales pour une centralisation coloniale et la consolidation de la monnaie de l'administration en monnaies métropolitaines. La surpopulation locale de consommation est communautaire et régionale. C'est le cas général de la zone franc et de l'organisation de la France-Afrique-Europe où l'émigration est interne à l'espace d'échanges.

ii) L'économie internationale d'accumulation des réserves de change et de stabilisation de la monnaie des États fédérés indépendants. Les économies des États fédérés sont culturellement étrangères, indépendantes et libres, et négocient le mode monétaire d'union de la fédération de leurs cultures. La monnaie d'échange peut être commune, mais les décisions de production et d'échanges sur le marché sont décentralisées. C'est le cas des États-Unis. Le mode de production et d'échange traditionnel de chaque peuple membre de la fédération monétaire est libre et indépendant. La coopération porte sur le mode de relations des peuples entre États fédérés et leur coopération avec l'extérieur de la fédération. Les actions sont communes, cas général des États-Unis.

Les liquidités dans les états fédérés sont accumulées collectivement pour les opérations extérieures et décentralisées dans la gouvernance des États fédérés. La décentralisation des cultures est accompagnée de la décentralisation de la liquidité des États fédérés.

La décentralisation concerne donc les cultures et les liquidités. Depuis 1853, il y avait centralisation des cultures et de liquidités d'actualité dans la zone franc. La contestation de la zone franc est la centralisation des cultures et de la liquidité, correspondant théoriquement à la thèse classique de l'absence de cultures et de la monnaie dans les pays en développement. Accéder à la monnaie signifiait accéder à la métropole et à la consommation métropolitaine. L'économie traditionnelle aux yeux de la population n'était pas pauvre. C'est à la rencontre avec les populations métropolitaines qui va introduire la pauvreté dans la mentalité du peuple paysan et provoquer et leur enseigner l'imitation. La monnaie des premiers contacts va être rapidement aspirée par les métropoles. Ils vont être formés à la relève coloniale et nourrir une ambition de supériorité à leurs frères nationaux. La conséquence est le maintien durable de la classe des pauvres sans accès à la monnaie et de la classe des riches accédant à la monnaie.

Déconnecté du système international d'aspiration et de la distribution de la liquidité par le marché, le système économique devient le génie d'optimisation de l'organisation du développement extraverti, contre le système de production pour consommation locale. L'indépendance des nations est alors hypothéquée par la France et l'administration française qui produit les biens manufacturés pour l'union française. La priorité du développement industriel va être la métropole qui déclenche en 1970, la mécanisation de la production agricole, le développement des supermarchés d'échange en masse des produits agricoles contre le petit commerce de proximité, l'entretien de l'approvisionnement industriel et des marchés primaires de consommation exotique, banane, fleurs, poissons et autres épices exotiques... La connexion coloniale française est maintenue et elle cherche la connexion européenne de cette structure par le marché commun, des métropoles déconnectées dans les années 1960 par les indépendances africaines. Les indépendances africaines vont traduire le processus de décrochage involontaire des colonies de leurs métropoles, comme la séparation forcée d'un enfant de la mamelle de sa mère. Le concept de l'aide va naître de cette séparation brutale, en apprentissage de part et d'autre. La poursuite de la colonisation africaine va être liée au concept de l'Aide, et d'infantilisme de l'Afrique devant les métropoles. Elle va demander l'Aide contre la demande asiatique de développement et la connaissance scientifique. L'indépendance devient en Afrique une lutte internationale pour la séparation des nations africaines de leur métropole coloniale. Il est vécu par les uns comme une souffrance de la séparation, les métropoles et par les autres, les colonies comme une victoire de la séparation et le recouvrement de la liberté d'indolence sans action de compétition pour le développement ou de la réaction compétitive pour le développement équivalent à la métropole. Le groupe d'actions imitatives, volontariste et concurrent du développement de la métropole est appelé les progressistes. Il est limité, révolutionnaire et combattu par le groupe adverse, le groupe de la liberté d'indolence en attente du développement spontané appelé réactionnaire, majoritaire et soutenu par les métropoles en souffrance économique de la séparation.

La composition monétaire des deux groupes est opposée. Le groupe des indolents au pouvoir est pour le maintien de la perspective coloniale des zones monétaires de rattachement colonial à la métropole, alors que le groupe progressiste prône le détachement monétaire de la liaison de la métropole aux colonies. Ces deux groupes se détachent internationalement en 1967. L'Angleterre du côté des progressistes, moins contestée en Afrique, détache sa monnaie des monnaies coloniales après sa dévaluation du sterling de 1967. La France du côté des réactionnaires maintient le rattachement du franc CFA à date, à la France Français. Le combat africain contre la France est un combat de l'indépendance des pays en rencontre de la France. Il s'agit d'un combat de la politique française, de l'impérialisme et de la colonisation mondiale qui se profile sous sa diplomatie, avec l'interdiction de débat. La politique de la zone franc est autoritaire et contre le changement. La France demande que l'on approuve ou conteste sa proposition, mais n'accepte pas le débat sur ses propositions politiques. Bref, le débat est interdit sur la zone franc, instrument de politique de la France.

4.3 L'organisation de la flexibilité de la monnaie et l'émergence des nations africaines dans l'économie internationale des marchés

L'idéologie de l'union France-Afrique a traumatisé l'Afrique et la France dans une incapacité de débat et pensé l'alternative de la **zone franc dans la** pensée de la régionalisation des métropoles et des colonies. La pensée historique de la France a doté l'Afrique indépendante de son incapacité de développement sans la France. L'OTAN a distrait l'Europe, dans sa couverture contre le communisme, de son incapacité à penser son développement sans les colonies et son évolution sans les États-Unis. L'Europe se pose la question de savoir si les États-Unis permettraient la construction d'une armée communautaire européenne sans OTAN et l'objectif flexible de la construction du système monétaire internationale par les États-Unis. Or, l'objectif de cette dernière était la défense de l'Occident contre le communisme et l'implantation de l'économie libérale. La France propose après le communisme actuellement passé une union monétaire communautaire de recolonisation de l'Afrique, seul objectif visible de la France. Le ministère des Forces armées européennes sans fédération des nations ni objectif de la défense européenne se replie sur le terrorisme comme la seule vraie menace extérieure. Pour la gestion de la dépendance des Africains de l'Europe, le terrorisme doit être africain et devenir une nouvelle menace globale de l'Europe, voire de l'équilibre du monde de la paix occidentale et pour l'intervention occidentale.

Tous les leaders et cadres supérieurs africains qui touchent à cette construction le payent de leur vie ou de leur carrière. L'observation du déséquilibre économique sous l'équilibre monétaire est le domaine de suicide des autorités africaines. Le débat sur la cohérence externe de la zone franc, le F.CFA, est interdit aux leaders politiques africains au pouvoir, cooptés par la France. Leur adhésion à la zone franc est la première condition de leur nomination aux postes de responsabilités dans la zone. Leur mission première est la défense de la zone franc sans logique économique ni cohérence politique. Elle renforce la multiplication des dialectiques et de la violence camouflée par la France, dans les institutions monétaires et les démocraties politiques formelles. Ce système de logique essentiellement politique est sans projet de développement et de coopération pour le changement.

L'organisation de la zone franc est rigide. La France cherche à travers l'Union européenne et l'UEMOA et la CEDEAO à l'étendre à toute l'Afrique sans négociation et par la force, cette rigidité sans arguments économiques logiques et vérifiables pour l'Afrique.

Du fait de l'incertitude du présent et du futur de la France de son modèle, le manque de clarifications françaises de ses missions de développement en Afrique s'accommode de la croissance formelle exclusive du développement spontané des partenaires dépendants sans volonté explicite. La flexibilité du système américain a une volonté personnelle du développement des individus, le rêve américain.

L'Europe et ses colonies, contrairement eu Gand marché américain des années 1934, ne seraient plus aujourd'hui qu'un Grand marché de développement spontané des Nations Unies, face l'incapacité de développer ouvertement le droit humain des nations membres.

La démocratie élective institutionnalisée s'accommode des marchés parallèles et fait éclater la démocratie des droits de la nation en démocratie de droit de l'Homme. Cette rencontre des droits de l'Homme et des nations introduit donc la corruption par les hommes des systèmes publics de la gouvernance des nations par les hommes. Le pouvoir social et administratif est structurellement faible, mais institutionnellement fort.

Parler de la force des institutions, c'est encourager la violence de la sanction administrative. Les pays dépendants subissent la violence des démocraties métropolitaines contre les déviations des administrations de l'application des lois publiques, notamment de la loi fondamentale. Elle n'est pas populaire, c'est-à-dire du choix volontaire du peuple gouverné et rend illogique le système juridique et de démocratie élective des peuples inconscients de l'organisation démocratique de l'indépendance des nations d'Afrique comme des États souverains en compétition pour leur insertion dans l'économie mondiale de la liberté des marchés sans liberté de choix de la production et de la consommation.

Cette relation assistée par la monnaie statique est une dialectique de la démocratie et de la compétition des institutions des marchés officiels et parallèles. Les marchés parallèles traduisent les libertés nationales en réaction aux libertés imposées. La croissance de la consommation sur les marchés officiels et la gestion répressive de l'expression de la démocratie des marchés parallèles désorganise les constructions politiques officielles. Le marché officiel de l'emploi des chômeurs disparaît en faveur du marché parallèle de recrutement des administrateurs publics et privés. Les marchés officiels se déstructurent en marchés parallèles de compétition discrète contre les marchés officiels. Il est donc nécessaire de restructurer le système complet et de reconstruire la logique démocratique et de compétitivité nouvelle.

La plus grande démocratie élective du monde est indienne, mais l'Inde n'est pas industriellement développée. Elle nécessite la construction de son développement industriel sous sa démocratie actuelle. La démocratie africaine est laïque. Peut-elle être construite sans support religieux importé ? La croyance africaine est laïque, chacun croit à son dieu sans conflit avec les dieux des autres. En Occident, la croyance est une organisation politique. La construction de l'État est laïque. L'emploi est le concept économique de la dialectique public-privé de l'État.

Le problème de développement culturel mondial intégré est devenu celui de l'intégration du droit de l'Homme et du droit des peuples. La relation entre ces deux droits est humaine. La démocratie du droit d'existence sociale de l'homme d'émergence sociale de la pauvreté dans la richesse populaire. La démocratie n'est pas le développement économique, mais l'émergence dans la richesse populaire de l'abondance de la monnaie. Sous ce regard, le monde est en développement avec les difficultés qui l'accompagnent : la concurrence entre pauvres et riches notamment. La monnaie n'est pas le développement, mais un incitateur à la dynamique des cultures de développement des peuples. L'appréciation de cette incitation est nationale. La quantité de la monnaie n'est pas le développement. L'appréciation nationale de l'incitation de la monnaie est qualitative. C'est l'appréciation qualitative de la disponibilité de la monnaie, elle, est la politique de développement. L'appréciation de quantité est la politique de la croissance. La monnaie ne change pas la dynamique des cultures, elle incite la dynamique des cultures et l'éveil de la concurrence, et son abondance atténue la concurrence et le développement en faveur de la consommation.

Les tendances futures de la richesse du monde sont la croissance industrielle de la production et l'échange dans le monde ouvert comme le monde du commerce triangulaire, de conquête et libre-échange. Les Européens étaient des populations conquérantes et dominatrices. Les marchés nationaux étaient ouverts au monde et aux échanges internationaux. Le mode de l'esclavage et du commerce triangulaire des nations conflictuelles n'était pas la concurrence économique, mais la concurrence culturelle et dominatrice. La monnaie et l'économie étaient des moyens de soutien des conflits culturels. La survie des peuples sans terre était renvoyée à l'enrichissement à l'extérieur des nations agricoles riches occupées et mise en exploitation, par les nobles exploitant les pauvres des peuples consentants et guerriers sans salaire et la mobilisation impériale de leur force de travail. Les récalcitrants étaient exilés dans les colonies où ils pouvaient faire indépendamment fortune dans les colonies. L'interdiction de la transportation des outils de production dans les colonies complétait la sanction des exilés. Ils devraient constituer leur propre fortune avec la création intellectuelle et technique de leurs propres outils de production.

Le modèle de pensée de la théorie économique de développement mondial est cette émergence de ces hommes dans l'économie internationale. Le développement de l'économie naturelle vers l'économie industrielle de production pour le marché impliquait leur retour international dans les métropoles de consommation. L'industrie est donc un stade avancé du progrès de l'homme dans la production de sa subsistance et de la gestion de son indépendance de la nature. Il réduit cette dépendance par des compensations monétaires des déséquilibres de production locale et d'échanges internationaux.

Le développement est le passage de l'économie traditionnelle d'autoconsommation à l'économie monétaire d'échange et de consommation sans rupture de l'abondante production par les marchés. L'émigration européenne vers les États-Unis du début du XXe siècle était la ruée vers l'or, instrument d'échange considéré comme la richesse. Les gens sans terre en Europe se contentaient de la subsistance en deçà de leur bien-être. La production industrielle américaine lie leur bien-être à leur effort de travail individuel, la productivité marginale. Le rêve américain est un rêve de production pour la survie.

La population africaine rêvait de la subsistance et de la vie dans les beaux pays européens, des années 1950 de l'après-guerre. Le salaire proposé par la révolution bourgeoise aux États-Unis contre la libération du travail négociable par l'entrepreneur abolissait concrètement le système d'esclavage et de la corvée. En Europe, les rois et nobles perdaient leur privilège d'emploi gratuit de la population à leurs besognes de construction des royaumes fastueux des grandes prétentions et ambitions des rois.

L'expansion des salaires renforçait le système de liberté et le processus des négociations syndiquées des salaires ouvriers contre le bénéfice des entrepreneurs. Seul le marché départage le peuple et les entrepreneurs devant la consommation et le salaire devant le travail. C'est la vente sur le marché qui diversifie la consommation et le renforcement de la demande du pouvoir d'achat sur le marché. La hiérarchie des marchés est libérale et compétitive. Ce passage des économies traditionnelles de troc aux économies monétaires d'échange et de liberté d'organisation assainit la distribution par les marchés et les échanges. La prospective d'accumulation de réserve de change est assise sur la différence des forces de travail et de leur rémunération. Les cultures sont donc la base de l'organisation de la production et d'échanges par le marché. Il convient donc d'observer la population mondiale et d'étudier la capacité mondiale des cultures de production pour le marché.

Tendance de la croissance de la population mondiale

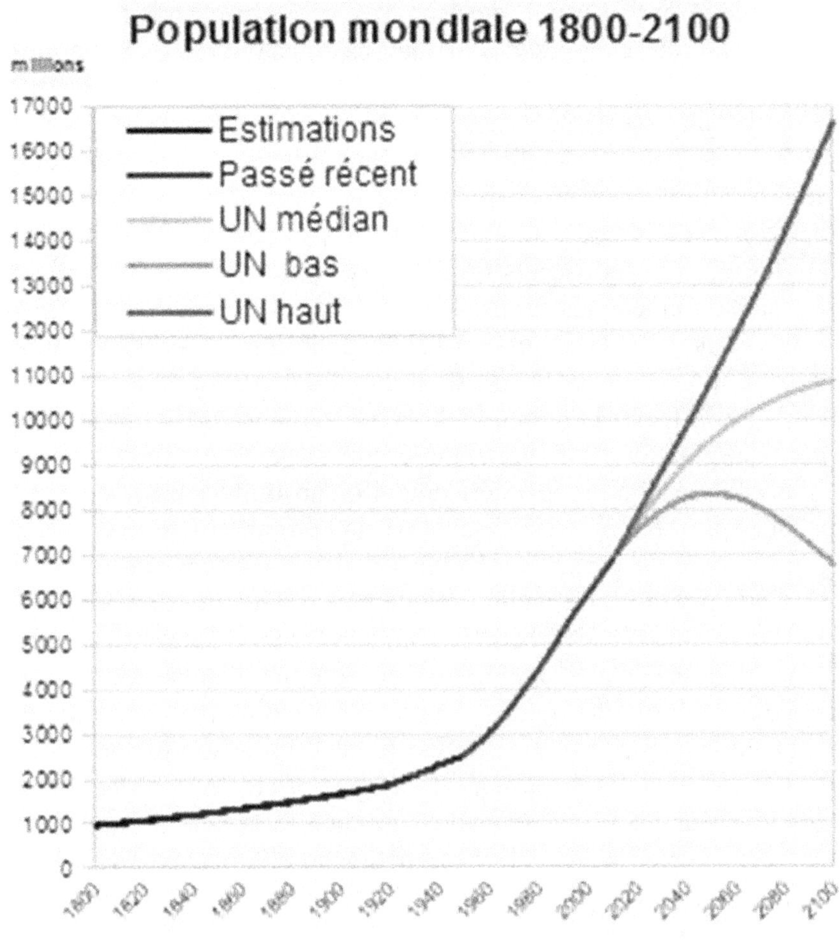

Du déséquilibre statique de cohabitation paisible des métropoles et colonies dans les années 1950, et de la croissance modérée de la population, la tendance de la croissance mondiale de la population a explosé en surpopulation mondiale à la fin du XXe siècle, en 2000. L'on est passé de l'économie de troc et de sous-population du début du siècle à la surpopulation de la liberté d'échange et de l'émergence des marchés. Les marchés sont sous-jacents aux « ordres démocratiques » d'organisations des politiques d'échanges. Chaque pays membre de la communauté internationale à sa démocratie approuvée par son peuple qui accepte sa monnaie comme le cadre social de son organisation. Les normes culturelles et monétaires des échanges sont donc dissemblables et correspondent aux niveaux et de la reproduction rigide des normes sociales de production et de consommation dans leur flottement de résistance.

Les entrepreneurs sont des maîtres d'ouvrage, travaillant pour eux-mêmes, pour les gouvernants publics et les ouvriers. L'éclatement des systèmes d'exploitation du travail du peuple est désormais entre entrepreneuriat et système antérieur d'exploitation impérialiste, esclavagiste et colonial. L'exploitation industrielle et technologique des richesses naturelles est moderne au sens du remplacement des systèmes anciens d'exploitation humaine et artisanale par des systèmes technologiques et industriels modernisés de production. La copie des démocraties occidentales épouse les formes occidentales de modernisme des exploitations de la richesse naturelle et transfert le système humain de production à une donnée culturelle. La base culturelle continue cependant d'affecter la méthode de la gouvernance de la production et de la consommation. Pour consommer plus, il faut travailler plus. Dans l'organisation économique américaine, l'on abstrait les bases culturelles dans leur ensemble qui rejaillissent par le comportement psychosocial du peuple comme perçu par Keynes dans sa Réforme monétaire de 1924. Cette psychologie sociale occidentale est accrochée à la monnaie (bien vide), instrument neutre d'échange sans valeur intrinsèque comme richesse. Sa valeur est son pouvoir d'achat, c'est-à-dire l'appréciation individuelle de l'échange du bien en présence contre ce potentiel d'échange. L'équilibre est donc l'utilité marginale du bien pour l'acquéreur, l'acceptation de l'échange et la satisfaction des échangistes. La théorie générale de la monnaie est qualitative et l'action des cultures de production et consommation qu'elle ajuste est dynamique. L'organisation monétaire de l'exploitation économique est sociale. Elle est accompagnée des institutions sociales d'organisation formelle de la gouvernance économique. Le fondement de l'organisation de l'exploitation économique est social. La dynamique est l'ordre social que les hommes essaient de contrôler par la construction du consensus social juridique.

Le bien et l'emploi sont des réalités économiques. L'homme assimile cette réalité à la monnaie qui est sociale et calcule les intérêts des hommes comme des objets immobiles. La dynamique sociale est l'intérêt des hommes et des peuples dynamiques. La dynamique des hommes est individuelle (le droit de l'Homme), celle des peuples est collective (le droit des peuples). Le passage de l'économie d'homme américain à la macroéconomie des peuples du monde pour des raisons d'efficacité de la première dans la production individuelle distribuée par le marché a laissé en veilleuse le droit des peuples en révolution contemporaine dans les économies en monétisation. La monétisation et l'acquisition de la monnaie ont été confondues avec la pauvreté réelle, dans la richesse de l'économie monétaire. La richesse monétaire appauvrit l'économie réelle par spoliation des vraies propriétaires. Les institutions formalisent l'expropriation des détenteurs réels des richesses au profit des indigents disposant de la monnaie. Cette escroquerie fondamentale de l'économie monétaire est mondialisée par le Système monétaire internationale de Bretton Woods en faveur des détenteurs des grandes technologies d'exploitation libre de la richesse réelle dans le monde. La croissance de la production et de l'échange monétisé explose dans les années 1950, accélérant la pauvreté des détenteurs des richesses réelles sans technologie d'exploitation.

L'abstraction monétaire de Bretton Woods exclut les détenteurs des richesses d'or de la compétition internationale dans le contrôle des échanges et installe la croissance monétaire et la pauvreté des propriétaires réelle.

La monnaie facilite le calcul et l'anticipation des besoins et l'exploitation à distance des détenteurs des matières premières riches pour l'industrie par les détenteurs de grandes technologies d'exploitation. La formation des repères du système d'exploitation industrielle et d'échange monétaire est la croissance de l'économie monétaire sans regard sur l'économie réelle. La dynamique sociale, culturelle et des intérêts est abandonnée au profit de la croissance et de la convergence des phénomènes monétaires (prix et change). L'équilibre éphémère des besoins de consommation à la production nationale est vite déstabilisé. L'économie monétaire est une économie des déséquilibres réels stabilisés par la monnaie. L'équilibre est partiel, le déséquilibre est global et durable. Ils sont des représentations statiques du changement social et culturel dynamique. L'économie monétaire est un domaine de calcul et de la représentation abstraite des déséquilibres réels sources de la spéculation sociale des ajustements d'intérêts immédiats sur la dynamique de développement social et des cultures. La rationalité du développement est sociale et culturelle. La dynamique monétaire est l'ordre social, c'est-à-dire la stabilisation sociale des hésitations des cultures ; la dynamique des cultures est floue et résiste aux changements. Cette résistance rappelle les variations sociales autour de l'équilibre culturel.

La relation culturelle au développement n'est pas mentionnée dans l'expertise monétaire de l'Union européenne. L'Union européenne est statique, comparative et sans dynamique compétitive des cultures sous-jacentes. C'est la dynamique des cultures européennes qui stabilise les fluctuations sociales de l'euro à la baisse autour des équilibres culturels nationaux. Ces équilibres culturels nationaux sont donnés allemand, grec, italien, français, espagnol et résistent aux changements. Ils sont la base de la construction de la fédération libérale des nations européennes membres de la communauté.

L'union monétaire soulève le problème de la dynamique des résistances des cultures des pays membres dans la construction de l'ordre monétaire libéral de l'Europe. Cette dynamique des structures conduit à la demande de la fédération des nations de la communauté proscrite par la politique européenne de convergence monétaire sans convergence culturelle et économique. La souveraineté des nations est économique et culturelle. La monnaie s'adapte à ces souverainetés. La fédération réclame la reconsidération à la conception de l'union, de la souveraineté des États membres. L'union actuelle demande l'abandon des souverainetés des cultures des pays membres et centralisation économique et culturelle sous l'union de la convergence des phénomènes monétaires. La monnaie est sociale. Elle n'est pas économique ni culturelle, mais un instrument de coordination des échanges hors économie et culture des états membres. Le modèle de base de la communauté européenne est la zone franc, une union des Etats-nations sans disparité ni dynamique des cultures et sans souveraineté. Cette absence de la flexibilité et de résistance des cultures aux changements défavorise la construction humaine de l'Union sans société.

Cette conclusion partage le monde en construction monétaire en deux camps : le camp des libéraux des droits de l'Homme et de la distribution des richesses par le marché, et le camp des institutionnalistes, du droit des peuples et des nations. L'organisation de l'assistance sociale aux peuples et notamment aux plus démunis est une prise en charge empirique du droit des peuples alternatifs aux droits de l'Homme de la théorie de la mondialisation.

Sur le plan général, la consommation, comme dans le Plan Marshall qui anticipe l'intervention des États américains dans la reconstruction dans l'équilibre public d'avant-guerre, est ajustée par la production internationale payée en dollar remboursable par l'Union européenne des Paiements. Le dollar est la monnaie de paiement, et le remboursement payé en dollar *ex post* (3 ans après), la finance. L'on inverse le paradigme du capital préalable à la consommation et à l'investissement *ex ante* en paradigme international d'avance du capital de consommation et de production remboursable *ex post*.

Le crédit est l'investissement anticipé dans la confiance en l'engagement de l'homme de produire sa consommation *ex post*, avec intérêt pour le créancier.

Les BRICS cherchent la formulation d'un modèle financier appliqué au développement. L'échéance de développement est longue, ses engagements sont multiples et coûteux. Il est sous la pression de la consommation immédiate de survie. Le modèle de développement doit être un modèle de changement de la base structurelle, humaine et matérielle de croissance.

La pauvreté n'est plus seulement monétaire, mais réelle. La production pour consommation nationale est insuffisante à l'ouverture des frontières à la consommation étrangère.

La pauvreté monétaire est une fermeture à la consommation étrangère et à la modernisation de l'économie. Moderniser l'économie, c'est stabiliser culturellement les variations sociales par des ajustements monétaires formels et sociaux intelligents. L'orientation idéologique des individus vers la richesse monétaire illimitée structure le peuple en individus de richesse monétaire et de richesse réelle. La pauvreté monétaire est la monétisation et le seuil de la pauvreté est un dollar américain par jour et par personne. La richesse monétaire est l'accessibilité à l'économie monétaire et non pas l'accumulation des richesses monétaires. La richesse économique reste réelle, détournée par la monnaie vers l'Occident. La croissance monétaire internationale rapide des années 1950 est l'appauvrissement économique du monde réel au profit de l'Occident américain et européen.

Il n'est donc pas nécessaire d'attendre l'industrialisation pour participer à l'économie monétaire à long terme, mais comme le disait Keynes, à long terme, tout le monde est mort. L'économie monétaire est actuelle, la monnaie est l'emploi. Elle est stratégique à partir de 1965, contre la planification à partir de 1970.

La gouvernance du déséquilibre de la production et de la consommation est monétaire et actuelle.

4.4 L'écart de la production et de la consommation et la stabilisation monétaire de la croissance

L'organisation sociale assure le minimum de subsistance suivant le risque de surpopulation et de la pauvreté sociale. L'écart entre la production et la consommation s'élargit et se stabilise par la monnaie. La monnaie est un moyen de déséquilibre et tout d'abord moyen d'échapper à l'équilibre. La théorie de déséquilibre de développement est plus large que la théorie de l'équilibre de la croissance. Les déséquilibres de la consommation et de la production qui s'élargissent de façon dynamique en économie monétaire se stabilisent immédiatement par la monnaie. La monnaie se déprécie en permanence et sa quantité en transaction augmente indéfiniment. La gestion du développement est la stabilisation de la croissance actuelle de la quantité de la monnaie. Sa dépréciation permanente accroît la quantité et la quantité est enterrée dans les structures réelles. Les investissements monétaires dans les structures se multiplient rapidement en valeur quantitative de la monnaie actuelle reflétant sa dépréciation historique. Cette dépréciation est la traduction réelle de la dynamique sociale dégradante. Les valeurs faciales de la monnaie ne se maintiennent que par artifice de la régulation publique, les prix et les changes. La pression sociale révèle la vitesse de la dépréciation de la monnaie sur les marchés parallèles. L'abondance quantitative de la monnaie sur ses marchés tire la valeur faciale qui traduit la résistance publique vers le bas. L'adhésion à cette pression fait exploser les valeurs faciales qui démontrent le caractère de bien vide de valeur, de la monnaie[47]. Elle cesse d'être un instrument psychosocial de garantie d'échange des valeurs économiques réelles. La monnaie est l'instrument neutre d'échange. Cet instrument est géré de manière impartiale des désirs politiques de paiement du gouvernement et du désir de survie du peuple sur le marché d'échange des biens réels. L'on parle de l'indépendance de la Banque Centrale. La valeur de la monnaie est la rigueur de contrôle de la liquidité, de l'équilibre de la consommation et de la production nationale par la Banque Centrale.

Du point de vue conceptuel, c'est la stabilisation de la dynamique du travail des sociétés et cultures qui justifie leur modèle de gestion monétaire. Ce modèle, sauf erreur, ne doit être imposé de l'extérieur.

Les progrès de développement ou réduction des écarts entre la production et la consommation nationale s'accommodent de l'effort national de production. Au début du siècle dernier, cet effort a bénéficié des progrès scientifiques du XVIIIe et XIXe siècle, et au XXe siècle, du progrès dans la connaissance de l'économie monétaire. Au XXIe siècle,

[47] L'explosion des valeurs faciales de la monnaie de la Banque Centrale du Zimbabwe.

elle doit bénéficier de la connaissance de la relation ente la monnaie et la société, des fondements sociaux de l'économie monétaire.

4.5 La régulation internationale et les révolutions culturelles nationales du XXIe siècle

Depuis Bretton Woods, la libération du commerce et l'ouverture du monde au commerce international ont accéléré la croissance de la population de la richesse et de la consommation mondiale. La régulation de l'économie mondiale a été portée par le système monétaire international de Bretton Woods. De l'autoconsommation, du don, de l'échange de troc et des traitements non monétaires des échanges internationaux, on est passé aux échanges monétaires internationaux. Au XXIe siècle, l'on consolide les développements monétaires nationaux, lancés par l'ajustement structurel de l'économie internationale aux économies nationales en 1970.

La pauvreté monétaire devient une réalité des nations en lutte pour la maîtrise du changement de leur économie de troc en économie monétaire. La demande de la consommation du XXe devient une demande d'échange nationale et régionale. Le système monétaire international s'est adapté considérablement aux systèmes économiques nationaux par l'intégration de la consommation nationale à la production internationale. Les productions nationales du XXIe siècle doivent s'adapter par les monnaies nationales à la production nationale et développer leur expansion internationale[48].

Du côté des nations, dans le cas européen, en dépit des efforts de construction de l'Europe en État-nation, l'adaptation de sa production à la demande du marché africain est retardée. La décentralisation française et européenne reste dans l'internationalisation de Bretton Woods, l'approvisionnement du monde par la production occidentale avec une contrepartie en monnaie des métropoles des pays sans monnaies.

Les institutions occidentales en africaines et dans le monde sont organisées par l'Occident depuis Bretton Woods comme des auxiliaires de l'occupation de l'Afrique et du monde par l'Occident et les métropoles. La Banque Mondiale peine à intervenir dans ces économies de l'Europe et de l'Afrique comme des économies de marché. Elles sont gouvernées comme des économies paysannes en développement monétaire et globalement administratives. Elles s'entraînent à la

[48] La nouvelle route de la soie est le nouveau modèle futuriste du développement économique mondial intégré.

construction de leur marché d'abord commun en tant que pays interdépendants, et tardent à la fédération compétitive de la production et de leur coopération. La parité fixée et administrée de la monnaie unique européenne, l'euro, au FCFA, s'écarte des parités déterminées par les marchés parallèles locaux, qui reproduisent le schéma réel du marché libre d'échange. Bretton Woods rattachait les monnaies du monde libre à la parité du dollar fixée par rapport à l'or, à 35 dollars par once d'or. Cette organisation centriste était abstraite et hors nations. Elle est internalisée dans les nations en 1970, où est déclaré l'effondrement du système monétaire international. Toutefois, l'émergence des systèmes monétaires et économiques nationaux tarde à jaillir des nations. La France en profite pour construire l'UEMOA, à la place de l'émergence des États des nations africaines. Elle s'interpose contre l'indépendance des nations africaines et phagocyte leurs États des anciennes colonies francophones dans la communauté européenne. Ce formalisme régional France-Afrique se limite à la stabilisation de la croissance des déséquilibres de développement.

La relation Europe-Afrique même avec l'application de techniques et mécanismes de décentralisation les plus sophistiqués demeure un modèle de sous-développement structurel. Ce modèle s'est accommodé de l'aide aux échanges contre la compétition économique des échangistes dans le progrès de leurs affaires. L'aide économique est la subvention à la liquidité pour le commerce et la lutte contre la liquidité de production et des échanges pour le développement.

Le risque international de l'expansion du communisme russe était américain. De la Russie à la France, l'Europe est royaliste et impérialiste et consommatrice. De l'Asie à la Chine, l'Orient est commerçant. Les États-Unis du fait du mélange de cultures sont producteurs et échangistes. Le développement mondial intégré des années 1954 est le libre-échange du commerce triangulaire. Le libre-échange chinois est le commerce de la soie avec l'Europe sans hégémonie, ni conquête, ni sujétion. Le commerce européen est la traite des esclaves, la conquête et la domination coloniale. Les différences de cultures sont des soubassements du développement et de la croissance économique. L'emploi de Bretton Woods est un modèle européen. J.M. Keynes le déclare à Bretton Woods national et l'expert américain le déclare international.

Tendance de la population mondiale depuis 1950

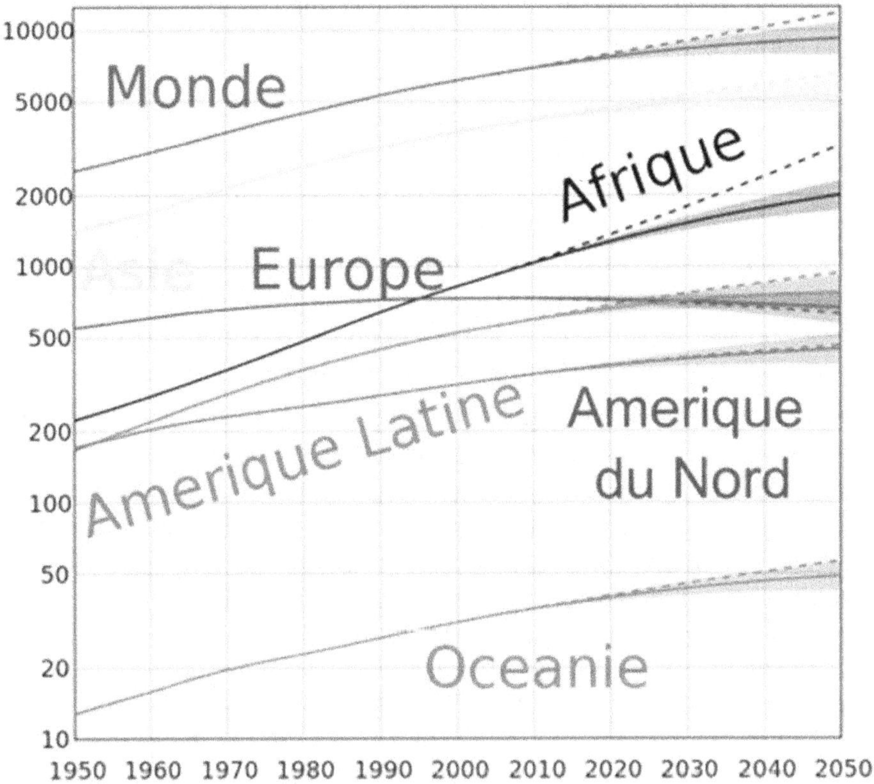

En 2010, la tendance de la population mondiale explose dans les pays en monétisation et monétarisations – Asie, Afrique, Amérique latine et Océanie. Ces pays sont positionnés pour l'assistance à la monétisation et la monétarisation occidentales. Mais l'organisation mondiale de l'économie ne se préoccupe pas encore de la gestion sérieuse de la révolution de la surpopulation de ces pays en débandade et dispersion dans le monde occidental. À partir de 2020, les luttes sourdines contre la pauvreté monétaire explosent en potentiel révolutionnaire populaire ouvert. L'Afrique avec la courbe de la croissance de sa surpopulation plus élevée revendique sa reconnaissance humaine et sa participation à la gestion du monde modernisé et celle de sa monnaie pour l'internalisation de son développement. Ces populations émigrent vers l'Amérique du Nord et l'Europe en relative stabilisation de la croissance de leur population. L'Europe, face au grand fléchissement de la croissance de sa population, entend associer l'Afrique pas comme partenaire de développement, mais comme subordonnée dans la logique coloniale d'échange de Bretton Woods. Sous cette logique, l'écart de développement s'élargit entre l'Europe et l'Afrique. La croissance africaine et européenne stabilise l'ouverture de cet écart de développement observé concrètement dans l'émigration massive et insistante de la population monétairement appauvrie. Mais l'Europe ne découvre pas le risque d'envahissement que par l'émigration contemporaine de la population africaine vers l'Europe. Elle s'interroge contrairement à sa politique d'occupation coloniale et d'appropriation de l'Afrique dans le partenariat international de coopération pour le développement gagnant-gagnant. Le gain africain serait la réduction des écarts des structures de production et de la consommation, et le gain européen l'échange des matières premières désirées à l'équilibre de la croissance de la production échangée.

La monnaie dans l'économie de la transition de l'économie traditionnelle d'échange de troc, d'autoconsommation, de la pauvreté et de sous-population, à l'économie surpeuplée, riche de la consommation et d'échange monétaire voile de déséquilibre et leur élargissement. Les structures d'échange de troc disparaissent rapidement dans les pays en développement monétaire, au profit des structures d'échange monétaire sans industrie de production pour le marché. Ces structures des marchés sont pauvres. Le bien-être des populations de l'économie traditionnelle s'urbanise et se déstabilise. Il est géré par les charges professionnelles de stabilisation du revenu réel et salarial du peuple. La pression sur la population occidentale n'est plus démographique, mais importée des économies paysannes du monde en décomposition sociale par la monnaie.

Les individus sans revenu monétaire se battent pour rester en ville, assimilant la ville à l'économie monétaire de changement de niveau de bien-être. L'économie monétaire des pays en développement est la consommation sans travail ou un travail minimum. Pour ces pays, la population s'accumule autour d'un même revenu monétaire regroupant la famille élargie. La mise en commun des revenus monétaires s'abandonne progressivement. Les individus deviennent progressivement indépendants et libèrent le revenu monétaire de leur production du côté long de consommation, au profit du côté court de la production. L'ajustement primaire est l'épargne de consommation. Elle ne se transforme en épargne d'investissement qu'après satiété de la consommation.

Le passage des économies traditionnelles réelles à l'économie monétaire des marchés est jonché de malversations, de la corruption des chefs décideurs, des détournements des fonds publics qui sont les conséquences de l'intervention monétaire dans l'économie réelle. Le contrôle financier et de la liquidité deviennent un métier spécialisé d'une « police libérale » du commerce à travers la liquidité.

La monnaie et les forces armées sont des auxiliaires des institutions occidentales d'occupation de monde en développement monétaire et industriel. La pauvreté monétaire est le risque de développement sans travail contre lequel le monde se mobilise par l'expansion de la consommation assujettie au travail.

Les cultures d'échange sont relatives et évoluent par leurs imitations réciproques. L'Afrique, avant l'occupation coloniale, est une culture de troc dans le voisinage. La modernisation de la monnaie stabilise les cultures par compensation monétaire des déséquilibres d'échanges réels.

La régulation réelle est sociale. La politique est l'orientation formelle des échanges de hautes structures. Dans les années 30, le début de la généralisation de l'échange par la monnaie, la dévaluation, adaptait sa quantité aux échanges. Les crises étaient monétaires. La monnaie modernisation des échanges s'accommoda de la libéralisation de la quantité de la monnaie de son attachement à un bien réel. Toutefois, le début de la modernisation de l'économie et de la monnaie commencera à Bretton Woods par le rattachement de la parité du dollar à l'or, à 35 $ l'once d'or. Ce rattachement est provisoire et abandonné en 1971 en faveur de la parité libre de change sur le marché international. Cependant, c'est au second semestre 1996 que la parité du dollar sera déterminée par le marché de change international.

Les crises financières jusqu'en 2008 sont monétaires. La crise financière de 2008 est celle de la spéculation monétaire sur produits financiers de crédit. Les crises économiques et monétaires jusqu'en 2008 sont des crises quantitatives de la monnaie. La concurrence par dévaluation compétitive est stabilisée par la croissance compétitive et l'élargissement de l'écart de développement voilé par les ajustements monétaires.

Les États-Unis ont titré des leçons de l'ouverture de son économie au libre-échange international, et de la rigidité des pays à l'intégration internationale de leur économie, par le marché. À Bretton Woods, son ajustement était administratif et formel. Les cultures nationales sont réintroduites à Smithsonian par l'effondrement du système monétaire international. Le système monétaire international était un système d'échange de troc, compensé par le dollar. Le dollar s'échangeait au taux de 35 dollars l'once d'or fixé pour les échanges internationaux à Bretton Woods. En 1971, c'est le début de l'économie monétaire de libre-échange, sur le marché. La stabilité administrative du dollar à l'équilibre du taux de change fixé surévaluait cette dernière par rapport à la parité du marché libre. La flexibilité du taux de change du marché libre de change était sous la pression sociale à la baisse. La parité fixe du dollar de Bretton Woods est libérée à la flexibilité du marché international des changes au second semestre 1996. Le cadre du développement international des échanges internationaux est désormais le marché. Tous les pays, sauf la zone franc, ajustent leur système monétaire national au marché. La France consolide la fixation administrative de la partie des monnaies avec ses partenaires en zone franc et communauté économique et monétaire européenne.

Ce choix affecte le management public global de l'élite monétarisée riche de la région, contre le peuple pauvre en monétisation sans accumulation de la richesse. L'Afrique francophone est administrativement capitaliste. La richesse est obtenue par la politique et la corruption des administrateurs publics.

L'analyse monétaire de la France est historique et statique, elle n'anticipe pas l'évolution de l'Afrique. L'analyse monétaire anglaise et américaine oriente les économies vers le marché, et les cultures américaine et anglaise libèrent la compétitivité et la concurrence. Les cultures administratives européennes sont dominatrices et luttent contre la concurrence et la compétitivité. Elles bloquent la liberté des cultures de développement et orientent les pays partenaires vers la domination et la corruption des administrations.

Le développement est donc une révolution culturelle. Le transfert clandestin et l'optimisation fiscale privée maximisent la richesse européenne. La France s'attache au commerce historique et à une perception statique des cultures sans avenir. Les Anglo-saxons ont une perception libre et dynamique des cultures. Le modèle keynésien est psychosocial et dynamique. Il prêche le retour en métropole des colons anglais et la gestion des colonies à distance. La France prêche pour la poursuite de la colonisation rapprochée et la domination administrative des pays colonisés.

Le producteur anglo-saxon reste attentif au résultat, à l'avenir et à la concurrence, le producteur français attaché à l'histoire, à la poésie et au comportement administratif sans concurrence de ces partenaires. Aussi la monnaie française ne s'ajuste pas aux cultures dynamiques des marchés, européens et africains, et offre une organisation macroéconomique administrative et dominante des unions centralisées et sans souveraineté des nations membres.

La modernisation américaine et anglaise de la monnaie est dynamique et flexible. Elles s'adaptent aux différentes de cultures et souverainetés des nations. La modernisation de la monnaie française s'accommode de l'histoire et de la rhétorique et impose sa culture aux cultures en rencontre. La politique monétaire française fixe les taux de change et stabilise la monnaie unique, le taux d'inflation. En évitant le conflit entre prix et change, elle active la réclamation de la nature de la coopération de la France avec ses partenaires. Elle élimine la dimension liberté de discussion de la coopération avec les partenaires et impose le point de vue français auquel ils doivent adhérer[49].

Les nations souveraines monétairement libèrent leurs échanges par l'adaptation appropriée de la production à l'équilibre de la consommation nationale. Leur unification change l'objectif national en objectif d'équilibre régional de la consommation par les productions locales au détriment des consommations locales. Cette organisation crée des trous d'air économique à combler, entre nations unifiées. Dans les fédérations, ces trous d'air sont éliminés par l'organisation étatique de l'indépendance des nations fédérées. L'État fédéral n'intervient que pour assister en cas de besoin suivant le protocole de coopération entre États fédérés.

L'objectif unioniste de l'UE et UA est l'approche nationale du pouvoir de développement centralisé. La décentralisation ne comble pas les lacunes de l'organisation dépendant des nations membres. Il s'oppose à l'objectif fédéral de l'OUA de 1963.

Dans le cas de ces nations non souveraines, les différents pays membres de l'union doivent abandonner leur objectif national pour l'objectif de l'Union. Cette organisation compréhensible dans l'organisation coloniale d'initiation des colonies à la découverte et à la connaissance des métropoles et leur objectif est défavorable à leur développement compétitif. L'organisation hiérarchique des nations n'améliore pas leur performance. La Fédération scinde la découverte des métropoles en deux groupes d'objectifs dans les pays anciennement colonisés : l'objectif commun de la richesse et de bien-être des colons, et l'objectif commun des colonies de comprendre et d'imiter leurs maîtres dans leurs pratiques de développement et de la croissance. La fédération indépendante de la production des nations fait bifurquer les pratiques de développement en différents axes de développement.

[49] Voir le comportement de la France et de la Côte d'Ivoire, dans la négociation de la zone monétaire unique de la CEDEAO. Décembre 2019.

L'union de la consommation sans distinction de producteur est le seul point de rencontre des nations. L'Afrique, jusqu'à présent, s'est attelée à l'objectif de consommation. Elle glisse depuis 1970 vers l'objectif de production pour la consommation locale de sa surpopulation avec sa propre monnaie.

L'Union européenne conteste la monétisation et monétarisation locale des anciennes colonies. Elle impose à l'Afrique l'euro comme monnaie africaine. Cette organisation introduit de nombreux trous d'air non colmatés dans l'organisation du développement de l'Afrique : les trous d'air sécuritaire, politique et économique et de formation. Elle entretient vis-à-vis de l'extérieur une assimilation formelle des cultures qui voile les déséquilibres profonds des tentatives de déstructuration interne des cultures soulevant des réactions populistes.

L'Europe confond la balance commerciale et la balance des cultures ou de paiements. Elle élimine cette dernière en faveur de la gestion de la monnaie de paiement internationale de ses partenaires. Elle impose la monnaie française aux anciennes colonies au paiement international. L'équilibre des paiements en franc français est l'équilibre de la culture française, et la fluctuation des changes qui différencie les nations est prohibée. La France se comporte comme une nation internationale et interdit le débat sur sa monnaie. Elle impose le contrôle de l'inflation, dans ses démembrements régionaux.

Cette construction est interne, sans cohérence externe. L'union ou fusion des nations sous l'État français sans souveraineté nationale dans l'expression de la dynamique et de l'indépendance de leur production et de l'agrégation par le marché déstructure les équilibres nationaux de consommation en faveur de la communauté sans vente communautaire à l'étranger. Les États de l'union conservent leur liberté de commercer à l'étranger. La relance économique après la pandémie de Covid-19 ressemble à une gestion anticipée de la banqueroute des nations membres. L'on emprunte sur le marché financier international pour financer la relance et demande aux États membres de rembourser 30 % de la mise. Les 70 % seront remboursés sur un budget communautaire, renforçant le déficit public des États membres. Toutes les souverainetés sont abandonnées et la croissance construite sur de faibles différences et l'assimilation des cultures. Les asymétries des cultures soulèvent la question de développement national sans souveraineté dans l'union. Cette union n'est pas adaptable aux pays en développement de l'économie monétaire, centralisés sur les élites contre peuple.

Les déséquilibres des échanges sont compensés sur les marchés monétaires officiels, et les déséquilibres réels sur les marchés parallèles de change des monnaies et de commerce. Ces marchés parallèles dessinent les conflits des cultures de développement sous des conflits de la croissance. L'on entretient ses conflits sans révolutions pour le développement à cause de sa stérilisation par des ajustements monétaires des déséquilibres. Or, dans la déontologie de la recherche, on ne rejette pas une théorie par un test empirique. La théorie de la croissance qui est une théorie d'ajustement monétaire quantitative des déséquilibres croissants ne peut pas être rejetée par un test empirique du développement réel de la réduction des déséquilibres. Nous optons en nous appuyant sur les analyses précédentes pour une théorie de développement ou de changement de niveau de stabilisation de la croissance. Les niveaux de croissance peuvent donc être les mêmes pour des niveaux de développement différents et dynamiques.

4.6. Théorie de la croissance et théorie du développement

La première compensation du déséquilibre est monétaire, c'est-à-dire de la théorie du déséquilibre de la croissance, de la couverture des déséquilibres de la croissance. La deuxième compensation est structurelle, c'est-à-dire de la théorie de la réduction des déséquilibres de développement. La première compense sur le marché des écarts de la consommation et de la production, quels qu'ils soient. Le second est la compensation dans les structures des causes de l'élargissement des déséquilibres de croissance. Les marchés parallèles s'accrochent sur les déséquilibres de structures et s'élargissent par des systèmes parallèles concurrents. La théorie économique de la croissance est la pensée du maintien des écarts de la croissance et de la stabilisation des déséquilibres de développement. Les écarts de développement s'élargissent, ajustés par la croissance de la pauvreté et de la population de compensations monétaires formelles de la consommation courante. Jusqu'en 1971, les écarts de développement sont maintenus par les finances publiques du démarrage du développement. L'exigence de remboursement des prêts à partir de 1970 élargit le déséquilibre de développement et fait émerger la pauvreté structurelle et la surpopulation contre la croissance économique régulière de 1960 à 1970. Elle devient la croissance appauvrissant les structures économiques traditionnelles et élargissant le déséquilibre des structures économiques traditionnelles et de développement industriel. Les colons français se replient sur la France, à partir de 1970, et la France accélère la construction de l'union économique et monétaire européenne à partir de 1972.

Les marchés noirs entre États européens se pointent dans les anciennes colonies indépendantes d'Afrique. Ils sont posés comme l'objectif premier de la construction du système monétaire européenne avec le serpent européen, de la lutte contre les marchés parallèles. Cette lutte est étendue dans les anciennes colonies africaines et les marchés des pays des économies paysannes en monétisation. En 1982, le rapprochement entre l'Allemagne et de la France accélère la construction de la zone monétaire unique des pays membres de la communauté européenne, une zone sans marchés parallèles. L'Afrique met en route son Centre africain d'Études monétaires, organe exécutif de l'Association des Banques Centrales des pays africains indépendants. Le marché officiel est le niveau politique des stratégies contre les marchés parallèles de change et de commerce. La politique de la France et de l'Europe est l'éradication immédiate des marchés parallèles en Afrique. La coopération financière entre la métropole et les anciennes colonies est l'éradication des marchés par leur ignorance et non pas par des stratégies culturelles de développement. Cette lutte sans débat sur l'éradication des marchés parallèles empoisonne la politique française et européenne de développement de l'Afrique.

Ils revendiquent dans les autres économies paysannes du monde le rattachement de leur monnaie aux monnaies métropolitaines, et luttent contre la création du parallélisme de monnaie de leur développement. Ils cherchent à consolider le troc modernisé à Bretton Woods. La déclaration du développement mondial intégré des années 1950 efface le parallélisme des monnaies des économies et fusionne l'espace de l'économie industrielle et des économies paysannes en monétisation dans la logique française du développement mondial. Le système de Bretton Woods s'effondre en 1971, après la dévaluation de la livre sterling et son décrochage des monnaies des colonies anglaises. Les monnaies des économies industrielles et paysannes deviennent parallèles en économie, en monétarisation et monétarisation. La concurrence de l'économie mondiale est donc monétaire. À cause de la confusion du niveau monétaire de la construction du développement économique des structures de production et de consommation stabilisées par la croissance compétitive des États, le développement des structures des pays en développement monétaire est fusionné avec leur croissance. La croissance n'est pas structurelle en économie des unions des nations, mais structurelle dans les nations indépendantes et monétisées. L'ajustement de la croissance en 1936 est monétaire jusqu'en 1970. À partir de 1971, elle devient financière et de développement des structures. Les crises monétaires sont des choix de financement privé par le marché (Club de Londres) et public par le financement du développement des infrastructures par l'État (Club de Paris).

La révolution française et européenne est économique et communautaire, elle défie les politiques publiques des nations par l'union économique communautaire de développement d'un État unitaire : la communauté européenne. L'État économique unique est la communauté. Les nations ne sont pas explicitement impliquées dans le fonctionnement technocratique, financier et monétaire de la communauté. La communauté fonctionne en matière de défense sur le budget de l'OTAN, de financement essentiellement américain. Le budget communautaire de défense et de la diplomatie communautaire de l'Union européenne est pauvre et élémentaire. Il ne peut pas soutenir la fédération des États. L'union est différente monétairement et financièrement de la zone franc qui est son modèle. La zone franc centralisait toutes les trésoreries locales de coloniales et de la métropole à Paris. Paris exécutait les dépenses et budgétisait les développements de l'Union française. Celle-ci fonctionnait sur le budget communautaire comme un État centralisé, la colonie ne figurait pas dans les dépenses courantes de l'Union française. La centralisation de la trésorerie fut remplacée par le compte d'opération de la zone franc. Dans les années d'après-guerres mondiales, il centralisait toutes les recettes d'exportations des colonies indépendantes, dans les comptes d'opération. En 1973, dans la réforme de la zone franc, la centralisation est réduite de 50 %. Il faut cependant fusionner l'espace d'échange des colonies et des métropoles européennes en union monétaire et économique européenne. Il faut commencer par la fusion voire l'effacement des frontières, culturelles, de l'Union européenne. La construction de la communauté de la diplomatie européenne est la fusion de la défense communautaire et de l'Afrique. Le risque communiste est remplacé par le risque du terrorisme, qu'il faut implanter en Afrique pour accélérer la fusion des frontières de défense de l'Europe et de l'Afrique. C'est la nouvelle stratégie européenne de défense des frontières économique et culturelle Europe-Afrique. Les engagements financiers publics internationaux sont organisés autour de l'aide au développement, mais réellement de l'administration française de l'Afrique. La communauté européenne s'engage dans la mobilisation publique du financement de cette administration européenne de l'Afrique. L'unification des règles de gouvernance commune des nations en État central européen sans Gouverneur central de l'Union est l'objectif communautaire. Dans le projet de relance de l'économie européenne après la pandémie de Covid-19, l'emprunt collectif sur le marché financier est remboursé par les nations sans cohérence publique, collective de recettes et des remboursements. Le concept d'aide aux nations communautaires européennes membres pauvres profile le raisonnement du raisonnement. En réalité, c'est la protection de la permanence de l'Européen en Afrique sans négociation avec le peuple africain qui est en cause. La lutte contre la pauvreté européenne est nationale et publique. L'Union européenne des paiements publics contre les pauvretés nationales est à repenser. Les États, actuellement, doivent adhérer aux programmes économiques communautaires sans débat sur la signification politique de cette union.

La révolution anglaise et américaine est internationale. Le retour des colons des métropoles et leur enrichissement national par l'action de la monnaie et de la finance.

Elle est construite par intégration des nations indépendantes dans leur fédération par la stabilisation internationale de la monnaie sans dépendance politiquement des nations membres décentralisées. La fédération est la stabilisation internationale des échanges et de la monnaie, sous la gouvernance centrale des recettes et des dépenses extérieures par l'État fédéral. Il faut chercher et révéler les trous d'air entre l'union des nations et leur fédération, et organiser un système d'ajustement structurel des deux systèmes.

L'ajustement structurel de 1970 est capitaliste, c'est-à-dire monétaire et industriel. Elle fut un ajustement libéral de la croissance sans transformation volontaire des structures de développement. Elle appauvrit les structures des économies paysannes et de monétisation, personne ne cherchant à produire leurs besoins. C'est la Chine qui, dans les années 1990, cherche à produire les besoins des économies paysannes d'Afrique.

La révolution africaine de 1963 était un modèle capitaliste de la fédération américaine des nations, sans projets de transformation volontariste de leurs structures. Ce projet est national et politique ; économiquement dépendant des financements privés. Les Anglo-saxons renvoient les candidats au financement sur le marché financier privé de Londres, les francophones sur le marché financier public de Paris.

La colonisation européenne est communautaire et publique, depuis 1884, et française depuis 1853. La Banque internationale africaine de commerce (BIAO) faisait office de la banque coloniale de l'Afrique de l'Ouest, transformée en 1945, en Banque centrale de l'Afrique de l'Ouest (BCEAO) et Banque centrale des États de l'Afrique centrale (BEAC). La construction internationale du développement mondial française et européenne est régionale et étatique. Les unités d'intégration sont des nations. Elle procède de la construction des nations autour d'un seul État, de l'union des nations sans souveraineté. Les balances commerciales et de paiements sont indicatives et non opérationnelles. La construction américaine est mercantile, les nations indépendantes sont organisées autour d'un État d'union des nations. Extérieurement, les responsabilités des nations sont décentralisées. La restructuration inclusive des échanges extérieurs dispersés dans le monde de production et de consommation est individualisée par nations. La diplomatie européenne est parallèle aux diplomaties nationales, et affaiblie dans ce parallélisme. L'union ne concerne pas les relations extérieures des nations unifiées. Les relations intérieures sont harmonisées autour des déséquilibres nationaux étatisés, de production et de consommation. Le déséquilibre monétaire et d'échange national s'accumule en réserves d'échange communautaires enregistrées statiquement sans comptabilité opérationnelle. Le solde des opérations extérieures est centralisé par l'union, comme réserve de la Banque Centrale commune. La balance commerciale et des paiements internationaux des nations n'est pas une richesse monétaire communautaire et ne participe pas de la construction des budgets communautaires.

La fusion de ces deux révolutions est problématique. Il soulève le problème de droit de l'Homme et des nations. Il faut reconstruire la réalité des nations indépendantes, autour des Banques Centrales locales, et la réalité internationale autour de la Federal Reserve Bank. Les bases de la richesse individuelle et nationale sont claires. Les exportations sont comptabilisées en dollar, et en recettes fédérales redistribuées aux Banques Centrales nationales et leur contribution au fonctionnement fédéral.

Dans les gouvernements africains-européens, depuis les indépendances des colonies, les réserves de change sont centralisées sans décentralisation coloniale des dépenses. Le peuple africain est positionné comme dimension sous-développée intégrée dans les métropoles coloniales.

Le contact colonial est fusionnel. Les communautés étrangères sont fusionnées en zones monétaires coloniales sans considération des différences pratiques culturelles. La formation est théorique sans recherche de la production des besoins et de la demande des colonies.

Les différences des cultures sont minimisées par les métropoles et la construction du modèle de développement d'intégration immédiate sans considération des cultures et écarts de développement. Aussi, le peuple sans culture occidentale affronte impatiemment les difficultés d'apprentissage du changement de leur propre culture en culture occidentale. La conception occidentale considère ces pays comme sans cultures. C'est dans cette dimension culturelle que résident les difficultés de la construction d'une théorie de développent. Pour les Occidentaux, le développement c'est la croissance.

Le FCFA n'est pas une monnaie indépendante, il est le doublon de l'euro et flotte sur le marché libre de change des monnaies avec l'euro. Le gouvernement et des colonies indépendantes luttent contre les marchés libres par ajustement administratif de l'euro aux monnaies libres. Les structures de la communauté monétaire d'Europe et d'Afrique sont données. Les écarts des structures sont donnés et s'élargissent avec le temps. Le modèle de développement donc de réduction de l'écart des structures n'est pas volontariste. Il est attentiste et spontané. Dans ce développement spontané, la croissance rapide traduisant un changement rapide de structure est traitée de miracle économique. L'on parlera du miracle économique japonais, de l'Asie du Sud-Est, de la Chine pour confirmer la réaction statique. La croissance libérale spontanée de génération en génération de l'Europe n'est pas dynamique. L'Europe est contre la concurrence et se contente de la croissance statique comparée. La théorie économique européenne n'est pas dynamique, elle est l'observation spontanée des sauts statiques de la croissance au hasard.

Sous la réalité dynamique de développement des structures, la dégradation du bien-être des plus pauvres s'agrandit et creuse l'écart entre le niveau de vie des populations des pays industrialisés et des pays en voie d'industrialisation. La population sans distinction de classes sociales est en route pour l'émigration dans des horizons de production réelle et de distribution par le marché et la croissance de la liquidité de consommation. Dans les pays pauvres en production, la croissance de la liquidité déprime le moral et les valeurs de la population et les place sur le chemin de l'émigration. On se trouve dans une situation du développement mondial intégré de la pauvreté et de la richesse, de la lutte entre l'économie industrielle et l'économie paysanne mondiale. La construction des zones monétaires européennes d'après-guerres du XXe siècle était une protection contre la concurrence américaine. Les États-Unis les récupérèrent par la construction de l'indépendance des nations colonisées dans les années 1960. La position de l'Europe en Grand Marché de l'Europe et de ses colonies africaines dès 1934.

La construction de l'Europe est la lutte séculaire de la France pour l'intégration impérialiste et coloniale de l'Afrique et l'Europe économique en l'état. Les économies paysannes en pauvreté industrielle et monétaire sont confrontées au changement de leur mode de vie, en mode de vie des riches en monnaie, à la compétition pour la richesse monétaire. La monnaie devient l'opium du peuple industriel et paysan, comme le dirait Karl Marx. Ce déséquilibre de production de la consommation conduit à l'enrichissement de la consommation par la monnaie. Les crises monétaire et financière deviennent des crises de l'exode des populations dans l'espace de consommation sans frontières et d'utilisation de la force de production comme instrument de protection individuelle. Taylor utilise la production individuelle, la productivité marginale du travailleur comme la norme de son salaire personnel. Le développement personnel devient alors le modèle de formation professionnelle américaine en économie capitaliste.

Le changement économique n'est pas personnel, il est industriel à partir de 1965. L'on ne va plus parler de la politique de développement de l'emploi personnel, mais des stratégies d'industrialisation et de développement macroéconomique. La macroéconomie américaine est industrielle ; elle a des fondements microéconomiques, c'est-à-dire la production individuelle pour le marché. Le développement est désormais le mouvement de la population à la recherche du meilleur salaire. Le comportement économique n'est plus sédentaire et le développement industriel.

Les goûts s'adaptent aux produits en rencontre, l'objectif étant la survie. Le développement monétaire des économies libérales s'accommode du niveau des structures de la base de leur croissance. Le changement de la base accroît le rythme de la croissance et d'appel international de la concurrence d'équilibre de la consommation nationale. Le miracle de la croissance chinoise, japonaise ou asiatique est la transformation de leurs structures et l'appel international à l'équilibre de la production de la consommation nationale et de la production pour exportation. Il reste à réorganiser la coopération internationale des nations encadrant les individus, c'est-à-dire la relation entre les cultures nationales.

La relation entre les cultures consiste en des politiques nationales de croissance et de développement. Les révolutions culturelles sont des déstabilisations des cultures pour la réorganisation de leur croissance. La déstabilisation des cultures de la zone franc est orientée vers la culture française engagée dans la civilisation du monde. Les rencontres économiques paisibles sont la cohabitation des niveaux de développement sans conflits, et la croissance spontanée attend le développement dans le temps. Le développement occidental est alors la croissance historique et la prospective de cette croissance. L'on doit proscrire la croissance volontaire, et libérer l'emploi et réguler par la croissance sans développement économique volontaire. L'Occident est contre le développement volontaire des structures et pour la dynamique libre et spontanée des cultures et des structures. Le changement des structures est spontané. La progressivité sous un modèle de croissance économique compétitif est l'option progressiste du développement libéral stratégique sans planification. Dans les années 1970, la France va transformer la planification indicative et le développement stratégique sous la pression des États-Unis. La force de développement est la production compétitive pour le marché d'échange en instrument stable, la monnaie stable est la protection des intérêts des cultures en relation. L'abolition de l'esclavage remplaça la sujétion des hommes au travail par la liberté de production et d'échange des déséquilibres des structures de production et de consommation par la monnaie.

4.7 Indépendance africaine et politique de développement

La relation de l'Afrique avec l'Europe soulève deux problèmes : la formulation de la politique de l'indépendance monétaire pour la croissance inclusive et le développement de l'Afrique, et de la politique africaine de développement des infrastructures de croissance assistée par la coopération européenne, le partenariat européen.

L'on va passer de la financiarisation publique et privée au partenariat public et privé du financement du développement après la crise financière de 2008.

La coopération Afrique-Europe est cependant ambiguë, sans clarification financière ni partage économique du développement communautaire de l'Europe et de l'Afrique. Ces deux domaines de coopération sont interdits de débats en Europe et en Afrique[50]. Les dépenses sont centralisées, tournées vers la déstructuration culturelle des anciennes colonies sur le modèle français, la libération de la société des contraintes culturelles locales d'organisation extravertie de leur

[50] Jean-Paul Fitoussi. Le débat interdit. Monnaie, Europe, pauvreté. Éditions Arléa.

société dans son ensemble. La stabilisation de ces déséquilibres socio-culturels est orientée vers l'extraversion des valeurs économiques, notamment le travail. La stabilisation monétaire internationale appelle l'exode des populations libérées vers les métropoles.

Jusqu'en 1971, le développement est l'exode vers les métropoles de ces populations. L'Europe prépare son développement industriel, et l'organisation de son développement social. La centralisation de la liquidité renforce celle de l'économie régionale. Les dépenses dans les anciennes colonies sont sporadiques et les recettes des colonies et métropoles centralisées. La décentralisation de la liquidité et de l'économie à partir de 1971 impose avec l'ajustement structurel, l'organisation fédérale des cultures et de l'économie des régions métropolitaines et d'anciennes colonies. Les colonies indépendantes ont besoin des budgets autonomes et de l'appropriation de leur recette d'exportation confisquée à l'étranger. La France avance 20 % au budget des colonies formellement indépendantes, et propose la libération de 35 % des recettes d'exportation du compte d'opération commercial extérieur à l'avantage des anciennes colonies indépendantes. Dans sa construction logique, elle estime libérer 55 % des recettes d'exportation en faveur des colonies indépendantes pour leur démarrage. Par la suite, elle supprime les 20 % d'avance aux budgets et retient 50 % des recettes d'exportation dans le compte d'opération d'exportation extérieure de ces pays. La production de certaines des colonies indépendantes devient importante, le pétrole pour l'Algérie, le Gabon, le Nigeria, le Tchad et la Guinée équatoriale, l'uranium pour le Niger... et aiguise les appétits de reconquête économique de l'Afrique. La France-Afrique est économique et monétaire. Sans changer de paradigme colonial, il faut construire rapidement l'Union Europe-Afrique pour la relance de la conquête économique de l'Afrique. Le Fonds Monétaire s'effondre et libère la construction des systèmes monétaires nationaux. L'Afrique saisit l'opportunité de son indépendance pour mettre en place[51] le cadre de la construction de son système monétaire, de la fédération de sa production et de l'équilibre de la consommation du continent. La Banque Mondiale soutient par son expertise l'exploitation internationale des richesses des nations. Ce programme du développement macro-économique du monde intégré et des pays industrialisés et en voie de

[51] L'Association des Banques Centrales Africaines met en place son organe exécutif le Centre africain d'Études monétaires et les Chambres de compensations entre Banques Centrales en 1980.

monétisation est achevé en 1990 avec l'indépendance de tout le continent africain. Commence la période de la souveraineté africaine, c'est-à-dire de son développement indépendant de sa production et de sa consommation protégées de la prédation internationale. C'est le début de la guerre économique entre l'Afrique et l'Europe, prédateur privilégié de l'Afrique.

Les décisions sont désormais intérieures et les négociations du partage international de la production plus controversées et introverties vers l'intérieur pour l'équilibre de la consommation nationale. Le peuple est nationalement en recherche d'intégré dans le processus de négociation des contrats d'exploitation à leurs yeux et intérêt illégal. Les discriminations de traitement politique de la population de proximité des exploitations internationales, mine de pétrole, d'uranium, d'or et de tout autre métal précieux entraînent des révoltes contre les dirigeants nationaux négociateurs et bénéficiaires des contrats et des exploitants étrangers. Ils associent le destin de leur pauvreté à celui de la mauvaise gouvernance de leurs administrateurs égoïstes et corrompus.

Les ressemblances culturelles sont ressenties et les politiques ont tendance à s'organiser autour des sensibilités tribales. Les politiques peinent à trouver leur modèle national, face aux individus pauvres et discriminés politiquement suivant l'origine tribale de leurs chefs d'État. L'Afrique, entièrement décolonisée en 1990, a raté la trajectoire d'inversion immédiate de son cycle de développement national. Son économie monétarisée reste durablement une économie paysanne et artisanale. Ces formes primaires de croissance n'évoluent pas vers l'industrialisation et la croissance durable, signe de développement spontané des structures et infrastructures. Le développement est la croissance de la population et l'ajustement volontaire des structures et infrastructures statiques de croissance sans monnaie. L'ajustement spontané des structures et infrastructures à la croissance de la consommation est la dynamique des structures libérales et monétisées. Elles s'ajustent automatiquement à la consommation sous l'information de la monnaie. La population s'aligne par sa productivité sa propre consommation. Nul n'est besoin théoriquement d'aligner l'aide à sa longévité, elle vit du commerce de son effort de travail. C'est le modèle américain qui suppose l'homme suffisamment rationnel pour gérer sa vie sans assistance. Le sous-développement est cette absence de rationalité. Le monde sous ce regard est sous-développé aux yeux des États-Unis. Il faut le monétiser. Or, pour l'Europe, la monnaie est le voile de la réalité[52]. Les déséquilibres s'élargissent sous l'abstraction monétaire de tous les besoins qui émergent dans le temps. La France, dans cette interprétation, a la compréhension profonde des phénomènes monétaires. La monnaie est un voile, un bien vide, un pouvoir d'achat de tous les biens. Le tournant national de l'investissement est obstrué par la politique française de la centralisation des liquidités et des budgets des nations depuis la création des banques centrales coloniales en 1853, aujourd'hui indépendantes. Les intérêts des colonies et de la métropole sont aujourd'hui mêlés en intérêts économiques où la France ne laisse pas aux anciennes colonies l'opportunité de défendre leurs propres intérêts séparés. L'interdiction du transport des technologies françaises et celle de l'expérimentation de la gestion du développement par la monnaie sont les deux socles de blocage du développement des anciennes colonies. À ce titre, la France est taxée de coloniale. La colonisation monétaire est le FCFA et celle économique l'interdiction du transport des technologies de développement dans les pays indépendants membres de la zone franc et le débat sur le FCFA et la zone franc. La force militaire française est supposée protéger l'Afrique, mais empêche la force militaire africaine d'être efficace. Le G5 est la force de protection de l'Europe contre le terrorisme dont l'Afrique tend à devenir le pilier porteur.

L'Angleterre, en libérant les colonies de leur dépendance monétaire, les plaça sur une trajectoire de déstructuration pour une restructuration durable de changement de niveau de structures de croissance et de développement. Le changement de niveau de structures ou de développement s'adapte à la culture du pays et à la force de travail de la population. Il s'accommode de la concurrence et de la compétition libre de la population libérée des contraintes culturelles extérieures. La monnaie est la cheville ouvrière des déséquilibres de changement qu'elle stabilise. Jusqu'en 2000, les économies paysannes en voie de monétisation sont en déstructuration et désordre de croissance acceptable. À partir de 2008, elles sont en désordres intolérables de restructuration des structures et infrastructures de développement et de relance de la croissance. Leur propre système financier et leur souveraineté économique sont en formation avec l'assistance librement négociée avec l'Angleterre. La finance anglaise, librement sollicitée à partir de la libération des changes des monnaies des colonies indépendantes en

[52] Pour Hegel, elle est « l'astraction d'une abstraction », l'équivalent général de tous les besoins humains.

1967, est extérieurement prédatrice en prêts remboursables des structures dynamiques en déstructuration, restructuration et transformation libre et lente de niveau de structures de croissance compétitive. La finance publique française est culturellement stagnante et renvoie la dynamique libre des structures aux marchés parallèles de commerce et d'échange combattus par le pouvoir public. L'organisation dialectique de la transformation libérale des structures, de développement monétaire libéral et de stabilisation autoritaire des déséquilibres de développement oppose l'Occident américain et européen libre au reste du monde. La liberté de l'Occident est l'organisation communautaire de l'exploitation de la richesse naturelle du monde avec sa technique et sa technologie avancées. La France et l'Angleterre en Europe adhèrent à la communauté du monde libre. Sur ce point, la France envisage de construire une communauté indépendante du monde libre et du monde autoritaire par rapport l'Angleterre qui décide de rester entièrement dans la communauté du monde libre en libérant ses colonies en 1967, de la dépendance monétaire anglaise et leur exploitation à distance par le commerce et le change. La France défend la protection de son « pré carré » francophone par la poursuite du rattachement du FCFA, au franc français et l'élaboration des accords de coopération du rattachement de la France à ses colonies.

La monnaie stabilise et optimise l'écart de croissance de la consommation et de la production nationale. La transformation des structures et infrastructures de production est dynamisée par la finance compétitivement à la croissance dégradant le niveau des structures de production et relevant le niveau des structures de consommation locale. Les ajustements monétaires appauvrissant des structures économiques de production et de consommation locales. La finance dynamise par son anticipation de la consommation et de la production les structures de production et de consommation. Le développement de l'économie paysanne est financier et transforme la déstructuration monétaire des structures traditionnelles de croissance appauvrissant en structures dynamiques des déséquilibres de développement anticipé. L'ajustement monétaire est superficiel, la stabilisation de l'écartement du déséquilibre du développement. La finance rattrape de manière anticipée la dégradation et d'appauvrissement des structures et infrastructures de développement stable de la croissance. La croissance est relevée par l'ajustement dynamique des structures de développement.

L'Occident dispose des deux pôles de développement, la technologie de l'accélération de la transformation des structures et infrastructures de croissance et la finance d'ajustement des écarts de développement. Au début du développement mondial intégré des années 1950, l'Occident entraîna les économies paysannes à la spéculation monétaire sur la croissance et l'enrichissement de la consommation. La technologie est en réserve et concentrée en Occident. La désorganisation des structures d'économie traditionnelles est encouragée par la stabilisation monétaire des déséquilibres réalisés. Le désordre social de déstructuration de l'économie traditionnelle en économie monétaire non industrielle enrichit la consommation et appauvrit la production traditionnelle. La pauvreté monétaire des économies paysannes est donc la production pour la consommation locale et l'importation des produits manufacturés. La croissance rapide de la population à partir de 1970 renforce et accélère cet appauvrissement macroéconomique de la monétarisation de la consommation. Le déséquilibre de la population croissante inverse le déséquilibre de la production en déséquilibre de la production pour consommation locale. L'économie libérale est aux abois. L'Occident européen construit de manière accélérée la communauté européenne des métropoles et de leurs colonies actuelles et anciennes. La France, conservatrice du modèle colonial à partir de 1990, récupère l'organisation de l'unité africaine et de l'Association des Banques Centrales africaines en Union africaine et en décentralisation de l'Association en quatre grandes sous-régions africaines. La sous-région de l'Afrique de l'Ouest abrite la BCEAO et la CEDEAO, les socles de la reconstruction de la colonisation africaine.

Le problème de l'indépendance de la consommation locale de la réduction des importations s'accompagne, dans sa rigidité construite à partir de l'Europe, de l'émigration massive des populations africaines vers les métropoles coloniales. L'abondance de la liquidité est orientée vers la consommation élitiste d'extraversion de la consommation et des exportations de compensation monétaire. La monnaie est raréfiée pour le peuple et leur consommation pauvre. L'épargne est celle de la consommation future dans l'incertitude de la production demain. L'investissement de l'élite est extraverti vers les métropoles. Le crédit aux affaires coloniales concerne le commerce avec les métropoles, la production pour circulation locale est hors financement bancaire. La première banque agricole coloniale, le Crédit Lyonnais, fait face aux non-remboursements des agriculteurs de rente sans formation à l'utilisation des crédits. Les activités de ces paysans étaient sociales, la richesse humaine, le nombre d'enfants. La première réaction locale fut la demande de l'argent pour l'entretien des enfants que Dieu donne.

La procréation était le seul objectif social de production. Il fallait augmenter le nombre des femmes pour accroître le nombre d'enfants, signe de richesse.

La monnaie n'avait qu'un but social. Les nouvelles fonctions de la monnaie vont naître progressivement, fonction d'échange, d'épargne et d'investissement de production. La spéculation monétaire va naître comme une fonction d'accumulation rapide de la liquidité de consommation. Les premières relations de contact avec l'Occident vont être celles de l'accumulation optimale de la liquidité de consommation de génération en génération, le dédouanement des populations futures du travail de survie. La fonction d'épargne et d'investissement de production va être celle d'accumulation lente de la liquidité de précaution dans un monde incertain.

La transformation de la spéculation monétaire en spéculation sur les dérivés de crédits va transformer l'émission de la liquidité monétaire par la Banque Centrale en liquidité générale de l'économie régulée par le Secrétaire d'État au Trésor public américain ou les ministres de Finance.

Le calcul des intérêts privés cesse d'être rationnel, et la productivité financière est confondue avec la productivité économique dans le développement monétaire. La spéculation monétaire et financière globalisée connaît sa crise en 2008. L'optimisation fiscale des entreprises a détourné les objectifs de développement des structures nationales en objectifs d'accumulation de la liquidité et d'investissement privé sans option de structure de développement. L'anticipation, un risque financier de non-remboursement des avances de trésorerie à la consommation et à la production, devient un risque monétaire de paiement à bonne date. L'ajustement des délais de remboursement conduit à la faillite des systèmes financiers de la financiarisation de la monnaie.

La crise financière de 2008 transforme la spéculation financière et monétaire globalisée en partenariat économique et financier public et privé de développement des nations ; le développement est financier la croissance monétaire.

La dépendance financière des États naissants des finances privés avait créé, sous la globalisation financière et monétaire du développement, le flou de la croissance et du développement. La variable de la croissance est la monnaie et est générale, celle du développement national spécifique et particulier et reste diversifié et social.

4.8 Structures économiques et structures sociales

La structure économique moderne est la comptabilité de la transformation de la structure de production et de consommation nationales de la société traditionnelle. La structure sociale accuse la pauvreté des technologies et techniques de production humaine de sa subsistance. La croissance de développement est appauvrissante des structures de production primaires. Les souverainetés des peuples en développement sont stabilisées par leurs cultures respectives.

L'indépendance est l'autonomie nationale des cultures de la consommation et d'échange de l'excédent et de la production. Chaque nation a l'autonomie de sa production et de sa consommation. Les sociétés traditionnelles sont véritablement indépendantes et souveraines à leur rencontre de l'Occident. Leur indépendance est déséquilibrée par le contact avec l'Occident de culture monétaire différente. L'Occident va traiter les économies en rencontre dans le monde, d'économie sans culture et sans monnaie. Ces économies sont sociales.

L'indépendance occidentale est monétaire et culturelle. Elle s'oppose à l'indépendance sociale des économies en rencontre et conçoit l'économie comme l'échange entre nations. La monnaie est la culture occidentale d'échange et sa richesse l'accumulation de la monnaie d'échange.

Les individus s'enrichissent par l'accumulation des richesses monétaires. La monnaie doit s'ajuster aux économies sans monnaie par destruction de leur culture sociale. La première variable de développement occidental est la destruction mondiale des variables sociales des économies en rencontre, la seconde l'implantation de la monnaie en tant que culture de l'économie industrielle. L'Occident en référence dispose de ses structures monétaires et prêche la croissance et demande aux économies paysannes d'adapter librement leurs structures traditionnelles à la croissance des métropoles. Ces économies paysannes doivent transformer leurs économies paysannes en économie monétaire et industrielle. Leur production est le reflet de l'ordre social, le nouvel ordre économique s'accompagne du coût de la vie économique de l'homme en milieu d'organisation de la production de sa subsistance. Cette organisation tourne le dos à la production de la nature source de vie de l'homme naturel ou sans culture. La culture de production humaine occidentale est monétaire. La monétisation et la monétarisation sont des apprentissages de la culture occidentale. L'alternative est le rejet des cultures non occidentales. Ces cultures sont considérées comme non économiques. Le désordre de la déstructuration des sociétés traditionnelles pour l'émergence des systèmes économiques occidentaux affecte les capacités de réorganisation de la vie sociale dans les économies en transformation. La France veille à ces transformations comme sa contribution à la communauté internationale du monde libre.

La productivité individuelle de l'homme, la productivité marginale de l'ouvrier détermine son niveau d'accumulation de la liquidité d'échange dans les métropoles industrielles. La production est organisée et stabilisée dans ces économies. Dans les économies paysannes en monétarisation, ces organisations sont informelles et attachées à la pauvreté sociale de la consommation largement décalée de la production pour la consommation traditionnelle. Elle s'accommode de la famine dans la consommation de la production manufacturée métropolitaine au début de l'imitation des cultures monétaires métropolitaines en rencontre. Cette pauvreté sociale est décalée de la pauvreté individuelle des économies monétaires dans des déséquilibres dynamiques des économes monétaires occidentales.

Les déséquilibres de la production et de la consommation des sociétés traditionnelles sont réels, mais les ajustent par les monnaies. Ces compensations monétaires des déséquilibres ne régulent pas le développement des déséquilibres, mais conservent leur élargissement. Ils organisent la défense de leur équilibre par la stabilité monétaire sans flexibilité.

4.9 La neutralité de la monnaie, la décentralisation de la production, la fédération et l'union monétaire des cultures

Pour s'insérer dans la réalité des économies, l'on doit penser au développement durable et à la prise de conscience des réalités culturelles et sociales du travail par la population dans la consommation.

Les fondements économiques et sociaux de développement des sociétés en monétarisation sont intégrés dans la monnaie. La monnaie, instrument de l'ajustement neutre des déséquilibres de travail, est culturelle et affecte le développement. La consommation est spontanée et infinie, la production elle limitée et distribuée par la monnaie. Elle doit être en permanence ajustée à l'équilibre de la consommation. La survie en dépend. L'organisation de la production par l'union fédérale ou décentralisée de la production et de sa protection de la consommation par la monnaie est un problème de la pauvreté collective de la production décentralisée. Au début du XXe siècle, le monde est pauvre en production et demandeur de consommation universelle devant une population croissante. La proclamation du développement repose sur deux choses, l'organisation de la production rapide pour la consommation de la masse de la population croissante, et la répartition de la production à tous les consommateurs riches et pauvres par le marché. La solution est la construction de l'indépendance de la production et de la répartition par le marché avec un instrument d'échange neutre sur le marché. Décentralisation de la production et l'échange sur un marché libre contre un instrument intégrant les consommations des biens produits par un équivalent général à tous les biens du marché conduit à une comptabilisation à partie double des échanges. La laïcité américaine est la fédération des cultures indépendantes et le système économique européen, l'union de l'indépendance des cultures. Le système économique américain est laïc, celui de l'Europe de croyance chrétienne. Le fondement des systèmes laïcs est libéral, celui des croyances chrétiennes et autres croyances révélées, islamiques, orthodoxes, bouddhistes, juifs autoritaire et culturellement compétitif. Leur comptabilisation est statistique. L'adoption du système américain comme la référence de la mondialisation de l'économie à Bretton Woods impose la comptabilité individuelle à partie double au monde, comme le calcul américain de l'intérêt économique des individus. La statistique est macroéconomique et manque la précision du calcul comptable des intérêts individuels. Les intérêts macroéconomiques sont statistiques, l'emploi et la monnaie d'échange.

L'économe moderne est comptable et statistique, micro et macroéconomie. La statistique est la comptabilisation de la dynamique macroéconomique de l'intérêt national, la croissance des économies nationales et la comptabilité à partie double le calcul de l'intérêt individuel. Elle impose le principe de la non-contradiction et empêche l'homme d'être son propre débiteur. L'émergence de la macroéconomie statistique rend approximative la politique privée de l'emploi américain, critiquée par J.M. Keynes, que ne peuvent pas employer les hommes. L'emploi certain de l'homme est public et d'intérêt national.

La production pour consommation est cependant privée dans la contradiction de la macroéconomie publique et de l'économie privée. L'intérêt macroéconomique est l'emploi et la croissance. L'intérêt de l'entreprise est la production et le bénéfice. Le fondement de la macroéconomie est internationalement l'entreprise, et le fondement de la macroéconomie, social.

Les bases culturelles de l'économie sociale sont diversifiées et dispersées dans le monde de production pour consommation de la survie du peuple. Elles introduisent le vivre-ensemble dans la macroéconomie contre l'individualisme dans la microéconomie. Les sociétés sont en déstructuration et restructuration à l'introduction de la monnaie qui est la culture de la microéconomie des individus. Les États-Unis ont offert en 1944, au monde, l'expérience de survie de leur population par la production microéconomique échangée sur le marché. Comme souligné, Keynes critique cette politique de l'emploi et d'intérêt public de croissance comme une politique sans emploi suffisant pour le peuple supporté par la croissance économique. La destruction sociale de l'économie traditionnelle doit s'accompagner de l'emploi public du peuple à la production de sa subsistance. Toutefois, le modèle économique américain recommande la privatisation de la macroéconomie.

La théorie économique considère classique le fait que l'économie moderne soit privée et monétaire. L'organisation statistique de la croissance doit s'appuyer sur la déstructuration sociale pour l'indépendance des hommes libres dans l'organisation privée de leur indépendance pour leur survie. Cette structure est en contradiction avec l'organisation privée de la production d'échange sur le marché pour la survie de tous. Keynes propose l'emploi public en plus contre l'emploi privé, mais en complément de l'emploi privé. Mais l'organisation de l'emploi public n'est pas libérale. Elle est autoritaire et s'oppose au libéralisme américain. Le déséquilibre des structures publiques et privées de production est cependant intégré par la monnaie. La monnaie est donc neutre dans la dynamique des structures.

L'organisation consensuelle du monde intégré est cependant libérale ; les organisations nationales sont indépendantes et leur intégration est la fédération de leur indépendance. Elle s'organise autour de la production et de la consommation.

La fédération des producteurs est culturelle, un objectif d'enrichissement individuel de la consommation collective par le marché. La spécialisation dans la production et la stabilité monétaire, instrument d'échange neutre, renforce les échanges et l'enrichissement global de l'économie (production) et de la société (consommation).

Les États-Unis, par exemple, sont constitués d'un peuple d'exilés de spécialisation diversifiée. Ils renforcent dans leur fédération la production nationale pour la consommation sociale sur le marché et l'exportation des excédents. Le problème américain de l'emploi est l'exportation des excédents de la consommation nationale et la production pour la demande du marché international. L'Europe croyante est encore au stade de l'exportation des excédents de sa consommation, la friperie par exemple, et ne produit pas explicitement la demande des marchés extérieurs de la consommation différente de leur propre consommation. Elle veut exporter sans création nouvelle. Le rêve américain de la liberté de travail pour la survie individuelle sur le marché américain créait des excédents d'exportation américaine vers l'Europe et l'adaptation des Américaines à la demande spécifiquement exportable de la production américaine. L'emploi est l'utilisation de la force physique et de l'endurance individuelles pour l'enrichissement monétaire et non pour la survie.

La spécialisation dans la production industrielle des biens de consommation et intellectuelle et technologique est dynamique face à la demande internationale. L'économie américaine, à partir de Bretton Woods, est davantage internationale.

La réaction keynésienne est conforme à la structure de production et de la consommation européenne, une structure d'autoconsommation familiale héritée des parents propriétaires. Les Américains sont contre l'enrichissement par héritage. C'est ce qu'ils appellent la capacité individuelle de travail et d'enrichissement. Keynes considère que l'économie monétaire ne peut pas créer d'emploi en Europe. L'emploi en Europe doit être public en raison de sa structure sociale en entrepreneuriat. La distribution doit être administrative et non par le marché. La centralisation statique accompagne la production limitée et la consommation croissante du peuple. La croissance est la mesure de la conservation de l'équilibre de la production et de la consommation relatif à la dynamique interne de la société. Les potentialités de la croissance sont données par la culture des peuples.

L'organisation interne de la distribution de la pénurie est administrative et publique. La responsabilité publique est l'emploi du peuple à la production de sa subsistance sans projet d'enrichissement individuel. La comptabilité publique introduit la guerre contre les riches et la corruption du système administratif de la rigueur de l'administration. La rationalité économique s'oppose à la rigueur de l'administration. Rigueur et Moralisation sont des projets d'implantation de l'administration dans la rigueur du libéralisme économique. Le challenge réel est l'explosion des marchés parallèles concurrentiels aux marchés officiels. L'on comprend l'aversion de la France et l'Europe pour la concurrence et les marchés parallèles concurrents des marchés officiels. L'Europe au début du XXe siècle est encore en enfance industrielle américaine et le monde en enfance de la dynamique des cultures et l'Afrique saupoudrée des marchés parallèles. Elle est en initiation de son indépendance face au conflit de l'administration européenne et de la libération de l'indépendance américaine de son économie.

Pour le reste du monde, le développement, l'industrialisation est américaine. Les institutions financières internationales de Bretton Woods encadrent le développement monétaire international initié en 1944 par le système monétaire international de Bretton Woods. L'industrialisation et l'emploi rémunéré des hommes à la production de la subsistance et l'entraînement à l'enrichissement individuel se spécialisent secteur par secteur industriel. Cette spécialisation est la structure de l'économie monétaire industrielle. La macroéconomie américaine est comptable, elle intègre dans les structures économiques d'intérêt le droit de l'Homme individuel au travail. Celle de l'Europe est statique et culturelle et s'accroche à la croissance comme l'intérêt public. L'intérêt public est désintégré des structures économiques d'intérêt privé de production pour le marché. La croissance, ce n'est plus l'intérêt public, mais le développement économique national.

L'Europe est contre l'indépendance américaine des nations. Aussi, les fondements microéconomiques de Bretton Woods sont bannis par l'Europe, en 1970, du modèle de l'intégration mondiale des années 1950. Les Européens, à travers Keynes, défendaient à Bretton Woods l'emploi des hommes comme un problème national européen des hommes dans des cultures à structures sociales compétitives sans compétitions économiques, une *homéostasie* européenne. L'organisation européenne était une organisation des hommes où les biens et la monnaie étaient accessoires au système d'organisation de la société des hommes. Le droit des peuples européens est la *Constitution* nationale, le droit fondamental des peuples. Le progrès et la déchéance sont collectifs.

La compétition américaine est individualiste. Le droit de l'Homme est le progrès ou la déchéance individuelle. Le droit des peuples est *institutionnel.*

Ils conçoivent la productivité marginale de l'ouvrier comme la mesure de la compétition des hommes dans la production économique physique. La productivité marginale et le libre-échange imposé au monde par les États-Unis au monde sont combattus par l'administration du Général de Gaulle en 1959 à 1969.

L'industrialisation est amorcée en Europe en 1972, avec la mécanisation accélérée de l'agriculture et la création des supermarchés d'écoulement de ces produits. La France avait interdit le transport du matériel de production dans les colonies, dans sa charte financière de 1912. Les colonies devaient échanger entre elles en passant par les métropoles respectives. Ce cadre de maintien de la supériorité de l'administration à l'emploi physique des hommes marginalisa le développement économique des pays en rencontre avec l'Europe. L'emploi économique, la technique et technologie sont américains. L'administration et les guerres d'occupation administrative des nations sont françaises et européennes. La colonisation et de l'impérialisme français en Afrique sont imposés comme l'administration des sociétés sans culture et sans monnaie. L'Europe est alors libre sur ces vastes étendues de terre sans population et sans frontières. Le débat sur les cultures et la monnaie africaine est interdit.

L'interdiction des débats sur l'organisation économique des nations dépouille les nations africaines du pouvoir de défense de leur développement. La politique extérieure de coopération de la France s'appuie sur l'armement militaire et le dépouillement monétaire de l'Afrique et son délestage technologique. La politique française est la prise en charge durable de l'administration coloniale et impérialiste de l'Afrique.

La concurrence industrielle ne distrairait pas la France et l'Europe de leur objectif d'occupation administrative de l'Afrique. La méthode personnelle de prise en charge de la survie collective des relations de développement de la France et de l'Afrique indépendante a été interprétée dans son prisme impérialiste et colonial. Elle n'est pas une guerre, mais une compétition politique et marxiste avec les nouveaux gouvernants de l'Afrique, l'élimination ou la formation à l'obéissance et à la dépendance. La formation à la capacité de trafic de l'intérêt national, à l'avantage de la France et de l'Europe.

4.10 L'émergence du nouvel ordre économique

Le droit de l'Homme américain est le droit de la capacité de survie dans un environnement quelconque par le travail de l'homme à la production de sa consommation de survie. Il surclasse le droit des peuples, donc il est le fondement économique. La déclaration du nouvel ordre économique des années 1970 annonce la substitution de l'économie monétaire de l'économie classique du calcul de l'utilité des intérêts particuliers dans les échanges. La monnaie est l'intérêt économique plus général, l'équivalent général de tous les biens du marché. La poursuite de la richesse des biens réels devient celle de l'accumulation de monnaie qui la transforme en opium du peuple.

L'indépendance individuelle des hommes et leur capacité individuelle de travail dur pour leur subsistance se transforment en gain monétaire. Cette psychologie de l'importance de la monnaie dans les relations économiques est introduite depuis la création des Banques Centrales coloniales en 1853, d'avance de la liquidité au ramassage des récoltes en échange du délestage des agriculteurs entrepreneurs américains de leur esclave monétarisé, par l'abolition de l'esclavage en 1848. Le raisonnement économique reste utilitaire jusqu'en 1970. Le nouvel ordre économique monétaire consolide le droit de l'Homme de travailler et de gagner en monnaie sa subsistance et son enrichissement monétaire. C'est le développement personnel américain qui est le fondement des nations indépendantes. Il est la formation à la liberté du mérite de survie individuelle dans l'économie monétaire.

L'Angleterre, dès 1933, démonétise l'or bien réel, monnaie d'échange des autres biens, pour libérer la déclaration de la dévaluation et de la modernisation du dollar en monnaie créée en 1934.La fixation de la parité du dollar à 35 $/l'once est la base du calcul universel d'échange en dollar du monde libre. La France conteste la conversion de l'or du dollar en 1934, et crée le système de bloc de l'or. Elle déclare projet parallèle de Grand Marché européen français avec ses colonies d'Afrique, en compétition avec le Grand Marché international américain, à travers l'Association des entrepreneurs français en 1934.

L'institutionnalisation du développement colonial surplombe le développement économique des colonies indépendantes. La zone franc aux politiques explicite les politiques françaises d'occupation de l'Afrique, leur dépendance entière de la France dans son système administratif. La compétition est explicitement ouverte avec les États-Unis dans le monde d'économie monétaire en 1970. Elle développe le maintien stratégique des échanges sur fonds colonial avec l'Afrique, et de la perpétuation de l'esprit des décisions impérialistes d'avant 1884. Cet impérialisme qui sous-entend l'universalisme du système administratif français est combattu par l'universalisme, la neutralité et l'indépendance monétaire américains. Les États-Unis soutiennent l'indépendance des nations du monde et leur déstructuration sociale pour l'individualisation du développement économique. L'indépendance des colonies africaines est lancée en masse en 1960 contre la volonté de la poursuite de l'administration coloniale par la France.

La France, dans le domaine colonial, demande aux producteurs nationaux d'exporter leurs matières premières à vil prix, avec les moyens de production existants, mains nues et technologies élémentaires, en bloquant le transfert du matériel de production de la France vers les colonies. La formation des nationaux doit être au rabais dans les domaines des pouvoirs d'organisation, des politiques et de la formation des armées et de la gouvernance de l'indépendance.

La centralisation sans liberté nationale de construction de l'indépendance économique est un acte administratif. Elle accompagne la surpopulation des travailleurs émergents de la paysannerie en déstructuration sans restructuration en emploi industriel. La jeunesse est formée à la visualisation des belles images de l'Europe et à l'incitation à leur exil plutôt qu'à la construction de l'équivalent dans leur propre pays.

La politique communautaire européenne est déstructurante des structures sociales traditionnelles sans restructuration pour le développement industriel des pays africains membres de l'Union africaine. Ces pays sont des partenaires industriels européens à part la production des matières premières dans l'intérêt de la croissance européenne. La croissance européenne est l'intérêt macroéconomique européen. *L'intérêt macroéconomique africain est le développement économique et social.*

La consommation est l'objet de la décentralisation de la distribution sans production et socialement déstructurant et pas restructurant. Le développement est la restructuration sociale et économique. La restructuration de l'Afrique déstructurée au XXe siècle est un projet de développement du XXIe siècle contre la prédation économique et sociale du continent du XXe siècle.

En Europe d'avant la révolution de partage de l'Afrique de 1884, la production du peuple est centralisée par les administrateurs coloniaux dans l'intérêt de la croissance de la France, contre la production des peuples pour leur propre consommation. Les peuples colonisés sont des ouvriers des métropoles. Les métropoles en enfance industrielle veulent cultiver le rêve européen de la croissance compétitive avec les États-Unis de structure industrielle dynamique. La révolution culturelle internationale de l'économie monétaire retient l'industrialisation comme le socle du développement mondial. La compétition entre ces économies paysannes est alignée à l'approvisionnement des États-Unis du monde en biens manufacturés.

La France approvisionne les colonies même indépendantes en 1960. Dans la décentralisation qu'elle envisage à partir de 1970, elle prévoit l'indépendance collective de l'Europe comme alternative de la reconquête de l'Afrique. Elle oublie le partage colonial de l'Afrique entre Européens qui cherchaient à s'approprier individuellement des morceaux de l'Afrique. L'Afrique de 2020 est indépendante et libre. Elle ne peut plus être redistribuée ou appropriée par des prédateurs extérieurs sans son propre avis. Toutefois, les autorités africaines actuellement en poste sont des anciennes générations récupérées de l'Afrique révolutionnaire des années 1950-1970. Les accords de prolongement de la colonisation lient les conditions de leurs présences au pouvoir.

Les générations actuelles sans antécédents politiques doivent lutter pour conserver leur neutralité politique dans la gestion de l'indépendance et de la décolonisation de l'Afrique.

Les systèmes d'organisation monétaire de marché vont s'adapter aux organisations de troc, sur les marchés parallèles confirmés en nations indépendantes et monétaires. La compétition économique des marchés parallèles et officiels devient une théorie de développement libéral.

Les systèmes des cultures juxtaposées sans relations aux débuts du développement vont se transformer en marchés parallèles compétitifs pour la production et la consommation par le marché. Il n'y a plus de sous-développement imaginaire, mais une demande de la théorie à la concurrence entre l'économie officielle et coloniale et le marché parallèle des pays indépendants. Les économies asiatiques se sont culturellement libérées et gouvernent leurs monnaies indépendantes.

La paix est la caractéristique de la stabilité des échanges culturels sur ces marchés, le vivre-ensemble est le comportement social des individus regroupés par le marché. Les échanges culturels se nouent entre peuples, par amitié, mariage et échange des biens consommés. Ces échanges sont assis sur leur ordre culturel de production. L'ordre social est le vivre-ensemble. Les échanges économiques et les relations culturelles instables provoquent des crises culturelles de production et sociales de consommation.

Dans la conception théorique de l'économique libérale, l'on va considérer les cultures et l'ordre social comme des données extérieures à l'économie entre les mains de chaque société. Il faut les fédérer et non les unir. L'économie va être la croissance des productions individuelles qui n'est pas considérée directement comme l'intérêt national. L'intérêt national est sa comparaison à la consommation nationale de l'agrégation de productions individuelles. L'intérêt national est la consommation du peuple. La croissance de l'intérêt national est la conservation permanente de l'équilibre de l'agrégat de la production à la consommation.

L'équilibre est l'ajustement permanent de la production à l'équilibre de la consommation.

L'économie monétaire industrielle va éloigner l'homme de la générosité de la production de la nature et la doter des privilèges de sa production pour sa propre survie dans le monde. Cette économie de la croissance est *l'introduction à l'économie de développement.* L'économie moderne est essentiellement de la production humaine par des éléments de la nature qui s'accommode de la production humaine, essentiellement de l'exploitation des industriels technologiques de l'écologie. Elle va être indexée sur les variables monétaires sans structures écologiques.

L'homme déconnecté de ses structures écologiques de survie historique va enivrer son développement par la technologie de production et la monnaie d'échange. La protection des transferts de technologies et des échanges économiques est le socle de la politique de développement. Le calcul économique américain est la comptabilité des échanges et des paiements. Il n'y a plus d'échange gratuit, les biens ramassés dans la nature sont échangés suivant la demande solvable des individus. Tous les biens échangés sont économiques et la propriété des individus et du public est contractuellement échangée contre monnaie : la terre, les forêts, les mines, données comme base de l'économie sont monétisées et deviennent dynamiques dans les échanges entre les hommes et les nations. L'industrialisation est leur transformation en bien croissant, directement consommable sous des formes immédiates et durables.

La concurrence est la compétition des individus et des nations dans l'appropriation des biens échangés de la production pour la consommation. Seules la consommation et sa dynamique sont données comme intérêt national. La production est obligée par son organisation de s'adapter à la consommation indispensable.

Les biens disponibles structurent les paliers de consommation des sociétés. La compétition des nations est la conquête esclavagiste, coloniale et la compétition dans les échanges de survie entre hommes et nations, des biens et des hommes disponibles. Le commerce triangulaire entre l'Europe, l'Afrique et l'Amérique, initié par les Européens, pose les bases du capitalisme international d'échange des biens et des hommes utiles. La Chine, avec le commerce des épices en Europe (la route de la soie), et le monde arabe avec les conquêtes islamiques commercent à partir de la Méditerranée de l'or, de l'ivoire et des esclaves dans les années 1450. La monnaie n'est pas générale. Ces transactions vont poser les bases du commerce international d'utilité.

Aussi, la modernisation de la monnaie des années 1944 libère le commerce ente peuples et nations. L'organisation de la protection monétaire et militaire de la production et des échangistes et biens échangés va initier la gouvernance internationale de la dominance de l'Europe et des Arabes en Afrique. La dominance religieuse va s'associer à l'accès de l'Afrique à l'économie mondiale sans culture religieuse particulière par le truchement des cultures chrétienne et islamique mondialement en conflit. L'industrie va introduire la dominance américaine à partir de la révolution du droit de l'Homme et des libertés des années 1848.

L'économie publique s'apprête à décoller les nations de leur passé esclavagiste et colonial, mais doit confronter l'opposition européenne à partir de Bretton Woods. La monnaie et l'industrialisation sont des variables nouvelles de la domination américaine que la France voudrait confronter avec l'Europe et son histoire coloniale avec l'Afrique. La liquidité et le matériel de production désirés par l'Afrique sont rationnés par la charte financière des colonies françaises de 1912.

La consommation sociale est centrée sur l'agrégat de la production manufacturée française et sa répartition avec les colonies. La croissance et les fluctuations économiques ainsi que les ajustements sociaux sont français et alignés aux politiques de relance de la production industrielle française avec la production mondiale. L'intérêt international est géré par le taux d'intérêt de la FED. Il relance la production américaine et les exportations américaines. La dynamique de structure de production est celle des entreprises multinationales américaines. La France et l'Europe sont dans leur enfance industrielle. Ils se préoccupent du lancement de leurs structures industrielles. L'Afrique peut attendre. À partir de 1970, ils commencent à observer l'Afrique dans sa dimension géographique et supputent sa nouvelle restructuration à la dimension de l'administration africaine. L'Afrique pense à la fédération suivant les frontières de son indépendance des années 1960.

L'on se trouve face à deux branches de structures devant l'économie monétaire : la branche de la dynamique de l'enrichissement de la consommation par la croissance et les fluctuations spontanées des structures et infrastructures de production américaines, la dynamique des structures américaines d'entreprises, et la branche de la dynamique de la population et de la dynamique sociale. La dynamique de l'entreprise est monétairement enrichissante de la dynamique sociale, monétairement appauvrissante. La dynamique sociale accroît l'enrichissement de la consommation et l'appauvrissement de la production. Le contrôle financier de la dynamique sociale est le contrôle des dépenses de consommation. L'encadrement budgétaire, de la consommation. Durant la période coloniale, cet encadrement est assuré par les métropoles qui rassemblent toutes les trésoreries des colonies et de la métropole et budgétisent la croissance de la métropole. Le développement des colonies est intégré dans la croissance des métropoles, par le calcul de la minimisation monétaire du coût de l'importation des matières premières transformées en métropole. Le côté de la production des matières premières de l'économie internationale est le plus pauvre du système économique international.

Il lutte pour l'exportation de moyens chers des matières premières aux prix fixés par l'Occident. La crise du pétrole de 1973 bouleverse l'équilibre d'appauvrissement des producteurs de pétrole qui tentent des stratégies de fixation du prix du pétrole. La fixation des prix des matières premières est localisée à New York et Londres, et la prospection et l'exploitation dans les pays occidentaux notamment. Le monde libre entre en prédation organisée du monde riche en matières premières. Il décroche la croissance économique du développement économique et social. Le peuple et la dynamique sociale sont décrochés des calculs économiques internationaux. Les nations luttent pour leur intérêt de croissance sans considération du développement des partenaires, voire contre ce développement économique et social. L'économie de croissance rompt avec l'économie de développement qui est une économie de pauvreté et de sous-développement de la production et de la consommation réelle. Le concept de pauvreté de sous-développement est généralisé à l'international aux économies en croissance prédatrice des économies paysannes en monétisation. L'économie monétaire à partir de 1970 est une économie de sous-développement des économies riches en matières premières industrielles. Les cultures européennes sont rigides à la monétarisation de leur économie, et à son adaptation à l'économie industrielle américaine. Elles renvoient leur surpopulation rebelle dans les colonies pour la recherche extérieure de la fortune. L'Europe a un modèle de croissance économique interne et de troc colonial de ces excédents de production dans le système monétaire international.

4.11 Développement et croissance

La branche de la croissance lancée par les États-Unis au début du XXe siècle est entretenue au niveau international par le système monétaire international de Bretton Woods et la production dynamique des structures industrielles d'entreprises américaines relancées par le taux d'intérêt de la FED. La production et de la consommation mondiale manufacturée sont américaines jusqu'en 1971. L'économie de croissance américaine est dynamique. À partir de 1971, l'effondrement du Fonds monétaire international libère la nation de la conception de la croissance occidentale pour l'organisation de leur propre modèle de développement, c'est-à-dire de la dynamique de leurs structures et infrastructures de développement national. La France sans modèle de développement confine ses colonies et son environnement à son histoire, qui est une histoire de conquête notamment coloniale. La croissance spontanée est accessoire aux guerres d'expression de la puissance des empires et de royaumes. Les vies humaines sont exposées à la violence et à leur disparition. Les gens sans terre par exemple sont expulsés de la métropole vers les colonies. Ils s'enrichissent par leurs travaux personnels hors du royaume et des empires. Ils sont, aujourd'hui, américains. Le pays n'est ni industrialisé ni agricole, il est paysan. La mécanisation de l'agriculture française commence en 1970. Les Français en colonie rentrent en France et s'inscrivent dans des centres de formations professionnelles pour recyclage et insertion. La seule solution de l'emploi de l'après-guerre pour les survivants au retour de la guerre était la création des organismes publics d'embauche pour le travail rémunéré ; les chemins de fer, les métros, les aéroports, les hôpitaux. Dans les années 1970, le développement économique est privé et social : les coopératives agricoles, la mécanisation de l'agriculture, la création de la banque du Crédit Agricole sur le modèle allemand, des mutuelles de crédit et d'assurance…

L'indépendance est la séparation des nations et des États dans l'élaboration de leur politique de croissance et de développement. La croissance est le maintien du niveau de vie actuel, le développement et l'amélioration de l'organisation actuelle de la croissance.

L'explosion démographique de l'après-guerre modifie les paradigmes de la croissance d'avant-guerre en paradigme de développement de l'emploi pour les jeunes. Le chemin de fer, le métro, l'exploration des mines de charbon, le développement de l'emploi public – Renauld –, de l'emploi privé – Citroën et Peugeot – forment la base de l'emploi en France.

Jusqu'en 1970, l'ajustement et l'élargissement des déséquilibres de l'emploi public et privé sont nationaux en Europe. Il commence à être européen avec la communauté européenne et l'accélération de la construction de l'Union européenne en 1972. L'Europe étudie le problème économique de développement avec le transfert de la population paysanne en ville pour la guerre et la libération de l'économie paysanne de cette surpopulation qu'elle continue à nourrir pendant la guerre. La crise économique de l'après-guerre en Europe est la préoccupation des économistes européennes. Cette économie est toujours dans son enfance industrielle du début du siècle. La solution globale est l'union des communautés européennes sans frontières en une seule communauté économique de développement. Au regard des États-Unis, les autorités européennes observent que l'union des communautés est un problème monétaire. Ils dévident l'accélération de la transformation de la communauté européenne en Union européenne par la construction d'une monnaie unique européenne. L'Union européenne est une union monétaire, des économies diversifiées, qualifiée d'union économique. La culture européenne est décrétée monétaire et sa construction économique celle d'une économie de troc. Il n'apparaît pas dans les documents européens une séparation entre union monétaire et union économique. La monnaie est un bien réel et se confond avec tous les autres biens. L'échange européen est un échange de troc compensé en euro, comme l'expérimentation du troc international compensé en dollar, par le Fonds monétaire international effondré en 1970. L'économie européenne est une économie de troc, et l'euro l'image d'un bien réel sans flexibilité comme l'or. L'Europe sous ce regard n'est pas membre de la communauté monétaire internationale.

L'approfondissement des déséquilibres des connaissances et technologiques fait de la croissance européenne une croissance appauvrissant l'Afrique partenaire.

Le système de la Banque Mondial, bâtie sur le modèle du relèvement comptable de l'Europe à moyen terme (3 ans) par le Plan Marshall, d'économie de troc compensé en dollar, s'effondre en 2008 sous la spéculation sur les dérivés financiers statiques du troc de Bretton Woods. En dépit des bricolages d'ajustement des échéances de crédit au déséquilibre de la croissance et de développement, l'écart entre de la consommation et la production, le monde industrialisé et le Tiers-Monde, le système monétaire flexible a eu raison du système de troc compensé de Bretton Woods jusqu'en 1970.

La crise de 2008 est l'effondrement du système financier de Bretton Woods. Le système monétaire international, FMI et Banque Mondiale, doit être réformé après leur effondrement.

L'entretien de l'Atlantique Nord du Premier ministre anglais Winston Churchill et du Président américain Roosevelt, à la fin de la Seconde Guerre mondiale, avait balisé de façon informelle les développements mondiaux en cours. Ces derniers envisageaient la libération de l'exploitation des richesses naturelles du monde sans frontières et sans propriété exclusive des nations. La libération du commerce international d'exploitation appuyait ces exploitations sans propriété. Cette exploitation a sous-développé le monde et appauvri les économies paysannes en monétisation du monde sans guerre. Dans le projet de développement de troc, la guerre de la restructuration sociale préalable est la condition du développement d'imitation. Le développement indépendant est la compétition de l'émergence de la nouveauté dans les échanges. Le XXe siècle a été l'apprentissage de l'information sur le développement diversifié du monde et le XXIe siècle est la demande d'application différente des expériences anciennes. L'Afrique avec le printemps de ses révolutions[53] demande à cri et à sang le changement des modèles actuels et leur orientation dans leur développement.

Les pays riches en matières premières et pauvres en techniques, technologies et savoir-faire sont exclus de la compétition internationale pour l'émergence économique. Les pays propriétaires des technologies d'exploitation monopolisent avec leur croissance tous les horizons de compétition.

Il n'y avait pas de relativité des cultures. La survie se conçoit dans l'intégration dans leur pays, par oubli des origines des postulants. La culture occidentale est la seule croissance et le développement une hypothèse théorique. Keynes, par exemple, déclare que sa théorie est occidentale et ne s'applique pas au reste du monde. Elle est alors une théorie occidentale de l'exploitation occidentale du monde.

Il faut la reconstruction de tout un nouveau système économique international, centré sur la monnaie, la relativité des cultures et l'ajustement flexible des monnaies et des politiques du développement.

L'on est désormais dans un monde de richesse et d'échange monétaire flexible gagnant-gagnant. L'apprentissage de la sagesse de suivi des comptes financiers et d'évitement des conflits d'exploitation des forces des peuples sans leurs intérêts.

---

[53] Algérie, Égypte, Tunisie, Soudan, Mali, Côte d'Ivoire, Centre Afrique Cameroun… connaissent des mouvements de la jeunesse découragés et sans horizon théorique ni pratique.

Plus la population s'élargit, plus la pauvreté et le partage de la richesse deviennent l'instrument social de combat et des conflits d'insertion sociale. Cette psychologie sociale de l'économie monétaire est conquérante. L'on comprend pourquoi J.M. Keynes avait réduit sa théorie générale de la monnaie et de l'emploi à l'Occident exclusivement, en conflit ouvert avec des structures dynamiques et des cultures statiques de résistance, des économies paysannes en paix. Il était convaincu que l'économie monétaire ne créerait librement l'emploi dans les économies paysannes, il fallait une création publique de l'emploi dans ces économies.

La relance de l'économie mondiale était celle de l'emploi des structures américaines dynamiques dans le monde. La compétition internationale était américaine. Les Européens sentirent la nécessité de protéger contre cette concurrence et le libre-échange américain. La stratégie européenne fut l'inverse de la stratégie américaine. Bretton Woods est le socle de la construction de la stratégie américaine. Son effondrement de son aspect de troc compensé soulève le problème de la coordination internationale de l'économie monétaire de développement. Le reste du monde est appelé à faire les propositions de leur propre développement. Il n'y a plus sous ce régime de pays sous-développé, tous les pays s'organisent autour de leur culture et de leur monnaie. Le développement monétaire est l'expérience américaine de conquête de la liberté et de l'indépendance des nations. Les cultures du reste du monde qui n'étaient pas conquérantes organisent leur compétitivité autour de leur culture de développement international. Le développement n'est pas la conquête de l'espace, mais le développement des structures et infrastructures d'insertion dans l'espace économique mondial. Actuellement, les pays occidentaux cherchent à se maintenir dans l'espace international par corruption et non par compétition. Les structures et infrastructures des pays sont positionnées au niveau de la consommation de leur peuple. Suivant leur ambition de consommation, ils se révoltent pour le changement du palier de leur croissance. Cette révolte est révolutionnaire suivant la durée de son maintien et d'atteinte du niveau espéré de compétition dynamique des structures et infrastructures de développement. Le développement mondial intégré des années 1954 est un projet économique de la dynamisation des structures et infrastructures de l'économie mondiale.

Le développement mondial des années 2000 est un projet de la dynamisation des cultures du monde dans leur monétarisation et d'insertion dans l'économie de développement mondial. L'on sort de la coopération pour la croissance à la concertation pour la fédération des cultures de développement économique du monde culturellement indépendantes et en fédération des indépendances de production. La crise financière de 2008 est une crise de l'effondrement des structures et infrastructures statiques de troc financier du développement de la Banque Mondiale de Bretton Woods.

La décision publique de changement du palier de croissance en appauvrissant les structures de développement est politique. Internationalement, elle est la coopération publique et privée entre nations, le développement monétaire et financier des cultures de développement et de la croissance. Elle intègre les nations par fédération des cultures de production et union monétaire et économique de la croissance. La croissance est la monnaie et l'échange, et le développement, la culture et l'économie. L'introduction de l'indépendance des nations dans le processus d'intégration devient des économies monétaires, ce qui est donc essentiel. L'Europe doit revoir son modèle actuel de croissance économique et monétaire et fédérer les cultures économiques européennes. La coopération publique est dans la production et la technologie, la coopération privée dans la monnaie et l'échange. La coopération du système monétaire de Bretton Woods était dans le monétaire et l'échange, une coopération sur la base de l'économie privée. L'Europe adopta cette coopération en rejetant la coopération publique en matériel de production et de la compétition de la production. C'est l'origine de la lutte initiée par la France contre l'indépendance des colonies.

4.12 L'Indépendance et le développement

L'indépendance n'est pas un slogan politique, mais le concept fondamental du développement. La coopération est un réseau de coopération et d'entre-aide économique. La culture est l'ordre social de consolidation des réseaux nationaux de développement. En mettant en parallèle ces réseaux, on ne peut pas faire baisser leurs niveaux de performance.[54] La mise en parallèle est la promotion de l'indépendance et de la compétitivité des éléments du réseau. L'économie privée de production considère le déséquilibre des intérêts privés et insère le déséquilibre des intérêts privés dans la compétitivité des entreprises. Les administrations publiques françaises par leur organisation politique

[54] Joseph Tedajo (2015 ; P. 156.)

mettent les nations coopérantes en hiérarchie de pouvoir du développement communautaire.

Cette insertion hiérarchique est contre les marchés noirs qui émergent contre l'empêchement officiel de leur émergence compétitive des nations. C'est le socle de la politique coloniale de la France. Le marché officiel du système européen n'est pas démocratique. La suppression des marchés noirs était la lutte contre l'émergence compétitive des pays membres de l'Union européenne. L'émergence internationale de l'Afrique dans cette organisation est proscrite à court et à long terme. L'Afrique doit sortir de cet étau de sous-développement.

L'ordre de la pauvreté est l'entretien à court terme de la consommation élitiste de la zone franc, et le phagocytage à long terme du développement de toute l'Afrique. La société africaine sollicite l'enrichissement de sa consommation par le marché et non par l'administration. L'enrichissement administratif est corruptif. L'accumulation de la richesse monétaire est entrepreneuriale et est la richesse réelle. La monnaie scinde la nation en deux groupes d'organisation : le groupe public de l'administration de la consommation globale de la nation et le groupe privé de l'organisation de la production et de la création des richesses réelles pour tous. La création des richesses réelles pour la consommation est distraite par l'accumulation des richesses monétaires en monnaies de consommation étrangères. L'organisation monétaire de l'assistance aux deux groupes des producteurs privés riches et producteurs privés pauvres qui cohabitent sous des conflits implicites d'émergence dans l'économie monétaire est publique. Les banques financent les transactions d'exportation, mais pas la production d'exportation. L'État encourage les producteurs privés à travers la coopérative de ramassage des récoltes et l'assistance technique prélevée sur le revenu des agriculteurs de rente à la vente de leur produit par les coopératives. Le marché est essentiellement public et la liquidité publique encaissée au compte d'opération public des pays membres de la zone franc au Trésor français. La monnaie concentrée au Trésor français est le pouvoir d'achat du peuple de la zone détenu à l'étranger, de la consommation, de la production indépendante et individuelle sur le marché. La France comme les États-Unis décident d'approvisionner l'Afrique de la zone franc en produit manufacturé français garanti de paiement par les recettes du compte d'opération. Elle développe la violence contre le changement de ce régime de la zone franc. Elle renverse la donne et parle de la garantie française du FCFA. L'organisation de la zone franc est administrative pour l'Afrique et l'économie pour la France. Elle est autoritaire sans diplomatie ni coopération. La coopération française est l'abandon par l'étranger consentant des intérêts de son pays pour adhérer aux intérêts de la France. C'est la coopération de la France-Afrique. Les dirigeants africains acquis aux intérêts français sont cooptés par la France. La politique que dirigent ces autorités est française au risque de perdre le poste. La coopération française est la corruption des autorités africaines de génération en génération par une manipulation de leurs intérêts personnels.

Cette organisation n'est pas libérale et neutre, individuellement exigeante et administrativement publique et corrompue.

L'organisation administrative de la sécurité, de la justice, d'institutions publiques francophones est corrompue. Les militaires sont formés au rabais et leur encadrement à la française. L'exploitation internationale des matières premières est appropriée par contrat léonin de la France et l'administration de troc des échanges sans développement. La France n'est pas concernée par le seuil international de la pauvreté américaine de 1 $ US/par jour et par habitant.

La population francophone croit sans normes européennes et se formalise par l'émigration. Les économies paysannes de la zone franc assistent à la dégradation de leurs structures traditionnelles de production d'autoconsommation, conditionnées par ce formalisme de la croissance de la France. L'euro n'est pas une monnaie flexible à la consommation et à la production. Il est un instrument de troc des marchandises disponibles. Il n'est pas un **pouvoir** d'achat ajustable par le marché. Elle n'harmonise pas les échanges et se développe contre l'hétérogénéité et la dynamique des structures des déséquilibres de la production pour la consommation sur le marché contre la production d'autoconsommation. La disparition de la production d'autoconsommation impose des marchés parallèles, comme **régulateur libre** de la production et de la consommation. La structure sociale et de la production et de la consommation est donnée dans sa propre dynamique interne. L'organisation homéotique de l'Union européenne l'isole du système monétaire international de développement.

L'économie traditionnelle est cependant un déséquilibre de dégradation des structures de développement. Le système économique européen est en équilibre partiel de la survivance de la population européenne.

Le débat sur la croissance monétaire et économique soulève la contestation de l'interprétation de l'économie monétaire de la croissance comme l'économie de développement[55]. Dans la thèse de développement des structures économique et de la croissance, les structures de la croissance sont dynamiques et celle de développement dépressive. L'économie de développement monétaire des économies paysannes en paix était donc mal partie. Les engagements monétaires se substituaient aux engagements financiers corrigés en 2008 par la crise financière de subprimes américaines. Les délais de remboursement des crédits monétaires avaient été indûment prolongés par la spéculation sur les échéances de remboursement des crédits monétaires.

La gouvernance macroéconomique appréciée sur cette base comptable de la répartition des revenus dans des déséquilibres de la croissance et laisse de côté les dégradations des structures des cultures et des économies en cause. La stabilité de la monnaie est une donnée du changement spontané. La dynamique spontanée des structures est sociale, interne et sans débat. Ce sont les raisons de l'interdiction des débats sur la monnaie et la pauvreté en Europe. Elle s'appuie cependant sur trois structures, le peuple dans sa dynamique culturelle, la croissance dans sa régularité et les structures d'entreprises de production. Les infrastructures sont les structures de développement en dégradation locale, dans les économies paysannes.

La crise monétaire de 1936 révélait le changement de la structure fondamentale de la monnaie, celle financière de 2008, le changement de la structure de la financiarisation du développement de Bretton Woods. La Banque Centrale, socle de contrôle de la liquidité, avait perdu le contrôle final au profit des marchés financiers. La crise des subprimes est l'effondrement des marchés financiers privés adossés aux Trésors publics.

Pour ajuster les déséquilibres de la finance et de la monnaie, l'on devrait surveiller le glanage de la liquidité de consommation sans production par les marchés de la financiarisation des déséquilibres monétaires ou de paiement.

À partir de 1980, la tendance à gagner l'argent par la spéculation monétaire s'inverse au profit de la financiarisation des déficits de paiements à l'échéance sans production correspondante. Le système de spéculation monétaire international de Bretton Woods, effondré en 1971, entraîne l'effondrement du système des spéculations sur les dérivés financiers de crédits à court terme de Bretton Woods.

---

[55] Paul-Marc Henry, Président de l'OCDE, Centre de développement ; La force des faibles. Ed, Entente, 1975, p 117.

La crise financière de 2008 est la fin du système financier et monétaire de troc international compensé en dollar. Le développement réel des économies nationales est le nouveau paradigme de la coopération internationale.

Le monde industriel est une économie comme une autre. Elle est seulement avancée en industrie intégrée dans l'économie traditionnelle. La numérisation cartésienne de la logique économique qualifiée de scientifique est désormais floue. Mais le monde industriel en rencontre avec le monde paysan introduit une logique d'équivalence relative des cultures des populations contre le déséquilibre classique des économies industrielles et traditionnelles. L'on sort de la logique cartésienne de l'intégration économique de l'économie de croissance spontanée à la logique floue de la fédération de la dynamique des cultures. Les systèmes dichotomiques, socialisme/capitalisme, sont battus en brèche par l'approche systémique de l'intégration et de la globalisation du développement.

Le système du club de Rome est systémique et statique. L'innovation est l'intégration des dynamiques des structures homéotiques dans les formes extérieures dynamiques de développement de ces structures en rencontre. La dynamique externe est la coopération entre nations, chaque nation ayant sa structure homéotique. Les biens culturels non échangeables sont les fondements des structures homéotiques des nations.

Cette ligne rouge de la croissance par la production est franchie et ajustée par la révolution culturelle de la monnaie et de la finance. Le transfert des déséquilibres de liquidité monétaire de paiement aux déséquilibres financiers de remboursement de la monnaie avancée, le crédit, par le traitement de rachat lucratif des échéances de remboursement dénature le système monétaire en système financier spéculatif. Les banques et institutions financières font des titrisations lucratives des échéances des différés de paiement. Elles prennent en charge le remboursement actuel des crédits en prélevant au rachat de ces échéances des intérêts lucratifs sur les débiteurs défaillants. L'engagement bancaire des clients perd sa rigueur de remboursement, le rallongement infini des délais de remboursement falsifie la rigueur de remboursement et de la production pour le marché contre l'échange contre la monnaie.

La Chine profite de la financiarisation de la spéculation monétaire pour placer en dollar ses liquidités internationales et accumuler les réserves en dollar. Dans les années 2000, elle est en position de financement international des infrastructures de développement africain, et de production en Chine de la demande africaine indépendante de la demande chinoise. Elle ferme le secteur économique intérieur de la Chine aux investissements internationaux pour consolider la protection de sa structure d'équilibre intérieur. Elle transforme la paysannerie chinoise en agricole d'équilibre de la consommation nationale, adopte les industriels étrangers en partenaires économiques de production d'exportation vers leurs pays d'origine et d'installation des structures d'accueil de leurs ressortissants. La réciprocité avec l'Europe fait exploser le tourisme chinois, et l'investissement européen dans le tourisme chinois. Elle lance le partenariat gagnant/mondial gagnant avec le monde et marque ses pas dans l'émergence économique chinoise globale et dynamique dans le monde.

La France et l'Europe luttent contre l'émergence des structures compétitives dans les colonies. Elle exporte l'excédent de leur consommation sans adaptation à la demande locale. L'Afrique dépendante de l'Europe abandonne ses projets d'émergence internationale à la France et l'Europe. L'investissement de l'Afrique est tourné vers l'Europe et la lutte contre l'investissement étranger en Afrique est française.

Les marchés parallèles sont l'enfance de l'indépendance des jeunes États africains absorbés par l'Union européenne. La psychologie sociale des jeunes Africains manifeste une révolte sans possibilité de révolution. Elle est solidaire et désireuse de la survie du plus grand nombre de sa population. Elle prie pour avoir la nourriture de la survivance nombreuse de la progéniture qui est une richesse réelle pour eux et non pas la richesse d'accumulation[56] des biens matériels sans population. L'argent richesse abstraite est en conflit avec l'ordre social et culturel. Telle est la problématique culturelle de la psychosociologie africaine, généralement paysanne et confrontée au risque de survie aux maladies et épidémies.

4.13 Travail, monnaie et développement

Au début de l'introduction de la monnaie dans l'échange social, les paysans africains défendent aux jeunes de toucher à l'argent qui pour eux est un facteur de dépravation des mœurs culturelles et d'implantation sociale de la liberté et de la désobéissance des enfants. Les francophones frontaliers des anglophones échangeant entre eux

[56] John Stuart Mill (2015 ; P. 317). Il nous donne la problématique du développement comme l'accumulation de la richesse et de l'effort de production.

constatent l'incertitude qui entoure l'échange du FCFA en monnaies anglaises. L'interdiction des débats sur le FCFA et la monnaie en Europe et en Afrique couvre la monnaie d'un tabou et rend miraculeuse l'expertise en monnaie. La connaissance de la monnaie s'apparente à l'enfance de l'indépendance du raisonnement sur la levée du miracle entretenu par la France sur l'incapacité des jeunes États indépendants d'Afrique à gérer la monnaie.

La monnaie lance la problématique de la famille nucléaire de la rigueur et de la moralisation de la gestion de l'économie monétaire. L'enrichissement monétaire individuel est le piège politique des administrateurs publics. La monnaie entre en dialectique avec la problématique sociale de la consommation de survie et de l'enrichissement privé des individus. La défense de l'économie publique africaine met en exergue la surpopulation monétaire croissante du continent entre les mains des autorités du pouvoir public de développement. La mise en route est la monétisation de l'économie qui met le peuple sur le chemin de l'exode rural. L'Afrique est dans la refondation monétaire de sa société, mais la monnaie est rare. Le développement monétaire est urbain et la propriété de la monnaie métropolitaine. À partir de 1970, la monnaie entre dans les mœurs sociales de l'urbanisme et l'émigration de la recherche des connaissances de développement. Pour certains, le développement est une exportation occidentale dont on attend la fin.

Ils pensent avoir leurs propres voies d'existence paisible et accueil agréablement les hôtes occidentaux comme des touristes. Ils vont très vite réaliser qu'il s'agit des guerriers contre leur système de vie traditionnelle, et s'organisent contre leur domination. L'Europe et la France luttent, dès le début du siècle, pour leur implantation durable dans les colonies[57], et contre la dévaluation compétitive du franc français contre la monnaie anglaise. Cette dévaluation la compétition des métropoles en colonie. La conscience du développement naît avec le dualisme France/Afrique, qui considère, d'après les théories économiques classiques des économies primaires, l'Afrique comme sans culture et sans monnaie. L'administration coloniale française va donc être impériale sur ce terrain sans culture et sans monnaie. La croissance économique est française et les territoires des colonies doivent s'adapter à la monnaie et à la culture française. Tel est le diagnostic de la construction du modèle économique de développement

[57] Voir la charte financière des colonies françaisede1912.

de la France et de ses colonies. L'universalisme de la culture française est colonial.

La population française et coloniale est confondue dans ce modèle. Les attroupements urbains dans les colonies sont incités à l'image de la formation des grandes villes de la France et notamment de la capitale Paris après la Seconde Guerre mondiale. Cet attroupement appauvrit les campagnes et les villes sans équipement moderne de production et d'accueil. Cette pauvreté émerge en surpopulation nationale de l'économie monétaire de troc compensé en billets créés sans valeur intrinsèque réelle des pièces en or. L'appauvrissement de la généreuse nature par l'exploitation humaine accompagne l'économie monétaire. L'économie monétaire appauvrit de manière structurelle et systémique toutes les économies traditionnelles en rencontre. Elle se substitue aux économies traditionnelles, comme une économie formelle par rapport à l'économie réelle. Les marchés parallèles aux marchés formalisés émergent des structures de l'économie réelle. La Chine fait une leçon d'échange commercial et de développement de l'économie réelle. L'économie réelle est sociale et générale à toutes les économies du monde ; c'est l'économie traditionnelle dépendant de la nature ou de l'économie naturelle. Dans les années 1850, la France parle dans son organisation administrative de l'économie coloniale des économies réelles.

Le sous-développement constaté au début du XXe siècle en Afrique, Chine, Amérique latine et Asie se réfère à ces économies réelles. La dépendance moderne par leur consommation est l'avance technologique de la production manufacturière pour le marché. La dépendance économique est la modernisation de la production et l'indépendance de la nature. La Chine change son paradigme de la dépendance à la nature et à l'Occident en paradigme de développement intérieur de la production humaine de la Chine et de la libération de sa dépendance à la nature. Elle change l'ordre conquérant du commerce international appauvrissant les structures traditionnelles sans restructuration en industrie de production rapide pour le marché occidental en ordre de coopération et de développement interne de la Chine contre les prédations internationales des économies technologiquement avancées, à commencer par les États-Unis d'Amérique.

La rencontre de l'Occident protégée par le dollar stabilisé par le marché financier international répand la culture monétaire américaine comme le socle de la mondialisation.

La monnaie protège la liberté de la croissance des structures dynamiques. Cette dynamique est le travail individuel rémunéré en monnaie stable. La force du travail s'ajuste à la stabilité de la monnaie donnée ; la logique des structures données est inversée en économie monétaire en logique de la stabilité monétaire donnée et de l'ajustement des structures sociales de l'emploi, le travail de production. La flexibilité de la monnaie traduit la résistance des hommes à l'exécution de travail.

En cas de l'allongement des délais de réponse par le travail flexible, la monnaie se déprécie pour s'ajuster à la longueur effective du travail. C'est le cas général de toutes les économies paysannes en monétisation et monétarisation. Leurs monnaies dépréciées par rapport au dollar défini par les marchés des changes marquent leur niveau naturel de l'ajustement de leur dynamique sociale au marché de libre-échange. Les bases de cet ajustement sont cependant structurelles, donc dépendantes des structures de développement social et culturel. Le changement de ces structures est politique et volontaire. Le développement est politique et national.

Sous le cadre des interventions humanitaires, sans recherche de la production nationale de la compensation future des déséquilibres locaux et régionaux de production, l'on rallonge le délai du développement et de rattrapage de la croissance libre. Les structures de la croissance libres sont naturellement dynamiques. Les structures de développement chinois se consolident progressivement en structure de croissance libre.

L'option révolutionnaire chinoise mérite une réflexion profonde sur le saut qualitatif des structures et infrastructures de croissance et de développement. Le développement n'est pas la lutte interminable entre les nations jusqu'à la mort du plus faible, comme le décrivait la dialectique de Karl Marx. La France, partagée entre idéologie capitaliste et marxiste, s'est positionnée dans l'organisation de l'Afrique et celle marxiste contre les autorités mises au pouvoir à son insu ou déviant de ses orientations de gouvernance.

L'alignement français de la capacité des Africains de l'effort de production a l'objectif de consommation nationale en péril, la croissance de la population et l'émigration vers la France.

Les concentrations urbaines africaines se déportent sur les concentrations urbaines françaises.

Les accords monétaires qui hypothèquent les cultures, de même que les accords militaires qui hypothèquent les projets économiques pour la France hypothèquent le développement.

L'euro, dans son administration par les pouvoirs publics, est surévalué par le marché et appelé à la dévaluation ou à la dépréciation par les marchés parallèles.

Comme le disait Sarkozy dans son observation du comportement des Français dans l'économie monétaire européenne, il faut travailler plus pour gagner plus. Mais les Français dont il était le Président, dans l'impossibilité de travailler plus, ses autorités mettaient en place des marchés noirs de la consommation discrète sur lesquels ils interdisaient le débat. La réaction mondiale de l'Afrique est interprétée à tort comme la lutte contre le peuple français. Il s'agit du rejet africain et mondial du comportement noir des autorités françaises dans la gouvernance du désir de la consommation de la France sans production.

L'alignement du peuple est politique et concerne la monnaie et les cultes respectifs. Ces deux variables sont dialectiques dans la conception française. La politique est l'effort actuel de production pour demain et la monnaie, la demande de la compensation des déséquilibres de production avec la contribution africaine dans la production sans débat. Elle impose donc le modèle de croissance française à l'Afrique sans intérêt de développement.

Les flottaisons du dollar offrent des ajustements de l'euro à la baisse sur le marché international de change. L'opportunité de détournement des officiels d'échanges et de change s'installe durablement en demande d'indépendance monétaire.

La monnaie, face à la difficulté de travail, enivre les hommes et, comme le disait Karl Marx, devient l'opium du peuple.

Ainsi, le regroupement des nations européennes détruit leur souveraineté monétaire, donc des décisions indépendantes de développement national. Selon J. M. Keynes, la monnaie est nationale et la coopération avec les autres nations internationale. Elle relève de coopération étroite des économies en rencontre pour la fixation des taux de change. Les taux de change sont la liberté des nations dans le commerce international.

La logique de la coopération internationale est internationale, en cas de conflit entre la formation des prix intérieurs et la négociation des taux de change stables. La nation devra opter pour la stabilité nationale des prix. La logique hégélienne défend la conservation culturelle des positions à la rencontre, l'ajustement des taux de change aux prix intérieurs par exemple. Il s'agit donc de l'ajustement de la monnaie aux cultures nationales. C'est la position anglaise de la dévaluation du sterling de 1967 et du détachement des monnaies coloniales du sterling pour leur indépendance monétaire. Les nations doivent concevoir leur développement et y adapter leur monnaie ; négocier librement le taux de change avec l'extérieur.

Les BRICS sont une réponse des pays libres de la valeur de leur monnaie dans la l'organisation de sa financiarisation. La coopération entre nations membres est la base de la définition du taux de change de monnaie des BRICS en tant que nations indépendantes.

Les économies paysannes s'éloignent de l'industrialisation généralisée de l'économie libérale, et ne coopèrent pas entre elles.

Le financement de l'investissement est le nerf de la guerre du développement industriel. Keynes découvre cette réalité et conseille à ses pairs de la Chambre des Lords, en 1944, de rappeler leurs citoyens colons à la recherche de la richesse monétaire à l'étranger, de rentrer en Angleterre pour investir leur liquidité monétaire dans la croissance de la richesse qu'ils ont déjà. La flexibilité de leurs structures et infrastructures de développement et de la croissance facilitera le développement du marché financier mondial et l'exploitation à distance des colonies qui ont des richesses naturelles, mais pas de monnaie. Ils doivent investir leur liquidité monétaire dans les institutions monétaire et financière de prêt international de production et consommer la production de l'investissement. Ils pourront dormir comme le dirait François Mitterrand en gagnant de l'argent. Ils doivent cesser de demander aux colonies de leur prêter l'argent qu'elles n'ont pas et de proposer de leur vendre des biens que l'Angleterre ne peut pas produire. La spéculation monétaire doit évoluer en spéculation financière de croissance de la liquidité et des dépenses d'investissement. La croissance de la liquidité et de la dépense est la réforme monétaire de la macroéconomie de Bretton Woods.

La gestion monétaire de la macroéconomie de Bretton Woods est le contrôle de la dépense. La liquidité abondante est distribuée et les dépenses contrôlées affectées à la consommation des productions manufacturées et industrialisées. La production et les recettes sont libres. Cette gouvernance financière administrative de la consommation et de la liberté des marchés détruit les capacités de la production locale dirigée administrativement à l'équilibre de la consommation nationale de l'économie monétaire de Bretton Woods. Elle rallonge le côté long du déséquilibre de la consommation et réduit le côté court de la production locale. L'équilibre de la production et de la consommation divise l'économie en deux branches : l'équilibre privé de la production et de la consommation, et l'équilibre social de la production et de la consommation nationale. L'on dépense pour couvrir la consommation en économie monétaire et anticipe la consommation en attente de la production. L'économie monétaire publique est interdite de la production directe pour consommation et pour le marché. Elle est consommatrice des recettes collectées chez les individus travailleurs et distributeurs de la consommation sociale aux pauvres. Les marchés de production et de consommation sont libres d'achat et de vente des produits disponibles. L'État approvisionne ce marché par la production des privés cooptés qu'il finance.

La liquidité de l'État est abondante et accompagne le financement public sans production publique directe. La planification publique du financement des marchés publics n'est pas concurrente des financements privés, et la production financée par le public est le développement national.

La distribution publique des ressources aux privés pour le marché public prolonge l'investissement public. Toutefois, ce processus introduit la corruption des fonctionnaires et la gestion des retards d'exécution liés à la lenteur des décaissements des fonds publics. L'engagement international de financement du développement observe les mêmes lenteurs, voire finit par un non-décaissement.

L'investissement public est orienté vers la gouvernance sociale que l'État impose aux producteurs privés et dilue sa responsabilité dans l'exécution de l'investissement public. L'exécution privée des investissements publics oriente le détournement des intérêts publics vers les intérêts privés, et la minimisation du développement public. L'administration publique et le marché deviennent antagonistes et opposent la production privée à la consommation publique. L'État est un consommateur financier de la consommation et de la production sans production directement soumise. Il est comptabilisé comme consommateur. Il n'est donc pas responsable de la production, mais seulement du contrôle de l'équilibre de la consommation nationale et de la production des individus libres. Le budget de l'État en tant que revenu de consommation publique doit être individuellement minimisé. Il est, pour cette raison, institutionnalisé et optimisé en parallèle par la corruption. Les budgets de rois et présidences de Républiques sont discrets. Le train de vie de l'État est contrôlé par l'Assemblée nationale et la gouvernance des communes par le Sénat. Ces deux institutions sont sous l'autorité du président de la République ou des rois discrets.

La mission des Rois est donnée et amovible, celle des États est populaire et périodique. La sécurisation nationale des biens et des personnes ainsi que l'organisation de la paix sociale, de la population en compétition privée de survie sont les missions de paix de la gouvernance de développement des nations. Sous ce regard, le développement de la gouvernance sociale du peuple par le Roi ou le Président est comme la monnaie et la finance, différentes par leur échéance. La monnaie comme le roi est permanente, la finance comme la Présidence est éphémère.

La France a voulu bloquer dans le développement social de l'Afrique la dimension et l'expression culturelle de la concurrence de la consommation du plaisir de consommation des loisirs, et l'expression culturelle naturelle concurrentielle. Mais cette expression a résisté aux récupérations culturelles et se maintient en marché parallèle. Elles sont relatives, les cultures et leur expression. L'administration publique défend les valeurs importées contre la proposition de financement éternellement retardé. La monnaie entretient en économie libérale les déséquilibres actuels. Le développement est un rôle social de la dynamique des cultures assumé par la politique. C'est le siège de la dynamique des Nations libres.

L'exportation coloniale de richesses nationales de rente appauvrissait les structures traditionnelles de la production de la consommation nationale. Cet appauvrissement introduisit le sous-développement importé comme un préalable au développement modernisé. Le développement modernisé est l'industrialisation de l'économie traditionnelle. Toutefois, soixante-dix ans après ce projet de modernisation, les pays sont restés non industrialisés et avec des structures de production traditionnelle et de dégradation de la générosité de la production de la nature dans le monde. Et la croissance nationale de la pauvreté de la consommation nationale s'est poursuivie librement jusqu'en 1970. Le repli colonial en métropole a libéré le terrain du développement sous contrainte de la technologie et du savoir-faire. La production intérieure initiée par les colons, le début d'exploitation de la paysannerie en agriculture et des forêts en coupe de bois exporté vers les métropoles se sont arrêtés et ont été politisés en mise en place de la gouvernance sans production gouvernable. À défaut d'ajustement local de la production intérieure pour l'équilibre de la consommation nationale, les pays se sont tournés vers les importations des biens de consommation immédiate et de lutte contre la famine.

À partir de 1970, la tendance à la production pour exportation s'inverse naturellement vers la production pour consommation locale à mains nues avec la technologie rudimentaire. La population active des producteurs, voire des consommateurs, s'exile dans les villes embryonnaires par l'exode rural des économies paysannes et métropolitaines des villes embryonnaires. Elle se consolide par l'extraction des parents des émigrés des colonies de la paysannerie pour la métropole de consommation. Cet exode n'est pas destructeur du déséquilibre de développement, mais de son aggravation par l'extraction de sa population active, toutes catégories confondues, entrepreneurs et ouvriers. L'armement de la population sédentaire est la conservation des frontières poreuses du développement national.

L'exode vers les villes embryonnaires, notamment les métropoles, est l'objectif national des néocoloniaux. Ils ne peuvent pas lutter contre l'émigration, origine de leur réussite.

La population résistant à l'émigration dans la paysannerie est confrontée au problème de technologie et de savoir-faire de la production rapide pour le marché. L'exode dans les villes embryonnaires soulève le problème de la famine de la croissance de la population urbaine et nationale et de l'ambition de survie de l'espèce. La lutte contre la famine est assistée de l'extérieur et devient un instrument de maintien de la colonisation métropolitaine dans les colonies.

La volonté de changement du modèle de croissance extravertic et du niveau de développement des structures d'enrichissement de la production et des recettes par le marché contredit la démocratie occidentale et scelle la dépendance. La politique coloniale endort le réveil des dirigeants éclairés. L'économie de Bretton Woods change de paradigme de croissance de la liquidité, de la consommation et du contrôle des dépenses en paradigme de la production et de l'accumulation des recettes dépensées. Ce paradigme s'accommode de l'équilibre du côté long du déséquilibre de la consommation des nations à l'équilibre de la production nationale. L'on procède par l'anticipation de l'ajustement du côté court de la production par l'augmentation de l'effort du travail local à la consommation monétaire des recettes ou du côté long de la consommation à la production par réduction de la consommation. L'ajustement du côté court est le capitalisme primaire, l'accumulation de la liquidité antérieure à la consommation et à l'investissement. L'ajustement du côté long est la pauvreté du travail de production. La spéculation monétaire s'accroche à la pauvreté du travail et à la résistance à la réduction de la consommation. Le système monétaire de spéculation pour la consommation se transforme, en 1970, en système financier d'avance de la liquidité à crédit à la consommation et à l'investissement. Le paradigme monétaire de spéculation sur la liquidité des consommations se transforme en paradigme financier de remboursement sans spéculation de la monnaie avancée et taux d'intérêt de compensation.

Les métropoles coloniales réagissent par la rétention[58] de la liquidité, trésorerie de paiement monétaire, et de la technologie matérielle de développement des colonies. Crédit et paiement des échéances sont le paradigme de la modernisation du système monétaire international.

C'est le nouvel ordre financier international de 1970.

Toutefois, les opérateurs économiques financés dans l'incapacité de remboursement à bonne date transfèrent la spéculation dans la spéculation financière par la rallonge des délais de remboursement et la renégociation de la dette assortie de l'ajustement des taux d'intérêt. La spéculation monétaire sortie par la grande porte de la financiarisation de la monnaie rentre par la petite porte dans la finance internationale avec la crise de surprime en 2008.

Même dans la zone franc, les relations entre la zone franc de l'Afrique de l'Ouest et celle de l'Afrique centrale ne sont pas parfaitement coordonnées par la France à travers le franc français, ni en Europe par l'euro avec l'Union européenne. L'UE coordonne de manière contradictoire la croissance de la métropole et le développement des anciennes colonies africaines.

Les déséquilibres financiers de développement des anciennes colonies s'élargissent en déséquilibre monétaire des comptes d'opération avec la métropole, et la surpopulation monétisée sans développement de la production des économies paysannes en pays émergents dans l'économie industrielle. La misère et la pauvreté économiques accompagnent les décisions d'exil économique vers les métropoles de producteurs et utilisateurs du travail disponible. Le refus d'entendre les réclamations du développement des économies paysannes provoque l'émergence du terrorisme comme l'alternative de la violence armée des métropoles occidentales. L'Union européenne repousse le terrorisme vers l'Afrique paisible, et le retourne contre le peuple par l'armement

[58] La zone franc et l'Union européenne sont les derniers retranchements de l'impérialisme et de la colonisation.

de leur pauvreté des fractions déshéritées de l'imitation extérieure des administrateurs néocoloniaux des jeunes États des nations paisibles.

La vraie question, l'inversion du déséquilibre des structures de production et de consommation, se transforme en lutte pour l'émigration vers la métropole et l'Occident. L'émigration et le développement mondial intégré révèlent les problèmes des déséquilibres des structures de coopération. Les structures françaises et européennes de coopération sont statiques et impérialistes. Elles demandent aux pays en rencontre d'adhérer à politique et vue du développement mondial colonial intégré. Elles occultent la négociation et l'opinion opposée des partenaires soulève une dialectique de la mort du plus faible en rencontre.

Le débat sur le développement du XXIe siècle, ouvert sur les causes de l'émigration massive, tourne autour de la surpopulation, l'écart de développement entre l'économie industrielle et les économies paysannes, l'obstruction monétaire occidentale de la réduction de cet écart et la stabilisation des déséquilibres de développement.

Le nouvel ordre économique international de 1970 était la base de l'ordre social des changements du paradigme international du libre-échange et la croissance en paradigme de développement international des infrastructures et structures de développement économique.

La France adopte l'attitude théorique de la croissance sans normes culturelles des échanges entre les peuples. L'or, exploré dans les économies paysannes, était une monnaie réelle produite dans ces économies. L'Angleterre, leader de la monnaie or, conçut à travers Keynes le changement de biens rares en biens simples accessibles à toutes les cultures du monde. Les cauris, les étoffes et autres matériels brillants servant d'instrument d'échange étaient équivalents à la monnaie or et correspondaient à l'utilité des biens échangés. Dans sa représentation papier sans valeur intrinsèque la monnaie devient l'équivalent général de toutes les utilités, un bien vide de valeur concrète. Elle est la représentation de toutes les valeurs d'échange. La monnaie papier est une abstraction de l'abstraction de la représentation des échanges.

L'indépendance des États, poussée par les États-Unis, oblige l'Angleterre à la démonétisation de l'or en 1933. Keynes propose la coopération étroite entre l'Angleterre et les États-Unis dans la négociation de la parité d'échange du dollar papier et du sterling papier dans sa Réforme monétaire de 1924. Le rattachement du dollar à l'or à Bretton Woods est une référence à la théorie quantitative de la monnaie or par rapport aux biens échangés. La théorie monétaire est désormais qualitative. Le nouvel ordre économique international est la conception qualitative de la monnaie du développement comme un bien vide de valeur réelle et équivalent général de toutes les choses de valeurs humaines. L'ordre monétaire quantitatif s'effondre en 1971 au profit de l'ordre monétaire qualitatif et humain.

4.14 La monnaie qualitative et l'évolution de l'or en tant que bien réel

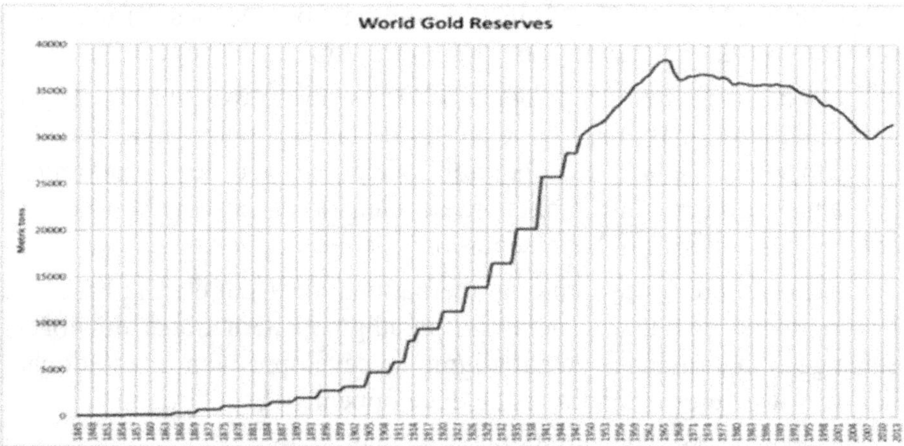

À partir de 1947, le stock d'or mondial va commencer à fléchir pour se stabiliser dans les années 2007. À partir de 1950, les échanges et la liquidité vont, par contre, connaître une croissance explosive sous le dollar monnaie d'échange internationale. Les prix et les changes fluctuant et provoquant les crises de changement de l'ordre monétaire international de l'or des années 30 vont être stabilités à l'inverse des prix et changes flottants des années 1936. C'est l'année de passage de la rareté de la monnaie or à l'abondance de monnaie dollar dont le prix international est fixé en 1934 à 35 $/l'once en 1934. Ce régime de fixité de la parité stabilise les échanges équilibrés par l'ajustement monétaire du dollar abondant par rapport à l'or.

L'abandon définitif de l'or comme monnaie d'échange internationale en 1970 va effondrer le Fonds monétaire international, or de Bretton Woods. L'institutionnalisation de la protection du papier-monnaie va protéger la valeur abstraite définie par les hommes. L'homme se trouve devant la possibilité de tricher et de voler la société dans le calcul de l'instrument d'échange social. Les États peuvent prélever discrètement une partie dans le calcul de la monnaie en circulation pour leurs propres transactions, la redevance monétaire et l'inflation.

Le système monétaire international est le taux de change des monnaies du monde libre en dollar. Ce taux de change est flexible. Le refus de la flexibilité des changes est une demande de sortir du système monétaire d'échange international. La zone franc et l'union monétaire européenne par la fixité de leur taux de change se positionnent en dehors du système international d'échange d'ajustement monétaire permanent des échanges.

L'or est désormais une matière première précieuse dans les patrimoines nationaux avec le souvenir en arrière-plan de son usage ancien comme monnaie. La primauté de l'or comme instrument d'échange était coloniale. Elle était produite en Australie et en Afrique du Sud, colonies anglaises. Elle est concurrencée par la découverte de l'or en Amérique de l'Ouest. La démonétisation du sterling libère les échanges mondiaux de la contrainte de l'exploitation de l'or. Keynes connaissait la psychologie sociale occidentale et élabora une théorie monétaire de l'Occident. La psychologie sociale est désormais le socle des échanges monétaires, elle fut généralisée par les États-Unis en pratique monétaire internationale flexible contre l'or sans flexibilité.

L'accumulation des réserves de change en or dans les Banques Centrales est transformée en accumulation des devises des pays échangistes. Les monnaies sont décrochées des valeurs or réel.

À partir de 1950, le progrès matériel dépend de la croissance des connaissances scientifiques et techniques sans grande incidence sur la production des instruments d'échange. L'on est sorti de la théorie quantitative de la monnaie du régime d'étalon or vers la théorie qualitative sous l'emprise humaine directe. Le système monétaire international est modernisé, les États-Unis relance l'économie mondiale par le dollar et régulent la production mondiale par le taux d'intérêt de la FED et le taux de change du dollar sur le marché libre des changes des monnaies. L'on entame en 1971, le Nouveau Monde du développement intégré par la croissance de la masse monétaire abstraite dont les fluctuations sont maîtrisées. Il n'y a plus de dévaluations compétitives. Les taux d'intérêt de la Banque Centrale sont la base de la distribution des ressources d'investissement international. Le taux de change du dollar est définitivement déterminé par ce marché au second semestre 1996.

En 2008, la crise financière mondiale éclate le système de développement mondial intégré en ces deux systèmes, et oppose les États-Unis et l'Europe et aux Nations Unies. L'Europe, sous la plaidoirie de la France accrochée à l'ordre monétaire de Bretton Woods, défend un modèle toléré par les nations dans la gestion de l'équilibre des structures de développement des Nations. Les assistances américaine et anglaise à la production mondiale par les échanges sont contrées par la position juridique administrative française de la gouvernance libérale de la consommation du peuple.

Elle défend son indépendance administrative adossée à l'Europe, jusque-là soutenue stratégiquement par les États-Unis, contre le risque d'expansion occidental du communisme russe. Il faut revoir l'organisation sociale fédérale de l'Amérique de marché de Bretton Woods et l'organisation administrative européenne des anciennes colonies en 1970.

La réforme monétaire américaine de 1934 prépara la mise en œuvre de la domination économique mondiale des États-Unis. Elle fut imposée au monde en 1944 à Bretton Woods. La réforme monétaire keynésienne de 1924 cherchait la solution au conflit de leadership monétaire du monde entre les États-Unis et l'Angleterre qui se disputaient le contrôle du leadership mondial l'or-monétaire. L'Angleterre abandonna en 1933 aux États-Unis le leadership mondial de la monnaie, en proposant dans sa Réforme monétaire l'abandon de l'or et l'adoption d'un instrument neutre d'abstraction des échanges accessibles à toutes les nations. L'on sort des hypothèses classiques de la monnaie, bien réel, à l'hypothèse keynésienne de la monnaie, abstraction des échanges. Le conflit entre le taux de change et les prix intérieurs de ces monnaies des nations est tranché en faveur de la stabilité des prix intérieurs. Ce sont les prix intérieurs qui déterminent la stabilité des taux de change. La France stabilise l'inflation et **fixe** les taux de change. Les États-Unis optèrent pour la libération des prix intérieurs sur le marché intérieur et la stabilité des changes par le marché international des changes. L'économie américaine est une économie des marchés et libres-échanges.

L'abandon du Système monétaire international de Bretton Woods en 1971 est une invitation américaine au développement des marchés intérieurs et à la libération internationale des échanges. Tout changement de l'économie monétaire dans le monde est initié par les États-Unis. Le monde international est encore majoritairement administratif.

L'émergence économique de la Chine et son positionnement comme la seconde puissance économique internationale sont sous une administration autoritaire. L'organisation du XXe siècle centralisé sur l'Occident et l'émigration vers l'Occident est une alternative à l'**administration économique** et **sociale**, et non pas au socialisme. Le socialisme et le capitalisme sont des idéologies d'organisation du combat du monde social.

L'émergence de la Chine est une révolution culturelle, de la conception de la nouvelle organisation du développement social dans le monde. Les réalités sociales sont culturelles et locales, c'est-à-dire la surpopulation et la pauvreté locales. L'organisation américaine par le haut était une conception du réveil de toutes les cultures locales dans la construction de leur développement local. C'est l'adhésion implicite à l'option ancienne de la Russie pour l'organisation du développement de l'Union des Républiques Socialistes Soviétiques en États indépendants de l'Union, et la libération future de leur libre-échange, sur la base de leurs cultures locales. La Chine comprend immédiatement l'évolution économique mondiale et saisit le nouvel ordre économique international de 1970, pour reconstruire la République de Chine, en un vaste État des cultures semblables. L'approche économique de l'État chinois est unitaire, culturelle et sa capacité politique est culturelle et unitaire. C'est le premier État du monde construit sur une base culturelle unifiée. La solution économique de la construction des nations n'est pas l'émigration, mais le développement économique sur la base locale. La solution à la surpopulation locale n'est pas l'émigration, mais le développement local sur la base de la culture locale et l'exportation des excédents des biens et des compétences nationales. La fermeture de la frontière européenne ou son élargissement n'a pas d'indice sur la population africaine. C'est le développement local en États dépendants et sur la base de leurs cultures fédérées qui est la véritable solution comme l'envisageaient l'OUA et l'ABCA pour l'Afrique.

L'industrialisation est une solution économique à la surpopulation occidentale des infrastructures et structures économiques dynamiques. L'ajustement structurel est la dynamisation des structures et infrastructures de flexibilité de la croissance. L'initiative américaine critiquée comme capitaliste était un entraînement à la consommation de survie du plus grand nombre de la population existante, qui imposait la capacité et la responsabilité individuelles à gagner sa survie. Dans l'impossibilité de l'emploi de toute la population à la production salariée, les gouvernements avec l'émergence des États se proposèrent de gérer la consommation de survie du plus grand nombre de la population. Le marché de l'État est la population, et son travail pour la consommation. L'État s'engage à sécuriser cette consommation en Europe.

L'engagement de la sécurisation de la consommation de la population par l'État repose sur les contributions sociales de la population dans le revenu de l'État dans le travail rémunéré. Le travail du peuple est indépendant et libre, l'obligation de l'État est la survie du plus grand nombre. Le développement est d'abord la survie du plus grand nombre de la population. Il est ensuite son entretien. L'on parle du système libéral et individuel ou capitaliste de développement. Dans ce système, les individus sont dépendants de la distribution de la consommation par l'État exceptionnel. La contribution sociale de chaque membre aux charges sociales est la fiscalisation. L'État est perçu par la population comme le père de la Nation, chargé de la bonne gouvernance de ces ressources. Dans les systèmes libéraux, seul le marché distribue équitablement les richesses et la consommation par rapport au travail individuel.

En 1990, les États indépendants sont complètement installés en Afrique. La période du développement des États par leurs nations est ouverte. Les États sont embryonnaires. La réaction européenne d'organisation des nations africaines est ambiguë. Elle attrape la queue de la croissance du monde de 1884, par la reconstruction de l'Europe de l'Afrique coloniale, sous la pression de la France. Le point Zéro du déséquilibre de construction des Nations aux frontières des États de droit colonial de 1884 est remis en cause. Depuis 1884, les frontières coloniales des États africains étaient métropolitaines. Les nations africaines étaient rattachées entre elles par les relations entre métropoles propriétaires des régions du partage africain de Berlin. Les métropoles étaient en conflit de leadership colonial entre elles. Les États européens, à travers lesquels l'Afrique devait entretenir ses relations régionales, commerciales et administratives, étaient en conflits permanents. Ces conflits éclatent en deux guerres mondiales entre 1914 et 1944. Le désir de l'Union européenne accompagne le projet français de la construction du Grand marché de l'Europe et de ses colonies contre le Grand marché mondial américain, en 1934. Cette organisation concurrente de l'intégration africaine à l'Europe et au Monde oppose le marché et la monnaie américaine à l'administration française impérialiste. L'idéologie économique capitaliste et celle socialiste étouffent l'ordre social et culturel des Nations.

L'Angleterre brise le mur monétaire occidental en 1967, par la dévaluation de la livre anglaise qui se désolidarise des monnaies des colonies de la livre sterling. La France défend la monnaie coloniale, le franc CFA, dans la construction accélérée de l'Union monétaire européenne comme le substitut régional de la zone franc. Elle doit reconstruire l'unité régionale de l'Europe sans frontière par la copie de l'union de l'organisation africaine, sans compréhension profonde du modèle monétaire des marchés.

La zone franc est un modèle de référence coloniale et administrative datant de 1853, date de la création des Banques centrales coloniales et de l'Union française et de ses colonies. La France apprécie l'intérêt des colonies et emballe l'Europe dans le modèle de l'Union monétaire et économique européenne. Cette Union est Euro-Afrique. À partir de 1990, elle récupère la construction d'Organisation de l'Unité africaine fédérant les colonies indépendantes au sein de l'Association des Banques centrales africaines ; en Union africaine-Union européenne. Elle abandonne la fédération américaine des nations pour l'Union européenne des nations sans souveraineté. La France doit reconstruire l'union de la France et de l'Allemagne. Sur le dos de l'Europe et de l'Afrique. La résolution du problème de la surpopulation du continent par l'émigration vers les métropoles européennes est provisoire. Cette émigration est une crise conjoncturelle annonçant la problématique de l'échec du développement des anciennes colonies françaises.

L'on passe sans transition de l'Organisation de l'Unité africaine et de la fédération monétaire des échanges de l'Association des Banques Centrales africaines à l'Union européenne et africaine sans souveraineté. Les déséquilibres de développement culturel sont enterrés sous ces institutions monétaires de convergence économique du taux d'inflation et pourcentage des déficits budgétaires PIB, sous prétexte de leur coordination et financement par l'Union européenne. Les Banques centrales de l'Afrique francophone ne sont pas consultées dans l'organisation africaine du financement de l'Union et de la Fédération économique, des échanges et de l'intégration africaine.

La production disponible pour être échangée entre nations africaines doit transiter par les métropoles européennes sous la protection de l'euro.

La fédération africaine s'adressait aux États-nations africains en construction séparée de l'Union européenne. Il s'agissait d'un projet opposé au projet français de l'union de l'Europe et de l'Afrique. Elle devait s'adosser sur les cultures africaines considérées comme inexistantes pour la France et l'Europe, le débat de la poursuite du modèle colonial sans cultures est le point de conflit essentiel de la construction de l'indépendance africaine. L'assimilation française des cultures est à l'origine du concept français des politiques coloniales. Pour la France, l'Europe est sans frontières. La culture française est l'impérialisme de l'Union coloniale de l'espace sans considération de l'intérêt économique et de l'avenir de ses partenaires africains. Elle développe sa dominance sur l'Afrique conjoncturelle de la croissance et sans référence aux conflits structurels de son développement et de sa surpopulation en émergence rapide. La diplomatie française est dictatoriale et éclipse les cultures des nations africaines coopérantes.

La formulation française du modèle de développement est dualiste. Un dualisme de destruction des cultures traditionnelles en rencontre. La rencontre de la France est guerrière. Elle est une guerre suicidaire des cultures africaines en rencontre.

La société américaine a résisté à la France, en raison de sa liberté et de sa diversité culturelle. La France tente d'imposer sa culture, notamment son histoire au monde, et d'être présente sur toutes les scènes politiques sans présence économique réelle.

L'ajustement structurel de l'économie et de la finance du XXIe siècle marginalise la conception française du développement extraverti de la France du XXe siècle. Son optimisation est économique et financière, c'est-à-dire le crédit et la production quantitative. Il ne s'accommode pas de la politique d'ajustement libre et flexible de l'homme aux phénomènes monétaires, aux mouvements des déséquilibres des structures sans développement. L'ajustement financier du XXe siècle était juste l'ouverture de la croissance de la consommation des nations. La population était en croissance. La surpopulation du XXIe siècle est mondiale et urbaine. Le développement extraverti n'est plus la règle du développement mondial intégré.

La politique financière doit permettre d'optimiser la production pour l'équilibre de la consommation nationale mondiale du XXIe siècle. La production pour consommation nationale et l'exportation de l'excédent national sont la politique du XXIe siècle. La production est inclusive, c'est-à-dire que la relance du développement de la production locale pour consommation et l'emploi local national entretient la surpopulation locale. La France est au point optimal de rupture de sa résistance à l'ouverture à la coopération internationale flexible de production et de consommation du monde d'économie monétaire.

4.15 Le modèle d'optimisation financière de la production d'équilibre de la consommation nationale

Le modèle d'optimisation monétaire de la croissance s'accommode de l'indépendance des nations de la production des biens de consommation pour le marché jusqu'en 1884. Le commerce triangulaire prend son envol en commerce international, et les pays esclavagistes européens organisent le partage de l'Afrique avec le Congrès de Berlin de 1884. La production nationale est intégrée aux métropoles par l'exportation des matières premières vers les métropoles respectives. Les échanges entre colonies sont métropolitains. Les exportations vers les colonies sous-peuplées sont les produits manufacturés d'entretien de la main-d'œuvre coloniale métropolitaine en colonie. Ces exportations sont limitées. Les importations des technologies et les échanges directs entre colonies sont interdits. La relance de la production des biens produits est la matière première de rente agricole. La production nationale de la consommation locale est traditionnelle et non encouragée. La main-d'œuvre locale paysanne est tournée vers la production du café, du cacao, de l'hévéa, exportée brute. L'engineering est métropolitain et bloqué en métropole. L'éducation à la production coloniale forme les chefs de postes agricoles, les petits menuisiers, maçons, plombiers, qui sont les premiers salariés. Le reste de l'emploi rémunéré est les services domestiques chez les colons métropolitains. La force locale de travail est répartie entre ces deux secteurs, le secteur urbain dit moderne d'emploi colonial, et le secteur rural dit traditionnel de la production paysanne, et des produits de rente pourvoyeurs de revenus monétaires. La consommation nationale est dépendante de la production traditionnelle locale. Les campagnes approvisionnaient les populations en exode rural vers les villes, et progressivement les campagnes se déplacent vers les villes sans mécanisation de la production agricole traditionnelle et l'amélioration urbaine du système d'habitat et de distribution par les marchés. Les comptoirs de commerce colonial échangent quelques produits, épices, avec les métropoles. L'interdiction du commerce entre colonies limite la curiosité économique sous-régionale. Le commerce des comptoirs lie les métropoles entre elles à l'insu des colonies. La gestion des biens économiques est donc métropolitaine et publique. Les nations des colonies sont économiquement métropolitaines. Les productions sont implicitement occidentales, la gouvernance monétaire métropolitaine. La technologie de la production et la monnaie de distribution, les deux mamelles de l'économie, sont métropolitaines.

Les technologies et les formations du XXe siècle sont alignées à la consommation et production industrielle extérieure. La surpopulation et la pauvreté s'accumulent à partir de 1970, localement, en attente de l'émigration contre la misère. À partir de 1970, l'obligation d'adaptation locale de la production à la consommation locale est vitale pour la population. Les femmes paysannes cessent d'être des machines agricoles de production pour exportation dans la famine. Elles se retournent vers les cultures vivrières pour le marché local. Cette alternative appauvrit l'économie monétaire et tire la valeur faciale des coupures vers le bas autour du panier de la ménagère. La surpopulation, par contre, face à la misère de la consommation, se positionne pour l'émigration. L'option de développement divise la population nationale en deux groupes : le groupe des pauvres en liquidité monétaire et celui des riches en liquidité monétaire. La pauvreté de la technologie de production, de la monnaie des échanges et du développement est coloniale. La pauvreté occidentale dotée des structures de production et de développement est monétaire et la solution est la croissance. Cette croissance n'est pas le développement et entretient l'ajustement des structures et infrastructures dynamiques d'enrichissement de la surpopulation. Le développement est la dynamisation des structures et leur intégration sociale et spatiale par la monnaie.

Le Plan Marshall était le plan de la reconstruction de la croissance des pays européens belligérants en demande de consommation de la population sédentaire à l'équilibre de l'avant-guerre. L'évaluation du relèvement de l'économie était la base de croissance mondiale et la population européenne se mit à s'accroître. La stabilisation de la croissance de la population dans les villes est mise en mouvement par le développement des structures et infrastructures urbaines d'accueil de la population rurale en ville, qui se met en place comme le développement national. Le développement urbain est la construction des infrastructures et structures de l'accueil urbain de la population rurale. Le regroupement croissant de la population transforme le savoir-vivre rural en savoir-vivre urbain. Il s'apprend par attroupement de la population et non par éducation théorique. Les institutions d'apprentissage sont théoriques. La prise en charge des populations dépourvues se fait concrètement par voisinage des rencontres, la famille élargie. Les premiers regroupements sont par quartiers tribaux de référence culturelle et progressivement théorisés et généralisés par les institutions de logement de mixage des cultures rurales dans les villes. Le développement culturel devient progressivement économique, centré sur le moyen de survivre indépendamment des individus en ville, le rêve américain du monde.

Les campagnes sont vidées par les villes qui deviennent surpeuplées. Les deux guerres mondiales soulèvent le problème du peuplement des pays belligérants, qui fait de l'emploi de la population l'objectif du développement mondial. Le repeuplement des pays européens envisage de mécaniser l'agriculture pour entretenir la nouvelle croissance de la population et l'emploi de la population du boom de l'après-guerre. Le développement européen est donc la croissance de l'emploi et la transformation-modernisation des infrastructures et structures de production pour contenir la surpopulation, prévisible de la croissance de la population en recherche d'emploi dans les formations correspondantes. Le retour des colons en France dans les années 1970 renforça leur formation professionnelle dans la reconversion en administrateurs métropolitains. La France perçoit le besoin de l'union commun du marché européen unifié, et l'union monétaire européenne comme le tremplin de l'union économique. Les importations et exportations des pays membres restent éparses entre les nations européennes. La France envisage leur regroupement économique par l'union économique européenne dans l'abstraction des cultures de base. Mais les nations européennes restent attachées à l'administration locale de la consommation de leur population, sans intégration individuelle des populations par leur production. La production nationale est intégrée dans les cultures nationales de souveraineté de consommation, et la liberté de production dans les aides de financement communautaire à la production individuelle. Les excédents nationaux sont détruits pour la stabilisation haute des prix de la production locale, subventionnée par l'union. La subvention administrative de la production est contre le marché libre d'alignement des coûts de production aux prix libres des marchés.

La base de la croissance de la population des économies paysannes africaines, asiatiques et de l'Amérique latine paisible, sans catastrophe de destruction massive comme les deux guerres mondiales, et la stabilisation des prix de la consommation et des coûts de la production exigent une régulation scientifique, la planification familiale, du développement des villes d'accueil de la population rurale, de leur santé et de leur formation, approvisionnement en eau potable, en énergie sans spontanéité. Cette conception administrative du développement est l'alternative au développement libre et spontané américain par les marchés. Cette spontanéité est la dynamique des structures et infrastructures de production pour le marché.

Les structures et infrastructures administratives sont statiques et ajustées par le calcul humain du changement. Ce changement humain n'est pas dynamique, mais périodique et rigide à la baisse. La croissance est une donnée permanente sans structure et le changement des structures qui n'est connu que lorsqu'il devient passé. Cette conception keynésienne fait de l'ajustement une donnée historique et non stratégique. La conception stratégique du développement est américaine depuis 1965. Elle affronte la conception historique d'ajustement économique de l'Europe.

La technologie est dynamique et prospective. Sa dimension humaine est changeante. Elle est le noyau du développement. Les découvertes scientifiques et technologiques du XVIIIe siècle avaient lancé la modernisation du commerce des États-Unis avec l'Europe à partir du commerce triangulaire du XIVe siècle transformé en compétition technologique. La machine, cheptel mort, remplace le cheptel vivant et transforme l'esclavage humain en négociation des rémunérations de travail humain. La technologie et les salaires sont le nouveau socle de développement moderne de l'indépendance de l'homme. Le salaire avait remplacé la main-d'œuvre esclavagiste d'abord dans l'industrie agricole par les moissonneuses-batteuses et lancé l'industrie automobile de Détroit aux États-Unis.

La consommation alimentaire et le déplacement des hommes sont les deux points d'assise du développement. La population est le centre du développement. Chaque peuple du monde lutte pour la croissance de sa population. La surpopulation enrichit et déstructure l'autoconsommation de la production pour la production de vente sur le marché. Les biens précieux, l'or rare en Occident, les cauris et/ou les étoffes en Afrique, difficiles à produire, se donnaient en garantie de la demande d'échange des biens de consommation réciproque. Les échanges nationaux étaient la réciprocité d'échange entre les individus dans la société. En substituant la monnaie papier sans valeur intrinsèque à tous ces biens précieux aux yeux des peuples, l'on certifia que le créancier disposerait d'un stock des biens précieux pouvant convertir le papier en ce bien, chez un dépositaire émetteur de papier-monnaie. Le billet au début de l'économie moderne était une simplement mesure de précaution du transport de l'or instrument d'échange international des nations en nation comme moyen de paiement. L'or monétaire était stocké à base monétaire américaine Fort Knox.

L'or et la technologie devinrent les deux moyens de développement de la production sécurisée pour le marché mondial d'échange. La production était sécurisée par la technologie et l'emploi des hommes par la stabilité de la monnaie.

L'entretien et renouvellement de ces structures de production et d'échanges transformèrent le système des échanges international en système monétaire international de productions des Nations et de sécurisation des échanges internationaux. Le libre-échange est donc la politique économique mondiale depuis Bretton Woods.

L'optimisation monétaire de ce système stabilisera le déséquilibre des structures de la doctrine de la production pour exportation.

En 1944, la République de l'Union des nations soviétiques refusa d'entrer dans le système international de stabilisation des structures de production pour exportation, parce qu'elle avait un projet de restructuration nationale de son organisation unioniste en États indépendants des Républiques soviétiques. Elle voulait dynamiser ses structures unionistes de production et d'échange. Elle refusa le Plan Marshall et ferma ses frontières pour la transformation nationale des structures de son union. Elle distingua la détention de l'or pour la garantie des échanges des biens non disponibles et la construction des structures économiques de production pour les échanges des biens disponibles. La dynamique des structures et infrastructures de production pour le marché et la monnaie de stabilisation des déséquilibres de structures des échanges.

L'Union des Républiques russes, pour ces raisons, est qualifiée de socialiste, c'est-à-dire l'organisation de la protection sociale de l'homme libre. Sa déstructuration et restructuration en République de Russie débarrassée de certaines Républiques indépendantes en 1990, lui permit de créer sa Banque Centrale, et programmer l'ouverture de ses frontières à la distribution administrative de la production collective sur les marchés internationaux. Les seconds en rouble inconvertible en dollar du commerce international. L'équivalent des échanges internationaux est l'or. Elle va rembourser sa dette d'avant sa fermeture d'après-guerre en or. L'on va parler de la fin de la guerre froide en 1990. La fin de la guerre froide va impliquer la recherche du réchauffement prudent de la coopération politique entre l'Est et l'Ouest, et l'entretien progressif de la coopération officiel entre les États-Unis et la Russie.

Gorbatchev lâche la fermeture de l'administration de la Russie et libère le relâchement, l'entretien officiel prudent des relations après la rupture du mur de Berlin en 1990. La disponibilité des biens échangeables est préalable à l'ouverture commerciale internationale des échanges abondants entre la Russie et l'Occident et le monde. Cet effort est en cours, mais l'armement militaire de la fermeture des frontières après la Seconde Guerre mondiale est suffisamment renforcé pour affronter la violence occidentale et l'agressivité internationale occidentale, dans l'exploitation des matières premières, notamment de l'énergie fossile de pétrole dans les pays en voie de monétisation. Grand producteur du pétrole et du gaz, la Russie pouvait s'interposer dans cette guerre inégale en armes et en technologies.

Sous le régime de la guerre froide, les deux pays coopéraient cependant en échange souterrain pour les produits disponibles et manquants de part et d'autre. Le blé américain par exemple se trafiquait sur les marchés noirs passant par la France vers la Russie. Les systèmes et structures étaient donnés et les échanges flexibles se poursuivant sous des politiques officiels de l'Occident de la guerre froide.

Ce fut la guerre froide des pratiques économiques officielles contre les marchés noirs, qu'ils recherchaient à dégeler prudemment à partir de 1990. L'Europe resta mi-figue mi-raisin, entre la guerre froide américaine de libre-échange et soviétique des marchés noirs. Elle développa des marchés parallèles, sécrétant la corruption et les détournements des deniers publics. Ce modèle bat en brèche les systèmes administratifs socialiste et capitaliste officiels, qui sont des formes organisationnelles des combats politiques de la concurrence économique et administrative. Du point de vue administratif, l'Europe est adossée sur l'Est, et du point de vue économique adossé sur l'Ouest. L'optimisation européenne est l'échange économique et l'administration sociale. La gestion des systèmes socialistes est confondue avec l'administration sociale du peuple, donc de la consommation humaine indépendante et économique, qui s'adosse à l'organisation américaine et l'administration humaine aux marchés parallèles de l'Est. Le marché parallèle est la troisième voie centriste et instable entre l'Est et l'Ouest, entre l'Est et l'Ouest. Le centre est le point zéro instable entre les déséquilibres de cultures permanents. Il est le point fugace de passage des déséquilibres de l'administration socialiste et capitaliste et socialiste de la société aux réactions informelles.

Le capitalisme et le socialisme européen sont donc des idéologies économiques et politiques sous-optimales. L'une des formes de gouvernance de la société est le socialisme qui optimise les structures sociales d'organisation du développement, l'autre, le capitalisme qui optimise les échanges et la croissance spontanée, des structures et infrastructures de production. L'optimisation des systèmes est la neutralité de la gouvernance. Le financement des systèmes est partisan et dichotomique, capitaliste et monétaire des individus sans culture d'un côté et socialiste de culture sans monnaie, de l'autre. Les économies paysannes sont versées du côté des cultures sans monnaie et les économies industrielles du côté de la monnaie sans cultures. Monnaie et culture sont les deux socles de l'intégration économique et sociale. Le développement économique mondial intégré est culturel et monétaire. Il est la gouvernance des déséquilibres socioculturels permanents. La branche du déséquilibre monétaire international est mise en place en 1970 ; celle des déséquilibres de cultures en 1990. Le paradigme monétaire de croissance est transformé en paradigme financier de développement des cultures, des infrastructures et des structures. Mais le fonctionnement réel des sociétés n'est pas intégré. La dépréciation de la monnaie pour le développement est optimisée par la spéculation financière sur les dérivés des crédits de la monnaie. Les prix, le change et l'intérêt flottent sans dévaluation compétitive des monnaies. Le développement des cultures est donc technologique et financier. Ces systèmes fondés sur la monnaie sont projetés par le système financier dans l'avenir économique de développement. La dynamique des structures détermine l'avenir donc le développement à partir de 1990.

En 2000, les idéologies de la spéculation monétaire des échanges cèdent à l'idéologie de la spéculation financière sur les dérivés des crédits et le développement. La réalité sociale et culturelle reste en marge des spéculations monétaires et financières. La recherche de l'accumulation des liquidités monétaires transforme la demande de développement des années 1954 en demande d'optimisation des liquidités abondantes de consommation et de bien-être.

La révolution du XXIe siècle est culturelle et technologique. Technologique, elle amène les individus à simplifier et alléger leur méthode de gagner l'argent hors production physique. Culturelle, elle change le paradigme de la rigueur et moralité financière des systèmes monétaires en paradigme de la corruption et de détournement des fonds publics de développement. La production mondialisée est retournée vers le socle révolutionnaire de la production pour la consommation locale et la résistance internationale de transfert de technologies et libérer l'organisation monétaire de développement des économies en monétisation.

Ce retournement sans changement de la politique de développement prolonge l'aveuglement mondial par les phénomènes monétaires anciens de croissance et d'échange. Sous la gouvernance de Donald Trump, Président des États-Unis, avec l'« American first », l'on semblait retomber dans la reconstitution de la primauté du développement mondial intégré de l'Amérique de la croissance des années 1954.

4.16 Surpopulation, surliquidité, pauvreté et développement

L'abondance de la liquidité s'est accompagnée au XXe siècle de la croissance rapide de la population et de l'augmentation de la pauvreté monétaire de la consommation des économies paysannes paisibles. La surpopulation paysanne de ces économies sans guerre s'est accumulée dans des villes embryonnaires sans développement des infrastructures et structures d'accueil, sous pression des guerres d'indépendance et de libération des colonies de leur dépendance métropolitaine, de la gestion prospective de la surpopulation en exode rural, et de croissance urbaine, de positionnement visible de cette dernière à l'émigration.

La politique monétaire à la fin du XXe siècle s'est transformée en surliquidité de consommation transférable internationalement des métropoles. Le système bancaire s'est montré défaillant pour les petites transactions monétaires internationales et les sociétés de transferts d'argent se sont substituées pour la gestion de la demande des consommations des parents restés en colonies. Les métropoles sont devenues des pôles de concentration du travail rémunéré en argent des plus riches et plus débrouillards. La culture paysanne pour exportation ne nourrit plus son homme de l'économie monétaire. La famine de la surpopulation paisible inverse le projet de développement sur place et projette l'émigration pour l'accès au niveau du travail de survie et éventuellement d'enrichissement. Les industries locales des colonies sont capitalistes et non créatrices d'emploi. L'emploi est essentiellement dans la fonction publique très vite saturée.

La pauvreté sociale est donc liée aux structures et infrastructures économiques de développement de la production et de la consommation nationale. Les structures et infrastructures traditionnelles de production de la consommation locale sont en décomposition par l'offre de monnaie contre la production, et la disparition du troc de la production.

Le durcissement progressif de l'accès au travail rémunéré fait découvrir que le problème de l'emploi est celui de la lutte pour l'accession au revenu monétaire de consommation de tous, par la compétence technologique. Le travail rémunéré est un tremplin pour accéder au revenu de consommation. La liquidité, instrument d'échange et de paiement, piège la consommation comme véritable facteur économique de développement de la production et de la croissance de consommation.

Il devient peu à peu clair que le marché et le travail pour le marché et l'échange sont des vrais facteurs de développement.

L'économie monétaire est une économie de déséquilibres. L'instabilité est la recherche de l'équilibre éphémère du passage monétaire des déséquilibres de structures aux déséquilibres de structures nouvelles. L'ajustement monétaire des déséquilibres est une suite d'essais et d'erreurs de stabilisation des déséquilibres dynamiques. Le développement est la dynamique des déséquilibres. Cette opération est gérée par l'employeur qui associe l'ouvrier à son projet. Cette volonté de coopération est dominante dans la conception économique et fixée par la France en équilibre stable. Elle lutte pour la fixité des prix et des changes, de la coopération impériale, donc hors dynamique des structures.

Les prévisions, les évaluations monétaires des postes et des postulants aux postes sont tributaires de cette coopération et de l'administration non prospective du personnel. L'embauche est sur l'historique et non sur les capacités réelles de la prospective des résultats du postulant. L'on peut parler de la mauvaise ou de la bonne gouvernance de l'emploi, mais il s'agit de l'évaluation du passé et de son alignement sur le projet à venir. La cohérence externe du passé et de projet à venir est le résultat. La France, dans son évaluation, compare les résultats aux réalisations historiques, et les Anglo-saxons aux prévisions ; ils se tournent résolument vers l'avenir.

Les États-Unis font leur prospective sur la capacité individuelle et indépendante de l'ouvrier, à gagner sa subsistance, dans la production organisée pour le marché. L'entreprise de production massive pour le marché est la structure de l'entreprise. La dynamique de l'entreprise est sa stratégie, sa capacité à changer immédiatement et certainement sa politique pour l'avenir de l'entreprise. La politique est alignée à l'instabilité de l'équilibre des déséquilibres de la dynamique de développement. La dynamique de l'entreprise n'est pas historique, mais prospective. On accroche l'entreprise sur son avenir et non sur son historique. Le calcul monétaire de l'emploi, du développement de l'emploi et des postes publics de l'administration de la consommation du peuple est public et statistique. Il est historique et statistique. Il n'est pas comptable. La macroéconomie de Bretton Woods est historique et statistique, celle de Washington de 1970 est comptable.

Ces deux perceptions, l'une administrative et culturelle et l'autre du marché et monétaire, se développent en antagonisme et divisent le monde en deux conceptions de développement, la conception capitaliste de la recherche individuelle du travail sur le marché selon ses propres capacités individuelles et la conception de la distribution du travail, socialiste, selon l'ordre culturel. Quand Keynes déclare que l'emploi est national à Bretton Woods, il soutient la thèse de la distribution administrative de l'emploi. Il critique la thèse américaine de la distribution de l'emploi par le marché et la monnaie. Il déclare qu'en économie monétaire, l'on ne peut pas employer les hommes parce que ce qu'ils demandent est la monnaie, un bien que l'on ne peut produire. La critique inverse est la théorie générale de la monnaie et de l'emploi public, qui consisterait à creuser et remplir les trous sans intérêt autre que gagner l'argent. La théorie des marchés est la théorie correspondant au développement réel et à la monnaie distribuée par le travail et le marché. La théorie administrative de l'emploi est la théorie formelle de la distribution de la monnaie sans travail pour la consommation aux peuples libres de travailler. La capacité de travail de l'entreprise est remplacée par la convivialité socialiste de l'entrepreneur employeur, du travailleur libre et de leurs syndicats pour la défense de leurs revenus de travail réciproques.

La rigueur et la moralité monétaire capitaliste sont remplacées par la convivialité socialiste et culturelle, de l'entrepreneur et de l'ouvrier, se traduisant dans le monde politique en termes de coopération et de la négociation des positions respectives. Les positions respectives sont sociales. La dialectique de Hegel est la défense des déséquilibres primaires de structures et la lutte contre leur équilibre. Il conseille à chacun de maintenir son déséquilibre primaire de négociation et Karl Marx la lutte jusqu'à la mort du plus faible.

L'interprétation de la cohérence externe de cette cohérence interne de la pensée humaine est la théorie des classes sociales de Karl Marx. Il est impossible d'avoir une politique interne différente de la politique externe. La politique intérieure n'est pas une alternative à la politique extérieure. L'Union européenne développe un politique de destruction de la souveraineté intérieure à l'Europe et à l'Afrique. Les États-Unis défendent une politique de défense de l'indépendance des nations américaines fédérées et du monde en rencontre. L'alternative américaine est européenne, l'Europe défend une politique impérialiste et coloniale des nations en rencontre. Les pays d'économies paysannes en monétisation développent une idéologie de non-alignement et construisent leurs réactions à partir des agressions extérieures de leurs systèmes sociaux. Ces provocations sont des incitations à la réaction cohérente externe de ces pays à part leur cohérence interne qui ne peut pas être construite de l'extérieure. C'est le sens de l'absence de la théorie économique de développement. Comme le disait Nicolas Georscu-Rogen, l'on ne peut construire la théorie économique d'une culture à laquelle on n'appartient pas.

Le vide spatial théorique est ainsi créé entre les modèles d'optimisation économique et ceux d'optimisation administrative des sociétés en développement et industrialisées. L'idéologie socialiste prend le risque de s'étendre dans toutes les économies en monétisation et excite l'idéologie de l'Occident capitaliste à exacerber la lutte de son implantation et expansion dans le monde. Les systèmes capitalistes et socialistes sont idéologiques. La monnaie y est bien vide et un pouvoir dans le système capitaliste, et dans le système socialiste un bien réel, l'or. Ces deux systèmes de pouvoir d'échange et d'organisation autoritaire de la production sociale embarrassent l'Europe du bloc de l'or de l'après-guerre et de l'euro de la fin de la guerre froide.

La monnaie pouvoir de l'abstraction des biens réels échangés est hors de la société réelle, un pouvoir d'achat, d'échange de tous les besoins et d'intégration abstraite de toutes les productions échangées à distance dans le monde sans dimension cultures de production. Le riz asiatique, par exemple, est consommé dans le monde entier, grâce à l'échange des monnaies et écritures sans valeur physique intrinsèque. La création de la monnaie de valeur psychosociale est mondiale. C'est là l'intégration mondiale des économies paysannes et industrielles, technologiques, numériques... par la monnaie. Elle n'est plus un bien réel, mais psychosocial. La découverte keynésienne de la structure psychosociale est mondiale et s'adapte à toutes les cultures. L'adaptation keynésienne à la culture occidentale de conquête et de domination a programmé le développement du monde sous tutelle occidentale. L'émergence des autres cultures de production et de consommation va intégrer les données des autres sociétés dans l'économie occidentale. La monnaie abstraite modernisée en 1970, par l'internationalisation du dollar coupure de papier sans garantie réelle, convertible en d'autres monnaies des nations du monde libre, fédère les productions et les consommations nationales de production et la consommation des cultures mondiales. C'est le développement mondial ingéré et le libre-échange.

4.17 L'optimisation de la gouvernance de la monnaie, la stabilité dynamique du bien-être social et la flexibilité des déséquilibres de développement

Le développement de l'Afrique, de l'Asie et de l'Amérique latine passe par des projets de développement du déséquilibre des infrastructures et des structures que l'on ne peut abandonner au voilage des ajustements monétaires. Le conflit de voisinage des cultures par des institutions monétaires d'abstraction des échanges sur les marchés endort les autorités de développement par la croissance. Les monnaies modernisées sont vides de contenus et sont des pouvoirs sociaux de libre-échange et d'ajustement libre des structures et infrastructures de développement administratif, économique et social de la population.

Les institutions monétaires superposent l'abstraction monétaire des échanges aux réalités sociales concrètes, culturelles de production et de consommation.

Chaque pays dispose de ses propres moyens d'échange des biens disponibles. La mondialisation est la généralisation, la modernisation et la conversion de ces moyens. Toutes les économies de troc, y compris occidentales avec le bien réel, l'or, se modernisent avec des instruments modernes abstraits d'échange des biens réels. La généralisation de la convoitise communautaire des biens disponibles provoque le besoin d'harmonisation des moyens de paiement et de leur appropriation sans conflit de conquête et d'expropriation par force.

L'optimisation de la gouvernance est le projet d'évaluation des résultats historiques de la prospective du développement donc des projets politiques, c'est-à-dire de leur mise en œuvre flexible. Le système monétaire abstrait et flexible par ajustement aux rythmes de la dynamique des cultures en rencontre qui ajuste leurs instruments d'échange aux modalités agréées des cultures en rencontre et à l'échange. La coopération est bâtie sur ces modalités. Les riches en liquidité émergent au hasard des rencontres et des opportunités des bénéfices sur la production et les échanges payés en monnaie. L'accumulation est un objectif d'enrichissement monétaire suivant les projets d'échange. Dans les économies paysannes, les projets d'échange de la production d'autoconsommation des producteurs sont minimums et sporadiques. Les riches monétaires accumulent leur richesse et font des prêts aux pauvres, remboursables en nature par des biens réels, qui rendent dépendants des créanciers en monnaie. Ces biens sont des fiançailles des fillettes à leur naissance, des pourceaux, des chevreaux, etc., bref des espèces reproductibles. La volonté individuelle de travailler pour gagner le pouvoir d'achat est rare. Les beaux-fils échangent avec les producteurs de rente des services de contribution à la taille des plantes à la récolte en garantie de la dote de leur fiancée. La liquidité pour tous les biens échangeables transforme la culture des biens utiles échangés à l'échange des liquidités. Le marché monétaire naît progressivement dans les économies en monétisation et s'ouvre lentement aux échanges des biens réels de tout ordre.

La rigidité d'adaptation de la population à l'échange retarde la monétarisation, c'est-à-dire la dynamique des fonctions monétaires. La première fonction de la monnaie est l'échange social des biens disponibles. La seconde est la conservation de la valeur résiduelle d'échange pour les prochains échanges, le marché est le lieu des échanges monétaires et des biens. Le marché devient progressivement le lieu d'échange où l'on renvoie tous les demandeurs des transactions. Le renvoi au marché des échangistes détruit progressivement le troc des biens réels y compris des monnaies réelles, c'est-à-dire des marchandises utiles.

Pour l'échange, il faut un instrument neutre sans valeur réelle, mais psychologiquement et socialement attachant. Cette valeur est la confiance à la parole et actes des échangistes. Ils projettent de payer au prochain marché et paient au prochain marché. La rigueur et la moralité qui attachent cette confiance sont universellement culturelles. La monnaie porte la dimension culturelle de toutes les cultures, leur rigueur et leur moralité. L'économie évalue la certitude de la confiance attachée à chaque pays. La pauvreté des pays est renforcée par leur manque de rigueur et de moralité dans leur relation d'échange. La base de progrès social dans la richesse monétaire est la rigueur et la moralité.

La spéculation sur le dérivé de crédit ouvre la porte à l'affaiblissement de la rigueur et la moralité de la conception de bas des paiements monétaires. La troisième voie recherchée entre les idéologies capitalistes et socialistes est l'optimum de la gouvernance économique et culturelle des sociétés. La refondation sociale, économique et culturelle est l'alternative aux idéologies capitalistes et socialistes courantes. Tous les individus, riches ou pauvres, appartiennent à une société d'abord pauvre et progressent suivant les circonstances économiques et culturelles du formatage social dans la richesse. Cette alternative est aujourd'hui occupée par les marchés parallèles de change et du commerce et change socialement acceptés pour son optimisation économique et culturelle, et combattus par les marchés officiels idéologiques. L'Angleterre accepte et officialise les marchés parallèles par la libération de la monnaie des colonies du sterling, et l'octroi de leur indépendance économique, culturelle et monétaire des colonies.

Tous les pays indépendants peuvent retomber ou progresser dans la richesse suivant leur propre option. Cette option est l'optimisation spécifique économique et culturelle de leur société.

La perception européenne de la gouvernance unifiée est erronée. L'organisation monétaire et culturelle unifiée est idéologique. Elle étouffe les réactions spontanées des pays membres de la communauté européenne. L'on assiste à des suicides des paysans en désarroi, aux suicides des ouvriers dans leur incapacité de suivre le rythme de la compétition américaine et à l'aveuglement des autorités françaises devant ces crises sociales. Les marchés publics organisés sont administrés sans culture locale.

Ce fonctionnement hors de la dynamique des cultures locales développe un modèle de l'union monétaire européen abstrait sans base culturelle. L'Euro n'arrive pas à intégrer le rythme de production et des échanges des cultures nationales et reproduit la même erreur en Afrique francophone. La France, avec la liaison France-Afrique, condamne l'Europe à une fédération ou à une séparation pure et simple.

L'unité souhaitée par la France est son indépendance dans l'action impérialiste et de colonisation de l'Afrique en s'adossant sur l'Europe.

L'économie monétaire contemporaine est un cadre d'orientation du développement de l'économie des cultures réelles. Le troc s'accommodait de la distribution physique des excédents dans la production des espaces économiques étriqués. Ce processus d'échange local rapproché fut internationalisé par l'or, bien précieux, non dégradable, puis modernisé en monnaie de papier sans valeur intrinsèque, destiné à l'échange à distance, donc international.

Cette conception fit de la monnaie une valeur qualitative et abondante, ***acceptée*** par l'Homme. Elle devait ***supprimer la rareté des monnaies réelles, notamment l'or,*** en instaurant ***une sécurité de conservation équivalente*** à celle de la ***non-dégradation de l'or,*** sa ***production*** devait être facile et flexible, et sa ***circulation*** dans la société ***aisée***. Toutes ces qualités de la monnaie modernisée étaient culturellement acceptées par le monde réuni à Bretton Woods.

La culture de chaque pays devait se retrouver dans ces caractéristiques universelles de la monnaie pour engager le changement du paradigme de troc en paradigme d'échange de l'économie monétaire internationale.

Les populations n'abandonneraient leur comportement de troc des biens réels que par adoption de l'échange monétaire international, par conviction de son adaptation à leurs cultures et besoin d'échanges nationaux. Le modèle de l'Euro est donc internationalement inadapté. Il n'est pas adapté aux besoins culturels locaux. Par exemple de souverainetés nationales. Leur désir de vivre-ensemble est l'apprentissage de l'utilisation de la monnaie équivalent à tous les biens et besoins, et internationalement convertible. L'apprentissage de l'économie paysanne en monétisation est l'observation de la réduction des conflits de troc et de l'échange monétaire. La crise monétaire de 1936 était le conflit d'optimisation du conflit de troc et de l'échange monétaire, les dévaluations compétitives des monnaies à la recherche de la valeur réelle de la monnaie. La crise de 2008 est une crise financière avec la faillite financière de Lehman Brothers, des affaires financières Madoff et de la spéculation financière avec la spéculation financière avec des dérivés de crédit dans par Brokers dans les institutions bancaires de la finance. Cette crise élargit l'espace des libertés monétaire et financière individuelles et publiques et fragilise la rigueur et la moralisation monétaire de l'espace monétaire et financier de la négociation du rallongement des échéances de crédit de la monnaie. Cette intégration de la dimension psychosociale dans la gouvernance sociale de la monnaie la fragilise et transforme le bien-être individuel en bien-être social entretenu par le marché. L'économie monétaire est désormais une économie sociale et de marché. La dynamique des individus s'adapte à la dynamique sociale, sans apparence conjoncturelle de la dynamique sociale. Le mouvement des individus et l'illusion de la lenteur de la dynamique sociale conduit l'homme à considérer le présent et à décider de la stabilité des structures dans son fonctionnement. Le changement visible des structures est donc une révolution.

Le marché est libre et convivial, il est un centre d'information libre des communautés villageoises et humaines, de coopération des individus par les échanges de confiance et de confidentialité. L'intégration sociale de l'économie monétaire est sociale, nationale et internationale. Elle s'entretient par des amitiés individuelles, ouvre droit à la liberté des échanges groupés et à des coopérations entre nations, autour des États représentatifs. La globalisation sociale entre les nations se fait sur le marché et introduit la concurrence déstructurant et restructuration des relations sociales protégées et défendues par les États de droit.

L'harmonisation mondiale des mouvements lents des structures est structurelle. L'ajustement structurel est donc le développement constaté historiquement. Sa formulation est prospective, donc une annonciation politique du développement.

Sa réalisation demande la prise en compte de la dynamique lente des structures et infrastructures nationales considérées comme donnée dans la conception primaire de l'économie mondiale de l'Occident. Dans cette conception, l'harmonisation monétaire est conjoncturelle. La stabilité du change international est la politique de conservation et stabilisation du déséquilibre de structures dans la concurrence entre les nations libres de leur développement intérieur de l'équilibre de leur production et de la consommation nationale. Keynes marque la préférence pour stabilité intérieure des prix au change international en cas de conflit de stabilité. L'Europe marque sa préférence pour la fixité de change et la stabilisation des prix intérieurs, la régulation de l'inflation. Elle se comporte comme le Gouverneur mondial des pays en rencontre par la fixité des taux de change sans négociation et l'imposition administrative des prix aux prix français rigides à la baisse. L'essentiel pour les pays libres et en l'occurrence les États-Unis n'est pas l'échange international de survie, mais celui d'équilibre du développement intérieur, de la production à l'équilibre de la consommation nationale. Ils exhortent le monde libre à produire pour l'exportation aux États-Unis, contre le dollar et non pas contre l'Aide. L'ouverture internationale de l'économie américaine désire maintenir l'équilibre intérieur de la production et de la consommation des pays en rencontre, sans allégeance.

Le Fonds monétaire international proscrivait l'intervention extérieure dans les économies libres. La politique de ces économies était libérale, la prospective de leur développement était indépendante et libre. C'est l'option aujourd'hui défendue par la Chine. Elle pose le fondement social du développement de l'économe de la nation chinoise.

L'ouverture tous azimuts des économies nationales organise leurs exploitations impériale et coloniale par les plus forts. C'est le principe de la concertation du monde libre contre le développement concurrentiel de l'Occident qui détruit les projets de l'équilibre prospectif des destructions des équilibres traditionnels en compétition de récupération des équilibres nouveaux intérieurs de développement. Le déséquilibre international de la monnaie généralise les déséquilibres intérieurs traditionnels de développement et de régulation sanitaire de la population par l'ignorance de la transformation scientifique des méthodes primaires traditionnelles des soins de santé. L'amélioration de la santé est à l'origine de l'expansion de la population mondiale. Le taux d'intérêt de la FED orientait les décisions d'investissement international sans frontières sur la croissance de la population mondiale. Chaque peuple protège ses frontières de sa population et négocie la contrepartie des échanges matériels et de la population. La protection des frontières de la population est économique. Au début du XXe, elle était protégée pour sa croissance, à la fin du siècle, elle est protégée pour sa survie. C'est cette harmonisation sociale sans frontière qui préoccupait Léon Walras, dans sa recherche des variables d'économie pure. L'économie pure était l'utilité des biens, et l'utilité marginale du travail de l'acquisition universelle de ces biens dans la paix fonctionnait comme merveilleusement sans frontière. Le commerce triangulaire Euro-Afrique-Amérique côtoyait le commerce Euro-Chine et Arabe-Afrique des pratiques de troc des marchandises, des épices et des hommes. Le commerce des hommes est pratiqué par les Européens et les Arabes avec l'Afrique de 1450 à 1648. En 1648, l'esclavage est identifié comme l'ennemi du développement mondial des peuples et est aboli. Il est combattu, transformé en 1884 en colonisation des territoires africains et en 1944, en États africains involontairement indépendants de l'Europe. L'acceptation de l'Europe de l'indépendance africaine dans les années 1960 est involontaire. Elle organise à travers la France la récupération de ces indépendances dans le temps. Par la dépendance monétaire et des forces armées. Dans l'évolution de la mentalité des peuples colonisés, le transfert des technologies de production vers les colonies est bloqué par la charte financière des colonies en 1912 ainsi que l'échange entre colonies.

Les institutions monétaires de reconstruction des échanges États-Unis/Europe de l'après-guerre généralisent l'initiation monétaire des échanges à l'Occident. La fédération des Républiques de Russie refuse la généralisation de l'économie d'échange monétaire. Les institutions financières occidentales sont des institutions du monde libre d'échange. Celles de la République de Russie sont des institutions de changes libres contraintes. La psychologie sociale est donc formatée différemment, de part et d'autre, et cherche de part et d'autre à optimiser son administration économique et culturelle. L'optimisation monétaire de la gestion de l'économie monétaire occidentale est prise en charge par la théorie générale de la monnaie et de l'emploi de John Maynard Keynes. Ce dernier ajoute à la théorie monétaire américaine l'emploi privé du peuple par les entrepreneurs privés, le développement de l'administration donc culturelle par l'emploi public. John Maynard Keynes généralise la monnaie et l'emploi comme une théorie économique libre de l'Occident. La théorie de John Maynard Keynes est déclarée par l'auteur comme occidentale. Il n'y a donc pas de théorie alternative à la théorie keynésienne. Les contestations sont le non-alignement et les conflits autour de l'idéologie de l'observation des manques sans capacité d'évaluation. Les chercheurs occidentaux déclarent que la théorie n'est révisable que par des observations empiriques.

La théorie générale de la monnaie et de l'emploi est l'alternative keynésienne à la théorie de la conquête culturelle occidentale de la richesse, la théorie occidentale de la décolonisation. La révolution keynésienne à la chambre des Lords en 1944 est la demande à ses pairs de rappeler les colons des colonies en métropole et de les reconvertir, à partir ce qu'ils possèdent déjà, en financiers de développement à distance par monnaie et de cesser de demander aux colonies la monnaie qu'elle n'a pas et de proposer de leur vendre les biens que l'Angleterre ne peut pas produire. La liberté d'échanger les biens et des hommes par un équivalent international est le fondement du commerce et de l'expansion du commerce international, le commerce triangulaire. La théorie du commerce international est nourrie de l'expérience américaine de la traite des esclaves africains et du commerce des biens produits dans de vastes étendues de l'Amérique du Sud aux États-Unis avec l'Europe. L'indépendance des États-Unis de ses métropoles et notamment de l'Angleterre transforma le commerce triangulaire en commerce international. La base de ce commerce est l'indépendance des États de droit et la liberté des échanges entre États.

L'expansion internationale des échanges entre États est institutionnalisée à Bretton Woods. Le système monétaire international est le socle instrumental des échanges dans le monde. Jusqu'à Bretton Woods, il est représenté par l'or, bien rare et utile. À partir là, elle est un bien vide de réalité d'utilité, et tous les biens utiles y compris l'or font partie des échanges réels. La monnaie est donc un pouvoir d'échange entre hommes propriétaires et comme pouvoir un bien vide de tout contenu et équivalent général de tous les biens disponibles.

Le dollar, en 1944, monnaie de la plus grande puissance productrice des biens échangeables, est la monnaie mondiale de tous les biens mondiaux échangeables. Il est convertible en toutes les monnaies nationales d'échanges locaux de tous les États de droit. L'État de droit est un État nanti d'une monnaie. La privation de la zone franc d'une monnaie nationale des États membres de leur souveraineté et de l'indépendance d'action. Les États de la zone franc ne sont pas des États de droit, mieux ils sont des États de droit métropolitain.

La primauté internationale des États-Unis est la protection de l'exploitation libre des richesses du monde. Tout changement de richesse des nations est sensé partir des États-Unis d'Amérique. Les localités nationales du monde sont toutes indépendantes entre elles et toutes implicitement et économiquement fédérées aux États-Unis. Le dollar est la monnaie fédérale du monde.

Cette fédération du monde par les États-Unis est culturelle, et simplifie l'organisation de la gouvernance libre du monde par les États-Unis d'Amérique. L'intégration monétaire sociale nationale est indépendante et reflète la culture locale.

Sous ce regard, les États-Unis et les Chefs d'État du monde sont libres et garants de la liberté de leur État. Leur population est leur marché politique pour accéder au pouvoir à la capacité potentielle de tout dans leur espace de gouvernance. Dès 1970, le problème de l'optimisation de la gouvernance économique et administrative des nations se pose. L'indépendance est préalable à l'optimisation de la gouvernance. L'organisation monétaire américaine optimise la gouvernance économique sans société et l'organisation administrative européenne la gouvernance des cultures sans société. Monnaie et Culture sont les deux socles de l'optimisation de la gouvernance sociale. La société est la population et sa croissance. L'on comprend l'opposition de la République des États de l'Union soviétique au Plan Marshall américain d'optimisation économique de la reconstruction de la consommation européenne par l'échange américain avec l'Europe de l'après-guerre, dans une société d'optimisation de l'administration de sa pauvreté nationale de sa production.

Le système monétaire international est un système d'inversion de la dominance séculaire des cultures européennes d'exploration de l'Occident du monde et d'accumulation des gains de la domination des peuples dans les espaces en rencontre pour le profit. Le système monétaire international est la généralisation mondiale du système d'intérêt et de profit.

Cette organisation de la transformation de la domination culturelle de l'Europe en dynamique de la domination monétaire internationale par les États-Unis a deux socles : l'exploitation libre des richesses du monde libre au-delà de la propriété, et l'enrichissement en dollar des États-Unis de tout ambitieux à la croissance et à l'enrichissement. Les monnaies nationales sont les structures du monopole du système monétaire national pour le système monétaire international.

La pauvreté du peuple dans le monde est alors une pauvreté résiduelle sans conséquence sur le niveau de vie de la nation américaine. Un dollar par jour peut être le seuil de cette pauvreté par rapport au système monétaire américain. La richesse monétaire est le dollar qui inverse le rêve américain en capacité pour chacun de gagner le dollar par son travail aux États-Unis ou dans le monde. C'est la révolution keynésienne pour l'Europe. De la domination culturelle des États-Unis, on passe à la domination monétaire des États-Unis du monde. La liquidité de paiement s'ajuste à la demande de travail libre sur le marché. La monnaie garde sa capacité à ne pas se dégrader comme le fut l'or, et à s'ajuster quantitativement à la dynamique des cultures en rencontre contrairement à l'or. Sa quantité est libre de contrôle et sa qualité est la norme d'évaluation de l'équilibre de la production et de la consommation. La monnaie demandée en échanges est abondante. La pénurie devient celle du travail rémunéré. L'économie monétaire est l'économie de la rémunération du travail et de la dynamique de l'homme. La liquidité est désormais abondante et ajustée à l'emploi productif devient la règle de la survivance et de l'enrichissement. Elle est neutre et détachée de la qualification pour être rattachée à l'endurance et à l'effort individuel de travail. La garantie de la richesse monétaire n'est plus l'or, mais le travail. Les intellectuels sont monétairement pauvres et s'orientent vers l'administration intellectuelle de la gouvernance.

Les économies paysannes sont sans monnaie et ont des cultures de production limitées par la technologie de la consommation locale. Monnaie et technologie sont les deux socles du développement de l'économie monétaire de l'économie paysanne.

Les concepts et les politiques doivent être révisés pour s'adapter à l'évolution des structures de spéculation monétaire des structures de spéculation financière. La technologie de la production locale est limitée et sollicite la technologie étrangère dans la construction de la concurrence avec l'étranger. Les structures de production locales sont des structures des monopoles technologiques de la production échangée à l'extérieur. L'échange national et régional progresse dans la perspective de l'organisation et du contrôle des mouvements de la technologie. La mondialisation défendue par les métropoles est sans transfert de la technologie de compétition en développement international.

L'Occident lutte pour le sous-développement des économies de monde. Le développement mondial est donc dialectique. L'élargissement de l'écart des structures de la croissance entre l'Occident et les pays en rencontre est globalement maintenu.

Au XXe siècle, la croissance était appauvrissante des structures traditionnelles. Au XXIe siècle, la croissance appauvrissante a atteint le seuil de développement compétitif des nations, des infrastructures et structures de croissance au risque de l'effondrement de l'économie mondiale. C'est ce que la littérature économique classique appelle le seuil de pauvreté et que nous appelons le seuil du déclenchement du développement.

Jusqu'en 1971, la consommation s'accommodait des techniques de production locale ; la technologie et le savoir-faire ainsi que le développement de la production occidentale distribuée par le marché de consommation mondiale constituent le nouveau paradigme. La politique de lutte contre la faim était la première phase du développement mondial. Le nouvel ordre économique international qui introduit la lutte contre la pauvreté de production locale pour la consommation locale change le paradigme de l'équilibre international de la consommation en paradigme de la production nationale pour la consommation locale. C'est ce que nous appelons le déclenchement du processus de développement interne des nations en 1970.

L'effondrement du FMI était le changement à peine perceptible dans les nations du paradigme de leur croissance extravertie en paradigme de leur développement introverti. L'importation de la consommation étrangère courante différait de l'importation des techniques et technologies, de la compétence et l'investissement des capitaux étrangers. La croissance des années du XXe siècle était appauvrissante des structures traditionnelles sans implantation des structures de développement industriel. L'abondance des liquidités de consommation montre la facilité de développement sans accumulation préalable du capital. L'avance du capital financier s'oriente cependant vers la consommation et marginalement vers la technique, les technologies et savoir-faire du développement de l'économie monétaire. Le conflit des classes sociales pauvres et riches s'accommode de la répartition de la consommation de la liquidité disponible, plutôt que de l'investissement et de la production anticipée de la consommation de demain. Cette orientation affrontait la violence de la coopération internationale sous le système de croissance appauvrissante des structures paysannes.

La distribution sélective administrative du capital anticipé pour la production vendable distribuée au peuple pas loin du coût de production perturba les prix du marché avec profit et la rentabilité privée de l'investissement. L'optimisation de l'investissement public et privé dans la gouvernance des États perturba la réflexion sur l'option publique et privée de l'investissement dans la gouvernance privée et publique du développement de la nation par l'État. La macroéconomie ou la gouvernance des nations par les États est le paradigme de Bretton Woods. L'on passe de la gestion optimale des entreprises à la gestion optimale des nations par les États. De la gestion stratégique des entreprises américaines de 1965 à la Gouvernance publique et sectorielle des nations. Les secteurs sont des départements ministériels des nations. Il y a des secteurs de souveraineté, donc de décisions globales, notamment l'économie, les finances et l'armée, qui sont des délégations de pouvoirs de la présidence nationale du développement. Le processus d'initialisation de la gouvernance publique et le financement et les remboursements publics d'avant-guerre sont mal organisés. L'organisation de la gouvernance publique rigoureuse des États va naître à Bretton Woods.

Donald Trump gère les échanges internationaux des États-Unis selon le principe de l'équilibre bilatéral et de la réciprocité des privés des échanges. Il ramène le laxisme financier de différé des échéances des États à la rigueur monétaire de paiement immédiat et certain des échéances échues. Le monde administratif passe au monde des marchés par une structure de consolidation de la compétitivité américaine de la gouvernance face à l'émergence comptable et administrative de la Chine. La compétition de la Chine est paisible, économique et administrative. Le peuple créancier des États-Unis devrait payer sa dette par les États-Unis en dollar, et ce dernier réagit à la compétition économique par la taxation des exportations de la Chine vers les États-Unis. Cette réaction est une contravention à l'accord de la production mondiale pour les échanges avec les États-Unis.

Les États-Unis tentent alors de reconstruire leur compétition internationale avec le monde de l'intérieur contre tous. L'on n'est plus dans la période du lancement du commerce international par les États-Unis, mais de la compétition effective du monde initiée par l'Occident américain à Bretton Woods après la Seconde Guerre mondiale. Elle est adossée au début sur supériorité compétitive économique des États-Unis, aujourd'hui contestée par la concurrence administrative de l'humanité des autres cultures. Les deux concurrences sont internationales et sont fusionnées à l'effondrement du système monétaire de Bretton Woods en 1971. La concurrence administrative et publique est lente et la concurrence économique est vive et dynamique. La concurrence des États-Unis est économique, celle de la France et de l'Europe administrative.

Depuis 1971, l'économie nationale est positionnée pour son optimisation économie et administrative. La compétition administrative et économique marque le décalage entre les cultures et les systèmes monétaires nationaux. Par exemple, entre le système économique et monétaire de l'Europe et celui de l'Afrique l'Ouest et Centrale francophones, le décalage global est de cinquante ans. Entre l'Afrique Centrale et celle de l'Ouest, il est de vingt à vingt-cinq ans. L'union monétaire de ces déséquilibres efface officiellement les écarts. Le rebondissent politiquement dans la combinaison du rythme économique et administratif de la croissance et du développement. Le rythme de développement économique est plus rapide chez les Anglo-saxons que chez les autres cultures européennes. Les autres cultures sont phagocytées par l'administration des besoins humains. Les cultures anglo-saxonnes intègrent les besoins humains dans l'organisation individualiste du travail. Cette organisation rejette les laisser pour compte et rattache l'homme à un emploi comme un droit de l'homme. C'est la thèse américaine de l'emploi international contre la thèse keynésienne de l'emploi national du droit des nations et des peuples. La fédération trouve son point de restructuration sur ce concept économique de l'emploi depuis Bretton Woods de la construction des États. Le droit des peuples est défendu en sourdine par les constitutions européennes contre le droit américain de l'homme. Le libre-échange des entreprises américaines est imposé aux nations européennes depuis Bretton Woods. Les libres-échanges économiques entre États sont, en Amérique, la fédération institutionnelle en États fédérés des administrations nationales indépendantes. La fédération est la liberté de fonctionnement des administrations nationales. L'Europe, par imitation, unit les structures administratives européennes sans liberté d'action. Toutefois, les structures administratives en voie d'union sont historiques des États indépendants. La construction économique de leur union est retardée par les lourdeurs administratives.

L'équilibre dynamique des économies en initiation monétaire et administrative du développement social optimise ce dernier selon la progression de la population. Cet équilibre est le point de passage fugace vers des déséquilibres structurels dynamiques.

Les déséquilibres ont une dynamique spontanée d'entretien du niveau de croissance, et une dynamique assistée de changement de niveau de croissance. Le changement assisté est la révolution des changements d'entretien spontané de la croissance.

La dynamique spontanée est socialement stabilisée. La dynamique de changement de niveau de croissance, de l'écart de développement est administrativement assistée. La révolution est administrative et politique. Elle bouscule les cultures et réveille leur niveau de compétitivité. Dans le développement spontané d'entretien du niveau de croissance, l'alignement de la monnaie à distance entretient la croissance. Il s'agit des ajustements monétaires. Les ajustements monétaires ne changent pas le rythme de développement ni de trajectoires de croissance. Les non-alignés sont une intention révolutionnaire dans le changement de rythme et de trajectoire de développement. Ce changement est administrativement lent et économiquement plus rapide. Le non-alignement est la volonté idéologique de la création de la nouvelle orientation et de nouveaux rythmes de développement ou réduction des écarts du bien-être mondial.

C'est donc la production et sa distribution qui soulèvent des conflits d'équité dans la distribution de la richesse et du bien-être entre la population et leurs capacités de travail. Cette répartition soulève des conflits de consommation régulés par les croyances. L'État est croyant et laïc ; il croit en Dieu laïquement et n'est pas fondamentalement religieux. La reconnaissance sociale d'un peuple est étatique. L'État, c'est l'administrateur de la nation entière, indépendamment de son nombre et de son étendue, mais seulement de la capacité de la défense de sa population et de consommation.

4.18 La tontine financière communautaire et la refondation sociale de l'économie monétaire de la défense de la population et de sa consommation

La neutralité de la monnaie soumet les nations à la dynamique des cultures (économie), notamment de sa consommation sociale. L'évolution des sociétés est perceptible dans la consommation et la dynamique de sa couverture par la production nationale. L'ordre social présente cet équilibre de la consommation et de la production nationale. La monnaie de développement est financière. C'est une avance à la consommation de production, et un remboursement ex post aux créanciers. L'ordre d'accumulation communautaire du capital de développement à l'intention du développement individuel à tour de rôle de la propriété primaire à l'accumulation capitaliste. La régulation est l'organisation du transfert de la cotisation de la communauté d'individus confiants en leur organisation et certitude de l'engagement des membres dans la mise en commun des ressources des cotisations d'un capital d'investissement tournant entre les membres disposant d'un projet. La liberté individuelle de montage de projet personnel est garantie ; il s'agit d'une association des trésoreries d'exécution des projets mûrs. La communauté est la garantie du remboursement de la contribution de chacun de son tour d'investissement. Elle finance les projets mûrs. Le reste est l'adaptation structurelle de l'intelligence au suivi communautaire de l'investissement et de l'accumulation de la liquidité de remboursement de la cotisation des autres membres. Les projets offrent la possibilité de remboursement aux débiteurs communautaires. Les tontines sont solvables et affrontent la capacité de conservation de la liquidité accumulée par la communauté qui les conduit à fonctionner avec les banques, comme des caisses d'épargne. Cette propriété du capital est la base de l'accumulation capitaliste des profits et intérêts du capital de la capitalisation privée. Ce capital privé est une alternative au capital public, de développement des infrastructures et structures nationales de développement macroéconomique, l'énergie, l'eau et la santé. Dans les années 1972 1980, les interventions publiques internationales rétrocédées aux entreprises publiques sont insolvables.

Les États sont dans l'apprentissage de l'ordre monétaire de l'ordre public d'accumulation et d'investissement international. L'ordre social sans industries devient l'ordre public. L'ordre public est l'organisation nationale du développement économique encore dispersé dans les campagnes en termes de production d'autoconsommation. L'OCDE a engagé des recherches économiques approfondies sur l'économie traditionnelle, pour l'accompagnement de l'administration sociale de l'Occident. Les théories économiques sont utilitaires jusqu'à la Seconde Guerre mondiale, et monétaires à partir de 1944. Le calcul économique utilitaire et d'accumulation pour l'enrichissement privé jusqu'à la fin de XIXe siècle mute en calcul macroéconomique et monétaire de l'accumulation publique pour le développement national au XXe siècle. Cette mutation change le sens de l'accumulation privée de la richesse en accumulation publique abondante pour l'enrichissement du peuple. L'économie du XXe siècle est sociale.

Cette libération des individus et cet engagement des États comme administrateurs des investissements publics transforment le paradigme d'investissement et d'enrichissement privé en paradigme d'investissement public et de développement social de la nation. Le problème posé par le financement public de la nation est économique, la répartition de la richesse nationale au peuple, la misère et la gouvernance des groupuscules sociaux qui n'y accèdent pas. Ces groupuscules sont minimisés dans les économies monétaires libérales riches en production et dynamique en distribution des échanges, et maximisées dans les économies sans monnaie, en monétisation et initiative de l'organisation de la distribution par le marché. Le problème de l'optimisation est désormais le choix entre la distribution de la richesse sociale par le marché ou par l'administration.

Au début du développement de la gouvernance de l'État comme administrateur de la distribution de la richesse, le marché est embryonnaire. Au fur et à mesure de l'évolution des marchés, l'administration recule et laisse place au marché. À ces jours, l'e-marché s'impose peu à peu comme la forme la plus efficace de la distribution libre et indépendante de la richesse nationale ; c'est l'option de Bretton Woods approuvée par le monde.

Toutefois, cette option est structurellement liée à l'émergence des marchés et à l'adaptation des administrations sociales de la richesse, et des marchés émergents aux principes généraux de marché d'échange libre et de production indépendante, c'est l'option américaine exigeante en capacité individuelle de production pour la survie sociale. L'option administrative accompagne l'homme dans sa croissance vers le marché ; c'est l'option du reste du monde dans sa monétarisation et son développement vers le marché. Les États-Unis et l'Angleterre mettent en place, à Bretton Woods, le cadre monétaire du système d'harmonisation économique international du développement mondial. Ils concluent ainsi la conclusion de recherche de Léon Walras sur l'harmonisation des variables économiques pures. Cette harmonisation est la monnaie.

Cette transition harmonisée vers l'économie des marchés des économies paysannes est structurelle, lente et en monétarisation préalable des économies paysannes pour leur transition vers l'économie de marché.

Les capitaux publics de développement s'investissent dans le développement et l'enfer social du développement. La décomposition sociale de la production d'autoconsommation en production pour le marché transforme le paradigme privé de l'enfer du capitalisme, en paradigme social de l'enfer du développement du peuple. L'instabilité de la transition est culturelle, donc économique.

L'association des ONG participe de la volonté primaire de l'accélération du processus d'intégration de la base sociale paysanne dans le processus administratif du développement social. Les banques commerciales se déconnectent des réalités sociales et leur investissement se détourne vers la qualité occidentale d'investissement d'industrialisation et de rentabilisation du capital. Leur liquidité importante est détournée vers l'Occident et l'investissement occidental vers des horizons de compétition occidentale d'occupation de l'espace sans changement de politique de développement compétitif face aux nouveaux conquérants.

L'Afrique regorge encore de matières premières convoitées pour l'organisation du développement industriel. Dans les conditions actuelles de la liquidité monétaire africaine non organisée, ou organisée autour de la prédation des bénéfices et intérêt d'exploitation économique du continent, elle ne dispose pas de pouvoir de compétition, d'exploitation et de protection de l'exploitation de ces riches à son propre compte. L'exploitation internationale actuelle est un marché de dupes semblable au vol organisé du continent sans alternative.

Les théories et les recherches appliquées sont désorientées de l'Afrique. L'Occident offre à l'Afrique la consommation de survivance et non de développement. Cette consommation draine sa population éduquée vers l'Occident ainsi que les autorités locales en place au pouvoir de décision vers l'investissement en Occident. Cette transformation s'accommode du sous-développement de la destruction sociale et accroît les déséquilibres stabilisés de l'écart de développement vers l'économie de production industrielle.

4.19 Monnaie, structure et développement

Dans notre premier ouvrage titré « Monnaie, structure et sous-développement », nous nous sommes interrogés sur les fondements sociaux de développement et le concept de sous-développement. Nous avons conclu qu'il fallait réviser les concepts et les politiques économiques de développement. Ici, nous proposons cette révision. Le développement est l'enrichissement de la population croissante et tendant à devenir la surpopulation dans l'organisation de sa gouvernance. La mauvaise gouvernance est celle de la population. Les progrès scientifiques et techniques ouvrent la capacité de la régulation de la population croissante à partir de la fin du XVIIIe siècle. La surpopulation est le risque économique majeur qui détruit tous les équilibres, économiques, sociaux, administratifs et politiques, existants. La croissance de la population et la pauvreté sociale sont les paradigmes de l'économie de développement du XXe siècle. La théorique économique du développement à partir du XXe siècle cherche l'harmonie sociale par la monnaie, de la technique et de la scientifique des progrès de la production pour l'équilibre de la population. Le développement mondial intégré est celui des technologies, de la science et de la croissance de la population.

L'harmonisation de tous ces progrès est la monnaie. Elle accompagna le progrès scientifique et technologique du XVIIIe siècle. Ces deux révolutions remplacèrent le paradigme de la juxtaposition statique du niveau et de la hiérarchie des développements des siècles en sous-développement avant la révolution monétaire du XXe siècle, en dynamique de développement de l'utilité sociale des biens, même la monnaie était un bien produit. La révolution monétaire du XXe siècle fait de la monnaie un bien créé par l'homme. La monnaie change le paradigme de l'harmonisation des utilités sociales par une autre utilité sociale en paradigme de l'harmonisation des utilités sociales par un bien vide d'utilité.

L'utilité économique est sociale et la dynamique économique et sociale. Il se confond plus avec le taux d'intérêt et les prix des monnaies calculés et abstrait. L'émission centrale de la monnaie oriente et accompagne la dynamique des cultures et de la société, comme équivalence générale de toutes les utilités sociales. La banque et les institutions financières sont alors des intermédiaires de la dynamique sociale et de la pensée psychosociale humaine.

Les utilités réelles sont désormais femelles. Elles se transforment en phénomène monétaire. La monnaie neutre s'oriente et oriente la relativité ***des utilités individuelles dans la société en utilité monétaire collective ou macroéconomique.*** La macroéconomie a donc des fondements sociaux. Le développement est du peuple à l'organisation monétaire nationale.

4.20 Le développement des sociétés, surpopulation et pauvreté

L'objectif du développement est l'enrichissement de la population croissante et l'évitement de la surpopulation et de la pauvreté sociale de la nation. La richesse sociale est la consommation et les conditions de développement la stabilisation du bien-être actuel de la réciprocité des échanges ; c'est la base de la construction de l'indépendance des cultures et du développement de ses deux aspects ouverts, la production et la consommation. Les nations sont des cultures ouvertes et indépendantes. L'indépendance concerne les aspects fermés des cultures, les religions, les loisirs, la santé, l'éducation des domaines un peu mystifiés selon les ordres sociaux d'équilibre social.

L'extraction du domaine de l'économie, de la production et de la consommation sollicitant l'effort humain des domaines fermés est les aspects fermés des cultures vulgarisées et internationalisées pour la survie populeuse des peuples sans frontières. Le noyau de ce développement mondial est l'indépendance des domaines cachés des cultures et la volonté d'ouverture des domaines économiques à la survie du monde populeux. Le socle théorique et pratique est l'ajustement utilitaire social de chaque société aux conditions de sa survie durable. La divergence de ces conditions soulève la question importante de l'harmonisation monétaire formelle de leurs déséquilibres.

Au cours de la première période de développement de la population, l'on a pointé la monnaie comme un instrument d'échange des biens contre biens de par sa valeur intrinsèque de production et d'échange. Cet instrument contenait des éléments culturels cachés, l'appréciation individuelle et collective de la garantie en tant qu'instrument d'échange des biens réels. Cette appréciation est officialisée par John Maynard Keynes, en dimension psychosociale de l'instrument d'échange, la monnaie bien vide de valeur intrinsèque d'échange, mais pouvoir d'achat de tous les biens disponibles. La monnaie n'est donc pas échangée en raison de sa valeur intrinsèque, mais de son pouvoir d'échange des biens disponibles chez l'émetteur. La première réalité était la lutte contre la famine en faveur de la survie du plus grand nombre de la population. La consommation et la santé de la population étaient considérées comme la base sociale du développement. Au début du XXe siècle, la croissance de la consommation est l'intégration des populations mondiales, et au milieu du siècle avec le Fonds monétaire et la Banque mondiale l'intégration de la production dans la consommation. Le premier essai culturel est l'intégration de la consommation individuelle de la production individuelle pour le marché ; le second, keynésien, est l'intégration de la consommation sociale dans le développement de la production communautaire.

La destruction des équilibres sociaux réalisés dégage une population en surnombre du travail communautaire. Cette population est orientée vers les villes embryonnaires sans équipements et sans emploi. La seule solution est l'emploi public dans l'administration, sans objectif opérationnel de l'emploi. Il est un emploi de consommation et non de production rentable. Il faut trouver le financement public de ces emplois de consommation non productifs et la capacité de financement de la production de cette consommation extérieure. Le système monétaire d'échange devient un système politique d'exploitation de la population volontairement consentant, involontairement dans l'étau de la production impossible et de la consommation obligatoire sans distinction d'origine pour la survie.

La croissance est orientée vers l'extérieur pour le paiement de la consommation actuelle. La France interdit l'exportation du matériel, de production dans ses colonies. C'est la programmation de leur sous-développement de la production. Elle interdit l'échange entre les colonies ou programmation de leur dépendance de la France. La France se spécialise alors dans le sous-développement des colonies et leur dépendance des métropoles.

La consommation de base était soumise à la générosité de la nature. Le monde était sous-peuplé. La découverte scientifique, notamment les progrès sanitaires, a accéléré la croissance de la population au XXe siècle. Il fallait faire appel au génie scientifique humain du XVIIIe siècle pour ce bond de la population, et construire la production de la nature et la protection de cette dernière pour l'essentiel. On débuta par la réduction de la population familiale, la réduction du noyau familial, du plaisir charnel par la croyance chrétienne, l'opposition psychosociale de la polygamie et de la monogamie. Ce processus religieux de réduction de la population à travers la famille nucléaire est prolongé par le marché et le coût de l'homme décentralisé par le marché, l'accélération de l'échange monétaire. Aussi, la spécialisation de la production pour le marché réduit la famille élargie en famille nucléaire. Le plus grand nombre de résistants doivent produire leur subsistance.

La croissance de la production s'accompagne de la réduction de la population par l'émigration et le contrôle des naissances, des unions de procréation par les églises et de la consommation par le marché monétaire qui sont des aspects cachés et indépendants des cultures économiques de survie. La culture de survie est économique.

Dans la deuxième phase du développement, l'enrichissement monétaire de la population assurerait la consommation anonyme de toute la population des produits sans origine. L'émigration socioculturelle est ouverte et le contrôle international de la production et de l'émigration transforme l'économie nationale en économie mondiale. L'on consomme désormais ce qu'il ne produit pas et produit ce que le monde consomme grâce aux échanges garantis par le pouvoir d'achat international du dollar. L'anonymat de la consommation va introduire celui de la production et la puissance du marché comme structure d'approvisionnement de la consommation mondiale.

La production humaine de la consommation sollicite l'emprunt du capital remboursable à la place de l'accumulation durable du capital, d'investissement en main-d'œuvre et en technologie. Le capital moderne est financier.

Le modèle des tontines primaires est l'alternative à l'accumulation durable du capital. C'est l'entraide mutuelle et communautaire de la production du capital primaire de l'accumulation.

C'est le système de la solidarité traditionnelle qui se transforme en système d'initiative financière en économie monétaire. Les femmes, par exemple, dans leur première sortie aux champs après accouchement ou la perte d'un membre important de leur famille étaient accompagnées dans le champ par le voisin et les copines dans les sociétés traditionnelles. Ce modèle de solidarité devient un modèle de solitaire primaire pour la réduction de l'enfer du capitalisme moderne.

Le modèle de tontine est un modèle d'accumulation rapide de la liquidité primaire de financement du capitalisme moderne. Son efficacité relève de la maturité des projets qu'elle finance. Les microcrédits calqués sur ce modèle testent la capacité des pauvres de respecter les engagements de remboursement pris dans l'utilisation des crédits. Les institutions financières spéculent sur la maximation des gains en monnaie cash et dérivés financiers de paiement monétaire. Les banques commerciales orientent leur prêt vers le financement des exportations à court terme, et la liquidité abondante d'investissement vers l'Occident. Ce dernier est créateur d'emploi dans les économies du Tiers-monde, mais également créateur de surpopulation. Les banques de développement francophones se spécialisent dans le financement à court terme de la commercialisation de l'exportation des biens de rente et laissent les infrastructures et structures d'industrialisation dans le schéma historique de développement mis en place par la colonisation des métropoles. Les liquidités et les biens produits sont exportés sans réserve nationale.

La Chine commence son développement par le bas, la fermeture des frontières culturelles et l'observation de la demande sociale. En Afrique, elle procède de la même façon : l'observation de la demande africaine et l'adaptation de leur offre de production à cette demande. Les Africains n'ont pas de modèle de développement et prennent des modèles de croissance que l'Occident lui offre. Le modèle chinois est un modèle de développement.

4.21 Le problème conceptuel du développement africain

Le problème de développement de l'Afrique est conceptuel. Le concept de développement de l'Afrique est implicitement français et européen. Il doit être national à partir de l'observation de la réalité économique africaine. Cet espace regorge des ressources transformables, mais la pensée africaine est tournée vers l'industrialisation occidentale. Elle ne peut à ce jour penser par elle-même.

L'Afrique est leur chasse gardée. Ils ne peuvent pas stimuler le développement compétitif de l'Afrique par nature. Ils détruisent psychosociologiquement l'ambition africaine de développement. Il installe le marché comme objectif de développement de la destruction psychologique de l'esprit africain de concurrence. Ils essaient de faire de la France et de l'Europe le grenier de l'Afrique.

Le grenier est l'État français nourricier de l'investisseur et consommateur de l'épargne des nations francophones : la France-Afrique. Cette logique est coloniale et impérialiste. L'État français est providentiel, le père des nations francophones d'Afrique, qu'elle n'abandonnerait pour rien au monde.

Les greniers locaux sont détruits et déversés sur le marché actuel. On vend tout sans réserve et conseille les silos publics approvisionnés de l'extérieur. Il met à la disposition des producteurs des semences sans reproduction, l'extinction de la race des producteurs. Les États en rencontre de l'Occident sont dépendants exclusivement de lui pour leur développement.

Ce modèle de développement dépend de l'économie paysanne intégrée dans l'ordre économique français en 1912, et l'ordre économique européen en 1990. L'expertise de Robert Mundel, dans la construction de l'union monétaire de l'Europe, était essentiellement monétaire et sans analyse de l'incidence de base culturelle des variables cachés, comme du temps de Walras lors de l'isolement des variables économiques pures ; ces incidences étaient données depuis les éléments purs de l'économie de Walras. Or la rencontre internationale des cultures a réveillé de multiples incidences dynamiques des variables culturelles cachées sur l'économie. La psychosociologie qui est devenue le fondement de l'instrument d'échange est un apport fondamental dans l'organisation économique ; elle résout le problème d'harmonie des utilités économiques de Walras. L'on veut éduquer ; c'est la formation de la psychosociologie qui intègre les croyances sociales dans les comportements monétaires et nuance l'organisation occidentale du niveau d'échange. La théorie monétaire keynésienne est ce point de vue général. L'industrialisation et le marché sont des théories de la spéculation de la récupération de l'ordre de la société en général dans l'économie. La population et les cultures s'intègrent dans l'ordre d'échange en 1970. L'intérêt public complète la décomposition sociale en intérêts personnels et individuels. Les Banques Centrales coordonnent indépendamment et impartialement l'intérêt public et privé.

La BCE retient dans l'organisation de l'union monétaire européenne, trois agrégats monétaires, M_1, identique à l'agrégat français, M_2, est M_1 augmenté des dépôts remboursables avec préavis < 3mois, des dépôts à terme négociables d'une durée < 2 ans et M_3 ajoute à M_2 des instruments négociables, émis par les Institutions financières et monétaires (les titres de créance d'une durée de < 2 ans, les titres d'OPCVM monétaires dont CICAV et FCP). Le remboursement des créances des engagements à moins de deux ans négociables est ajouté à la liquidité monétaire et aux instruments de spéculation détournés de la production. La liquiditémonétaire devient potentiellement abondante.

La liquidité comprend donc les instruments de financement négociable à moins de deux ans. Avec un différé de paiement de moins de deux ans, les détenteurs des effets monétaires de crédit sont en excédent de paiements échangeables sur le marché des créanciers qui devient un marché monétaire secondaire. Ils entretiennent ce marché secondaire d'abord discrètement, puis officiellement provoquant la crise financière de 2008.

La décision de l'abandon d'une partie de la dette des pays très pauvres en 1996 était une liquidation de la dette publique de ses pays après la privatisation de l'économie mondiale. La conclusion de l'ajustement monétaire du surendettement des années 1980 et de la stabilisation de la spéculation monétaire par la fixation de la convertibilité du dollar par le marché de change international confirmait et relançait la privatisation de l'économie mondiale des années 1970. Les dettes accumulées et en liquidation étaient d'échéance supérieure à deux ans. L'ouverture du partenariat de développement du développement monétaire de l'Afrique avec le reste du monde demandait la renégociation impossible des dettes publiques et l'ouverture d'un partenariat gagnant-gagnant avec le monde. L'échange gagnant-gagnant des matières premières, de la technologie, des techniques et des connaissances devenait des négociations monétaires accompagnées des échanges mondiaux de toutes catégories, économique et culturelle.

Le modèle africain de développement n'est plus un simple modèle de croissance, mais un modèle de transformation des structures économiques sans distinction pour le marché. Le marché est alors l'objectif de développement, le marché national, régional et international.

Dans le modèle occidental, le développement était colonial orienté vers l'Occident. Il est dans le modèle mondial de développement structurel et systémique. L'on produit et achète ce que le monde produit dans le partenariat d'échange.

La pauvreté locale est la demande de la consommation locale, donc la demande mondiale. L'ouverture économique moderne est mondiale. L'on consomme ce qu'il ne produit pas et produit ce qu'il ne consomme pas pour l'exportation contre la monnaie de consommation dans le monde. Le développement est importé.

À partir de 1980, le problème financier des nations devient véritablement international et le surendettement des pays très pauvres et très endettés en dollar assombrit le tableau des consommations des investissements étrangers remboursables en dollar. Jusqu'à 1998, la liquidité bancaire en France est structurée en quatre agrégats (M1, M2, M3, M4,) suivant le degré de liquidité de chaque masse. Les masses monétaires sont la monnaie métallique et le billet ; les dépôts à vue en FCFA pour les banques centrales africaines sont créés à Chamalières, et les réserves en devise de l'Afrique francophone déposées au Trésor français depuis 1853. Au-delà de M4, on entrait dans l'épargne financier P1, placement stable par vocation et non par projet de production pour le marché ; P2, obligation et part CICAV obligataire des agents non financiers ; P3, obligation et part SICAV des actions détenues non financières. La banque centrale garantit la créance monétaire des banques par le contrôle du processus de l'effectivité de remboursement des crédits bancaires et le contrôle prudentiel des engagements des banques. Les banques commerciales contrôlent la circulation et s'interdisent la régulation des structures d'intérêt économique. Elles coordonnent de manière impartiale et indépendante les intérêts privés et publics. La monnaie joue alors le rôle d'intermédiaire et du contrôle de la stabilité *de structures d'intérêts données.*

Le crédit des liquidités monétaires anticipées à la consommation et au financement de projets s'engage dans le cercle de spéculation par leur transformation en produits financiers dérivés du crédit en liquidité monétaire potentielle de paiement. Le crédit perd la rigueur de la liquidité de remboursement monétaire immédiat et certain, l'économie, elle, s'engage dans le laxisme financier du remboursement.

Le gouvernement américain s'engage à sauver des institutions monétaires distributrices de liquidité, et du contrôle des paiements. Les crédits monétaires sont bancables. Les crédits non bancables sont financiers. Les mauvais crédits non prudents en difficulté de remboursement ne sont pas couverts par la FED. Leurs crises sont financières et non monétaires. Cette difficulté de crédit non remboursable est mise au grand jour en 2008, avec la faillite de Lehmann Brothers et de Bernard Madoff. La France est éclaboussée par l'affaire de détournement du ministre **Cazuac** et le scandale de Brokers (de la Société Générale) sur la spéculation financière des instructions bancaires.

Cette construction fait de la monnaie la liquidité de paiement et de stabilisation des déséquilibres des écarts de développement des systèmes économiques et sociaux.

La monnaie de spéculation est la distribution facile de la liquidité sans entrée de capitalisme. L'économie monétaire est une économie d'équilibre monétaire des déséquilibres réels de croissance par ajustement spontané des structures et infrastructures. Les déséquilibres sont les lots du développement au rythme de la transformation des infrastructures et structures et non de l'accumulation de la liquidité. Les banques de développement ne font pas le développement. C'est le projet politique des nations qui font leur développement.

La réflexion sur la monnaie introduit la compétition dans les structures existantes. Elle entretient le déséquilibre des structures.

La théorie quantitative de la monnaie et la théorie qualitative du développement de l'économie monétaire révèlent que l'intervention politique est qualitative. La formulation qualitative de la monnaie à partir de 1970 introduit la politique en économie de Léon Walras. Les déclarations des capacités de paiement en monnaie poussent le glissement des utilités économiques vers le pouvoir d'achat monétaire généralisé de toutes les utilités économiques. La valeur quantitative (utilité intrinsèque de l'or) est abandonnée en faveur des valeurs psychosociales communautaires individualisables par les coupures sans contrainte, de l'instrument abstrait d'échange. C'est cette divisibilité qui certifie l'indépendance des cultures.

La productivité de travail se superpose aux billetages des monnaies. La théorie quantitative de la monnaie devient la théorie qualitative de la gouvernance de la survie. L'on peut parler du niveau de vie des Français, des Camerounais, des Ivoiriens, des Russes, des Américains, de l'ordre de survie de chacun de ces peuples, reflété dans le billetage de leur monnaie selon leur culture d'échange. La structure désormais du travail du peuple pour la survie est la source de l'amélioration de niveau du niveau de vie. L'économie monétaire est l'économie de la ***création*** de la monnaie par le pouvoir public et de la production privée de la monnaie par des biens ***créés et produits***. La monnaie en tant que bien créé peut ***s'échanger contre la monnaie créée***, sur le marché monétaire et de change. L'économie monétaire est générale globale et mondiale.

L'Europe dans la mondialisation de l'économie reste au stade du modèle de sa protection contre la mondialisation de l'économie américaine de 1944. Le modèle du Bretton Woods de 1944 était un modèle quantitatif du dollar rattaché à l'or. Les échanges des biens internationaux troqués en sortie des réserves d'or dans les Banques Centrales sont accumulés en déficit des nations compensé en dollar jusqu'en 1970. Ces déséquilibres de paiement sont internationaux, dispersés dans le monde en créance de la FED sur le monde et forment le surendettement international des nations dans les années 1980-1990. Le problème de la mondialisation devient un problème du surendettement en dollar, des pays pauvres en réserves de change et de traitement de la dette publique des pays très pauvres et très endettés dans l'incapacité de remboursement. Le nouvel ordre économique international, en 1970, change le paradigme monétaire en paradigme financier. Les États-Unis se préoccupent du remboursement de sa dette internationale et la privatisation de la dette. La coopération financière internationale se déplace vers les marchés financiers privés de Londres, et les États-Unis se préoccupent de la stabilisation du dollar sur le marché international des changes. Ils atteignent cet objectif au second semestre 1996 et exigent l'ajustement des monnaies du monde libre à la parité du dollar du marché. L'échange au prix fixé du dollar de Bretton Woods s'est effondré en système de la flexibilité des changes et d'adaptation des monnaies nationales au niveau de la divergence de leurs propres cultures d'échange par rapport au taux d'échange du marché international reflétant le niveau de la culture américaine d'organisation de la production et création des biens échangés. L'économie américaine est monétaire : la création publique de la monnaie et la production privée de la monnaie par des biens produits et créés. La monnaie est antécédente en tant que bien public et contre l'investissement en tant que production privée de la monnaie. La production privée de la monnaie est anticipée par la consommation des réserves monétaires. On peut l'obtenir par accumulation ou par crédit. L'anticipation de la mise en route du développement des nations indépendantes par l'avance des crédits publics a fait faillite des remboursements dans les années 1980. La flexibilité de la monnaie a favorisé la spéculation sur le dérivé de crédit non remboursable, le rééchelonnement et la titrisation des créances non remboursables pour le marché financier des titres. La zone franc s'est appesantie sur l'abandon des dettes publiques des pays très pauvres et très endettés comme stratégie de nettoyage de la finance publique. La fixité de la parité du F.CFA, toutes les dettes publiques des pays francophones de l'Afrique indépendante surévaluée par rapport au dollar international. La France créa le C2D, pour le remboursement national de cette dette à la Banque Centrale pour réinvestissement dans l'administration publique de la décentralisation publique du développement administratif. Le financement de la privatisation des finances publiques est sur le marché financier de Londres. Il traite la dette privée, le rachat avec décote et la revente sur le marché financier aux créanciers fortunés.

Les dépenses françaises sont libres et les recettes d'exportation africaine contrôlées par l'administration française hors du travail de production. Le développement n'est pas le travail, mais l'administration du travail et de la finance. La consommation par le crédit est une avance à l'administration locale remboursable au Trésor français. Cette gestion maintient le compte d'opération garanti des paiements et de remboursement de la dette publique française. La croissance est la production réelle du remboursement des importations et des prêts de l'administration française. Cette administration n'est pas économiquement productive. Elle spécule sur la consommation des services publics. Le développement des économies francophones est administratif.

Les biens de grande utilité pour le peuple sont produits par eux-mêmes et le financement de ces activités de production par les banques est rare. La tentative de la mise en place des banques administratives de développement a fait faillite sur toute l'Afrique francophone. La BCEAO et la BEAC ont mis en place des banques de développement sans projets de développement économique. Elle se concentre sur l'administration publique du développement qui permet juste de conserver les inégalités traditionnelles entre nations. La théorie qualitative de la monnaie s'étend par l'équivalence générale de la monnaie créée, à l'échange des tous les biens produits et créés disponibles de la région. La banque de développement devra entretenir un guichet économique du développement des relations d'échange régional.

4.22 Économie réelle et Économie monétaire

L'économie réelle est une économie **d'égalité** de la production et de la consommation d'échange sporadique de **troc** et de régulation de la stabilité de la population par des soins de santé naturelle. Ce traitement traditionnel va réguler la population au plus bas. Les soins de santé primaire généralisés au monde par l'OMS vont relancer la population d'après-guerre mondiale. La surpopulation va devenir un véritable risque économique mondial. La production de la richesse économique devra être le rattrapage de la croissance de la population mondiale par la production mondiale. Le peuple traditionnel vit sous la générosité de la nature en économie réelle. L'économie monétaire moderne est une économie **des déséquilibres** de production humaine et de regroupement de la population, agrégée dans les villes à l'équilibre monétaire de la consommation du plus grand nombre de la population. Mais la production monétaire libre est faible, les individus doivent s'ajuster à la création monétaire nationale ou la création monétaire nationale aux peuples de culture locale. La création monétaire nationale s'ajuste au taux de change du dollar pour les échanges internationaux des nations libres. La liberté des nations est la fixation de leur taux de change par négociation étroite avec le marché de change du dollar. La stabilisation du dollar par le marché de change est l'universalisation du dollar comme monnaie internationale d'échange. Sous cette universalité du dollar, les nations ajustent leur monnaie particulière ou indépendante au dollar universel. Le dollar est jusqu'à présent la seule monnaie internationale. La monétisation des économies libère la pauvreté des nations et leur capacité de la production et de la création des biens échangeables en monnaie internationale. Le nouvel ordre économique de 1970 est la fin de l'économie de troc, et d'émergence de l'économie monétaire internationale.

Jusqu'au début du XXe siècle, le monde est en économie réelle paysanne. La monnaie est privée, elle n'est pas publique. On peut parler d'économie sociale sans monnaie. La théorie de l'économie privée est quantitative. L'on échange les biens contre biens et expose les hommes à la famine. Le risque de **l'économie réelle est la famine**. Dès 1908, les États-Unis décident de construire une économie monétaire d'échange social et mondial. Ils organisent la synthèse mondiale de l'économie monétaire à partir de leur réforme monétaire de 1934, pour le partage mondial des conclusions et des progrès scientifiques et techniques de la production pour consommation humaine du XVIIIe siècle. Le système monétaire international s'impose au monde en 1944 en copiant le système d'échange de troc compensé en or, par la compensation en dollar intégrant les dimensions culturelles cachées de la réforme monétaire keynésienne. La nation est une agglomération des cultures et des sociétés indépendantes et dynamiques. Elle construit l'ordre social interne sur la base de sa dimension culturelle complexe, économique, sociale, laïque, religieuse et politique. La mise en relation des nations par les États-Unis au début du XXe siècle s'appuie sur la mondialisation de la monnaie de troc privé en attente de la formulation de la dimension, socioculturelle de la nation, par la psychologie sociale des peuples en échange. À partir de 1924, l'échange social est formulé dans la réforme monétaire théorique de John Maynard Keynes. Cette formulation introduit implicitement les dimensions socioculturelles cachées à l'économie de XIXe siècle, notamment les croyances sociales. L'État gouverneur de la nation est laïc, c'est-à-dire ouvert à toutes les croyances sociales sans croyance propre. La croyance sociale est la dimension sociale abstraite de la société couverte par la monnaie modernisée. La monnaie keynésienne est sociale, elle est l'harmonie sociale des variables pures de l'économie que recherchait Léon Walras.

La monnaie est alors, jusqu'en 1971, un système d'échange de troc compensé en dollar sans référence sociale. La référence sociale de la monnaie est religieuse et communautaire. La croyance laïque défend la liberté individuelle de choix de ses croyances sociales.

L'effondrement de Bretton Woods en 1971 laisse émerger les cultures mondiales et leur intégration par l'harmonisation monétaire. La monnaie instrument d'harmonisation des utilités économique est désormais flexible. Le dollar est l'instrument flexible aux autres monnaies d'échange entre cultures. La convertibilité des monnaies en dollar est garantie. L'instrument d'échange flexible est créé par les États de Smithsonian. Il doit s'adapter à la spécialisation de la gouvernance monétaire à la culture de chaque nation de droit du monde. La concurrence des nations est internationale. La croissance de la production est l'échange. Les structures économiques sont sociales, infrastructures et de production des entreprises. Les États-Unis disposent des deux structures spontanément ajustables à la croissance de la population au début du XXe siècle. Le reste du monde parle du rêve américain, c'est-à-dire de la disponibilité de l'emploi pour tous. À Bretton Woods, cette thèse est contrée par Keynes qui pense que l'emploi privé ne peut pas être disponible par tous. Il faut le compléter par l'emploi public, et dans une économie monétaire privée du XVIIIe siècle, l'on ne peut pas employer les hommes. L'emploi keynésien est public. L'on critique l'emploi public par sa productivité faible. Le système monétaire international s'adosse à la production américaine pour construire l'émergence de l'économie privée de production et d'échange. L'Europe prend le contre-pied en 1934, pour la construction de l'économie administrative de consommation. L'économie internationale est désormais l'optimisation économique et administrative de la gouvernance des nations.

L'optimisation administrative est psychosociale et l'optimisation économique privée. La privatisation de l'économie publique va être le programme de la Banque Mondiale pour les économies en développement et monétisation.

La richesse mondiale américaine va être individuelle, l'emploi privé et l'accumulation du capital. La richesse publique va être la consommation sociale et la répétition administrative des revenus publics. La psychosociologie africaine et de l'ensemble des économies paysannes est la consommation communautaire ; l'hospitalité de l'étranger dans la consommation de ce que l'hôte dispose. Il ne cherche pas à s'adapter à la richesse de ses visiteurs. La rencontre avec l'Occident est donc statique. Elle devient un choc culturel à partir des indépendances et destructrice des équilibres nationaux pour la composition des déséquilibres de développement. Les déséquilibres nationaux de déstructuration sont rapides, mais leur transformation en déséquilibres élastiques de croissance et de développement est lente. Les déséquilibres de développement exigent la flexibilité des structures statiques et d'actions dynamiques des structures sociales et culturelles. Les institutions de croyance par exemple, socle d'organisation des groupes politiques aux États-Unis, sont prises en compte par l'État en France comme aide à l'équilibre social et à l'intégration des étrangers.

La théorie générale de la monnaie et de l'emploi est la synthèse occidentale des instruments de la guerre contre les cultures du monde non occidental en rencontre. Elle leur impose les éléments cachés de la construction de l'orientation politique de leur développement.

L'Afrique est essentiellement laïque. Elle ne dispose pas de supports nationaux de la construction des politiques d'orientation de son développement modernisé. Le choix du christianisme et de l'islamisme est dominant dans les options religieuses.

L'économie n'est plus une science d'équilibre de troc des échanges, mais de gestion des déséquilibres de la production et de la consommation. Les transformations sociales intègrent les croyances dans les options économiques de développement. L'équivalence générale de la monnaie à tous les besoins intègre les besoins de croyance à des cultures politiques. Les colonies en tant que cultures sont donc dépendantes des orientations politiques de leurs croyances. Le problème d'indépendance est donc multifonctionnel. Les religions sont donc intégratives et monétairement considérées dans la modernisation de l'économie.

La France dans son idéologie culturelle défend l'assimilation et non la fédération des cultures, l'interdépendance et non pas l'indépendance de la culture des nations. L'État est l'encadrement juridique des cultures des nations ; leur institutionnalisation. L'instrument de la dépendance des cultures en rencontre, de la culture française est la monnaie. La construction monétaire de l'Union européenne débarrasse les cultures en rencontre de leur indépendance intégrée dans les déséquilibres de culture de production et de consommation communautaire. Elle évacue la concurrence et installe l'Europe sans frontières de rencontres.

La compensation des déséquilibres de marché et de l'administration sociale des nations se déroule alors sous la fixité de l'euro et du FCFA, son doublon colonial. La fixité n'est pas la stabilité, la stabilité est la dynamique des ajustements monétaires français liés à la dynamique de la culture française ; or l'évacuation de la concurrence est celle des cultures. La culture française est statique et le changement administratif par secousse.

En 1971, les États-Unis constatent que la fixité du dollar à l'or aggravait son déficit d'échange avec le monde. Ils consultèrent le monde pour le décrochage du dollar de l'or. Le manque de consensus international l'amène à décrocher unilatéralement le dollar à Smithsonian en 1971. Les pays sont libres de la création de leur monnaie et de sa définition, de la fixation de son taux de change en dollar et de sa stabilisation autour d'un panier de devises engagées par la livre sterling dès 1967, avec son décrochage des monnaies coloniales et leur stabilisation par un panier de devises. La fixité due à l'euro la libère du système de stabilité.

La stabilisation des taux de change du reste du monde se fait autour du dollar par le marché de change. La France déclare l'exception culturelle. Cette exception culturelle est coloniale et impérialiste et contre la liberté mondiale américaine. Seul le taux de change du dollar est stabilisé par le marché de change à partir du deuxième semestre de 1996 et constitue le socle de la stabilisation des monnaies du monde libre sauf l'euro et sa zone FCFA. Le reste du monde ajuste marginalement et administrativement leur parité monétaire nationale, dynamique à la demande culturelle nationale. La production est donc la base sociale du développement du monde intégré des administrations. Les pays vendent leur devise aux enchères suivant leur désir d'importation utile. L'utilité est sociale, la réduction des efforts de production de tous et le développement l'enrichissement de la consommation du peuple. Ce processus exige la centralisation culturelle des productions et l'optimisation des échanges en cas d'insuffisance de la production nationale. À l'époque coloniale, les zones monétaires étaient nécessaires pour l'optimisation de la consommation importée des équilibres sociaux en décomposition. La pénurie des biens de consommation fait renaître utilement l'importation. L'inversion des modèles locaux de production vers la consommation nationale devint la nécessité de développement des nations en monétarisation. Les productions locales sont utilitaires, et pas nécessairement commercialisables à l'étranger. Les banques commerciales se retournent vers les productions commercialisables à l'étranger, et le microcrédit vers les productions de consommation locale. Ces ventes locales peuvent lutter contre la pauvreté de misère, donc de consommation. Il n'y a pas de compétitions de restructuration du développement, mais de soutien de la croissance de la consommation.

Le rêve occidental est le rêve de la consommation face à la déstructuration des équilibres de production et de consommation locale.

La monnaie, instrument d'échange, devient alors un bien marchand. Son acquisition est supérieure à l'acquisition des biens réels. Elle est désormais un bien de spéculation et d'investigation du financement, c'est-à-dire de calcul et de la décision de produire pour la consommation ou le marché. Les prêts sont des anticipations de la consommation et de la production. Cette consommation de la liquidité ex ante soulève le problème de remboursement. Le monde entier, à la suite du blocage des échanges des zones monétaires, libère les monnaies et les rattache entre elles depuis Bretton Woods.

Le paradigme du sous-développement de la population du début du XXe siècle est changé en paradigme social de l'évitement de la surpopulation. La surpopulation est donc la pauvreté sociale. C'est le paradigme de l'économie moderne de développement.

Le monde est désormais en développement social et régulation de la population. Les États sont de plus en plus responsables de l'avenir de la masse de la population et de sa survie. Le monde de développement est un monde des révolutions sociales et culturelles ; la France refuse le détachement de sa monnaie des monnaies des pays en développement entrés tardivement dans l'économie monétaire. Elle refuse l'assistance à la construction de l'indépendance monétaire et culturelle de ces pays.

Elle freine l'organisation de la politique monétaire indépendante de l'Afrique, de l'indépendance de son développement dans le monde en évolution et la consolidation des acquis des progrès économiques scientifiques et techniques internationaux. La quantité de la monnaie en garantie de la circulation des biens s'accroît par dévaluation de la monnaie hors d'état de supporter l'importation généralisée et permanente de la consommation du peuple. La production locale de la consommation du peuple n'est pas financée. Elle n'obéit pas aux normes françaises et occidentales de la production et de l'échange, et les économistes balbutient devant l'émergence visible de la surpopulation pauvre et de la croissance, renforçant cet appauvrissement et l'inégalité des nations devant les autorités publiques. Le silence des autorités traduit la crise du développement, qui les met dans l'impossibilité de décider.

De 1967 à 1990, l'Afrique entame à travers l'OUA et l'Association des Banques Centrales africaines des pays indépendants la réflexion sur la réforme monétaire africaine et la fédération de la production de l'économie africaine. L'Afrique veut créer la monnaie africaine et fédérer la production des nations africaines indépendantes. Elle doit rompre les schémas coloniaux de la croissance et s'adapter aux schémas nouveaux de développement. La France s'interpose et met en place des stratégies d'Union Afrique-Europe sans débats politiques sur l'organisation monétaire de développement nouveau devant les extraordinaires transformations de la politique en l'Afrique. Elle est passée de la société traditionnelle paysanne à la société monétaire publique non industrialisée.

À partir de 1978, le problème d'ajustement des liquidités monétaires au besoin de consommation sans production ou avec la compensation monétaire des exportations se transforme en problème international d'endettement et de spéculation sur des produits financiers très lucratifs des dérivés du crédit. Les remboursements des crédits deviennent problématiques, les dettes sont rééchelonnées, transformées en titres financiers vendables par les banques. Le marché se décote des produits financiers et se substitue aux marchés monétaires primaires. Les crédits à moins de deux ans négociables deviennent la liquidité au même titre que la monnaie. La disponibilité des clients de ces marchés la substitue à la trésorerie primaire de production. Le démarrage des nouveaux États endettés en liquidité cash dans les années 1960 est rattrapé par ce processus de structuration de la dette vendue avec décote sur le marché. La dette publique ainsi que les entreprises publiques sont privatisées, le surendettement est négocié par les marchés publics administratifs des prêts publics (Club de Paris) ou privés (Club de Londres). Le Club de

Paris est informel, sous la direction du Trésor français, et consiste à l'évaluation de l'état du surendettement public des États et de l'incitation des créanciers publics de décider de leur action indépendante. Le Club de Londres négocie la décote des créances privées et leur vente sur le marché international avec décote. La décision de l'abandon d'une partie de la dette des pays très pauvres et très endettés dépend donc de la volonté des États du Club de Paris. Leur dette est payée ou abandonnée. Le C2D est la formule française de la récupération des arriérés de sa dette publique.

La construction de l'Europe s'oriente vers le détournement du financement du marché vers le financement public du développement social. Le développement visé est social sans culture. Londres et Paris contrôlent désormais le financement libéral et public de la transformation économique mondiale et de l'administration du monde moderne. L'administration mondiale intègre cependant des aspects cachés des croyances sous le cachet du laïcisme de l'État. Le laïcisme de l'État est sa neutralité dans l'indépendance du choix social des croyances ; il n'y a pas de croyance publique. La neutralité de l'État dans les croyances sociales comme celle de la monnaie dans l'intégration des structures réveillent les consciences individuelles et sociales. La psychologie sociale est alors le fondement social de l'intégration économique internationale. Elle est l'harmonie sociale keynésienne des variables économiques pures de Léon Walras.

Les États se tournent vers le marché pour le financement du développement public de leur pays et de l'indépendance de leurs croyances. Le malheur français est de vouloir dans son modèle d'intégration d'administrer les croyances qui sont les domaines essentiels de la croyance et de l'indépendance sociale. Elles doivent être fédérées par le laïcisme. Le fédéralisme est une neutralité de l'État dans le fonctionnement des croyances et de leurs dimensions culturelles cachées.

La France, dans la gestion des colonies, avançait 20 % des crédits aux budgets des colonies indépendantes. Lors de leur indépendance, elle affranchissait progressivement ses colonies de leur créance publique transférée en transactions parallèles occultes déviant l'indépendance officielle de l'Afrique en rapport financier occulte, la France-Afrique. La pratique de l'occultisme est publiquement française. La garantie française du FCFA est cet accord implicite d'intervention de la France dans le budget des colonies indépendantes compensé par le transfert illimité et la convertibilité illimitée du FCFA en franc français[59]. L'économie de la zone franc est largement ouverte au sommet institutionnel sur la France pour le transfert illimité des ressources liquides africaines vers la France. C'est en cela que consiste la stabilité de la zone franc.

Les métropoles, sous ce schéma, poussent les colonies indépendantes à la l'ajustement monétaire de cette structure et à leur prédation permanente par les métropoles. La lutte permanente de la France est la lutte pour la conservation et la protection de cette structure de prédation permanente de l'Afrique. Le Nigeria et le Ghana ne peuvent se permettre d'adhérer à cette organisation de la prédation de l'Afrique sous la fixité du taux de change de l'euro à leurs monnaies nationales. Le cours fixe du FCFA contre l'euro est la certitude de transfert des liquidités africaines de l'Afrique vers l'Europe.

Au titre II, principe relatif au rôle du garant article 2, de l'Accord de Coopération entre le gouvernement français et les gouvernements des États membres de l'Union monétaire ouest-africaine, les dispositions de l'accord de la zone franc de 1973 sont résumées ainsi qu'il suit : « Le **garant** apporte à l'UMOA, pour **garantir la convertibilité monétaire** en euro **à un cours fixe** sur la base de la parité en vigueur. La BCEAO qui met en œuvre la politique de change des États membres de l'UMOA dispose d'un **accès illimité auprès** du Garant en cas d'épuisement des réserves officielles de change de l'UMOA. Une convention de garantie conclue entre le ministre de l'Économie et des Finances du Garant et le Gouvernement de la BCEAO précise les modalités d'activation de la garantie prévue au premier alinéa »[60]. La monnaie métropolitaine, l'euro, centralise les marchés des colonies sur la métropole. L'Europe veut construire la monnaie africaine comme le doublon de l'euro complètement transparent. La pensée des économies de l'Afrique indépendante est éclatée en deux branches : la branche des administrateurs au pouvoir métropolitaine et la branche du peuple orienté vers la production pour le marché sur les croyances locales. La croissance locale nourrit quantitative la population et tourne le dos aux croyances extérieures sans construction de l'alternative intérieure. La dépendance est donc totale économique et culturelle. La croissance qualitative nourrit la production locale. Son niveau culturel d'échange est bas. Les

---

[59] Accord de coopération entre les gouvernements des États membres de l'Union monétaire ouest-africaine et le Gouvernement de la République française. Abidjan, 21 décembre 2019. Article 2.

[60] Accord de coopération, *op. cit.*

alternatives politiques optent pour le développement local et la lutte pour l'enrichissement du peuple ou optent pour l'industrialisation à partir de l'extérieur sans outils de développement extérieur. À partir de 2008, la croissance qualitative ou le développement est la nouvelle politique mondiale de l'intégration économique internationale. La République française, Garant de la coopération, garantie la convertibilité de la monnaie de la BCEAO (Eco) en euro à taux fixe, met en œuvre la politique monétaire de l'UMOA et dispose d'un accès illimité auprès du Garant en cas d'épuisement des réserves officielles. Il s'agit là d'un accord visiblement antécédent à l'accord de changement du **Garant** en **Union européenne.**

Le glissement vers le taux de change flexible permet à la quantité de la monnaie déclarée de s'ajuster quantitativement à la demande des transactions et de consommation sur le marché. Le marché déprécie les monnaies surévaluées et fait exploser la production du peuple. Les monnaies surévaluées sont des monnaies de consommation et les monnaies de marché les monnaies de production. La production est donc américaine et tiers-mondiste des biens manufacturés et des matières premières. La consommation est européaniste.

À défaut du glissement vers la production, la conséquence serait l'explosion de la population et l'émigration des zones de consommation vers les zones de production. Ce fut le cas de l'Europe vers les États au début de XXe siècle, et du tiers-monde vers l'Occident dans les années 1990. Le développement du tiers-monde au XXe siècle était le développement de la consommation occidentale au XXIe siècle ; il est la production et l'innovation des structures de production pour le marché local et l'exportation.

Le printemps africain annonce ce changement de structure et de modèle de Bretton Woods de la croissance.

La préférence nationale de l'ajustement occidental de l'économie mondiale de l'extrême droite était combattue par la préférence mondiale de l'économie. La préférence mondiale (mondialisme) l'a emporté sur le nationalisme, et confiné le nationalisme dans l'extrême droite. C'est l'ambiguïté Lepéniste dans la perception cohérente avec les indépendantistes africains.

Ils ne se rendent pas compte de l'arrière-fond de la politique coloniale qui accompagne la dépendance africaine vis-à-vis de la France. L'impérieuse nécessité qui accompagne cette dépendance est la source des révolutions africaines contre leurs autorités administratives dépendantes de la France. L'émigration massive des surpopulations africaines est une réaction au manque de productions locales pour consommation contre le désir luxueux de la découverte des métropoles du XXe siècle. La révolte économique africaine n'arrive pas à se consolider en révolution culturelle, devant les destructions conscientes et méthodiques de la culture africaine de génération en génération par la France.

L'administration des monnaies nationales s'ajuste à l'approvisionnement à taux de change fixe et surévalué du FCFA pour la consommation des produits africains importés, la subvention de la consommation de la zone franc prélevée sur le compte d'opération. L'objectif clair de l'émigration en métropole est d'échapper au taux de change fixe surévaluant le franc CFA et subventionnant l'importation de la consommation des élites.

Cette flexibilité et le développement de la production locale ne sont pas un objectif de développement africain. Toute la population est programmée pour passer à la catégorie de la consommation d'élite sans production support. Le développement de cette population s'accommode de l'accumulation préalable du capital.

La stabilisation des monnaies nationales est l'administration du taux de change fixe par leurs dévaluations hors marché, et politique d'ajustement de la consommation nationale hors marché international. Les marchés parallèles d'échange et de change régionaux s'installent contre la surévaluation de FCFA.

Le FCFA est la zone de consommation des économies africaines indépendantes, et ces dernières les économies de productions africaines au rythme des cultures locales de consommation. C'est la différence entre la SADEC, l'UEMOA et la CEMAC. La France et l'Europe veulent récupérer l'Afrique dans l'organisation de l'Union européenne sans frontières. Cette ambition est mondialiste, mais sa pratique régionaliste. L'alternative mondialiste est européenne et ambitieuse. La quantité annoncée par le budget et soutenue par l'administration monétaire des changes ne s'ajustent pas aux quantités réelles annoncées, c'est-à-dire à la pratique réelle de la compétitivité européenne sur le marché ouvert. Le marché de l'emploi n'est pas un véritable marché. Les échanges sont au taux de change fixé, et les marchés parallèles sous régionaux combattus et reflétés par la surévaluation de l'euro sur le marché de change international. L'accumulation en euro est spéculative sur le marché de change et des changes.

Ces marchés n'ont pas encore des statistiques fiables dans l'analyse des échanges et des changes pour établir leur compétitivité par rapport aux marchés officiels statiquement fournis. Ils sont informels et leur organisation consolide les frontières des États indépendants. D'où la nécessité de les combattre quand on est contre l'indépendance des nations colonisées comme la France. C'est le sens du Brexit anglais et des révolutions vertes africaines.

C'est sur ces marchés que se déroule le processus de développement réel de la production locale. L'administration des parités sous-régionales se fait de manière informelle vers l'harmonisation de taux de change officiels par la réaction des peuples sur les marchés parallèles. Le marché des changes parallèles est celui des monnaies indépendantes en développement économique vers le marché international du dollar. Sous cette référence, l'euro est l'une des monnaies du gros marché parallèle de développement et le yuan, le second gros marché parallèle du développement.

Ils fonctionnent parallèlement aux marchés internationaux de change du dollar et doivent ajuster leur taux aux enchères du dollar hors marché. Mais délestée de l'Afrique et de l'Europe, la France disparaîtrait de la mondialisation. C'est le sens de la France altermondialiste dans son modèle colonial nécessairement impérialiste et interdisant le débat.

L'Union européenne, construite par l'harmonisation des taux de change parallèles par le serpent monétaire européen, peut être considérée comme le standard de la construction des unions monétaires sans union économique. Toutefois, l'abandon des dimensions des cultures du fait de la copie du système de Bretton Woods rappelle les concepteurs à la reconsidération de la dimension des culturelles d'indépendance économique des nations dans le renforcement de la fédération du libre-échange avec des États limités. L'alternative mondialiste française est sans frontières. La France se considère, dans cette alternative mondialiste, comme le gouverneur du monde colonisé.

Le projet de la relance économique européenne après la Covid-19, par des emprunts sur le marché privé des capitaux sans budget communautaire de remboursement public, est une initiative test du financement monétaire des projets des dépenses publiques communautaires par la BCE. Il n'y a pas d'union budgétaire européenne. Toutefois, le chemin est encore long pour arriver à l'union des liquidités telles que connues entre la France et ses colonies avec la charte financière des colonies de

1912 de l'union des budgets et des trésoreries. Dans ce dernier cas, l'Union devrait centraliser les liquidités des pays membres, budgétiser celles des États membres et approvisionner les avances aux budgets des pays membres pour leurs dépenses.

Les critères de convergence sont l'aspect économique des déséquilibres de production et de consommation sans socle culturel donné par les pays indépendants. Ils orientent économiquement vers les métropoles et les grandes villes la production au détriment des périphéries. Le modèle de croissance qualitative de la production des périphéries tarit et s'ajuste à la demande urbaine quantitative. La demande qualitative urbaine s'adapte à l'importation occidentale des produits de luxe qui complètent la demande urbaine. La mentalité urbaine de consommation est mixte, européenne-africaine[61].

Cette mixité convergente provoque, avec le temps, l'ajustement de la concurrence des consommateurs et producteurs occidentaux et locaux et le développement économique des déséquilibres d'intégration à partir de 1950, sans préoccupation sur la qualité de la production occidentale et de la consommation locale. Il faut construire le modèle de la croissance mondiale et de l'intégration des nations. La dépendance des économies africaines de la nature en proie à la famine, aux maladies primaires et pandémies, le paludisme par exemple, constitue la préoccupation des économies traditionnelles en quête de modernisation. La libération des économies européennes d'après-guerre, des peuples de l'après-guerre, de la surpopulation paysanne d'hommes pauvres des campagnes vers les villes sans emploi, soulève le problème américain de l'emploi industriel.

Ce changement des structures est une révolution brutale de la population prévue dans l'application de la réforme monétaire de Keynes, anglaise de 1933, et la réforme monétaire américaine de 1934. **La politique économique de la modernisation de l'économie traditionnelle est la monnaie et l'emploi, confirmée mondialement par le système monétaire international de Bretton Woods, et l'organisation mondiale de la population.** La pauvreté est mondialisée contre laquelle l'homme doit lutter par la monnaie et l'emploi industriel. La monnaie mondiale et l'industrie sont américaines. L'État-nation doit être monétisé et développer l'emploi industriel pour sa surpopulation traditionnelle du monde paysan.

---

61 Jacques Binet. La psychologie économique africaine, éléments d'une recherche interdisciplinaire. Payot 1970.

Les systèmes économiques traditionnels entrent en dégradation et soulèvent des conflits de restructuration en économie moderne d'emploi industriel. L'emploi industriel est le mode le plus direct d'accès à l'emploi rémunéré.

L'environnement national de production et de consommation est d'une croissance qui ne reflète pas la production nationale, mais la production mondiale des nations agrégées par les échanges. La stabilité structurelle traduit l'incapacité de modifier la compétitivité des cultures en rencontre et soulève le problème de révolution culturelle de chaque culture dans la compétition internationale pour le changement. La pauvreté réelle dans les économies traditionnelles devient monétaire dans les économies modernes. La richesse est la monnaie et les échanges économiques. L'homme transforme par le travail la richesse réelle en richesse monétaire. Les détenteurs des matières premières sont des détenteurs du potentiel des richesses monétaires, sous condition de leur exploitation. L'exploitation est technologique. Les détenteurs des technologies et savoir-faire technologique sont des intermédiaires obligés de l'enrichissement. Dans l'environnement technologique de la production, l'intérêt des producteurs domine le système. Il se pose donc le problème de la répartition des intérêts entre le producteur et le propriétaire de la richesse réelle.

Dans la conversation informelle de Roosevelt et Churchill, à l'Atlantique Nord, les matières premières étaient disponibles pour toutes les nations et seules celles qui les exploitaient en étaient propriétaires pour les échanger. L'économie était les échanges et non la production. Les producteurs étaient des propriétaires comme dans économies traditionnelles et l'économie était l'échange. Le concept de structures données se referait à cette perception de l'économie mondiale. La monnaie-or était la perception de l'instrument d'échange sans regard sur les structures réelles de production au-delà des entreprises industrielles de production moderne.

Bretton Woods change cet environnement en environnement monétaire net d'échange. La richesse réelle dégage la surpopulation et pauvreté monétaire et sociale de la consommation vers les villes sans production. La compétitive de l'économie monétaire est centrée sur la consommation dominatrice de la compétitivité des économies de la production paysanne sans objectif monétaire. C'est le drame psychosocial de la pauvreté africaine. La quête des salaires est la demande de la consommation. La quête de l'investissement est la demande de la production. Cette dernière est tout d'abord affectée à la consommation de la production d'hier. La première révolution culturelle est le changement dans la consommation importée. La qualité de la consommation importée transforme celle de la production locale. La qualité de travail est l'industrialisation de la production contre la croissance de la consommation traditionnelle de la population. La croissance de la consommation est poussée par l'irrationalité des connaissances et la croissance irrationnelle de la population. La révolution économique est la lutte contre la pauvreté de la surpopulation, socialement utile. L'utilité de la population est le travail pour la survie de tout le peuple. Le marché est le mode le plus approprié de la distribution des besoins de survie. Le développement de ces économies en rencontre par la monnaie est la facilitation de la survie par distribution du marché sans discrimination objective autre que le travail. Tout travailleur salarié bénéficie d'un pouvoir d'achat sur le marché. L'économie, à partir de 1965, est une stratégie et une feuille de route de la survie de l'économie monétaire mondiale. Les avances monétaires des crédits sont transformées en produits financiers liquéfiables pour le paiement immédiat. La spéculation est d'intérêt monétaire. L'économie financière et monétaire devient des économies de traites de cavalerie courantes pour les plus ambitieux et les plus malins dans la spéculation monétaire contre la société.

4.23 Économie monétaire mondiale et déséquilibre culturel

L'économie monétaire nationale s'ajuste aux marchés et productions réelles locales. Elle se régionalise suivant les échanges et les productions locales. L'exploitation des richesses des richesses réelles n'est qu'une phase préliminaire de la production industrielle. Cette phase préliminaire paysanne dans sa transformation en propriété agricole protégée en Occident entraîna une surpopulation rurale exilée dans les colonies en recherche de la fortune. Sa préoccupation était la consommation immédiate. L'objectif d'échange international des biens disponibles et l'abondance des liquidités d'échange suivirent l'échange d'abord de la main-d'œuvre esclave d'Afrique implantée aux États-Unis d'Amérique. L'exportation vers l'Europe enrichit l'économie d'échange monétaire entre les États-Unis et l'Europe. La mentalité américaine des esclavagistes européens était commerciale, celle des Européens résidents est restée administrative, impérialiste et coloniale. L'économie monétaire américaine affronte l'économie, impérialiste et coloniale des résidents européens en état permanent des conflits entre nobles résidents. Les conflits des résidents sont marxistes, ceux des Américains libéraux. Le libéralisme est monétaire et l'administration politique.

Le plan social et culturel de la monnaie est politique. Le Cadre politique parallèle de l'organisation de l'économie monétaire est les marchés parallèles de l'ajustement des échanges et des déséquilibres de la production qui s'accommode de la liberté et de l'indépendance des croyances des communautés dans leur intégration économique. L'administration monétaire et économique est organisée parallèlement à l'aspect officieux des croyances rigides aux changements organisés comme administration politique. Ce dernier s'accommode de l'organisation publique des croyances des communautés dans l'intégration économique.

Toutefois, la neutralité de la monnaie achète la bonne et vraie et/ou la fausse et mauvaise information dans la gouvernance. Elle expose le peuple à la violence des gouvernants de la société et remplit les prisons d'hommes sincères et faux. Les déséquilibres de l'information créent la surpopulation carcérale et exposent le peuple à l'incertitude et à la méfiance de l'information politique. Cet aspect culturel a accentué la dominance du droit occidental sur les cultures africaines, marginalisé l'émergence industrielle dans le développement des pays pauvres et stabilisé le sous-développement croissant dans l'orientation de l'investissement vers la consommation de ce qu'ils ne peuvent produire. Soixante ans après l'indépendance, l'Afrique produit avec les mêmes méthodes traditionnelles les mêmes matières premières sans transformation dans l'hypothèque de leur transformation par l'Occident et aujourd'hui les nouveaux venus sur la scène internationale de la production.

La privatisation de l'investissement cherche à dépolitiser le développement et l'information de décision économique des développements et raréfie l'information politique de changement. L'ouverture des frontières internationales aux investissements internationaux livre les matières premières abondantes à vil prix et n'associe pas les locaux à l'investissement national. Les matières premières africaines sont des matières premières internationales sans incidence sur le développement du continent. La perception extérieure de l'Afrique est alors celle d'un monde convergent des intérêts croisés de l'Occident sous leur contrôle vigilant de l'extérieur. La domination coloniale déprave l'utilisation de l'information, fausse et politise le débat et distrait les politiques de leurs objectifs de développement.

Le combat politique de maintien de l'Afrique dans son état actuel de pauvreté est mené avec tact, vigilance et concertation internationale sous la construction de l'idéologie économique de la lutte contre la pauvreté, et l'incitation à l'émigration de sa population indigente vers les métropoles. L'indigence de la production affecte l'indigence de la consommation des pauvres.

Les pays en développement sans technologie et financement d'exploitation industrielle des mines, des terres et des forêts riches continuent à vivre des produits de la nature. Les investissements des pays épargnants sont détournés en métropole pour des besoins d'apparence et de faire la reproduction rapide spéculative de la liquidité paysanne d'Afrique sur des marchés financiers métropolitains. L'investissement africain reste extérieur. Ce modèle d'exploitation coloniale se généralise comme un modèle mondial de développement économique déstructurant l'Afrique de son appauvrissent dans le développement. Les partenaires occidentaux suspectent les nouveaux venus sur la scène d'investissement international en Afrique comme de nouveaux colons cherchant à récupérer leurs marchés africains longuement conquis.

La monnaie neutre reste par sa rareté dans la politique occidentale d'intervention et de manipulation de la capacité d'actions de développement des pays pauvres. L'abondance de la monnaie est celle de la consommation et non de la production, essentiellement destructrice de l'équilibre de la nature et de la protection de la mondialisation, l'Occident dans son industrialisation croissante.

Tout changement de situation exige une révolution culturelle. Le peuple, au cours de ces dernières années, exige la reconstruction du développement de la paix entre les nations et la lutte contre la surpopulation et la pauvreté monétaire sociale.

Le progrès du développement scientifique et de production de nouvelles productions s'est concentré en Occident sans décentralisation dans le monde pauvre. L'investissement est extraverti et colonial. Le développement mondial intégré des années 1950 a été une stratégie d'approvisionnement à vil prix des industries occidentales pour la distribution alimentaire à la population mondiale affamée de l'après-guerre et paysanne non organisée pour l'industrialisation. La dynamique de l'économie mondiale était les structures économiques américaines. L'environnement mondial s'est renforcé industriellement contre la dégradation des structures de développement africaine sans industrialisation.

Sous ce regard, la monnaie ne fait pas le développement, mais accompagne la destruction et la restructuration de l'économie en déséquilibre. La dynamique est humaine et non monétaire, donc politique. L'économie de Bretton Woods est statique, la restructuration est révolutionnaire et politique. La macroéconomie de Bretton Woods organisait le cadre de la déstructuration et restructuration. Elle était statique. C'est à partir de Smithsonian que, par l'introduction de la comptabilité de la production des cultures dans les échanges dans la macroéconomique, l'on peut parler de la dynamique économique en tant que charge et profit de la production des peuples. Cette dynamique introduit le côté social et long du déséquilibre de consommation. L'économie sociale est mise en veilleuse, et lutte contre la surpopulation mise en veilleuse à Bretton Woods derrière l'intervention à distance de la Banque Mondiale pour la croissance des nations dans les structures données. Les progrès scientifiques, physiques et chimiques, de production, de déstructuration de la nature et de la mobilisation des capacités humaines de travail augmentent la production industrielle de l'Occident contre l'affaiblissement de la force de production industrielle des économies paysannes. L'incitation de l'argent encourage le développement industriel de l'Occident. Il n'y a pas de développement et de stabilisation de la dégradation mondiale de la nature, sous pression de l'exploitation technologique de l'homme. La transformation de l'économie réelle en économie de production de l'homme impose la monnaie norme de la vie moderne. La consommation s'ajuste à la production humaine. L'incitation classique de l'économie par la consommation humaine sans production humaine formalisée à Bretton Woods en consommation monétaire de la production humaine. L'industrialisation est la production rapide de la consommation humaine en croissance rapide. L'alignement de la production et de la consommation humaine se détache de la nature de l'économie humaine. L'économie réelle est traditionnelle et pauvre en monnaie d'économie monétaire riche en monnaie et croissance humaine. Le risque du développement de l'économie monétaire est la surpopulation et la pauvreté monétaire de la consommation. La lutte contre la pauvreté est l'enrichissement de la consommation humaine. Les paiements de l'échange international s'alignent à la consommation des pays pauvres contre leur production des matières premières industrielles. Leur développement industriel est contre le développement industriel occidental, et soulève la lutte stratégique contre la concurrence de la production industrielle du bloc réel et monétaire.

La modernisation de l'économie ou monétarisation s'oppose à la richesse monétaire des économies réelles. Il faut maintenir les économies réelles comme fournisseurs des matières premières des économies industrielles. La liquidité des économies réelles riches en matières premières va glisser vers l'investissement en production dans les économies monétaires industrielles par spéculation de sa croissance. La croissance de l'économie monétaire est le socle de l'analyse de l'économie moderne.

Les déséquilibres anciens des richesses réelles libèrent leurs populations pauvres en liquidité monétaire à la merci des spéculateurs contre la générosité de la nature. La transformation de la nature au gré du progrès technologique de production de la dégradation de la nature au détriment de l'homme modifie le paradigme de développement économique par addition de l'écologie. Ce paradigme est le risque technologique de développement occidental associant la nature tout entière, le déséquilibre global du monde. Les détenteurs des technologies efficaces et importantes industrialisent et polluent par leur production le monde et demandent au monde non pollueur de participer par la réduction de leur potentialité de consommation par la protection des forêts. L'alternative devrait être l'industrialisation de leurs économies de production. Le peuple occidental détenteur de la science, de la technologie et du savoir-faire industriel fait main basse sur cette industrialisation.

Ils se constituent en communauté internationale (États-Unis, Angleterre et France) dans l'organisation et le partage du monde en deux blocs : le bloc de l'économie monétaire capitaliste et développé et le bloc de l'économie socialiste en développement. Le troisième groupe, le Tiers-Monde, né avec la reconstruction du monde intégré d'après Seconde Guerre mondiale, les non-alignés. La communauté internationale occidentale impose sa vision au monde à Bretton Woods.

L'économie mondiale éclatée en trois groupes de cultures exprime sa vision à partir de 1971, mais est en retard de la construction de son modèle monétaire de développement culturel comme l'Occident. La domination mondiale est monétaire, quelles que soient les richesses réelles disponibles. Comme le soulignait Georgescu-Roegen, l'on ne peut faire la théorie économique d'une culture à laquelle il n'appartient. Cette culture est la richesse réelle. La culture d'économie monétaire est l'emploi des personnes dégagées de l'économie paysanne. J.M. Keynes qui élabore la théorie générale de la monnaie et de l'emploi déclare s'appuyer sur la culture occidentale qu'il maîtrise. Il déclare également qu'elle n'est pas applicable à d'autres économies. Cette théorie est la poursuite de l'enrichissement monétaire par l'emploi rémunéré (monnaie et emploi).

L'économie chinoise procède dans sa modernisation par la transformation de son économie paysanne en économie moderne de production antécédente à l'emploi. L'économie chinoise n'est pas monétaire, elle n'est pas une économie de l'emploi. L'emploi chinois est administratif avec une monnaie convertible aux enchères des importations et exportations. Celle de la Russie est également politique sans monnaie convertible et entretenant les échanges internationaux avec des transferts d'or. Ce régime existait internationalement avant Bretton Woods. La révolution russe protège sa restructuration et sa politique de réorganisation monétaire après la Seconde Guerre mondiale. En 1990, c'est la fin de la guerre froide contre l'Occident et le début de la réorganisation de son système monétaire international. L'Occident a ancré sans monnaie sur la consommation courante des produits manufacturés avec l'échange mondial des produits disponibles. La Russie a renforcé son armée pour la protection de son régime monétaire contre celui des États-Unis. L'alignement des deux forces était la condition de l'équilibre international des échanges dans les blocs.

Il fallait délester le monde libre de l'or disponible dans les pays en développement. Cette récupération de la monnaie bien réelle en monnaie bien créée libéra l'Occident de la dépendance extérieure des pays du monde. La répartition du travail international conduit à la dépendance internationale du monde des États-Unis. La France refuse cette dépendance tout en acceptant l'aide Marshall. L'aide Marshall est une conquête américaine de l'Europe. La France tente la résistance par l'organisation du bloc européen de l'or dont les membres seront les premiers adhérents au marché commun européen. La conquête occidentale de la richesse internationale cesse d'être officiellement l'or et la spéculation sur l'accumulation de la monnaie créée. La demande de l'or devient celle du travail contre le dollar. Keynes, expert de ce changement, demande à ses pairs de la Chambre des Lords en 1944, le retour en métropoles pour s'enrichir avec les biens qu'ils possèdent déjà, et de cesser de demander aux colonies de leur prêter l'argent qu'ils n'ont pas et de proposer de leur vendre les biens que l'Angleterre ne peut pas produire.

La stabilité structurelle de l'équilibre de croissance monétaire est désormais la richesse. L'indépendance internationale des nations leur offre le droit de créer leur monnaie nationale pour le développement social de leur économie.

L'association du peuple à la comptabilité économique passe par le travail et la monnaie, bien vide et équivalent général de tous les besoins.

Pour développer une économie d'exploitation rationnelle de la production et consommation équilibrée pour le bien-être du peuple, les États prennent le bien-être pour objectif politique. Le bien-être, le vivre-ensemble, quel que soit le rythme de l'exploitation économique de la générosité de la nature, de la production paysanne, agricole, ou industrielle. Ces exploitations sont des supports à adapter à l'existence humaine. Le bien-être est divers et dynamique. Il est dynamique par rapport à la nature et à sa dégradation constante, et par rapport au progrès scientifique et technologique. Le progrès scientifique du XVIIIe siècle change le paradigme de la perception de la générosité de la production de la nature pour la survie humaine. Le progrès scientifique et technologique accompagne la croissance humaine de la population. L'économie du début du XXIe siècle est l'économie du risque de la surpopulation. Il ne s'agit pas de la guerre contre la population, la Covid-19 nous a convaincu du désir humain de vivre ensemble.

La protection de l'homme devient le paradigme de l'économie, contre les risques des catastrophes naturelles et des guerres interminables. La décentralisation de la production mondiale des biens manufacturés concentrée monétairement aujourd'hui en Occident est le nouveau paradigme de l'économie internationale réelle.

La dynamique de la perception pessimiste des phénomènes de cette évolution, les prix en hausse et les taux de change flexible conseillent la reconsidération de Bretton Woods. Aussi concluons-nous que si la dynamique monétaire est l'ordre social, comme le découvrit Jacques Rueff, la dynamique économique réelle est l'ordre culturel. La politique et la planification des changements deviennent la feuille de route du développement des systèmes sociaux et culturels.

4.24 La Théorie classique de l'économie sans culture et sans monnaie et la pratique française de l'intégration de la monnaie dans les échanges internationaux

La richesse monétaire est le calcul de l'attachement de l'intérêt des hommes aux réalités monétaires changeantes. La consommation est la réalité de l'intérêt monétaire permanent de survie. La production est d'intérêt spontané d'adaptation à la consommation. La culture de consommation est donc essentielle à la vie. Elle accompagne l'organisation du savoir-vivre. La culture de production est une nécessité ponctuelle qui comble le désir de consommer prévisionnel et immédiat. Au début du développement de l'analyse économique, le problème essentiel de l'analyse économique était l'utilité des biens dans la satisfaction du plaisir de la consommation. L'analyse était microcosmique sans culture et sans monnaie d'échange. L'économie était naturelle. L'on troquait sporadiquement les objets de besoin. Les économistes classiques analysaient l'utilité des biens dans la satisfaction des besoins humains. L'économie était réelle ainsi que la monnaie d'échange des biens réels.

L'avènement de la macroéconomie introduit au XXe siècle la monnaie bien vide, pouvoir d'achat à distance de tous les objets de besoin sans garantie concrète. La monnaie et la culture se confondirent dans l'analyse de l'utilité économique et de l'échange en monnaie créée. L'économie de l'utilité est le troc des biens d'utilités réelles. L'utilité de l'or surplombait toutes les utilités jusqu'en 1944. La centralisation de l'or, instrument de troc international des biens, s'accompagne, en 1908, de la fiscalisation des salaires et revenus au profit du Revenu des États. En 1944, la généralisation de la monnaie papier pour les États de droit certifia la naissance officielle des États modernes. Keynes, en 1924, proposa la Réforme monétaire accompagnée en 1936 de la théorie générale de la monnaie et de l'emploi. L'emploi est la culture qu'il déclare nationale, donc macroéconomique. À Bretton Woods, les États-Unis déclarent l'emploi international et microéconomique. Cet emploi est privé et multinational.

La théorie américaine de l'économie internationale est classique, celle de Keynes, macroéconomique, est nationale, publique et moderne. Les États-Unis développent la dynamique microéconomique hors culture et l'Europe la statique macroéconomique hors culture ; les structures macroéconomiques sont données statiques et ajustées mécaniquement. Dans la dynamique microéconomique, cette culture publique donnée ne varie pas, il y a une variation des variables d'économie sans variation des données ou structures. Les structures sont statiques. L'économie monétaire est dynamique, elle n'est pas une dynamique de structure, mais monétaire. Or, nous découvrons dans notre recherche que la monnaie n'est pas dynamique, qu'elle s'ajuste mécaniquement à la dynamique sociale et culturelle, au travail. Elle est donc implicitement intégrée à l'économie par le travail, la productivité marginale de l'ouvrier. Le comportement de survie des individus est traduit par leur travail individuel.

La macroéconomie keynésienne est une donnée statique sans comportement ; Keynes découvre que le comportement public est psychosocial. Mais il étudie le comportement psychosocial de l'Occident auquel il appartient. Georgescu-Roegen constate que l'on ne peut faire que la théorie d'une économie de la culture à laquelle on appartient.

L'ajustement macroéconomique est culturel, imperceptible et dynamique. Toute tentative de dynamisation volontaire introduit la révolution des croyances sociales, scientifiques et technologiques partagées par le peuple. La France, dans sa conception de l'économie, organise les croyances en politique, éducation et croyance religieuses. L'on confond dans cette conception de la macroéconomie, la monétaire, instrument d'échange des cultures, et les cultures, source de la dynamique économique. Il y a confusion entre la dynamique monétaire et la dynamique économique ou des structures. L'ordre social est l'ajustement mécanique de la monnaie aux déséquilibres sociaux et l'ordre de développement celui de la dynamique des structures. La France cherche à changer les cultures plutôt qu'à les dynamiser. C'est la mission civilisatrice de la France.

L'Amérique va imposer les fondements microéconomiques de la macroéconomie au monde à Bretton Woods.

Les économistes européens, notamment de la France, vont chercher à intégrer la dynamique des variables microéconomiques américaines dans la statique monétaire des cultures données. Le problème conceptuel de l'économie mondiale s'inverse en fondement culturel des économies nationales. Ces cultures sont isolées les unes des autres et doivent être intégrées par fédération. Les États-Unis intègrent les cultures dans la dynamique de croissance des individus et fonctionnent sans considération explicite de l'administration des cultures confiée aux nations. L'indépendance des nations, c'est leur culture. L'Europe détache les cultures des nations membres et les intègre à la communauté d'une nation unifiée. La société française prend en charge l'administration de la coopération entre religions et croyances. Les États-Unis luttent pour l'emploi libre des individus sans tenir compte de leurs croyances. Ils déclarent la croyance en Dieu laïc, sans religion. « We trust on Good ». La productivité du travail du dernier ouvrier embauché est convertie par la monnaie en équivalence générale de tous les biens des besoins de l'homme.

L'analyse des économistes classiques de l'utilité est adoptée par le monde en 1944, à la monnaie équivalence générale de toutes les utilités. L'approche monétaire facilite l'agrégat macroéconomique et généralise l'économie monétaire. C'est la généralisation mondiale de l'économie qui depuis 1848 sous la théorie de la civilisation universelle de la France intègre l'économie sociale du monde colonial dans l'économie française en termes d'exploitation des matières premières. La France s'accroche à cette histoire des conquêtes coloniales des richesses, et ne tourne jamais son regard sur le développement psychosocial actualisé des peuples des pays exploités pour leur développement compétitif et futuriste dans le monde intégré. Le développement mondial intégré des années 1950 était pour la France une pure violence de désintégration des colonies de leur dépendance de la France, comme tout changement de système. Ce changement appelait la critique de la théorie économie classique et la politique coloniale française du développement était macroéconomique.

Le déséquilibre des cultures imposait, à partir de 1884, l'indépendance des nations dans la construction de leurs États. Le partage de l'Afrique entre les métropoles coloniales structura les colonies en zones monétaires rattachées aux métropoles respectives. L'approche économique coloniale est macroéconomique.

L'augmentation de la quantité de la monnaie de chaque zone facilitait les échanges entre les colonies et les métropoles. Les échanges entre les colonies appartenaient aux métropoles respectives de chaque zone. Les colonies étaient interdites d'échange entre elles. Les échanges entre les colonies devaient transiter par les métropoles mères et les recettes encaissées dans les Trésors publics métropolitains. La monnaie coloniale était un doublon de la monnaie métropolitaine. Jusqu'en 1967, ce système de rattachement monétaire est colonial et général. L'Angleterre, dans son rôle pionnier en matière monétaire, démonétise le dollar en 1933 et dévalue le sterling pour le détacher des monnaies coloniales. Toutes les zones monétaires sauf la zone franc suivent le sterling dans le détachement de leur monnaie des monnaies coloniales. La France consolide son rattachement par l'accélération de la construction de l'Union européenne, à la monnaie unique, l'euro.

Le libre-échange entre colonies indépendantes émerge en marchés parallèles entre nations africaines. Les États indépendants africains sont monétairement difficiles à construire sous la contrainte française de la mise en place de l'Union européenne et africaine. Les raisons ne sont pas seulement infrastructurelles, mais superstructurelles, car il faudrait d'abord la transformation préalable de la mentalité africaine en mentalité française.

La monnaie coloniale dans la résistance française devient un instrument de calcul de l'intérêt métropolitain contre l'intérêt des colonies indépendantes. Il faut privatiser les constructions économiques publiques françaises dans les anciennes colonies françaises, et interrompre le processus de colonisation publique pour le processus du développement privé de la productivité individuelle de travail. Les initiatives privées des colons français en Afrique francophone sont interrompues pour la nationalisation de leur encadrement dans la construction des nations africaines indépendantes. C'est le renforcement de la colonisation publique et l'abandon de l'initiative privée aux paysans sans organisation ni expérience de gestion. Les autorités publiques sont recrutées par leur docilité aux colons pour la mise en place de la politique de transition douce de la colonisation à l'indépendance. Les cadres intellectuels sont formés et soigneusement écartés de la chose politique. Leur révolte est informellement cadrée par les métropoles coloniales et soigneusement filtrée pour l'utilisation dans leur pays. Les pouvoirs en place n'ont le droit d'utilisation de ces cadres que dans la voie recommandée par la métropole. Le pouvoir de transition colonial est essentiellement politique et rejette toute compétence technologique. Les compétences techniques sont expatriées.

Les ajustements structurels monétaires de 1971-1990 sont les itérations des structures d'exploitation des colonies de politisation métropolitaine. Les entreprises multinationales sont devenues de nouvelles structures d'exploitation libre des colonies riches sans intérêt national, disons de politique nationale.

Il faut éliminer la race des penseurs par récupération métropolitaine de l'intelligence théorique sans formation pratique. La scène politique nationale récupère les plus avisés et économiquement intéressés. Les politiques leur recommandent le silence, condition de leur survie politique.

Ainsi, les révoltés sont systématiquement éliminés en faveur de leur demande de plaisir vulgaire ou de leur expatriation.

Le développement social domine la scène politique de la production pour l'échange extérieur et de la prospective de la production nationale pour l'équilibre national de la consommation de subsistance. Le gain monétaire est l'objectif social du calcul du détournement des révolutionnaires du peuple réduit à la misère. Il détourne la production vers l'extérieur et l'investissement des premières liquidités vers la consommation et la reproduction rapide de la liquidité à l'extérieur.

La rencontre de ce modèle avec un modèle social où la monnaie entre tardivement dans l'économie traditionnelle déstructure la société et introduit l'individualisme et la résistance culturelle des peuples, et impose la recherche de la monnaie sans emploi rémunérateur, la pauvreté monétaire extrême et l'émigration internationale de survie dans les pays d'Afrique d'Amérique latine et d'Asie.

La théorie générale de la monnaie et de l'emploi élaborée par John Maynard Keynes souligne le problème de l'emploi des hommes en économie monétaire. L'économie monétaire est générale. En économie privée, l'on ne peut pas employer les hommes, parce que ce qui est l'objet de leur demande est la lune, une chose que l'on ne peut produire, notamment l'infinité des biens désirés. La monnaie est donc l'abstraction des besoins dans leur infinité et appauvrit le détenteur de la richesse monétaire. Cette déclaration révèle l'enfer du capitalisme précédant l'accumulation de la richesse et sa poursuite dès l'acquisition des premiers éléments de l'enrichissement capitaliste. Cette critique violente de la perspective américaine de la monnaie et de l'emploi intègre la spéculation des individus comme l'élément structurel essentiel de l'économie monétaire. Keynes propose la distribution publique de la richesse pour un effort de travail moindre du public par la distribution administrative de la monnaie.

Les taux de change lient l'effort national de travail à l'effort étranger de travail. Le prix et le change s'éclatent en partie réelle de la consommation et partie spéculative d'investissement. Toutefois, la consommation est éphémère et permanente, l'investissement est le risque de consommer moins actuellement et de spéculer pour la croissance de la consommation future. Les prix et les changes ajustent le calcul de la réalité, de la consommation et de la prospective de la production pour le futur. La régulation des conflits économiques du travail individuel et la consommation sociale, par la monnaie et l'emploi, est permanente. Le taux de change est la compensation économique par le recourt au travail extérieur de production. Le conflit de change est le conflit de la compétition internationale, d'ajustement des cultures de résistance aux changements. Keynes préfère l'abandon de la concurrence internationale pour la production nationale en cas de contentieux entre stabilité de prix et de change. C'est la révolution culturelle qui est nationaliste, ou le repli sur l'intérieur et la rationalisation de la production et des échanges intérieurs. Elle impose l'observation de l'environnement national et le gel des relations régionales. La formulation de la feuille de route du développement national est keynésienne.

Les autorités économiques et politiques calculent l'intérêt national ou macroéconomique et les entrepreneurs privés les intérêts microéconomiques des affaires. Fixer le taux de change, c'est se confiner dans l'économie nationale. C'est éviter l'adaptation à la dynamique de l'échange international et prendre ce qui est disponible. La stabilité de prix est la dynamique interne des cultures suscitées par des connaissances générales nationales sans négociation internationale.

Dans l'étude de Robert Mundel de l'intégration monétaire européenne, la dimension culturelle européenne était implicitement française. Cette option conceptuelle se reproduisit par R. Triffin dans le cadre du conseil de l'Association des Banques Centrales africaines dans la création du Centre africain d'études monétaires. L'Europe se positionna alors pour le regroupement économique des nations européennes et africaines derrière la France sans souveraineté politique ni indépendance monétaire. La convergence économique européenne est technocratique et assortie de la conviction idéologique des pays membres sans réalité culturelle individuelle. Cette intégration sociale des économies européennes stérilise les cultures, dans les croyances chrétiennes.

L'on veut avoir le même déficit budgétaire dans des programmes de développement non harmonisés, faire une harmonisation des déséquilibres de production et de consommation non identifiés. La décentralisation ex post de la production et de la consommation, comme dans une seule nation globalement souveraine, entraîne des revendications de souveraineté dans l'union des peuples psychosociologiquement différents par leurs croyances profondes.

On comprend la crainte européenne de la libéralisation de la conception économique et sociale des colonies et de leur indépendance compétitive de développement.

Cette organisation suppose l'unification des gouvernements, la décentralisation de l'économie en secteurs macroéconomiques d'échanges, la centralisation des recettes et la budgétisation centralisée des dépenses, comme dans le modèle colonial de la gestion française de la métropole et de ses colonies. L'unification des charges de la consommation implique la centralisation des recettes de l'agrégat macroéconomique et de la budgétisation des centrales de paiements. L'unification des projets de la production économique et la centralisation des budgets d'investissement distribués, de la capitale de la métropole. En fait, la dépendance des États membres de Bruxelles devrait ressembler à celle des colonies de Paris.

L'objectif de développement n'est plus communautaire, mais théorique. Cette théorie est confrontée à la liberté de fonctionnement américain du marché. Elle a un problème de coordination administrative réalisée dans la liberté américaine par le marché. L'unification des cultures s'encombre de l'organisation de la dynamique des cultures, de la dynamique sociale et de la gestion de la statique culturelle de la monnaie.

L'unicité de taux de change intérieur du dollar élimine le problème de coopération en change et réduit la politique monétaire à l'alignement des prix par la compétition des structures des marchés libres. La dette des États fédérés et l'internationalisation des projets dans ces États entraînent la compétition des producteurs et le changement libre de leur localisation. La délocalisation industrielle de la production libre des entrepreneurs s'accommode des facilités offertes par les États souverains et indépendants. Les prix américains alignent la concurrence des entrepreneurs. La concurrence internationale est fédérée et alignée par le change du dollar sur le marché de change international. Le change aligne la compétition internationale.

La convergence économique européenne est une politique de construction administrative de l'économie sans concurrence. L'union monétaire européenne est la lutte pour l'unicité de la monnaie communautaire et l'élimination de la concurrence par le marché. Le serpent européen est le moyen de cette union. Le taux de change unique de l'euro est le socle de la lutte contre l'option de l'intégration par le marché de Bretton Woods. Cette convergence économique cherche à unifier les prix intérieurs et à fixer le change extérieur, pour supprimer la concurrence internationale par le marché. Les dépenses dans la communauté doivent être budgétisées et les recettes centralisées. Les États membres doivent être dépendants de la centralisation monétaire et de la dépense commune. L'on comprend le conflit colonial et international de la France sans explication.

La politique de l'emploi et de l'accumulation américaine des liquidités est celle du développement du marché. Le développement économique communautaire est administratif et socialiste avec la culture donnée. Elle s'accommode de l'ajustement de la monnaie aux cultures. Les États de droit du monde sont tous indépendants et monétisés à partir de 1960 et monétarisés en 1990. La concurrence dans la production des utilités devient la concurrence de l'ajustement monétaire aux cultures en 1970 et appelé à tort ajustement structurel sans précision de la structure. La structure est la culture à laquelle la monnaie s'ajuste. Les taux de change des monnaies d'ajustement aux cultures indépendantes sont flexibles dans leur ajustement aux cultures en rencontre. Ces taux sont stabilisés par des déséquilibres dynamiques des cultures et fixés sans dynamique pour les cultures statiques. Cette statique est celle de la production et de consommation des économies traditionnelles dépendant de la nature. L'économie humaine de la consommation de la production est dynamique. Sa structure est le déséquilibre dynamique.

La stabilisation est un concept dynamique. Les déséquilibres de développement sont structurels, dynamiques, et la dynamique des déséquilibres change spontanément ou volontairement les paliers de croissance. Le changement spontané est libéral, celui volontaire révolutionnaire. Il bouscule le déséquilibre pour le changement du rythme de croissance compétitive. Le miracle économique japonais et chinois est social et non socialiste.

L'ajustement des années 1970 est monétaire et non structurel, l'ajustement des échanges et non du niveau des échanges de la résistance des cultures aux changements. Pour Keynes, l'économie monétaire ne peut employer les hommes, parce que c'est la monnaie que les hommes cherchent dans cette économie et non le travail. La monnaie est donc un facteur de régulation du niveau des déséquilibres réalisés spontanément et non du changement de ce niveau. C'est alors ici que se forment les catégories sociales marxistes, qui transforment la concurrence américaine en lutte de classes sociales. La dynamique des classes sociales marxistes s'accommode des économies des déséquilibres sociaux dynamiques sans industrialisation.

L'extension de l'Union européenne à l'Union africaine n'est pas une mesure de développement de l'Afrique et de l'Europe. L'euro est un instrument d'observation de la dynamique des structures de la croissance et du développement. L'Europe est pour la croissance et l'Afrique pour le développement.

Le développement communautaire de l'Europe est la croissance et celui africain le développement. L'Europe, dans son tendre enfance industrielle au début de XXe siècle, cherchait par l'exil aux États-Unis à profiter de l'économie monétaire de distribution des richesses par le marché et le travail. L'enfer du capitalisme américain, la concurrence les poussa à adopter une répartition administrative de la subsistance sans concurrence, dans la gouvernance des peuples libérés de l'autorité impériale.

L'emploi du peuple aux occupations de subsistance devint la politique économique publique des nations.

Mais l'observation du développement américain, sans regard sur les détails de leur expérience mondiale, dévoya les copies de l'expérience. L'émigration vers l'Occident industriel des premières formations en recherche d'emploi dans les industries de leur qualification se partage avec celle des pauvres sans qualification pour l'emploi rémunéré, des riches en liquidité en recherche de la consommation et la fuite des capitaux des investisseurs africains en recherche d'un rendement rapide en liquidité.

La construction éclatée de l'Afrique par l'Europe depuis le congrès de Berlin en 1884 s'est restructurée par la charte financière des colonies françaises de 1912, en union française et, en 1934, par le projet de la construction du Grand Marché de l'Europe et de ses colonies africaines. Ces deux points d'ancrage de l'union montrent l'orientation de la politique de l'Europe sur l'Afrique. La Réforme monétaire et politique de l'union Europe-Afrique doit ancrer sa troisième restructuration sur le développement indépendant de l'Afrique. Cette indépendance doit être assistée par la scène internationale et non dictée par elle. L'Afrique vit au XXIe siècle des révoltes culturelles incapables de se transformer en révolution culturelle de développement. Ces révoltes s'éparpillent sur le continent, l'Algérie, le Soudan, le Congo, la Lybie, la Côte d'Ivoire, le Mali, la Sierra Leone, le Niger, le Libéria, le Cameroun…

Les Banques Centrales francophones depuis 1970 étaient sous pression de la préparation de la construction de la base africaine de la fédération monétaire des cultures africaines des métropoles coloniales. Elle est restée dans l'hypothèse classique ancienne de l'absence de culture et de monnaie, et dans les échanges traditionnels des matières premières sans transformations primaires avec l'Europe.

Les projets africains de l'organisation de l'unité africaine, après les indépendances des années 1960, sont récupérés dans cette formulation française du développement économique, dans leurs erreurs conceptuelles. L'erreur conceptuelle est le calcul du développement unifié des cultures indépendantes de l'Europe et de l'Afrique sans dynamique sociale et culturelle volontaire. À partir de 1982, la France accélère la construction de l'union des échanges Europe-Afrique. L'Europe confirme cette union en 1990 par celle des monnaies européennes des pays membres en projet de son expansion en Afrique par des doublons nationaux. La France ordonne la fermeture du Centre africain d'Études monétaires à Dakar et décréta l'Union africaine dans les années 1990. Elle prépare la création de la CEDEAO comme socle monétaire de l'Union africaine, de l'intégration des pays francophones et des autres métropoles dans l'organisation administrative de l'Union européenne. La France et l'Angleterre, libres de la gestion du développement de leurs colonies, s'affrontent par colonies interposées. La France défend l'union des cultures en États-nations, et l'Angleterre la fédération des cultures en États indépendants. L'expérience de la construction des cinq sous-régions économiques en Afrique autour de l'Association des Banques Centrales africaines et de l'OUA est donc arrêtée en tant que projet africain. Les Banques Centrales africaines et leur association sont orientées de force par la France vers l'Union monétaire ouest-africaine dans l'Union européenne. L'Union européenne est la seule expérience de l'Union des États indépendants. Elle construit avec violence l'adhésion dubitative du monde. La BCEAO est le projet de construction de la Banque centrale africaine affiliée à la Banque Centrale européenne. Le FCFA et le doublon africain de l'euro franc européen. L'adhésion à des autorités africaines est implicite. La France s'efforce d'étendre aux pays membres de la sous-région de l'Afrique de l'Ouest (la Guinée, la Guinée-Bissau, le Ghana, le Nigeria, la Sierra Leone, le Libéria) le FCFA sous forme d'eco. L'affaiblissement des armées du continent et la menace de la population par le terrorisme transfèrent la protection sociale du continent à la mère patrie, la France. La zone franc est la seule zone monétaire coloniale devenue la zone monétaire mère des patries coloniales. L'eco doit garder les caractéristiques de FCFA. Ce projet comme le terrorisme sont des projets cachés des stratégies d'implantation durable de la France en Afrique. Les structures économiques africaines en démantèlement ne sont pas encore compétitives avec les structures économiques européennes de production mise en place dans les années 1970 en consolidation fragile. La France lutte pour la protection du potentiel économique africain dans la préparation de la capacité compétitive d'exploitation. L'Afrique est dépendante de la production industrielle européenne et occidentale, et de ses investissements. Les liquidités de l'Afrique francophone continuent à s'orienter structurellement vers la métropole française, pour l'investissement spéculatif de la production métropolitaine, la France-Afrique. Les pays francophones sont en manque d'investissement de production, et en déficit de coopération officielle avec les pays environnants et le reste du monde. La France continue à défendre le développement spéculatif en accélérant le désinvestissement dans les colonies à travers la liberté du transfert vers l'Europe du FCFA. Ni la nouvelle monnaie, l'euro, ni les projets d'organisation administrative du développement de l'Afrique ne contribuent à l'amélioration des structures de compétition de la production avec l'Europe et le monde et à l'inversion durable de la production locale en faveur de la consommation locale.

La production de ce grand continent est à peine égale à celle de la Belgique et sa consommation en biens manufacturés dépendant des métropoles. L'Europe prêche le libre-échange avec l'Afrique des productions non compétitives sans tourner les yeux l'avenir de la population locale croissante. L'économie de développement est la gouvernance du risque de la pauvreté de la surpopulation. La surpopulation est la pauvreté sociale. Elle est consommée dans les pays en voie de monétisation et repense le problème de l'emploi rémunéré pour devenir celui de la répartition sociale des biens disponibles.

C'est sur cette base que naissent la corruption et le détournement des deniers publics. Le sous-emploi complète le tableau du non-emploi social des hommes. Les administrateurs politiques ferment les yeux sur ces processus, qui se réveillent sans solution cohérente à la protection des métropoles. Les prix soutenus par la Banque Mondiale dans le ramassage des bénéfices des entreprises internationales ne se préoccupent pas de la dégradation du bien-être de la population et des structures traditionnelles. La progéniture croissante se positionne pour l'émigration. Cette croissance est appauvrissante de la culture locale. L'espoir de l'Occident est de poursuivre cette déstructuration sociale pour imposer et susciter le leadership extérieur du développement de l'Afrique. Les Banques Centrales francophones surveillent gratuitement la quantité des monnaies et contrôlent la croissance des prix (inflation) et le blocage des changes. Les banques sont les intermédiaires de cette transformation appauvrissante et mobilisant les liquidités pour l'extérieur.

Au contact de cette réalité des économes de sous-emploi, les banques empruntent des stratégies d'investissement à l'étranger pour l'entretien de la consommation.

Le crédit n'est pas l'objectif de la programmation de la production africaine du développement industriel. La spéculation hors système bancaire d'encadrement monétaire de la consommation importée accroît la liquidité des tontines d'investissement local de la consommation. Sur cette base, il est possible de construire l'économie communautaire de la nation de consommation sans dynamique de développement de la production industrielle.

L'accumulation de la richesse communautaire se fait dans les tontines et leur sécurité se fait dans les banques. Elle commence essentiellement pour la précaution de la consommation et du vivre-ensemble. En cas de défaut d'un membre, il est momentanément congédié et négocie sa réintégration libre dans la discipline de la tontine. La croissance est inclusive et le développement local lent.

L'inversion de la tendance extravertie du développement est lente et s'accommode de la microfinance.

Le système monétaire et financier de la dépendance coloniale s'organise pour l'exportation de la liquidité. La trésorerie de toutes les entreprises coloniales est ouverte à l'étranger, ainsi que la trésorerie publique. La métropole garantit la liquidité de consommation des colonies et budgétise les dépenses publiques des colonies.

Ce processus d'union financière défend la liquidité de la croissance et du développement des métropoles. Il ferme la négociation au développement structurel des colonies. L'ajustement structurel des colonies et anciennes colonies indépendantes d'Afrique se limite aux ajustements de leur croissance à la croissance industrielle occidentale. La croissance africaine est extravertie et appauvrissante des structures traditionnelles et de la pauvreté monétaire du peuple.

Cette protection de la croissance appauvrissante s'accommoda de la dynamique des marchés parallèles de la compétition de l'émergence des cultures traditionnelles contre la culture monétaire et industrielle. Les marchés parallèles des prix et des changes émergent dans le commerce régional et la corruption dans les administrations monétaires des nations émergentes.

La mission de contrôle de l'émission monétaire et la distribution de la capacité d'enrichissement de la nation par les Banques Centrales sont sous le contrôle de l'État colonial. La croissance économique, dans une observation naïve du pouvoir de l'État, s'interroge sur le détenteur du pouvoir dans la nation, par le Président de la République ou le Gouverneur de la Banque Centrale. Le Gouverneur détient le pouvoir de contrôle et de la stabilisation des structurels de la monnaie s'ajustant automatiquement aux déséquilibres de structures de production et de la consommation. L'Occident protège ses intérêts par la fixité des variables monétaires, le prix et le taux de change, et contrôle l'investissement international par le taux d'intérêt. La FED dirige le taux d'intérêt de base mondiale, donc l'investissement prioritaire américain. Les entreprises multinationales américaines se développent librement et l'on demande l'alignement des entreprises mondiales naissantes. Les Chefs d'État protègent l'indépendance culturelle de leur nation et le niveau d'équilibre des échanges, de la croissance et du développement.

Le gouvernement sous le contrôle du Chef de l'État surveille la stabilité des cultures nationales et sa résistance à la prédation internationale. Les Chefs d'État s'occupent de la surveillance des intérêts de développement de la nation, de l'adaptation des structures économiques locales aux structures économiques internationales et de la résistance de culture à la prédation internationale. Il s'occupe de l'indépendance politique des nations et de la modernisation de l'économie.

Le niveau de développement et de la compétition internationale de l'économie nationale est du ressort du Chef de l'État. La Chine, par exemple, dans son conflit commercial avec les États-Unis, gère le déséquilibre de l'ajustement de son niveau de développement dans la compétition internationale avec les États-Unis.

Dans le modèle de la zone franc, la France occupe à la fois le poste de Gouverneur des Banques Centrales francophones et de la Présidence des Républiques par le pouvoir de nomination des Chefs d'État et de la surveillance de la gouvernance des nations membres de la zone franc. Dès 1970, elle abandonna la planification indicative du développement des colonies indépendantes pour la stratégie de maintien du modèle de gestion coloniale des pays indépendants. C'est le sens du concept du Grand Marché européen et de ses colonies.

L'Europe vise à s'aligner à la mondialisation européenne alternative à la mondialisation américaine de l'économie et interroge ses partenaires sur leur choix, pour ou contre la zone franc.

Les décisions stratégiques françaises sont désormais politiques. La surveillance de la dynamique de sa zone, le « pré carré ». Le temps long de la planification est la statique comparée du temps de développement implicite. Les liquidités d'investissement sont donc centralisées et contrôlées, l'indépendance économique liée aux politiques des métropoles membres. Les stratégies sont des luttes contre la réduction immédiate des écarts de développement entre la métropole et les colonies associées.

Le développement mondial intégré des années 1950, évalué dans les années 2000, livre au Nouveau Monde une surpopulation mondiale paysanne émergée au XXe siècle sans préparation de son accueil par le travail rémunéré en croissance lente dans les villes, l'équipement de celles-ci en logements sociaux, ponts et chaussées facilitant le mouvement des hommes et engins, du XXIe siècle.

Le rêve américain de la fin du XIXe siècle devient le rêve du développement mondial sans frontières. La ruée des peuples se fait vers des emplois rémunérés en monnaie sans frontières, vers l'Europe, la Chine, l'Asie du XXIe siècle.

L'État français bloque les structures de développement des colonies et laisse émerger la surpopulation. Cette population élargit la dégradation des structures traditionnelles et l'abondance de la monnaie d'ajustement des déséquilibres de la production et de la consommation. L'économie du XXIe siècle est mondialisée.

La recherche de l'expansion de la zone franc à toute l'Afrique est une erreur politique de la mondialisation protégée. La mondialisation de l'économie est libérale. Elle se détache de la politique des zones monétaires de protection des économies monétaires modernes du début du milieu du XXe siècle.

La monnaie européenne perd avec le franc CFA ainsi que la flexibilité de l'accompagnement de la dynamique sociale et culturelle de monde en développement monétaire. Elle confine l'Europe et l'Afrique dans une économie de troc dans le monde de développement monétaire.

Par exemple, la culture de production microéconomique asiatique est intégrée dans le commerce de l'exportation mondiale de riz, de la transformation du coton, de l'élaboration des cheveux artificiels des dames et de la production sud-américaine de la volaille, des bœufs, du soja dans le commerce international d'exportation compétitif.

Les productions européennes sont en enfance industrielle au début du XXe siècle. Les autres nations sont en apprentissage de l'introduction dans l'économie industrielle de masse pour le marché. L'industrialisation dans son concept fondamental est la production de masse pour le marché. Elle s'accommode de la technologie et de la population pour la production. Le fondement de cette production est la matière première. La matière première est donnée par la nature.

Au début du XXe siècle, l'on doit accommoder la technologie et la science du siècle des Lumières à l'exploitation de la matière première. Le XXe siècle est l'adaptation de la technologie à l'exploitation des matières premières. L'économie est duelle, technologie/matière première. L'Occident fonde sa politique sur l'échange de la matière première contre la technologie. Il retient cependant la technologie et libéralise l'exploitation des matières premières. Samir Amin va parler du centre (technologique) et de la périphérie (réservoir de matières premières), et développer sa théorie de léchage inégal. La compétition de l'économique industrielle est alors technologique. Elle va se transformer sous la contrainte d'échange de technologie par l'Occident en espionnage industriel et diplomatie des salons.

La compétition industrielle du XXIe siècle va être économique, la diplomatie économique va remplacer la diplomatie des salons, dans les années 1990. Les échanges parallèles et occultes vont être officialisés, en Europe, et les marchés parallèles combattus. Les marchés parallèles dans le Tiers-Monde sont des réactions contre les interdits occidentaux dans les colonies. C'est la demande de l'indépendance et des monnaies nationales non pas seulement celle de l'officialisation des échanges. Cette émergence des marchés parallèles du Tiers-Monde est politisée.

La compétition s'étend par petits morceaux au risque économique humain. La fédération de la transformation de biens réels en masse de production de biens pour le marché. Il s'agit de la transformation de l'économie traditionnelle et administrative ou de troc, en économie de marché rémunéré à la valeur de la monnaie fluctuante sur le marché.

L'interrogation reste la création des industries de transformation sur place, mais ces industries fournissent l'emploi aux entreprises étrangères par l'exploitation des matières premières des pays pauvres et sans emploi. L'emploi local et la formation locale doivent être correspondants d'abord aux besoins locaux et l'on doit examiner ensuite leur aptitude à l'exportation. C'est le déséquilibre international et régional de la formation pour l'exportation qui a orienté l'émergence de l'économie du Tiers-Monde. Cette économie était entièrement dépendante de l'extérieur et sa production pour consommation intérieure fut en partie abandonnée. J.M. Keynes, à Bretton Woods, insistait sur le fait que l'emploi est national et soulignait à la Chambre des Lords de 1944 le rappel des Anglais en colonies pour leur enrichissement avec ce qu'ils possédaient déjà grâce à la monnaie créée et à leur emploi en Angleterre.

La France lutte aveuglément pour le maintien de la monnaie des colonies et le développement de l'emploi métropolitain pour la métropole et les colonies. Cette conception renforça la surpopulation des colonies et leur émigration vers la métropole. Le leadership du contrôle administratif du sol et sous-sol africain, des mers et airs africains détermine la volonté métropolitaine de rester administrativement en colonie.

La conception de l'organisation de la nation française est élargie à l'Europe et à l'Afrique sans frontières. La France pense à abandonner spontanément les souverainetés des nations membres de la zone de l'Union européenne et de l'Union africaine. La francophonie impose à l'Afrique la France comme une culture universelle. Le franc français cherche à absorber les monnaies européennes les plus fortes, notamment le mark allemand, et à le tirer vers le bas par son principe d'administration et de normalisation de la convergence des phénomènes monétaires au-delà des cultures de production pour le marché et de consommation par le marché européen. Les pays membres maintiennent fixée et en fluctuation vers le haut la parité commune de l'euro, par rapport au dollar du marché de change international. Ce franc se déprécie sur les marchés parallèles de change par la pression de la demande des transactions du niveau de production de la population. La flexibilité du dollar en fait alors une monnaie parallèle au taux de change administré sur le marché international de change. Mais le mark maintient l'euro fort et au-dessus de la valeur de marché du dollar. L'euro est en permanence surévalué par rapport au dollar et entraîne les importations américaines en Europe.

Le dollar est stabilisé par le marché. Les monnaies administrées des pays échangistes avec les États-Unis s'ajustent au marché de change aux enchères du dollar. Les échanges sont donc importants et les pays négocient leur échange pour faciliter la stabilité de leur taux de change en dollar au voisinage du prix des marchés. L'intégration de la valeur réelle des échanges régionaux africains surévalue le FCFA rattaché au FF.

Le yuan administré par la Chine apprend l'ajustement monétaire de la stabilité de son organisation. Par exemple, la tentative du déséquilibre du commerce international chinois par les États-Unis va l'amener à ajuster la parité du yuan aux enchères du dollar pour l'équilibre du prélèvement américain par l'ajustement des prix des échanges avec la Chine. Elle a déprécié le yuan par rapport à la valeur commerciale du marché. Toutefois, le taux de change du dollar déterminé par le marché ne peut suivre le mouvement par dévaluation compétitive. La liberté monétaire offre la capacité de négociation entre pays échangistes de leur taux de change.

Par ailleurs, la spéculation monétaire chinoise s'est transformée en système informatique de spéculation par le bloc chaîne au voisinage de la stabilité or des monnaies.

La stabilisation de la valeur spéculative de la monnaie permet l'entretien du taux de change flexible et sans fixité. L'aspect humain des Banques Centrales et des ministères des Finances, disons de la modernisation de la monnaie, se joue dans la flexibilité des changes. Dans les économies paysannes, la négociation du commerce se conclut toujours par un rabais de reconnaissance des translateurs.

CONCLUSION DE L'AJUSTEMENT MONÉTAIRE À LA THÉORIE DE DÉVELOPPEMENT

La crise financière de 1936 était le signalement du changement du système de la monnaie bien réelle, en système de la monnaie, biens créés à la portée de toutes les nations indépendantes. La crise financière de 2008 est une crise de passage de la spéculation monétaire à la spéculation sur les produits dérivés de crédits d'investissement ou monnaie avancée à l'économie. Ces crédits remboursables à l'échéance ont des échéances des différés d'échéance introduisant le laxisme financier dans la rigueur monétaire.

Le concept de développement associé au remboursement certain à l'échéance est falsifié par l'attente des réalisations également différée. La croissance est décrochée du développement. La croissance d'hier s'accommode de la consommation d'aujourd'hui en projet de la production pour la consommation de demain. La dynamique de la production d'aujourd'hui détermine la survie et les conditions de survie de demain.

L'économie est donc l'emploi permanent renforcé d'aujourd'hui. La déstructuration de l'économie libérant le chômage est le sous-développement. Ce sous-développement s'accompagne de la surpopulation et de l'émigration.

Le développement est alors la restructuration et la lutte contre la surpopulation et la pauvreté monétaire.

La structure financière de production décalée de la croissance doit être mise en place pour une coopération publique et privée coordonnée. L'État finance les travaux publics effectués par les entrepreneurs privés.

TABLE DES MATIÈRES

Structures éditoriales du groupe L'Harmattan

L'Harmattan Italie
Via degli Artisti, 15
10124 Torino
harmattan.italia@gmail.com

L'Harmattan Hongrie
Kossuth l. u. 14-16.
1053 Budapest
harmattan@harmattan.hu

L'Harmattan Sénégal
10 VDN en face Mermoz
BP 45034 Dakar-Fann
senharmattan@gmail.com

L'Harmattan Cameroun
TSINGA/FECAFOOT
BP 11486 Yaoundé
inkoukam@gmail.com

L'Harmattan Burkina Faso
Achille Somé – tengnule@hotmail.fr

L'Harmattan Guinée
Almamya, rue KA 028 OKB Agency
BP 3470 Conakry
harmattanguinee@yahoo.fr

L'Harmattan RDC
185, avenue Nyangwe
Commune de Lingwala – Kinshasa
matangilamusadila@yahoo.fr

L'Harmattan Congo
67, boulevard Denis-Sassou-N'Guesso
BP 2874 Brazzaville
harmattan.congo@yahoo.fr

L'Harmattan Mali
ACI 2000 - Immeuble Mgr Jean Marie Cisse
Bureau 10
BP 145 Bamako-Mali
mali@harmattan.fr

L'Harmattan Togo
Djidjole – Lomé
Maison Amela
face EPP BATOME
ddamela@aol.com

L'Harmattan Côte d'Ivoire
Résidence Karl – Cité des Arts
Abidjan-Cocody
03 BP 1588 Abidjan
espace_harmattan.ci@hotmail.fr

Nos librairies en France

Librairie internationale
16, rue des Écoles
75005 Paris
librairie.internationale@harmattan.fr
01 40 46 79 11
www.librairieharmattan.com

Librairie des savoirs
21, rue des Écoles
75005 Paris
librairie.sh@harmattan.fr
01 46 34 13 71
www.librairieharmattansh.com

Librairie Le Lucernaire
53, rue Notre-Dame-des-Champs
75006 Paris
librairie@lucernaire.fr
01 42 22 67 13

www.ingramcontent.com/pod-product-compliance
Lightning Source LLC
LaVergne TN
LVHW021143061026
849535LV00002B/338